Otto Reinhold
Karl-Heinz Stiemerlin



# Politische Ökonomie

geschrieben für die Jugend

Dietz Verlag Berlin 1988

# Die ökonomischen Gesetze und die Tätigkeit der Menschen

## Ist die Wirtschaft durchschaubar?

In der Welt werden gegenwärtig viele Millionen verschiedener Erzeugnisse hergestellt. Dazu gehören Schiffe und Flugzeuge, Plattenspieler, Kühlschränke, Autos und 1000 kleine Dinge des täglichen Bedarfs. Der wissenschaftlich-technische Fortschritt bringt ständig neue Erzeugnisse hervor, die vor wenigen Jahren noch unbekannt waren. Man braucht nur an die Unterhaltungselektronik zu erinnern. Die meisten dieser Erzeugnisse sind das Arbeitsergebnis vieler Betriebe. An einem großen Schiff, das auf der Warnow-Werft gebaut wird, sind mehr als tausend Betriebe beteiligt. Unsere Wirtschaft benötigt Zulieferungen aus aller Welt – Erdöl aus Sibirien, Turbinen aus Leningrad, Maschinen aus der ČSSR, Kakao aus Afrika, Tee aus Indien, Kaffee aus Lateinamerika, Papier und Holz aus Finnland usw.

Die Wirtschaft stellt einen außerordentlich weitverzweigten, komplizierten Organismus dar. Dazu kommt, daß dieser Organismus ständig in Bewegung ist, sich ständig verändert. Wissenschaft und Technik bringen nicht nur neue Erzeugnisse hervor, sondern ebenso neue Produktionsmethoden, neue Verfahren und Technologien. Die Struktur der Wirtschaft verändert sich. So wurde in der zweiten Hälfte der siebziger Jahre in der DDR die Mikroelek-

Endmontage des Personal-Computers PC 1715 im Robotron Büromaschinenwerk »Ernst Thälmann« Sömmerda. Die mikroelektronische Industrie schafft die Grundlagen für eine hohe Intensivierung unserer Volkswirtschaft

tronik zu einem führenden Industriezweig, die Produktion von Industrierobotern wird ausgebaut usw. Aber wer soll diesen gewaltigen Organismus lenken und beherrschen? Wer kann gewährleisten, daß die vielen hunderttausend, ja Millionen unterschiedlichsten Erzeugnisse so hergestellt werden, daß in den Geschäften immer ein volles Sortiment angeboten wird, das unseren Bedürfnissen und Wünschen entspricht? Wer sorgt dafür, daß die vielen Zulieferungen, Materialien und Rohstoffe oft über viele tausend Kilometer hinweg genau zum richtigen Zeitpunkt am richtigen Ort zur Verfügung stehen? Wie kann erreicht werden, daß Kosten und Preise in einem annehmbaren Rahmen bleiben, daß Aufwand und Ergebnis in einem richtigen Verhältnis zueinander stehen?

Als Bürger eines sozialistischen Staates erwarten wir, daß die Leistungskraft unserer Wirtschaft und mit ihr unser materielles und kulturelles Lebensniveau Jahr für Jahr wachsen. Aber was muß dafür getan werden; welche Prozesse gilt es dafür zu bewältigen?

Zu Beginn der achtziger Jahre haben sich für alle industriell entwickelten Länder, darunter auch für die DDR, die internationalen und die inneren Bedingungen der Wirtschaftsentwicklung wesentlich verändert. Der Aufwand für die Beschaffung von Roh- und Brennstoffen ist außerordentlich gewachsen. Um eine Tonne Erdöl importieren zu können, müssen wir heute wesentlich mehr Erzeugnisse exportieren als vor einigen Jahren. Wie kann unter diesen Bedingungen ein kontinuierliches Wachstum der Wirtschaft gesichert werden? Wie kann das erreichte Lebensniveau erhalten und Schritt für Schritt weiter erhöht werden? Die Entwicklung bis zum Jahr 2000 stellt an die Wirtschaft unseres Landes viele neue Anforderungen – aber wie können sie bewältigt werden?

Als Internationalisten beschäftigen uns auch die Vorgänge in der kapitalistischen Welt. Warum ist es möglich, daß in der Welt des Kapitals einerseits Wissenschaft und Technik einen hohen Stand haben, aber andererseits jährlich 30 Millionen Kinder verhungern? Wie kommt es, daß die Bedürfnisse einiger hundert Millionen Werktätiger nicht befriedigt werden, aber zugleich viele Produktionsmöglichkeiten in Industrie und Landwirtschaft brachliegen und Millionen Arbeiter und Angestellte, dabei besonders Jugendliche und Frauen, arbeitslos beziehungsweise zu Kurzarbeit gezwungen sind?

Fragen über Fragen – ihre Liste könnten wir ohne jede Schwierigkeiten beliebig verlängern. Wo aber finden wir den Schlüssel für die Beantwortung dieser vielfältigen Fragen über die wichtigsten Zusammenhänge des ökonomischen Lebens, über die ökonomischen Gesetze und ihr Wirken?

Diese Kenntnisse vermittelt uns die politische Ökonomie.

## Womit beschäftigt sich die politische Ökonomie?

Die politische Ökonomie befaßt sich mit den gesellschaftlichen Beziehungen der Menschen in der materiellen Produktion, mit der Art und Weise der Verteilung und des Austausches sowie mit der Konsumtion und dem Wechselverhältnis dieser Prozesse.

Engels gab eine genaue Definition des Gegenstandes der politischen Ökonomie:

**Die politische Ökonomie beschäftigt sich mit den »Bedingungen und Formen, unter denen die verschiednen menschlichen Gesellschaften produziert und ausgetauscht und unter denen sich demgemäß jedesmal die Produkte verteilt haben ... Die politische Ökonomie, im weitesten Sinne, ist die Wissenschaft von den Gesetzen, welche die Produktion und den Austausch des materiellen Lebensunterhalts in der menschlichen Gesellschaft beherrschen.«[1]**

Wenn von den Gesetzen der Produktion die Rede ist, so geht es nicht um Gesetze der Physik, der Mechanik und andere, soweit sie in der Produktion Anwendung finden. Es handelt sich vielmehr um die gesellschaftlichen Beziehungen, die dabei eingegangen werden, um die Produktionsverhältnisse, die Produktivkräfte und deren Wechselbeziehungen (Abbildung 1).

Da sich Produktionsverhältnisse, Produktivkräfte und auch die Wechselbeziehungen zwischen ihnen in den verschiedenen Gesellschaftsformationen unterscheiden, hat sich eine politische Ökonomie des Kapitalismus und eine politische Ökonomie des Sozialismus herausgebildet.

Die politische Ökonomie ist einer der drei Bestandteile des Marxismus-Leninismus, der wissenschaftlichen Weltanschauung der Arbeiterklasse. Marx, Engels und Lenin haben der politischen Ökonomie stets besonders große Aufmerksamkeit geschenkt. Lenin bezeichnete die politische Ökonomie als den Hauptinhalt des Marxismus:

»Die tiefgründigste, umfassendste und detaillierteste Bestätigung und Anwendung der Theorie von Marx ist seine ökonomische Lehre.«[2]

Marx wies darauf hin, daß die politische Ökonomie eine Wissenschaft ist und daher wie eine Wissenschaft, das heißt sorgfältig, studiert werden muß.

»Es gibt keine Landstraße für die Wissenschaft, und nur diejenigen haben Aussicht, ihre lichten Höhen zu erreichen, die die Mühe nicht scheuen, ihre steilen Pfade zu erklimmen.«[3]

### Herrschen in der Gesellschaft Zufall oder Gesetzmäßigkeit?

Wie in der Naturwissenschaft, so wurde auch für die Wirtschaftswissenschaft seit langer Zeit von fortschrittlichen Denkern die Frage aufgeworfen, welche Kräfte, welche Gesetze die Entwicklung in der Gesellschaft, speziell in der Wirtschaft, bestimmen und bewegen, welche inneren Zusammenhänge bestehen. Können wir Aufgaben und Ziele der wirtschaftlichen Entwicklung einfach festlegen, oder müssen wir dabei objektiv wirkende Zusammenhänge, Bedingungen und Gesetzmäßigkeiten berücksichtigen? Vor mehr als zwei Jahrhunderten kam man zu dem Ergebnis, daß sich auch die Wirtschaft nach bestimmten Gesetzen entwickelt.

Für die Untersuchung der ökonomischen Gesetze und ihrer Bewegung haben bürgerliche Ökonomen während der Herausbil-

## Gliederung einer Produktionsweise 1

### Produktionsweise

**Produktivkräfte**

Gesamtheit der menschlichen und gegenständlichen Faktoren des Produktionsprozesses. Sie bewirken im Stoffwechselprozeß mit der Natur deren Aneignung durch den Menschen

**Arbeitskraft des Menschen**

Gesellschaftliche Hauptproduktivkraft
Gesamtheit seiner körperlichen und geistigen Kräfte, deren Wirkungskraft durch seinen physischen Status, seine Bildung und sein kulturelles Niveau bestimmt wird

**Arbeitsmittel**

Gesamtheit von Mitteln, mit denen der Mensch auf die Arbeitsgegenstände bei ihrer Verformung oder Verarbeitung einwirkt (Maschinen, Werkzeuge, Transportmittel usw.)

**Arbeitsgegenstände**

Gesamtheit von Gegenständen, auf die der Mensch im Arbeitsprozeß einwirkt, um die Natur seinen Bedürfnissen gemäß umzuformen (Erz, Kohle, Rohstoffe, Hilfsstoffe usw.)

} **Produktionsmittel**

**Produktionsverhältnisse**

Gesamtheit der konkret-historischen gesellschaftlichen Verhältnisse, die die Menschen in der Produktion objektiv miteinander eingehen:
Eigentumsverhältnisse (Form des Eigentums an den Produktionsmitteln);
Distributions-, Austausch- und Konsumtionsverhältnisse

dung des Kapitalismus einen wichtigen Beitrag geleistet. Aber die Klasseninteressen der Bourgeoisie hinderten sie daran, das Wesen der kapitalistischen Produktionsweise und ihre geschichtlichen Perspektiven aufzudecken. Je mehr sich der Klassenkampf zwischen Arbeiterklasse und Bourgeoisie entwickelte, um so mehr trat an die Stelle der objektiven Forschung die Apologetik, die ausschließliche Verteidigung des Kapitalismus.

Marx und Engels schufen – ausgehend von den Interessen der Arbeiterklasse – zum ersten Mal in der Geschichte eine politische Ökonomie, in der das Wesen, der Charakter und die Besonderheiten der ökonomischen Gesetze wissenschaftlich begründet wurden. Sie deckten die Rolle der ökonomischen Gesetze für den gesetzmäßigen Verlauf der menschlichen Geschichte auf. Insbesondere untersuchten sie die ökonomischen Gesetze im Kapitalismus und begründeten die wichtigsten ökonomischen Gesetze des Sozialismus. Von grundlegender Bedeutung ist das Hauptwerk von Marx, »Das Kapital«. Er schrieb, »es ist der letzte Endzweck dieses Werks, das ökonomische Bewegungsgesetz der modernen Gesellschaft zu enthüllen«[4] – das war damals die kapitalistische Gesellschaft. Obwohl dieses Werk vor mehr als 100 Jahren geschrieben wurde, sind seine Erkenntnisse nach wie vor Grundlage und Kernstück der marxistisch-leninistischen politischen Ökonomie und Schlüssel für das Verständnis der Wirtschaft des Sozialismus und der Wirtschaftspolitik der SED.

Im Programm der SED wird die Bedeutung der ökonomischen Gesetze für die Tätigkeit der Partei hervorgehoben:

»

»Die Wirtschafts- und Sozialpolitik der Partei beruht auf der bewußten Ausnutzung der objektiven ökonomischen Gesetze des Sozialismus.«[5]

«

## Was verstehen wir unter einem ökonomischen Gesetz?

Im Leben begegnen uns die verschiedensten Arten von Gesetzen. Zunächst denkt man an juristische Gesetze, die in der Regel von den Parlamenten, in der DDR von der Volkskammer, beschlossen werden. Sie regeln die Normen der gesellschaftlichen Beziehungen, die Rechte und Pflichten der Bürger eines Landes, die Tätigkeit der staatlichen Organe usw. Sie bringen immer die Interessen der herrschenden Klasse zum Ausdruck – im Kapitalismus von heute die grundlegenden Interessen des Monopolkapitals, im Sozialismus die grundlegenden Interessen der Arbeiterklasse und der anderen Werktätigen. So wurde zum Beispiel von der Volkskammer das Jugendgesetz beschlossen, das die Rechte, Pflichten und Entwicklungsmöglichkeiten der Jugendlichen unseres Landes festlegt. Ein anderes Beispiel ist das Arbeitsgesetzbuch.

Wenn wir von ökonomischen Gesetzen sprechen, meinen wir nicht diese Art von Gesetzen. Auch die juristischen, staatlichen Gesetze müssen von den objektiven Bedingungen, von den Notwendigkeiten und realen Möglichkeiten ausgehen, damit sie anerkannt und tatsächlich verwirklicht und eingehalten werden. Aber diese Gesetze schaffen wir selbst. Man kann sich schwer vorstellen, daß ein juristisches Gesetz existiert und praktisch wirkt, ohne daß es vorher genau formuliert, von den staatlichen Organen beschlossen und mit der Macht des Staates durchgesetzt wird.

Von diesen Gesetzen unterscheiden sich wesentlich die Naturgesetze. Sie wirken objektiv, unabhängig davon, ob wir sie erkannt oder formuliert haben.

Die ökonomischen Gesetze haben mit den Naturgesetzen gemeinsam, daß auch sie objektiv wirken, unabhängig davon, ob wir dies wollen oder nicht. Sie bestimmen die wesentlichen sozialen Beziehungen und Prozesse in der gesellschaftlichen Produktion. Die jeweilige Eigentumsform an den Produktionsmitteln bestimmt das Ziel, den Sinn und den Inhalt der Produktion. Besitzt eine kleine Gruppe von Menschen die Fabriken, Maschinen, Rohstoffe und Werkzeuge, ist die Mehrheit der Gesellschaft davon ausgeschlossen, wie das im Kapitalismus der Fall ist, so ist auch das Ergebnis der Produktion Eigentum dieser Gruppe und nicht das Eigentum der eigentlichen Produzenten. Das Ziel der Produktion, ihre gesellschaftliche Organisation und die Verteilung der produzierten Erzeugnisse ergeben sich unter diesen Umständen ausschließlich aus den Interessen der Eigentümer der Produktionsmittel, der Kapitalisten. Die Produktion kann kein anderes Ziel als die Erzeugung eines höchstmöglichen Profits für den Unternehmer verfolgen.

Ist mit dem Übergang zum Sozialismus gesellschaftliches Eigentum an den Produktionsmitteln entstanden, so ist auch das Ergebnis der Produktion, alles, was in den sozialistischen Betrieben und Genossenschaften usw. erzeugt wird, Eigentum der Gesellschaft. Unter diesen Bedingungen kann die Produktion nur ein Ziel haben – die immer bessere Befriedigung der Bedürfnisse der ganzen Gesellschaft und aller ihrer Mitglieder. Das gesellschaftliche Eigentum an den Produktionsmitteln ruft das gesellschaftliche Interesse hervor, die Produktionsmittel zum Wohl der Gesellschaft zu nutzen. Gleichzeitig ist die allseitige Nutzung der Produktionsmittel, der Betriebe, Maschinen und Anlagen, zum Wohle der Gesellschaft wiederum die Bedingung dafür, daß jeder einzelne daran interessiert ist, seine ganze Kraft für hohe wirtschaftliche Leistungen einzusetzen.

Das gesellschaftliche Eigentum an den Produktionsmitteln bedingt eine planmäßige, gesellschaftliche Leitung der gesamten Wirtschaft im Interesse der Werktätigen. Bei privatkapitalistischem Eigentum an den Produktionsmitteln kann es keine Planmäßigkeit geben, der Konkurrenzkampf zwischen den privaten Eigentümern verhindert dies.

Man könnte natürlich fragen: Wäre es nicht denkbar, daß sich kapitalistische Unternehmer »sozial« verhalten, daß sie nicht ausschließlich nach höchstem Profit streben, sondern der sozialen Lage der Arbeiter und Angestellten große Aufmerksamkeit schenken und dafür viele Mittel aufwenden und auch einen gewissen Teil des Profits? Darauf gibt es nur eine Antwort: Sie würden sehr bald scheitern.

Ein privater Unternehmer kann sich nicht anders verhalten, als es die kapitalistische Ordnung erfordert. Würde er auf den Profit verzichten oder sich mit wenig Profit zufriedengeben, könnte er im Konkurrenzkampf nicht bestehen. Es würde nicht lange dauern, und er würde von den größeren, mächtigen Kapitalisten verschlungen werden. Selbstverständlich spielt das persönliche Verhalten eines Unternehmers eine gewisse Rolle. Aber das Streben nach höchstmöglichem Profit, der unüberbrückbare Gegensatz zwischen Kapitalisten und Arbeiterklasse, ergibt sich nicht aus der persönlichen Haltung einzelner Kapitalisten, sondern entspringt mit unabänderlicher Notwendigkeit aus der kapitalistischen Ordnung, in erster Linie aus den kapitalistischen Eigentumsverhältnissen.

Beim Aufbau des Sozialismus war es – wie die Geschichte zeigt – zeitweilig notwendig, die ganze Kraft auf die Lösung bestimmter Aufgaben zu konzentrieren: auf den schnellen Aufbau der Schwerindustrie, auf die Verteidigung des Landes, auf die Umgestaltung der Landwirtschaft usw. Andere Aufgaben mußten dahinter zurücktreten. In manchen Zeitabschnitten standen daher nur relativ geringe Mittel für die Erhöhung des Lebensniveaus der Werktätigen zur Verfügung. Würde die sozialistische Gesellschaft jedoch die Wirtschaft – langfristig gesehen – nicht so organisieren, daß sich mit wachsender Produktion auch das Lebensniveau der Werktätigen systematisch erhöht, dann würde das Interesse der Werktätigen an hohen Leistungen bald erlahmen. Die Triebkräfte der sozialistischen Gesellschaft kämen nicht zur Entfaltung. Die praktischen Erfahrungen der sozialistischen Länder zeigen sehr klar, daß eine ungenügende Beachtung dieses Zusammenhangs zwischen dem Wachstum der Wirtschaft sowie der Arbeits- und Lebensbedingungen der Werktätigen zur Ursache sozialer Widersprüche und Konflikte werden kann.

Diese Zusammenhänge sind der Ausdruck dafür, daß die Wirtschaft sich nach Gesetzen entwikkelt, die objektiv, unabhängig von unserem Bewußtsein wirken. Aus den jeweiligen Eigentumsverhältnissen an den Produktionsmitteln ergeben sich zwingende Notwendigkeiten, die nicht außer Kraft gesetzt werden können.

## Was unterscheidet Naturgesetze von ökonomischen Gesetzen?

Marx und Engels haben stets auf einen wichtigen Unterschied zu den Naturgesetzen hingewiesen. Ökonomische Gesetze sind Gesetze, die das Handeln der Menschen bestimmen. Während Naturgesetze auch ohne jegliches Zutun der Menschen wirken, können ökonomische Gesetze nur durch das Handeln der Menschen, durch ihre Tätigkeit, ihre Beziehungen in der Produktion wirksam werden. Ohne Menschen und ohne deren aktives Handeln gibt es keine ökonomischen Gesetze.

Engels hob die Tatsache hervor, »daß der Lauf der Geschichte durch innere allgemeine Gesetze beherrscht wird. Denn auch hier herrscht auf der Oberfläche, trotz der bewußt gewollten Ziele aller einzelnen, im ganzen und großen scheinbar der Zufall ... So führen die Zusammenstöße der zahllosen Einzelwillen und Einzelhandlungen auf geschichtlichem Gebiet einen Zustand herbei, der ganz dem in der bewußtlosen Natur herrschenden analog ist ... Wo aber auf der Oberfläche der Zufall sein Spiel treibt, da wird er stets durch innre verborgne Gesetze beherrscht, und es kommt nur darauf an, diese Gesetze zu entdecken.«[6]

**Die Gesetze der gesellschaftlichen Entwicklung, insbesondere die ökonomischen Gesetze, wirken nur durch das Handeln des Menschen. Sie wirken objektiv, das heißt unabhängig von unseren Wünschen, von unserem Willen.**

Produzieren wir eine bestimmte Menge Konsumgüter, so benötigen wir – ob uns das gefällt oder nicht – eine bestimmte Anzahl Arbeitskräfte, eine bestimmte Arbeitszeit sowie bestimmte Maschinen, Rohstoffe und Energie. Natürlich können wir die effektive Nutzung der vorhandenen Arbeitszeit und der Produktionsmittel beeinflussen. Besonders die Anwendung der neuesten Erkenntnisse der Wissenschaft und

Mit Hilfe dieses neuen Wellenfachwebautomaten, der in enger Gemeinschaftsarbeit von Wissenschaftlern und Textilmaschinenbauern der DDR und der UdSSR entwickelt wurde, kann im Vergleich zur herkömmlichen Webtechnik eine bedeutend größere Menge Stoff mit weniger Energieaufwand hergestellt werden

Technik macht es möglich, zum Beispiel den Produktionsaufwand an Energie und Material für jedes Erzeugnis wesentlich zu senken. Das ändert aber nichts an der Tatsache, daß für die Produktion von Konsumgütern und Dienstleistungen bestimmte materielle Voraussetzungen und eine bestimmte Anzahl von Arbeitskräften mit entsprechender Qualifikation unbedingt erforderlich sind. Können wir diese Maschinen, diese Rohstoffe und die notwendige Energie nicht bereitstellen, dann können wir die gewünschten Konsumgüter nicht herstellen. An dieser Tatsache läßt sich nicht rütteln. Ohne die Tätigkeit der Menschen, ohne die Arbeit der Werktätigen gibt es überhaupt keine Produktion, ist die Existenz der Gesellschaft undenkbar.

In seinen Arbeiten über die Gesetze der gesellschaftlichen Entwicklung, zu denen auch die ökonomischen Gesetze gehören, betonte Lenin:

»Das Gesetz ist das Dauerhafte (Bleibende) in der Erscheinung.«[7]

Für das Verständnis und für die Ausnutzung ökonomischer Gesetze sind folgende Überlegungen wichtig:

**Erstens** geht es immer um objektive gesellschaftliche Zusammenhänge, die unabhängig von unseren Wünschen und Vorstellungen existieren und wirken.

Zum Beispiel: Privates Eigentum an Produktionsmitteln in den Händen weniger kapitalistischer Unternehmer und die Eigentumslosigkeit der Mehrheit der Gesellschaft an diesen Produktionsmitteln haben immer die Produktion um des Profits willen zur Folge. Die Arbeiterklasse muß also das privatkapitalistische Eigentum beseitigen, damit überwindet sie auch die Krisen und Widersprüche des Kapitalismus und jegliche Ausbeutung. Sozialistisches Eigentum ruft Produktion im Interesse der ganzen Gesellschaft hervor. Die Arbeiterklasse und die mit ihr verbündeten Werktätigen müssen dieses Eigentum mit höchster Effektivität nutzen, um das Ziel der sozialistischen Produktion zu realisieren.

**Zweitens** geht es nicht um irgendwelche, sondern um wesentliche Zusammenhänge.

Dieser Gedanke ist für das Verständnis ökonomischer Gesetze besonders wichtig. Was ist damit gemeint? In der Wirtschaft eines Landes gibt es viele Millionen Prozesse, Handlungen, Zusammenhänge und Erscheinungen. Ein Arbeiter, der in der sozialistischen Produktion besondere Leistungen vollbringt, erhält einen höheren Lohn und unter Umständen eine Prämie. Für eine Arbeit, die höhere fachliche Kenntnisse erfordert, wird man auch in eine höhere Lohngruppe eingestuft. Demgegenüber sinkt normalerweise der Lohn, wenn gebummelt wird, wenn schlecht gearbeitet wird usw. Wir haben es hier also mit vielfältigen Zusammenhängen und Wechselwirkungen zu tun. Aber nicht jeder Zusammenhang, nicht jede Wechselwirkung ist gleich ein eigenes ökonomisches Gesetz. Das Wesentliche, der Kern der Sache und damit das ökonomische Gesetz ist in unserem Beispiel die Verteilung nach der Leistung.

In der gesellschaftlichen Entwicklung treten ständig neue Bedingungen, neue Erscheinungen zutage, die zu diesen oder jenen Abweichungen und mitunter auch zu Verletzungen ökonomischer Gesetze führen. Ebenso wird ständig darum gerungen, diese Abweichungen und Störungen zu beseitigen. Eine Lohneinstufung, die vor einigen Jahren völlig richtig war, kann durch die Einführung des technischen Fortschritts in die Produktion heute falsch sein.

Dann muß eine neue Lösung gefunden werden. Mit anderen Worten – die richtige Ausnutzung der ökonomischen Gesetze ist kein einmaliger Akt. Tag für Tag entstehen neue Bedingungen. Tag für Tag müssen wir uns für die wirksame Ausnutzung der ökonomischen Gesetze einsetzen.

**Drittens** geht es um solche wesentlichen Zusammenhänge, die sich durch eine relative Beständigkeit auszeichnen.

Das ist leicht zu verstehen. Niemand wird auf den Gedanken kommen, irgendeinen zufälligen oder einmaligen Vorgang sofort als ein ökonomisches Gesetz zu betrachten.

## Ökonomische Gesetze des Sozialismus und die Partei

Die wesentlichen Merkmale der ökonomischen Gesetze, ihr objektiver Charakter, die Tatsache, daß sie unabhängig von unseren Wünschen und Vorstellungen wirken, gelten sowohl für den Kapitalismus als auch für den Sozialismus. Aber es gibt einen wesentlichen Unterschied. Durch das Privateigentum an den Produktionsmitteln wirken im Kapitalismus die ökonomischen Gesetze spontan. Das gesellschaftliche Eigentum an den Produktionsmitteln ermöglicht und verlangt, daß im Sozialismus die ökonomischen Gesetze bewußt und planmäßig im Interesse der ganzen Gesellschaft genutzt werden.

Im Kapitalismus ist jeder Unternehmer bestrebt, im Konkurrenzkampf ohne Rücksicht gegenüber den Werktätigen und der gesamten Gesellschaft seine eigenen, speziellen Interessen durchzusetzen. Die Folge davon ist, daß das Wirken der ökonomischen Gesetze mit vielen Widersprüchen, mit Krisen, Inflation, Arbeitslosigkeit und großen Verlusten für die Gesellschaft verbunden ist. Unausgenutzte Produktionskapazitäten bei Millionen Arbeitslosen sind Ausdruck dieser Spontanität. Mit den in den Jahren 1974 und 1975 brachliegenden Produktionskapazitäten hätten in der BRD beispielsweise Waren im Werte von 400 Milliarden DM produziert werden können. Mitte des Jahres 1986 wurden allein in den westeuropäischen EG-Staaten offiziell 16 Millionen Arbeitslose registriert. Jeder kann sich leicht vorstellen, welche ökonomischen und schöpferischen Möglichkeiten allein dadurch verlorengehen. Das ist eine gewaltige Vergeudung von Produktivkräften, ein riesiger Verlust für die Gesellschaft.

Das gesellschaftliche Eigentum an den Produktionsmitteln macht es demgegenüber möglich und notwendig, daß die Entwicklung der Wirtschaft – und zwar sowohl Produktion als auch Verteilung – im gesellschaftlichen Maßstab planmäßig vollzogen wird. Die gesellschaftlichen Entscheidungen werden nicht durch die Interessen privater Unternehmer behindert. Zum ersten Mal sind Wirtschaftskrisen und alle damit verbundenen Folgen für die Werktätigen beseitigt. Damit sind die Voraussetzungen für ein kontinuierliches Wachstum der Wirtschaft geschaffen.

Im Sozialismus wird es möglich, die ökonomischen Kräfte so einzusetzen, daß damit der größte Nutzeffekt erreicht wird. Niemand wird ernsthaft behaupten, daß die praktische Verwirklichung dieser Möglichkeit einfach wäre. Die Wirtschaft eines Landes ist ein viel zu komplizierter Organismus, als daß für sein reibungsloses beziehungsweise reibungsarmes Funktionieren nur unsere Wünsche oder einige einfache Maßnahmen genügen würden.

## Was verstehen wir unter Ausnutzung der ökonomischen Gesetze?

Wenn die wirtschaftliche Entwicklung nach bestimmten, von unserem Bewußtsein, unseren Wünschen und Vorstellungen unabhängig wirkenden ökonomischen Gesetzen verläuft, genügt es dann nicht, diese Gesetze genau zu studieren, sie zu formulieren und praktisch durchzusetzen? Das wäre eine vereinfachende und daher völlig falsche Vorstellung. Wir gehen in unserer Politik von diesen Gesetzen aus, wir müssen sie in unserer täglichen Arbeit berücksichtigen – aber wie wir sie unseren Interessen entsprechend nutzen, hängt von vielen Faktoren ab. Dazu gehören sowohl die richtige Leitung der Wirtschaft auf den verschiedensten Ebenen, die Ausarbeitung einer erfolgversprechenden Strategie als auch die tägliche Arbeit eines jeden einzelnen Werktätigen.

Es wurde bereits darauf hingewiesen, daß für die Produktion einer bestimmten Menge Konsumgüter und Dienstleistungen auch eine bestimmte Zahl von Arbeitskräften, ein bestimmtes Quantum an Maschinen, Anlagen sowie Roh- und Brennstoffen erforderlich sind. Aber für ein Wachstum der Wirtschaft stehen uns verschiedene Wege zur Verfügung, zwischen denen wir zu entscheiden haben. Wir können dieses Wachstum erreichen, indem wir dazu mehr Arbeitskräfte, mehr Maschinen, mehr Energie und Material aufwenden. Wir können aber auch unsere Kraft darauf konzentrieren, die vorhandenen Arbeitskräfte, die vorhandenen materiell-technischen Mittel und Potenzen effektiver, intensiver zu nutzen. Die Entscheidung darüber, welcher Weg beschritten wird, ist nicht einfach, dazu ist eine gründliche wissenschaftliche Arbeit notwendig.

Bei der Entscheidung, auf welchem Weg das Wirtschaftswachstum erreicht werden soll, können daher nicht beliebige Festlegungen getroffen werden, und es kann nicht allein nach unseren Wünschen verfahren werden. Wer würde nicht wünschen, mit den gleichen Potenzen ständig das Produktionsergebnis zu steigern? Sollen die Entscheidungen real sein, müssen die ökonomischen Gesetze und ihre Erfordernisse unbedingt eingehalten werden. Konkret bedeutet das in unserem Fall, zunächst eine Reihe von Fragen exakt zu beantworten: Verfügen wir über ein ausreichendes Wissenschaftspotential, und können wir dieses Potential für die effektive Lösung dieser Probleme einsetzen? Können wir schnell und effektiv jene Zweige der Wirtschaft, die für den wissenschaftlich-technischen Fortschritt in der ganzen Volkswirtschaft entscheidend sind, entwikkeln? Welche Struktur der Volkswirtschaft und welche materiell-technische Basis sind dafür erforderlich? Verfügen wir über das notwendige Bildungsniveau der Werktätigen? Kann die Initiative der Werktätigen erhöht und auf die Schwerpunkte gelenkt werden? usw.

Mit anderen Worten – die ökonomischen Gesetze sind die Grundlage und der rote Faden der Wirtschaftspolitik. Jede Verletzung muß zu Widersprüchen, Verlusten und Rückschlägen führen. Aber ihre bestmögliche Nutzung kann nur das Ergebnis einer gründlichen Arbeit sein.

Hier wird schon sichtbar, daß die Leitung der Wirtschaft und Gesellschaft von grundlegender Bedeutung für die Nutzung der ökonomischen Gesetze ist. Die marxistisch-leninistische Theorie und die praktischen Erfahrungen bringen den Beweis, daß jede gesellschaftliche Ordnung spezifische Formen der Leitung und Planung der Wirtschaft erforderlich macht. Das gesellschaftliche Eigentum an den Produktionsmitteln macht die gesellschaftliche Leitung der Wirtschaft möglich und notwendig. Dabei verstehen wir unter gesellschaftlicher Leitung zwei miteinander verbundene Prozesse – die zentrale Leitung, das heißt die Leitung durch ein Zentrum, und die aktive Teilnahme aller Werktätigen an der Leitung und Durchführung der festgelegten Maßnahmen.

Bürgerliche Ideologen versuchen seit langem, die These zu verbreiten, daß nur die Selbständigkeit der Kombinate und Betriebe, ihr Übergang zu einer vollen Selbstverwaltung, zu einer Steigerung der Effektivität führen könne. Sie sprechen oft von einer »sozialistischen Marktwirtschaft«, in der sich die Betriebe, wie im Kapitalismus, in hartem Konkurrenzkampf gegenüberstehen. Das würde aber bedeuten, daß sich die Kombinate und Betriebe wie kapitalistische Unternehmen verhalten müßten, daß die Produktionsmittel mehr und mehr in Gruppeneigentum – Eigentum der

Werktätigen eines Betriebes – übergingen. Das gesellschaftliche Eigentum würde untergraben, die Interessen der ganzen Gesellschaft den Gruppeninteressen untergeordnet, seine Vorzüge schrittweise aufgegeben. Dies wäre ein Weg, der, konsequent betrieben, Schritt für Schritt zum Kapitalismus zurückführen würde. Daher ist es nicht erstaunlich, daß eine solche »sozialistische Marktwirtschaft« noch niemals in der Geschichte praktisch verwirklicht werden konnte.

Welches Zentrum kann die gesellschaftliche Kraft sein, die gewährleistet, daß die ökonomischen Gesetze im Interesse der ganzen Gesellschaft ausgenutzt werden? Wer kann alle Kräfte der Gesellschaft richtig koordinieren und für die Lösung der notwendigen Aufgaben gewinnen? Das sind Fragen, die häufig gestellt werden.

Viele staatliche und wirtschaftliche Einrichtungen sowie gesellschaftliche Organisationen lösen verantwortungsbewußt ihre Aufgaben bei der Gestaltung der entwickelten sozialistischen Gesellschaft. Auch die Gewerkschaften und der Jugendverband haben daran großen Anteil. Wie aber die Geschichte zeigt, kann nur die marxistisch-leninistische Partei die Funktion als führende Kraft der Gesellschaft ausüben.

Die Partei erarbeitet die Wirtschafts- und Sozialpolitik, deren Verwirklichung auf der bestmöglichen Ausnutzung der ökonomischen Gesetze des Sozialismus beruht. Nur die Partei vereinigt in sich die Erfahrungen und die wissenschaftlichen Erkenntnisse, die für die Ausnutzung der ökonomischen Gesetze im Maßstab eines Landes erforderlich sind. Der Marxismus-Leninismus ist dafür das theoretische Fundament. Auf dieser Grundlage können für einen längeren geschichtlichen Abschnitt die Ziele und der Inhalt der Wirtschafts- und Sozialpolitik, der wirtschaftlichen Entwicklung des eigenen Landes und seine Beziehungen zu den anderen sozialistischen Bruderländern sowie zu den kapitalistischen Staaten und den Entwicklungsländern bestimmt werden.

Nur die marxistisch-leninistische Partei ist in der Lage, sowohl eine erfolgversprechende Wirtschaftsstrategie auszuarbeiten, die Arbeiterklasse und die anderen Werktätigen sowie die verschiedenen gesellschaftlichen Organisationen für diese Politik zu gewinnen als auch ihre Initiative und Aktivität zu entwickeln.

So hat die SED auf ihrem X. und XI. Parteitag nach gründlicher wissenschaftlicher Vorarbeit und Diskussion eine Strategie der wirtschaftlichen und gesellschaftlichen Entwicklung ausgearbeitet und beschlossen, mit der die Frage beantwortet wird, wie unter den neuen internationalen und inneren Bedingungen der achtziger Jahre und darüber hinaus die Politik der Hauptaufgabe, die Einheit von Wirtschafts- und Sozialpolitik, weitergeführt werden kann, welche Bedingungen dazu notwendig sind, welche Probleme gelöst werden müssen.

Die SED läßt sich dabei vor allem von folgenden Gesichtspunkten leiten:

- Ein kontinuierliches und dynamisches Wachstum der Wirtschaft ist die fundamentale Bedingung, um in der DDR weiterhin die entwickelte sozialistische Gesellschaft zu gestalten und die wachsenden materiellen und geistig-kulturellen Bedürfnisse der Werktätigen zu befriedigen.
- Dieses Wachstum kann nur durch die effektivere Nutzung der zur Verfügung stehenden Kräfte und Potenzen erreicht werden. Daher ist die Intensivierung des volkswirtschaftlichen Reproduktionsprozesses in Gegenwart und Zukunft der Hauptweg der wirtschaftlichen Entwicklung.
- Die Hauptquelle für Effektivität und Wachstum ist der wissenschaftlich-technische Fortschritt. Seine Beschleunigung und ökonomische Anwendung ist die Schlüsselfrage der Wirtschafts- und Sozialpolitik der SED.
- Die breite und effektive Anwendung neuester Erkenntnisse von Wissenschaft und Technik wird entscheidend von der Initiative und Aktivität aller Werktätigen, insbesondere der Jugend, bestimmt. Die Bereitschaft und die Fähigkeit, den wissenschaftlich-technischen Fortschritt kompromißlos gegen alle Hindernisse und Widersprüche durchzusetzen, ist eine der wichtigsten Wachstumsquellen der Volkswirtschaft.

Diese Strategie ist die Grundlage für die Tätigkeit der staatlichen Organe und gesellschaftlichen Organisationen, für die Kombinate und Betriebe, die Genossenschaften und wissenschaftlichen Einrichtungen.

Die Wirtschafts- und Sozialpolitik der Partei geht von den ökonomischen Gesetzen und ihren Erfordernissen aus. Erich Honecker hat dies mit folgenden Worten unterstrichen:

»

»Als ein Schlüsselproblem erwies sich dabei das tiefe Verständnis der objektiven ökonomischen Gesetze des Sozialismus und ihrer Wirkungsbedingungen im gegenwärtigen Abschnitt des Aufbaus der neuen Gesellschaft in unserer Republik. Denn wachsender Wohlstand des Volkes, höhere Effektivität der Volkswirtschaft sind neben oder außerhalb dieser Gesetzmäßigkeiten nicht zu erreichen. Diese gewissenhaft zu berücksichtigen und zu beherzigen, sie mit Kenntnis und Meisterschaft zu nutzen – das erweist sich auch in unserem Lande als der einzige Weg zu guten und dauerhaften ökonomischen Ergebnissen. Das ist eine sich immer wieder bestätigende Erfahrung, eine immer aufs neue zu beherzigende marxistisch-leninistische Wahrheit. Hier liegt die Scheidelinie zwischen wissenschaftlicher Politik

**und Subjektivismus in der Ökonomie. Natürlich ist der Drang nicht unverständlich, noch schneller, als exakte Bilanzen gestatten, wichtige Bedürfnisse der Gesellschaft zu befriedigen und dem Gegner einen Vorsprung in der Arbeitsproduktivität zu entreißen. Doch erhält solches Wunschdenken Einfluß auf konkrete Entschlüsse, so bringt es in der Konsequenz Tempoverlust statt Tempogewinn. Subjektivismus in wirtschaftlichen Fragen ist stets eine teure Angelegenheit.«[8]**

Die politische Ökonomie ist eine außerordentlich wichtige Waffe in den Händen einer jeden marxistisch-leninistischen Partei – sowohl im Kampf gegen den Kapitalismus als auch für den Aufbau des Sozialismus und Kommunismus. Daher widmet die SED dem Studium der ökonomischen Lehren des Marxismus-Leninismus, ihrer schöpferischen Anwendung und Weiterentwicklung stets große Aufmerksamkeit.

**Welche Faktoren muß die Partei bei ihrer Wirtschafts- und Sozialpolitik berücksichtigen?**

Die Wirtschafts- und Sozialpolitik der Partei ist keine bloße Zusammenfassung ökonomischer Kriterien oder nur die Anwendung der politischen Ökonomie, eine einfache Widerspiegelung der verschiedenen Erfordernisse der ökonomischen Gesetze.

Wenn das so wäre, dann besäße jedes sozialistische Land in der Regel immer eine richtige Wirtschafts- und Sozialpolitik. Denn wir können davon ausgehen, daß den marxistisch-leninistischen Parteien dieser Länder die ökonomischen Gesetze und ihre grundlegenden Erfordernisse bekannt sind. Wie aber die Geschichte, die Erfahrungen der sozialistischen Gemeinschaft zeigen, ist dies kein einfacher Prozeß. Sehr oft ist eine längere Zeit des Suchens, der wissenschaftlichen Analyse, der Diskussion und des Abwägens erforderlich. Die praktischen Erfahrungen einzelner sozialistischer Länder bezeugen, daß dieser Prozeß mit Widersprüchen verbunden ist. Fehlentscheidungen sind dabei nicht ausgeschlossen.

Um in allen Abschnitten des sozialistischen Aufbaus eine richtige und den Interessen der Arbeiterklasse und aller anderen Werktätigen entsprechende Wirtschafts- und Sozialpolitik auszuarbeiten und praktisch durchzusetzen, müssen viele Faktoren, Bedingungen und Gesichtspunkte berücksichtigt werden. Neben der genauen Kenntnis der ökonomischen Gesetze spielen dabei politische und ideologische Faktoren eine außerordentlich wichtige Rolle. Dabei gilt es vor allem, wichtige politische Entscheidungen zu treffen.

So hatte der X. Parteitag der SED 1981 die Entscheidung zu treffen, ob die Politik der Hauptaufgabe auch in den achtziger Jahren weitergeführt werden kann. Dabei ging es nicht um unsere Wünsche – wer würde nicht dafür sein, daß jene Politik, die auf die Hebung des materiellen und kulturellen Lebensniveaus des Volkes gerichtet ist, fortgesetzt wird. Entscheidend war vielmehr die Frage, ob dafür die realen Voraussetzungen geschaffen werden können.

Dabei muß berücksichtigt werden, daß sich mit dem Übergang zu den achtziger Jahren neue internationale und innere Bedingungen ergeben haben. Viele dieser neuen Bedingungen bringen neue komplizierte Probleme und zusätzliche Belastungen für die Volkswirtschaft mit sich.

Die SED konnte aber zugleich davon ausgehen, daß die erfolgreiche Entwicklung des Sozialismus einen bedeutenden Zuwachs an Potenzen und Leistungskraft, an Erfahrungen der Partei bei der Leitung der Wirtschaft und Gesellschaft, ein hohes Bildungsniveau und wachsende Aktivität der Werktätigen hervorbringt. Es galt die Frage zu entscheiden: Können alle diese Faktoren, können die Vorzüge und Triebkräfte des Sozialismus, seine Potenzen und Möglichkeiten in einem solchen Ausmaß mobilisiert werden, daß dadurch die negativ wirkenden Faktoren ausgeglichen werden?

Der X. und XI. Parteitag der SED haben diese Frage eindeutig beantwortet: Es ist möglich und notwendig, die Politik der Hauptaufgabe auch unter den neuen Bedingungen fortzusetzen. Dies war ohne Zweifel eine außerordentlich wichtige politische und strategische Entscheidung. Sie bestimmt alle Ziele und Aufgaben der Wirtschafts- und Sozialpolitik im nächsten Abschnitt der geschichtlichen Entwicklung der DDR.

Für eine richtige, wirksame Wirtschafts- und Sozialpolitik spielen die genaue Einschätzung der internationalen Lage und die sich aus ihr ergebenden Schlußfolgerungen eine außerordentlich wichtige Rolle.

Kann der Frieden zuverlässig gesichert, kann ein Rüstungsstopp erkämpft, können ernsthafte Schritte zur Abrüstung gemacht werden oder nicht? Nur nach genauer Prüfung der internationalen Lage kann entschieden werden, wieviel Mittel und Kräfte zum Beispiel für die Verteidigung notwendig sind. Auf welche Art und Weise kann und muß die innere und die internationale Entwicklung am besten miteinander verbunden werden? Welche Schlüsse sind aus der imperialistischen Hochrüstungs- und Konfrontationspolitik in den achtziger Jahren zu ziehen? Wie kann verhindert werden, daß die aggressivsten imperialistischen Kräfte das militärstrategische Gleichgewicht zu ihren Gunsten verändern?

Für die DDR ergeben sich besonders aus der Tatsache wichtige Schlußfolgerungen, daß sie an der Trennlinie der beiden Weltsysteme und der beiden militärischen Bündnisse, der NATO und des Warschauer Vertrages, liegt. Die innere Stabilität der sozialistischen Ordnung ist ein außerordentlich wichtiger Beitrag für Frieden und Sicherheit, für das militärische Gleichgewicht im Zentrum Europas. Aber die innere Stabilität ist nur mit Hilfe sozialer Stabilität möglich und diese wiederum nicht ohne dynamisches Wachstum der Wirtschaft. Die Einheit von Wirtschafts- und Sozialpolitik hat daher eine große internationale politische Bedeutung. Kaum vorher war in der Geschichte der DDR die erfolgreiche innere Entwicklung des Sozialismus so eng mit der internationalen Entwicklung verflochten wie heute.

Für die genaue Bestimmung der Wirtschaftspolitik ist die Verbindung der Partei mit der Arbeiterklasse, den Genossenschaftsbauern, der Intelligenz und den anderen Werktätigen außerordentlich wichtig. Die ökonomischen und die wissenschaftlich-technischen Potenzen erhalten ihr Gewicht nur in Verbindung mit der praktischen Haltung der Werktätigen. Die Initiative und Aktivität der Werktätigen bestimmt entscheidend die Bedingung für die volle Nutzung der ökonomischen Gesetze, das heißt das mögliche Wachstum der wirtschaftlichen Leistungskraft. Strategische wirtschaftspolitische Entscheidungen können heute nicht mehr gefaßt werden, ohne die Rolle der Jugend zu bestimmen. Die auf dem XI. Parteitag der SED weiterentwickelte Wirtschaftsstrategie geht davon aus, daß die Jugend der DDR ihre Kraft einsetzen wird, um die wissenschaftlich-technische Revolution im Interesse dieser Strategie, im Interesse der Politik der Hauptaufgabe zu meistern.

Zu den wichtigsten Faktoren, die die Wirtschafts- und Sozialpolitik der Partei, die Entwicklung der Wirtschaft und Gesellschaft tiefgreifend beeinflussen, gehört die wissenschaftlich-technische Revolution, die im internationalen Maßstab in der Mitte der fünfziger Jahre eingesetzt hat. Die wissenschaftlich-technische Revolution ist sowohl durch eine Umwälzung in den Produktionsinstrumenten, durch neue Arbeitsgegenstände, als auch durch neue Energiequellen gekennzeichnet. Sie ist die entscheidende Quelle für eine rasche Steigerung der Effektivität und der Produktivität der gesellschaftlichen Arbeit und verändert umfassend den Inhalt und den Charakter der Arbeit. Darüber hinaus beeinflußt sie maßgeblich alle Bereiche des Lebens: die Aus- und Weiterbildung, die Militärtechnik, die Lebensweise, die Medizin, die sozialen Beziehungen usw.

Praxisbezogene Forschung, zum Beispiel die Entwicklung und Erprobung von Verfahren und Ausrüstungen im elektronischen Gerätebau oder die rechnergestützte Konstruktion von Problemlösungen, betreiben Studenten der Ingenieurhochschule Mittweida für die Kombinate Nachrichtentechnik, Mikroelektronik, Robotron und für das Kombinat Rundfunk und Fernsehen. Dazu wurden zwischen der Hochschule und den Kombinaten Verträge geschlossen, die konkrete Forschungsaufgaben für den Planzeitraum bis 1990 enthalten

Wie die internationalen Erfahrungen zeigen, hat die wissenschaftlich-technische Revolution, hat der wissenschaftlich-technische Fortschritt im Kapitalismus und im Sozialismus gegensätzliche Auswirkungen. Im Kapitalismus ist der Verlauf der wissenschaftlich-technischen Revolution höchst widersprüchlich. Einerseits hat die Anwendung der neuesten Erkenntnisse von Wissenschaft und Technik die Produktivität und die Leistungskraft der kapitalistischen Wirtschaft wesentlich erhöht. Dadurch konnte zeitweilig das Wirtschaftswachstum beschleunigt werden. Besonders breite Anwendung fanden Wissenschaft und Technik in der imperialistischen Rüstungsindustrie, im Militär-Industrie-Komplex. Andererseits führte die wissenschaftlich-technische Revolution zu einer wesentlichen Verschärfung grundlegender kapitalistischer Widersprüche. Im Rahmen der kapitalistischen Rationalisierung wurde sie zu einer Quelle der Massenarbeitslosigkeit, wachsender sozialer Unsicherheit, sozialer Widersprüche und erbitterter Klassenkämpfe.

**In der sozialistischen Gesellschaft wird es möglich, die Vorzüge der sozialistischen Wirtschafts- und Gesellschaftsordnung organisch mit den Errungenschaften der wissenschaftlich-technischen Revolution zu verbinden.**

Durch die sozialistischen Eigentums- und Machtverhältnisse wird eine direkte Verbindung zwischen wissenschaftlich-technischem Fortschritt, ökonomischem Wachstum sowie sozialem und geistig-kulturellem Fortschritt hergestellt. Wissenschaft und Technik bilden die wichtigste Quelle für ein kontinuierliches Wirtschaftswachstum, und damit bestimmen sie die Möglichkeiten der Sozialpolitik. Auch für Volksbildung und Kultur schaffen sie die materiellen Grundlagen. Nur mit der modernen Wissenschaft und Technik können solche weitreichenden Ziele des sozialistischen Aufbaus erreicht werden wie die Überwindung der wesentlichen Unterschiede zwischen Stadt und Land, zwischen körperlicher und geistiger Arbeit.

Wissenschaftlich-technischer Fortschritt und seine Beschleunigung rufen daher nicht Angst um den Arbeitsplatz hervor, sind keine Quelle für Furcht und Sorge, sondern sind im Gegenteil die grundlegenden Bedingungen für die Höherentwicklung der sozialistischen Gesellschaft, für die immer bessere Befriedigung der materiellen und kulturellen Bedürfnisse aller Werktätigen. Deshalb ist die Meisterung der wissenschaftlich-technischen Revolution im Interesse der Gesellschaft eine grundlegende Aufgabe der Wirtschafts- und Sozialpolitik der Partei und des sozialistischen Staates für die Gestaltung der entwickelten sozialistischen Gesellschaft und die Schaffung von Voraussetzungen für den allmählichen Übergang zum Kommunismus. Für die Ausarbeitung einer wirkungsvollen und erfolgversprechenden Wirtschaftsstrategie eines sozialistischen Landes ist daher die Frage, welche wissenschaftlich-geistigen Potenzen zur Verfügung stehen und geschaffen werden können, wie sie umfassend und mit hohem ökonomischem Effekt eingesetzt werden können, wie die Initiativen der Werktätigen, insbesondere der Jugend, dafür mobilisiert werden können, eine Schlüsselfrage.

Fassen wir die wichtigsten Momente und Bedingungen zusammen, die es bei der Ausarbeitung und Bestimmung der Wirtschafts- und Sozialpolitik zu berücksichtigen gilt, so treten als Erkenntnis und Schlußfolgerung besonders in den Vordergrund:

**Erstens:** Nur die marxistisch-leninistische Partei kann eine wissenschaftlich begründete Wirtschafts- und Sozialpolitik ausarbeiten und die Werktätigen für ihre praktische Durchführung gewinnen. Nur sie verfügt mit dem Marxismus-Leninismus über die erforderlichen wissenschaftlichen Grundlagen. Nur sie ist mit allen Klassen und Schichten so eng verbunden, daß sie deren Interessen zum Ausdruck bringen und erfolgreich durchsetzen kann.

**Zweitens:** Die Wirtschafts- und Sozialpolitik der Partei der Arbeiterklasse beruht auf der Ausnutzung der ökonomischen Gesetze des Sozialismus. Sie ist aber keine einfache Zusammenstellung der einzelnen Erfordernisse der ökonomischen Gesetze. Sie verlangt vor allem ein politisches Herangehen und politisch begründete Entscheidungen zur Entwicklung der Wirtschaft.

Der objektive Charakter der ökonomischen Gesetze bedeutet nicht, daß wir in unserem ökonomischen Handeln nur das ausführen müssen, was die ökonomischen Gesetze erfordern, daß wir nur eine Art Vollzugsbeamte wären. Wir müssen ständig selbst verantwortlich aus verschiedenen Varianten die beste auswählen. Der objektive Charakter der ökonomischen Gesetze nimmt uns nicht die Entscheidungen ab, die ständig zu treffen sind, um die Wege zu finden und zu beschreiten, auf denen sie in der jeweiligen konkreten Situation am besten ausgenutzt werden können.

Zugleich verändert unsere praktische Tätigkeit ständig die Wirkungsbedingungen für die ökonomischen Gesetze. Die Verteilung nach der Arbeitsleistung ist ein grundlegendes Gesetz des Sozialismus. Aber wieviel verteilt werden kann, hängt von den Ergebnissen unserer Arbeit ab.

**Drittens:** Eine Wirtschaftsstrategie ist nur dann realistisch und erfolgversprechend, wenn sie auf der engen und vertrauensvollen Verbindung der marxistisch-leninistischen Partei mit allen Werktätigen, mit allen Klassen und Schichten unseres Volkes beruht. Praktisch bedeutet das, daß die Partei es verstehen muß, alle Werktätigen an der Diskussion und Ausarbeitung der Strategie zu beteiligen. Nur dann werden alle diese Politik auch als ihre Politik betrachten. Sie ist nur dann realistisch, wenn die Partei alle Werktätigen von der Richtigkeit dieser Politik überzeugt und für deren praktische Verwirklichung gewinnt.

Die Wirtschafts- und Sozialpolitik der SED bestimmt die Ziele und die Hauptrichtung der wirtschaftlichen und sozialen Entwicklung der DDR. Sie wird auf den Parteitagen der SED und in breiten Volksaussprachen gründlich beraten. Von besonderer Bedeutung waren in dieser Hinsicht die Parteitage, die seit Beginn der siebziger Jahre stattfanden. Der VIII. Parteitag formulierte das Wesen der entwickelten sozialistischen Gesellschaft und bestimmte die Hauptaufgabe, die gegenwärtig und künftig die Wirtschafts- und Sozialpolitik unseres Landes charakterisiert. Der IX. Parteitag nahm ein neues Programm an, das die gesellschaftliche Entwicklung der DDR im nächsten historischen Abschnitt bestimmt. Das nächste geschichtliche Ziel, auf das dieses Programm orientiert, kennzeichnete Erich Honecker auf dem IX. Parteitag folgendermaßen:

»Die Sozialistische Einheitspartei Deutschlands stellt sich das Ziel, in der Deutschen Demokratischen Republik weiterhin die entwickelte sozialistische Gesellschaft zu gestalten und so grundlegende Voraussetzungen für den allmählichen Übergang zum Kommunismus zu schaffen.«[9]

Von dieser weitreichenden Zielstellung wird die Wirtschaftspolitik abgeleitet. Im Programm der SED wird gesagt:

»Entwickelte sozialistische Gesellschaft – das heißt, alle materiellen, sozialökonomischen und politisch-ideologischen Voraussetzungen zu schaffen, damit der Sinn des Sozialismus, alles zu tun für das Wohl des Volkes, für die Interessen der Arbeiterklasse, der Genossenschaftsbauern, der Intelligenz und der anderen Werktätigen, auf ständig höherer Stufe verwirklicht wird. Entsprechend dem ökonomischen Grundgesetz des Sozialismus besteht die Hauptaufgabe bei der Gestaltung der entwickelten sozialistischen Gesellschaft in der weiteren Erhöhung des materiellen und kulturellen Lebensniveaus des Volkes auf der Grundlage eines hohen Entwicklungstempos der sozialistischen Produktion, der Erhöhung der Effektivität, des wissenschaftlich-technischen Fortschritts und des Wachstums der Arbeitsproduktivität.«[10]

Der XI. Parteitag der SED konnte feststellen: Die im Programm der SED gestellten Ziele werden verwirklicht. Wir haben die Beschlüsse des X. Parteitages erfüllt; die Zeit seit dem X. Parteitag war die erfolgreichste in der Geschichte unseres Landes. »Unser Parteitag hat eine umfangreiche und fruchtbare Arbeit geleistet. Mit seinen grundlegenden Beschlüssen leitet er einen qualitativ neuen Abschnitt bei der weiteren Gestaltung der entwickelten sozialistischen Gesellschaft in der Deutschen Demokratischen Republik ein. So verwirklichen wir kontinuierlich das Programm unserer Partei«[11], erklärte Erich Honecker in seiner Schlußansprache auf dem XI. Parteitag der SED.

Die DDR ist ein zuverlässiges

Mitglied der sozialistischen Gemeinschaft. Sie verfügt über eine hochentwickelte Industrie und Landwirtschaft. Die wirtschaftlichen Beziehungen, die Zusammenarbeit in Wirtschaft, Wissenschaft und Technik mit der Sowjetunion und den anderen sozialistischen Ländern sind ein Wesensmerkmal der Wirtschaftspolitik der SED.

In ihrer gesamten Politik geht die SED davon aus, daß die Wirtschaft das Hauptfeld der Klassenauseinandersetzung zwischen Sozialismus und Imperialismus ist und bleibt. Von der Leistungsfähigkeit der Wirtschaft hängt es in erster Linie ab, wie das soziale Wesen der sozialistischen Gesellschaft ausgestaltet werden kann, wie attraktiv der Sozialismus ist. In einer Zeit, da sich die allgemeine Krise des Kapitalismus weiter vertieft, ist die sichere, stabile wirtschaftliche und soziale Entwicklung in der DDR ein besonders wichtiger Ausdruck der Überlegenheit der sozialistischen Ordnung.

In der sozialistischen Gesellschaft steht der Mensch in doppelter Hinsicht im Mittelpunkt. Alle Anstrengungen sind darauf gerichtet, das materielle und geistig-kulturelle Lebensniveau aller Werktätigen zu erhöhen, alle Fähigkeiten zu entfalten und sozialistische Persönlichkeiten zu formen. Zugleich hängt jeder wirtschaftliche und gesellschaftliche Fortschritt von der bewußten Tätigkeit, von der sozialen Aktivität eines jeden einzelnen Werktätigen ab. Das betrifft sowohl die Ausarbeitung der Strategie der wirtschaftlichen und gesellschaftlichen Entwicklung als auch ihre praktische Durchsetzung in allen Bereichen der Gesellschaft.

Daraus ergibt sich auch das große Gewicht, das für jeden einzelnen die gründliche Kenntnis der marxistisch-leninistischen politischen Ökonomie besitzt. Das Niveau der sozialistischen Demokratie, die Ergebnisse der bewußten Teilnahme an der Leitung und Planung der gesellschaftlichen Entwicklung hängen in hohem Maße von diesen Sachkenntnissen ab. Die politische Ökonomie hört daher auf, die Angelegenheit weniger Fachleute zu sein. Ihr gründliches Studium, besonders durch die Jugend, ist daher eine grundlegende Bedingung für die erfolgreiche Gestaltung der entwickelten sozialistischen Gesellschaft.

# Das Wesen der kapitalistischen Ausbeutung – der Grundwiderspruch des Kapitalismus

Unsere Epoche ist die geschichtliche Epoche des Übergangs vom Kapitalismus zum Sozialismus im Weltmaßstab. Wir leben in einer Zeit, in der sozialistische und kapitalistische Staaten nebeneinander existieren, und zwar auf lange Zeit. »Die Welt von heute ist kompliziert, vielfältig, dynamisch, von einander bekämpfenden Tendenzen durchsetzt und voller Widersprüche. Das ist eine Welt höchst komplizierter Alternativen, eine Welt von Sorgen und Hoffnungen«[12], stellte Michail Gorbatschow auf dem XXVII. Parteitag der KPdSU fest.

Immer mehr wird es zu einer Schicksalsfrage für die gesamte Menschheit: Wie können die Gefahren gebändigt werden, die heute unserem Planeten drohen? Wie kann das friedliche Nebeneinander beider Weltsysteme im Nuklearzeitalter gesichert werden?

Der Imperialismus ist durch seinen aggressiven Charakter Quelle und Ausgangspunkt von Kriegen und internationalen Konflikten in vielfältigen Formen. Hochrüstungs- und Konfrontationspolitik maßgeblicher Kreise der USA und anderer NATO-Staaten haben in den achtziger Jahren die internationale Lage wesentlich verschärft und die Gefahr eines atomaren Krieges heraufbeschworen.[13]

Der Hauptstoß der aggressiven Politik des Imperialismus richtet sich gegen die Sowjetunion und die sozialistische Gemeinschaft. Obwohl sich die strategischen

SCHAFFT
ENDLICH
ARBEITSPLÄTZE
FÜR MEINE
ZUKUNFT
SEHE ICH

Konzeptionen des Imperialismus verändern, bleibt das Ziel der aggressivsten Kräfte immer gleich: den wachsenden internationalen Einfluß des Sozialismus zurückzudrängen und ihn schließlich zu beseitigen. Das bedeutet, daß zwischen dem Aufbau des Sozialismus und der internationalen Auseinandersetzung der beiden Weltsysteme ein untrennbarer Zusammenhang besteht.

Der Kampf gegen die imperialistische Bedrohung des Friedens ist zur wichtigsten Aufgabe der Menschheit geworden. Daher ist die genaue Kenntnis der Wesensmerkmale in der Politik des Imperialismus von heute eine wichtige Bedingung, um die internationale Entwicklung zu verstehen und eine richtige Haltung zu beziehen.

Es ist uns nicht gleichgültig, was in der kapitalistischen Welt vor sich geht, wie sich die kapitalistische Gesellschaftsordnung, ihre Wirtschaft, ihre Politik, das soziale und geistig-kulturelle Leben entwickeln. Unser Denken und Handeln wird vom proletarischen Internationalismus bestimmt. Auf dieser Grundlage verbindet sich unser Kampf mit dem Kampf der Kommunisten und aller anderen demokratischen, antiimperialistischen Kräfte in den kapitalistischen Ländern. Zwischen den beiden Gesellschaftssystemen findet Tag für Tag ein scharfer und harter Wettbewerb statt. Wir tun alles, damit dieser Wettbewerb in friedlichen Formen verläuft und alle Vorzüge des Sozialismus zur Wirkung kommen.

Obwohl wir unsere ganze Kraft dem Aufbau der entwickelten sozialistischen Gesellschaft in der DDR widmen, ist die genaue Kenntnis jener Gesetzmäßigkeiten, die die Entwicklung der kapitalistischen Welt, ihren gesetzmäßigen Niedergang bestimmen, für uns außerordentlich wichtig und notwendig. Die Vorgänge und Widersprüche in diesem Teil der Welt zu verstehen ist für uns, die wir im Sozialismus leben, lernen und arbeiten, die mit seinen Entwicklungsbedingungen, mit seinen Vorzügen und Aufgaben vertraut sind, nicht immer einfach. Wie sollen wir von unserem Standpunkt aus sofort begreifen, daß im Kapitalismus wachsende technische Leistungskraft der Wirtschaft und glänzende Fassaden untrennbar mit Massenarbeitslosigkeit, wachsender sozialer Unsicherheit und Perspektivlosigkeit für Millionen Menschen verbunden sind?

## Warum so viel neue Namen?

Würden wir den Verfechtern verschiedener Schattierungen der bürgerlichen Ideologie glauben, dann gäbe es längst keinen Kapitalismus mehr. Besonders in den fünfziger und sechziger Jahren hatten sie die Behauptung aufgestellt, daß die kapitalistische Ordnung allmählich in eine neue Gesellschaft hinüberwachsen würde. Nur darüber, was das für eine Gesellschaft sein würde, gab es unterschiedliche Auffassungen. Die einen meinten, es vollziehe sich der Übergang zu einer »Industriegesellschaft« oder einer »postindustriellen Gesellschaft«, andere erklärten, es käme eine »Wohlfahrtsgesellschaft«, wieder andere behaupteten, der Kapitalismus sei längst zu einer »freien und sozialen Marktwirtschaft« geworden. Schließlich wurde die Meinung vertreten, Schritt für Schritt würde sich der sogenannte demokratische Sozialismus durchsetzen. Mindestens ein Dutzend solcher oder ähnlicher Begriffe wurde für den Kapitalismus geschaffen. Mit derartigen Pseudotheorien versuchen die Ideologen des Imperialismus, das Wesen der kapitalistischen Ausbeuterordnung zu verschleiern.

Es spricht nicht unbedingt für den Kapitalismus, wenn man unter allen Umständen einen neuen Namen für ihn finden will. Aber die Schöpfer dieser neuen Begriffe erklärten gleichzeitig, durch den gestiegenen Reallohn sei in der Nachkriegszeit die kapitalistische Ausbeutung der Arbeiter und Angestellten endgültig beseitigt, und damit seien auch die grundlegenden sozialen Widersprüche überwunden oder zumindest außerordentlich gemildert worden. An ihre Stelle sei soziale Harmonie zwischen Arbeiterklasse und Bourgeoisie getreten. Diesen Kapitalismus müsse man demzufolge auch durch andere Begriffe charakterisieren. Seit der Krise der kapitalistischen Wirtschaft in der Mitte der siebziger Jahre ist es wesentlich ruhiger um solche Behauptungen und Theorien geworden. Die kapitalistische Wirklichkeit ist ganz offensichtlich den Theorien nicht gefolgt. Die Widersprüche, die Labilität und die soziale Unsicherheit sind in der kapitalistischen Welt mit dem Übergang zu den achtziger Jahren größer als jemals in der Zeit nach dem zweiten Weltkrieg. Damit hat sich die Voraussage des Marxismus-Leninismus bestätigt:

**Der Kapitalismus kann nicht existieren und sich entwickeln, ohne daß sich seine grundlegenden Widersprüche gesetzmäßig verschärfen und schließlich den Übergang zum Sozialismus objektiv notwendig machen.**

## Das Mehrwertgesetz – Grundgesetz des Kapitalismus

Welche ökonomischen Gesetze bestimmen die tatsächliche Entwicklung der kapitalistischen Gesellschaft?

Marx hat der Beantwortung dieser Frage große Aufmerksamkeit geschenkt. Er schrieb dazu »Das

Kapital«, das sein Haupt- und Lebenswerk ist. Die kapitalistische Wirtschaft ist durch eine Vielzahl von Prozessen bestimmt, die auf dem Wirken zahlreicher ökonomischer Gesetze beruhen. Marx untersuchte, welches Gesetz am besten und klarsten das Wesen und die Bewegung des Kapitalismus zum Ausdruck bringt und letztlich die Wirkung aller anderen Gesetze bestimmt. Er charakterisierte dieses Gesetz als Bewegungsgesetz des Kapitalismus. **Tatsächlich fand Marx dieses Gesetz für den Kapitalismus – das Mehrwertgesetz**, das heute als Grundgesetz des Kapitalismus bezeichnet wird.

Die Marxsche Mehrwerttheorie enthüllt das Wesen der kapitalistischen Ausbeutung und damit das grundlegende Verhältnis zwischen Kapital und Arbeit, zwischen Bourgeoisie und Proletariat.

Die Produktion des Mehrwerts, das Wesen der kapitalistischen Ausbeutung, ist wiederum die Quelle aller wichtigen Vorgänge und Widersprüche im Kapitalismus. Engels erklärte dazu, daß mit der Enthüllung des Geheimnisses der kapitalistischen Produktion vermittels des Mehrwertes der Sozialismus eine Wissenschaft wurde.[14]

Es wurde schon auf jene bürgerlichen Ideologen hingewiesen, die behaupten, die kapitalistische Ausbeutung sei verschwunden, weil in der Nachkriegszeit der Reallohn der Arbeiter gestiegen sei. Niemand unterschätzt die Bedeutung des Reallohns für die Arbeiterklasse im Kapitalismus. Tatsache ist aber, daß er nur ein Moment, nur eine Erscheinung in der kapitalistischen Ausbeutung ist. Ihr Wesen ist mit der Höhe des Reallohns längst nicht erfaßt.

Das Wesen der kapitalistischen Ausbeutung ergibt sich aus den kapitalistischen Produktionsverhältnissen, insbesondere aus der unterschiedlichen Stellung der Klassen und Schichten der kapitalistischen Gesellschaft zu den Produktionsmitteln. Diese Stellung wird dadurch charakterisiert, daß die Mehrheit der Gesellschaft über keinerlei Eigentum an den Produktionsmitteln verfügt, während eine kleine Gruppe die Produktionsmittel in ihren Händen konzentriert. Die Zahl jener, die keine eigenen Produktionsmittel besitzen, wird immer größer, die Zahl der Produktionsmitteleigentümer immer kleiner. Gegenwärtig kann man davon ausgehen, daß in den industriell entwickelten kapitalistischen Ländern 80 bis 90 Prozent aller Arbeitsfähigen Arbeiter und Angestellte sind, also kein Eigentum an den Produktionsmitteln besitzen (Abbildung 2).

Völlig unabhängig davon, ob die Arbeiter und Angestellten eine gut oder schlecht eingerichtete Wohnung, ein Auto oder anderes besitzen, das real einsetzbare Eigentum, über das sie in der kapi-

## Anteil der Arbeiter und Angestellten an der erwerbstätigen Bevölkerung in den kapitalistischen Hauptländern

**2**

| | Mitte des 20. Jahrhunderts | | Anfang der 80er Jahre | |
|---|---|---|---|---|
| | Arbeiter und Angestellte | | | |
| | Millionen | Prozent[a] | Millionen | Prozent[a] |
| Entwickelte kapitalistische Länder insgesamt | 163 | 69,1 | 283 | 81,8 |
| darunter USA | 49 | 81,9 | 101 | 90,1 |
| Japan | 15 | 40,3 | 42 | 72,4 |
| BRD | 16 | 70,8 | 24 | 86,9 |
| Großbritannien | 22 | 92,2 | 24 | 91,1 |
| Frankreich | 13 | 65,4 | 18 | 77,0 |
| Italien | 13 | 61,3 | 16 | 72,2 |

a Anteil an der erwerbstätigen Bevölkerung

Die Arbeiterklasse und die heutige Welt, Moskau, 1985, H. 6, S. 144 (russ.).

talistischen Gesellschaft verfügen, ist ihre Arbeitskraft. Alle anderen Mitglieder der kapitalistischen Gesellschaft – Bauern, Handwerker, Klein- oder Großunternehmer – sind in der einen oder anderen Form Eigentümer von Produktionsmitteln. Dabei besteht das Charakteristische darin, daß der entscheidende Teil der Produktionsmittel, Betriebe und Bergwerke, Produktions-, Forschungs-, Verkehrs- und Dienstleistungseinrichtungen, Eigentum von zwei bis drei Prozent der Bevölkerung ist. In der BRD beispielsweise verfügen etwa 60 Monopolgruppen über mehr als zwei Drittel des Gesamtkapitals aller Kapitalgesellschaften.

**Was haben die Eigentumsverhältnisse mit dem Wesen der kapitalistischen Ausbeutung zu tun?**

Bürgerliche Ideologen behaupten, die Eigentumsverhältnisse hätten nur noch geringe Bedeutung, weil auch die Arbeiter und Angestellten ihr Eigentum an Kühlschränken, Waschmaschinen, Autos, Fernsehempfängern und anderen langlebigen Konsumgütern außerordentlich vergrößert hätten. Ob ein Arbeiter jedoch ein, zwei oder auch drei Kühlschränke, Fernsehempfänger oder andere Konsumgüter besitzt, ändert nichts an der entscheidenden Tatsache: Wenn er und seine Familie leben wollen, muß er seine Arbeitskraft verkaufen.

**Für die Arbeiter und Angestellten, also für die Mehrheit der Bevölkerung in der kapitalistischen Gesellschaft, ist der Verkauf der Arbeitskraft die einzige Existenzgrundlage.**

Kapitalismus kann daher nur dann entstehen und existieren, wenn eine möglichst große Anzahl von Werktätigen aufgrund ihrer Stellung zu den Produktionsmitteln objektiv gezwungen ist, ihre Arbeitskraft zu verkaufen, um leben zu können. Beim Übergang vom Feudalismus zum Kapitalismus entstand der doppelt freie Lohnarbeiter – ein Werktätiger, der absolut frei ist von Eigentum an Produktionsmitteln und frei von feudalen Bindungen, der also auch rechtlich in der Lage ist, seine Arbeitskraft an die Eigentümer der Produktionsmittel zu verkaufen. Zugleich erfordert die kapitalistische Produktionsweise, daß sich in den Händen einer kleinen Gruppe von Eigentümern eine möglichst große Menge Produktionsmittel und Geld befindet.

Dabei könnte diese kleine Gruppe niemals allein produzieren. Im Unterschied zu einem Bauern oder einem Handwerker könnten die Eigentümer der Produktionsmittel nicht eine Stunde ihre Betriebe allein in Gang setzen, allein irgendeine Ware herstellen. Dazu ist es unbedingt notwendig, daß sie die Arbeitskraft der Werktätigen kaufen.

Im Kapitalismus sind diejenigen, die keine eigenen Produktionsmittel besitzen, gezwungen, ihre Arbeitskraft Tag für Tag an die Besitzer der Produktionsmittel zu verkaufen. Das ist die Grundbedingung, das Wesensmerkmal kapitalistischer Produktionsverhältnisse. Dieser Verkauf der Arbeitskraft ist eine Notwendigkeit, die sich nicht aus dem persönlichen Verhalten von Arbeitern und Kapitalisten, etwa aus ihren subjektiven Charaktereigenschaften und Wünschen, ergibt, sondern aus den objektiven sozialökonomischen Bedingungen.

Die geschichtliche Herausbildung dieser objektiven Bedingungen nannte Marx die **ursprüngliche Akkumulation**. Das Wesen der ursprünglichen Akkumulation faßte Lenin in seiner Arbeit über Marx folgendermaßen zusammen:

»

»Historische Voraussetzung für die Entstehung des Kapitals ist erstens die Akkumulation einer bestimmten Geldsumme in den Händen einzelner Personen bei verhältnismäßig hohem Entwicklungsniveau der Warenproduktion im allgemeinen, zweitens das Vorhandensein eines in doppeltem Sinne ›freien‹ Arbeiters – frei von allen Behinderungen oder Einschränkungen beim Verkauf der Arbeitskraft und frei von Grund und Boden sowie von Produktionsmitteln überhaupt –, eines an keinen Herrn gebundenen Arbeiters, eines ›Proletariers‹, der nicht anders als vom Verkauf seiner Arbeitskraft existieren kann.«[15]

«

Marx hat im »Kapital« sehr ausführlich den historischen Prozeß der ursprünglichen Akkumulation, insbesondere die Schaffung des doppelt freien Lohnarbeiters, untersucht. Aufgrund der geschichtlichen Tatsachen kam er zu dem Schluß:

»

»Wenn das Geld, nach Augier, ›mit natürlichen Blutflecken ... zur Welt kommt‹, so das Kapital von Kopf bis Zeh, aus allen Poren, blut- und schmutztriefend.«[16]

«

Der Kapitalismus ist diesem Prinzip nicht nur treu geblieben, sondern hat es in seinem letzten Stadium, im Imperialismus, auf die Spitze getrieben.

Aus dem Eigentum an den Produktionsmitteln ergibt sich die Einteilung in die grundlegenden Klassen der kapitalistischen Gesellschaft. Eine Grundklasse sind die Proletarier, die Lohnarbeiter, die keinerlei Eigentum an Produktionsmitteln besitzen und deshalb ihre Arbeitskraft an die Kapitalisten verkaufen müssen. Die andere Grundklasse stellen die Kapitalisten dar, die Bourgeois, die Eigentümer der entscheidenden Produktionsmittel der Gesellschaft sind. Sie müssen die Arbeitskraft vieler Lohnarbeiter kaufen, damit Produktion stattfinden kann. Verkauf und Kauf der Arbeitskraft entspringen also nicht irgendwelchen subjektiven Wünschen der Arbeiter oder der Kapitalisten, sondern sind eine unbedingte Notwendigkeit, eine Existenzbedingung für die Gesellschaft, in der kapitalistische Eigentumsverhältnisse herrschen.

Zunächst muß man davon ausgehen, daß die kapitalistische Produktionsweise Warenproduktion ist. Alle Produkte werden als Waren produziert und ausgetauscht.

»Der Reichtum der Gesellschaften, in welchen kapitalistische Produktionsweise herrscht, erscheint als eine ›ungeheure Warensammlung‹, die einzelne Ware als seine Elementarform.«[17]

**Unter einer Ware verstehen wir ein Erzeugnis, das Ergebnis gesellschaftlicher Arbeit ist, bestimmte Bedürfnisse der Menschen befriedigt und dadurch einen Gebrauchswert besitzt.**

In der Geschichte wurden viele Gebrauchswerte produziert, ohne daß sie jemals zu Ware wurden. Ware werden sie nur dann, wenn sie nicht für den Eigenbedarf, sondern für den Austausch produziert werden. Warenproduktion in dieser oder jener Form setzt immer gesellschaftliche Arbeitsteilung und, daraus folgend, Austausch der erzeugten Produkte voraus.

Warenproduktion und Warenaustausch erfolgen seit Jahrtausenden. In den vorkapitalistischen Produktionsweisen jedoch, in denen der eigene Bedarf fast vollständig aus der eigenen Produktion gedeckt wurde, blieben sie eine Randerscheinung. Erst der Kapitalismus verwandelt jegliche Produktion in Warenproduktion.

Zu welchen Bedingungen erfolgt der Austausch zweier Waren, wodurch wird ihr Wert bestimmt?

Marx gab auf diese Frage eine exakte Antwort. Zwei Waren werden dann miteinander ausgetauscht, wenn ihre Herstellung die gleiche Menge gesellschaftlich notwendige Arbeit erfordert. Wie aber kann man die Größe des Wertes messen?

»Durch das Quantum der in ihm enthaltenen, ›wertbildenden Substanz‹, der Arbeit. Die Quantität der Arbeit selbst mißt sich an ihrer Zeitdauer, und die Arbeitszeit besitzt wieder ihren Maßstab an bestimmten Zeitteilen, wie Stunde, Tag usw.«[18]

Damit ist die Gesamtarbeit gemeint, also sowohl jene, die in den verbrauchten Rohstoffen und

Werkzeugen verkörpert ist, als auch jene, die in der Produktion neu aufgewendet wird. Hierbei handelt es sich nicht um jede beliebige Arbeit, sondern um die gesellschaftlich notwendige Arbeit, die bei einem bestimmten Entwicklungsstand der Produktivkräfte von der Gesellschaft für die Produktion eines Erzeugnisses im Durchschnitt aufgewendet werden muß.

**Das Gesetz, nach dem zwei Waren ausgetauscht werden können, wenn sie die gleiche Menge gesellschaftlich notwendiger Arbeit verkörpern, bezeichnen wir als Wertgesetz.**

Der Austausch der Waren wird in der Regel durch das Geld vermittelt.

**Den Wert einer Ware, ausgedrückt in Geld, bezeichnen wir als Preis.**

Oder, mit anderen Worten: Der Preis ist immer der Geldausdruck des Wertes einer Ware. Dabei können auf dem Markt durch den Einfluß von Angebot und Nachfrage die Preise von den Werten abweichen. Ist das Angebot größer als die Nachfrage, sinkt der Preis normalerweise unter den Wert, ist das Angebot zu niedrig, steigt der Preis über den Wert.

★

**Was verkauft der Lohnarbeiter in der kapitalistischen Gesellschaft?**

★

In der Geschichte der politischen Ökonomie gab es zu dieser Frage unterschiedliche Auffassungen. Zunächst schien es so, daß der Lohnarbeiter dem Kapitalisten seine Arbeit verkauft. Aber die Arbeit als praktische Tätigkeit läßt sich nicht verkaufen, sie wird erst während des Produktionsprozesses geleistet. Er kann auch nicht die Produkte seiner Arbeit verkaufen – die sind Eigentum des Kapitalisten. Was er verkaufen kann, ist nicht seine Arbeit, sondern seine Arbeitskraft für eine bestimmte Zeit.

**Unter Arbeitskraft verstehen wir die geistigen und körperlichen Fähigkeiten eines Werktätigen, bestimmte Arbeitsprozesse durchzuführen.**

Diese Fähigkeiten des Arbeiters werden in der kapitalistischen Gesellschaft zu der Ware, die zwischen den Arbeitern und den Kapitalisten gehandelt wird. Was der Arbeiter an die Kapitalisten verkauft, das ist eben die Arbeitskraft, das heißt die Fähigkeit, beispielsweise acht Stunden Schlosserarbeit, Dreherarbeit usw. zu verrichten und dabei Mehrwert zu produzieren.

Die Fähigkeit, Mehrwert zu produzieren, bildet für den Kapitalisten den spezifischen Gebrauchswert der Ware Arbeitskraft.

Wie jede andere Ware wird auch die Ware Arbeitskraft zu ihrem Wert ausgetauscht, das bedeutet, sie wird zu einem bestimmten Preis gehandelt. Der Preis der Arbeitskraft tritt in Form des Lohnes auf.

★

**Wie wird der Wert der Ware Arbeitskraft bestimmt?**

★

Wenn das auch in spezifischer Weise erfolgt, so gelten doch dem Wesen der Sache nach die gleichen Prinzipien wie bei anderen Waren:

**Der Wert der Arbeitskraft ergibt sich aus dem Wert jener Waren und Aufwendungen, die notwendig sind, um eine bestimmte Arbeitskraft zu reproduzieren.**

Dazu gehören vor allem der Wert der Lebensmittel, Wohnung, Kleidung, die für die Erhaltung der Arbeitskraft erforderlich sind, die Mittel für die Erhaltung der Familie, das heißt den Nachwuchs, die Aufwendungen für die Berufsausbildung, für eine bestimmte Qualifikation.

Natürlich handelt es sich nicht einfach um eine Rechenaufgabe, um diesen Aufwand zu ermitteln. Dabei spielen viele politische, historische und andere Faktoren eine wichtige Rolle. Da es sich um die grundlegenden Existenzbedingungen handelt, ist die Arbeiterklasse immer bestrebt, die Arbeitskraft so teuer wie möglich zu verkaufen. Sie muß dafür viele Kämpfe führen. Die Kapitalisten unternehmen wiederum alles, um den Lohn möglichst niedrig zu halten. Je niedriger der Lohn ist, um so höher ist der Profit. Der Preis, zu dem die Arbeitskraft tatsächlich verkauft wird – also der Lohn –, wird daher wesentlich durch den Verlauf und das Ergebnis des Kampfes zwischen der Arbeiterklasse und der Bourgeoisie beeinflußt. Außerdem berühren bestimmte Traditionen, klimatische und andere Bedingungen den Lohnkampf. So haben die imperialistischen Kolonialmächte einen Teil ihres Kolonialprofits dazu verwandt, gewisse Gruppen der Arbeiterklasse zu korrumpieren. Heute werden in den industriell entwickelten kapitalistischen Ländern die sogenannten Gastarbeiter zusätzlich ausgeplündert. In den nordischen Ländern, in denen niedrige Durchschnittstemperaturen vorherrschen, muß der Lohn ausreichen, um auch im Winter die lebensnotwendigen Bedürfnisse befriedigen zu können und die Arbeitskraft zu reproduzieren.

Kommt der Verkauf der Arbeitskraft an die Eigentümer der Produktionsmittel zustande, so kann die Produktion beginnen. Entscheidend ist dabei das Ergebnis. Kein Kapitalist würde Kapital anlegen, seinen Betrieb in Gang setzen, wenn nicht ein möglichst großer Profit zu erwarten wäre.

Unter diesem Gesichtspunkt betrachten wir den kapitalistischen Produktionsprozeß etwas genauer:

**Erstens** werden Waren oder auch Dienstleistungen erzeugt, die einen bestimmten Gebrauchswert besitzen und dadurch ein bestimmtes Bedürfnis befriedigen müssen. Nur dann können sie zu günstigen Bedingungen verkauft werden und dem Kapitalisten Profit bringen.

**Zweitens** findet in der kapitalistischen Produktion immer ein Wertbildungsprozeß oder Verwertungsprozeß statt. Wenn zum Beispiel ein Motorrad produziert wird, so müssen dafür Gebäude, Maschinen, Werkzeuge, Transporteinrichtungen, Metalle, andere Rohstoffe und Zulieferungen, wie Reifen, Scheinwerfer, Lacke, vorhanden sein. Zugleich muß die Arbeitskraft der Werktätigen für eine bestimmte Zeit gekauft und eingesetzt werden. All diese Waren werden zu einem bestimmten Wert gekauft. Wie wird nun aber der Wert des mit diesen Mitteln erzeugten Motorrades gebildet?

Bei der Wertbildung vollziehen sich im Produktionsprozeß zwei prinzipiell unterschiedliche Vorgänge. Indem ein Motorrad hergestellt wird, wird der Wert der verbrauchten Produktionsmittel auf das neue Produkt übertragen. Dabei geht der Wert des verbrauchten Metalls, der eingebauten Einzelteile usw. stofflich und wertmäßig voll in das neue Produkt ein. Von den eingesetzten Maschinen und Anlagen geht nur ein Teil des Wertes durch Abnutzung (Amortisation) auf das Erzeugnis über. Wenn zum Beispiel mit einer Maschine normalerweise 1000 Motorräder hergestellt werden können, so wird bei der Produktion eines jeden einzelnen Motorrades jeweils ein Tausendstel dieses Wertes übertragen. Selbstverständlich ist dabei immer nur der gesellschaftlich notwendige Aufwand zu berücksichtigen. Wenn ein Betrieb wegen schlechter Arbeit zwei- oder dreimal mehr als gesellschaftlich notwendig verbraucht, wird ihm das niemand bezahlen.

Untrennbar damit verbunden ist aber noch ein anderer Vorgang. Der Wert der Maschinen und Rohstoffe kann nur dann auf das neue Erzeugnis übertragen werden, wenn die Arbeiter Arbeit leisten, wenn sie ihre Arbeitskraft verausgaben. Dabei schaffen sie neuen Wert. Dieser neugeschaffene Wert hängt von der Menge der aufgewandten Arbeit und von der Qualifikation des Arbeiters ab, davon, ob es sich um einfache oder um komplizierte Arbeit handelt.

Der Wert des Motorrades, der neugeschaffenen Ware, setzt sich also grundsätzlich aus zwei Teilen zusammen – aus dem Wert der verbrauchten Produktionsmittel und aus dem neugeschaffenen Wert (Abbildung 3).

Jeder Kapitalist ist bestrebt, mit den Produktionsmitteln möglichst sparsam und rentabel zu wirtschaften und keine Vergeudung zuzulassen, um im Konkurrenz-

**Wertbildungsprozeß** **3**

$$W = c + v + m$$

| W = Warenwert | c = Wert der verbrauchten Produktionsmittel = konstantes Kapital | v = Wert der Ware Arbeitskraft = variables Kapital | m = Mehrwert |
|---|---|---|---|

kampf nicht zu unterliegen. Entscheidend für ihn ist jedoch die andere Wertgröße: der neugeschaffene Wert. Und dabei interessiert ihn wiederum nicht in erster Linie die absolute Größe dieses Wertes, sondern das Verhältnis zwischen dem Wert der gekauften Arbeitskraft und dem neugeschaffenen Wert.

Für das Kapital ist eine einzige Tatsache ausschlaggebend: Die Arbeitskraft der Arbeiter ist in der Lage, einen wesentlich größeren Wert zu produzieren, als sie selbst verkörpert und als bei ihrem Kauf aufgewendet werden muß.

**Die Differenz zwischen dem durch die Arbeit neugeschaffenen Wert und dem Wert der Arbeitskraft ist der Mehrwert.**

Die Tatsache, daß ein Arbeiter in der Lage ist, einen größeren Wert zu schaffen, als er selbst in Form des Lohnes erhält – so argumentieren die Gegner des Marxismus –, sei keine Besonderheit des Kapitalismus, sondern auch für die sozialistische Wirtschaft völlig normal. Das stimmt. Marx hat sich bereits im Jahre 1875 gegen die Forderung gewandt, jeder Arbeiter müsse über den Lohn seinen vollen Arbeitsertrag, das heißt den gesamten neugeschaffenen Wert, zurückerhalten. Das würde bedeuten, daß die Gesellschaft keinerlei Mittel hätte, um die Produktion zu erweitern, das Bildungswesen, die Gesundheitsfürsorge und vieles andere zu finanzieren.[19]

Wesensbestimmend für den

Kapitalismus ist aber die Tatsache, daß das Mehrprodukt, der Mehrwert, alleiniges Eigentum des Kapitalisten ist. Er ist Eigentümer der Produktionsmittel, und er hat die Arbeitskraft der Arbeiter gekauft, damit ist auch das Ergebnis der Produktion sein alleiniges Eigentum, über das er in seinem Interesse, zu seinem Nutzen verfügt. Die Arbeiter und Angestellten, die Produzenten dieses Mehrwertes, haben auf seine Verwendung keinen Einfluß.

Die Produktion des Mehrwertes ist Sinn und Zweck, ist alleiniges Ziel der kapitalistischen Produktion.

»Und unsrem Kapitalisten handelt es sich um zweierlei. Erstens will er einen Gebrauchswert produzieren, der einen Tauschwert hat, einen zum Verkauf bestimmten Artikel, eine Ware. Und zweitens will er eine Ware produzieren, deren Wert höher als die Wertsumme der zu ihrer Produktion erheischten Waren, der Produktionsmittel und der Arbeitskraft, für die er sein gutes Geld auf dem Warenmarkt vorschoß. Er will nicht nur einen Gebrauchswert produzieren, sondern eine Ware, nicht nur Gebrauchswert, sondern Wert, und nicht nur Wert, sondern auch Mehrwert.«[20]

**Alle Mittel – Geld, Gebäude, Maschinen, Rohstoffe, Anlagen –, die der Produktion und der Aneignung des Mehrwertes dienen, bezeichnen wir in wissenschaftlichem Sinn als Kapital. Marx sprach vom Kapital als von »mehrwertheckendem Wert«.**

Der Produktion und der Aneignung eines möglichst großen Mehrwertes ist letzten Endes alles in der kapitalistischen Gesellschaft untergeordnet – von der Wirtschaft über die Politik bis zur Kultur und Moral.

Mit der Aufdeckung der Mehrwertproduktion hat Marx zugleich die Gesetzmäßigkeiten der kapitalistischen Ausbeutung entdeckt. Kapitalistische Ausbeutung kommt nicht durch irgendeine Verletzung der objektiven Gesetze der kapitalistischen Gesellschaft zustande. Zwar sind die Kapitalisten stets bestrebt, den Lohn unter den Wert der Ware Arbeitskraft auf ein möglichst niedriges Niveau zu drücken, aber Mehrwertproduktion erfolgt nicht nur dann und nicht in erster Linie, wenn die Arbeiter ihre Arbeitskraft unter ihrem Wert verkaufen müssen. Um das Wesen der Mehrwertproduktion begreiflich zu machen, ist Marx davon ausgegangen, daß alle Gesetze der kapitalistischen Warenproduktion genau eingehalten werden. Mehrwert entsteht, wenn der Lohn genau dem Wert der Arbeitskraft entspricht. Sinkt der Lohn unter den Wert der Arbeitskraft, so entsteht dadurch Extramehrwert.

Dies ist in der Praxis sicher oft anzutreffen, ist aber nicht die eigentliche Quelle der Mehrwertproduktion.

Die Quelle des Mehrwertes ist die Fähigkeit des Arbeiters, durch die Verausgabung seiner Arbeit einen größeren Wert zu produzieren, als die von ihm verkaufte Arbeitskraft besitzt. Ist der Lohn im Ergebnis des Klassenkampfes höher oder niedriger, steigt er über oder sinkt er unter den Wert, so kann dadurch das Ausmaß der Ausbeutung beeinflußt werden, aber nicht ihr Wesen.

Die kapitalistische Ausbeutung ist untrennbar mit den kapitalistischen Eigentumsverhältnissen verbunden. Durch sie wird die Arbeitskraft der Arbeiter in eine Ware verwandelt und den Gesetzen der Warenproduktion unterworfen. Die Produktion kann nur stattfinden, wenn dabei Mehrwert produziert wird. Durch die kapitalistischen Eigentumsverhältnisse ist dieser Mehrwert notwendigerweise Eigentum der Kapitalisten, die über ihn frei verfügen. Oder mit anderen Worten: Die Arbeiter können nur existieren, wenn sie ihre Arbeitskraft verkaufen. Ihre Arbeitskraft können sie aber nur dann verkaufen, wenn sie für die Kapitalisten Mehrwert produzieren. Die Produktion des Mehrwertes für die Kapitalisten ist damit im Kapitalismus die Existenzbedingung für die Mehrheit der Gesellschaft.

Daraus ergibt sich aber die erniedrigende, menschenunwürdige Stellung der Arbeiterklasse in der kapitalistischen Gesellschaftsordnung. Ob Arbeiter und Angestellte einen Arbeitsplatz haben oder nicht, hängt nicht davon ab, ob die Bedürfnisse der Menschen befriedigt sind oder nicht, ob der Hunger der Kinder in einzelnen kapitalistischen Staaten und in Entwicklungsländern gestillt ist oder nicht, ob ungenügend genutzte Produktionsmittel vorhanden sind oder nicht, sondern einzig und allein von einer Bedingung – ob für die kapitalistischen Eigentümer der Produktionsmittel genügend Mehrwert produziert und natürlich durch den Verkauf der Waren auf dem Markt in Geldform auch realisiert wird oder nicht. Ist das nicht der Fall, werden Arbeiter und Angestellte entlassen, Jugendliche nicht eingestellt – völlig unabhängig davon, ob ihre Arbeit für die Gesellschaft und natürlich auch für sie selbst dringend notwendig ist. Solche Widersprüche wie wachsende Arbeitslosigkeit, wachsende technische Leistungsfähigkeit und wachsende soziale Unsicherheit entsprechen daher dem Wesen, den Gesetzmäßigkeiten des Kapitalismus. Die kapitalistische Ausbeutung kann daher nur beseitigt werden, wenn die kapitalistischen Eigentumsverhältnisse beseitigt werden, wenn das kapitalistische Eigentum an den Produktionsmitteln durch das gesellschaftliche Eigentum ersetzt wird.

Warten auf dem Dortmunder Arbeitsamt. Für viele beginnt so der Weg ins soziale Abseits

## Die Mehrwertrate und der unüberbrückbare Klassengegensatz zwischen Proletariat und Bourgeoisie

Als Marx vor mehr als hundert Jahren im „Kapital" die Gesetzmäßigkeiten der Mehrwertproduktion und damit das Wesen der kapitalistischen Ausbeutung aufdeckte, war in den damaligen kapitalistischen Industriebetrieben der zwölf- bis vierzehnstündige Arbeitstag üblich. Etwa die Hälfte der Arbeitszeit war notwendig, um den Wert der Arbeitskraft zu reproduzieren. Diese Zeit wird **notwendige Arbeitszeit** genannt. Die zweite Hälfte des Arbeitstages diente der Mehrwertproduktion für die Kapitalisten und wird als **Mehrarbeitszeit** bezeichnet. Oder, anders ausgedrückt, von dem neuerzeugten Wert mußte etwa die Hälfte für die Bezahlung des Lohnes verwendet werden, während die andere Hälfte dem Kapitalisten als Mehrwert zufiel.

★

**Wie läßt sich der Grad der Ausbeutung bestimmen?**

★

**Das Verhältnis zwischen dem Mehrwert und dem notwendigen Aufwand für den Wert der Arbeitskraft, der in Form des Lohnes an die Arbeiter und Angestellten gezahlt werden muß, bezeichnen wir als Mehrwertrate.**

Die Mehrwertrate spiegelt den Grad der Ausbeutung der Arbeiter durch die Kapitalisten wider. Sie zeigt, wieviel Mehrwert der Arbeiter im Vergleich zu seinem Arbeitslohn unentgeltlich für den Kapitalisten produziert. Wenn wir bei einem Zwölfstundentag von einem Verhältnis von 6:6 ausgehen, so bedeutet das eine Mehrwertrate von 100 Prozent (Abbildung 4). Inzwischen hat sich zwar die Arbeitszeit wesentlich verringert. Nach dem Zehnstundentag wurde der achtstündige Arbeitstag erkämpft. Jetzt kämpfen die Arbeiter und Angestellten vieler Länder um die 40stündige oder um eine noch kürzere Arbeitswoche. Dabei konnten bereits Erfolge erzielt werden. Auf eine längere Sicht betrachtet, sind sicher auch diese 40 Stunden Arbeitszeit pro Woche noch nicht das letzte Wort.

★

**Wie entwickelt sich die Mehrwertproduktion und vor allem die Mehrwertrate?**

★

Wenn in den vergangenen hundert Jahren die Arbeiterklasse eine Verkürzung der täglichen und

**Mehrwertrate** **4**

Die Rate des Mehrwerts gemessen am variablen Kapital heißt Rate des Mehrwerts

$$m' = \frac{m}{v} \cdot 100 = \frac{\text{Mehrarbeit}}{\text{notwendige Arbeit}} \cdot 100$$

m' = Mehrwertrate

m = Mehrwert

v = variables Kapital (Größe des Wertes der vom Kapitalisten gekauften Ware Arbeitskraft)

der wöchentlichen Arbeitszeit erkämpfen konnte, so bedeutet das nicht, daß sich der Mehrwert und die Mehrwertrate verkleinert haben, daß die Ausbeutungsrate gesunken ist. Das Gegenteil ist der Fall. In den vergangenen Jahrzehnten, in denen die tägliche Arbeitszeit sank, stieg die Mehrwertrate in einem enormen Tempo, das heißt der Grad der Ausbeutung.

Durch die Entwicklung von Wissenschaft und Technik, durch verbesserte Arbeitsorganisation, durch gewachsene Arbeitsintensität wurde es möglich, den Wert der Ware Arbeitskraft in viel kürzerer Zeit zu reproduzieren. Vor hundert Jahren mußten täglich noch sechs Stunden Arbeit dafür aufgewendet werden, später waren es nur noch vier, drei oder noch weniger Stunden. Heute kann man davon ausgehen, daß in den industriell entwickelten kapitalistischen Ländern dafür etwa zwei Stunden erforderlich sind. Doch dürfen wir uns nicht davon täuschen lassen. Wenn die notwendige Arbeitszeit von sechs auf zwei Stunden sinkt, so bedeutet das nicht, daß die Arbeiter heute deshalb weniger Lebensmittel und anderes für ihren Lohn kaufen können; im Gegenteil, ihr Verbrauch ist gestiegen. Für die Produktion der Lebensmittel und Konsumgüter muß bedeutend weniger Arbeitszeit aufgewendet werden. Ein Kilogramm Brot, ein Kilogramm Fleisch, ein Mantel werden heute in einer viel kürzeren Arbeitszeit hergestellt als vor fünfzig oder siebzig Jahren. Die dafür notwendige Arbeitszeit ist viel schneller gesunken als die tägliche oder die wöchentliche Arbeitszeit der Lohnarbeiter. Das bedeutet praktisch, daß heute jeder Arbeiter täglich einen viel größeren Mehrwert für die Kapitalisten produziert als vor Jahrzehnten.

In der Praxis ist es schwierig, den Mehrwert und die Mehrwertrate ganz genau zu berechnen. Das resultiert zum Teil daraus, daß ein Teil des Mehrwertes für Zirkulationsaufwendungen, für Reklame und für andere Bereiche verwendet wird, also für Bereiche, die keinen eigenen Wert produzieren, aber für ihr Funktionieren Wert verbrauchen. Den Teil des Mehrwerts, der tatsächlich in die Kassen der kapitalistischen Unternehmer fließt, bezeichnen wir als Profit. Die Tätigkeit der Monopole bei der Durchsetzung hoher Monopolprofite, die Inflation und andere Faktoren beeinflussen den Profit, den die Kapitalisten realisieren. »Die Profitrate ist die treibende Macht in der kapitalistischen Produktion, und es wird nur produziert, was und soweit es mit Profit produziert werden kann«[21] (Abbildung 5).

Trotz gewisser Schwierigkeiten bei der Berechnung der Mehrwert- und Profitrate entwickelten marxistisch-leninistische Wirtschaftswissenschaftler Metho-

**Profitrate** **5**

Die Rate des Mehrwerts gemessen am Gesamtkapital heißt Profitrate

$$p' = \frac{m}{C} \cdot 100 = \frac{m}{c+v} \cdot 100$$

p' = Profitrate
m = Mehrwert
C = Gesamtkapital
v = variables Kapital
c = konstantes Kapital (Größe des Wertes der vom Kapitalisten gekauften Produktionsmittel)

den, um die Mehrwertrate in den wichtigsten kapitalistischen Ländern annähernd genau zu ermitteln (Abbildung 6, 7).

Eindeutig zeigt sich eine Verschlechterung des Verhältnisses zwischen der Arbeitszeit, die der Arbeiter für sich selbst, für seinen Unterhalt arbeitet, und der Arbeitszeit, die er (unentgeltlich) für den Kapitalisten leisten muß (Abbildung 8).

Angesichts der Zahlen in Abbildung 8 könnte man die Frage aufwerfen, ob sich die hundertjährige Entwicklung für die Kapitalisten gelohnt hat, denn damals wie heute produzieren die Arbeiter rund sechs Stunden für den Kapitalisten. Dabei muß man jedoch berücksichtigen, daß in diesen 100 Jahren ein gewaltiger Intensivierungsprozeß vor sich gegangen ist. Heute erzeugen die Arbeiter in sechs Stunden einen Reichtum, der um das Vielfache größer ist als vor hundert Jahren. Abbildung 9 verdeutlicht, wie dies zu einer Profit-»Explosion« bei einigen ausgewählten großen Monopolen im Zeitraum von 1960 bis 1983 führte.

**Mit welchen Methoden versuchen die Kapitalisten die Ausbeutung der Arbeiterklasse zu erhöhen?**

Marx hatte nachgewiesen, daß die Kapitalisten prinzipiell zwei Methoden anwenden, um die Mehrwertrate, den Grad der Ausbeutung, zu erhöhen: einmal die

**Mehrwertrate des warenproduzierenden Gewerbes* der BRD 1950 bis 1982** (Prozent) **6**

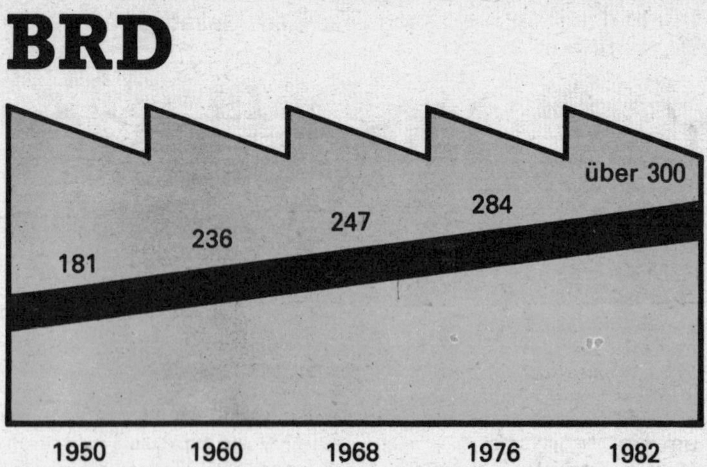


* Energiewirtschaft, Bergbau, verarbeitende Industrie und Bauwirtschaft

Verlängerung der Arbeitszeit und die Erhöhung der Arbeitsintensität – absoluter Mehrwert –, zum anderen die Steigerung der Arbeitsproduktivität und die daraus folgende Verkürzung der für die Reproduktion der Ware Arbeitskraft erforderlichen notwendigen Arbeitszeit – relativer Mehrwert.

In den vergangenen Jahrzehnten hatte letztere Methode, das heißt die Intensivierung der Ausbeutung, den absoluten Vorrang. Untersuchen wir diesen Prozeß genauer, so ergeben sich wichtige Schlußfolgerungen. Zunächst wird der widerspruchsvolle Charakter des wissenschaftlich-technischen Fortschritts im Kapitalismus sichtbar. Wissenschaft und Technik ermöglichen, die gesellschaftliche Arbeit produktiver und in vieler Hinsicht auch leichter durchzuführen. Sie ermöglichen, den Umfang der Produktion zu erhöhen, das Sortiment, insbesondere auch das Sortiment der Konsumgüter, relativ rasch zu erweitern. Das hat bei der Arbeiterklasse der kapitalistischen Länder

## Nettoprofite und Profitraten großer Kapitalgesellschaften der BRD[a] 1973 bis 1984

**7**

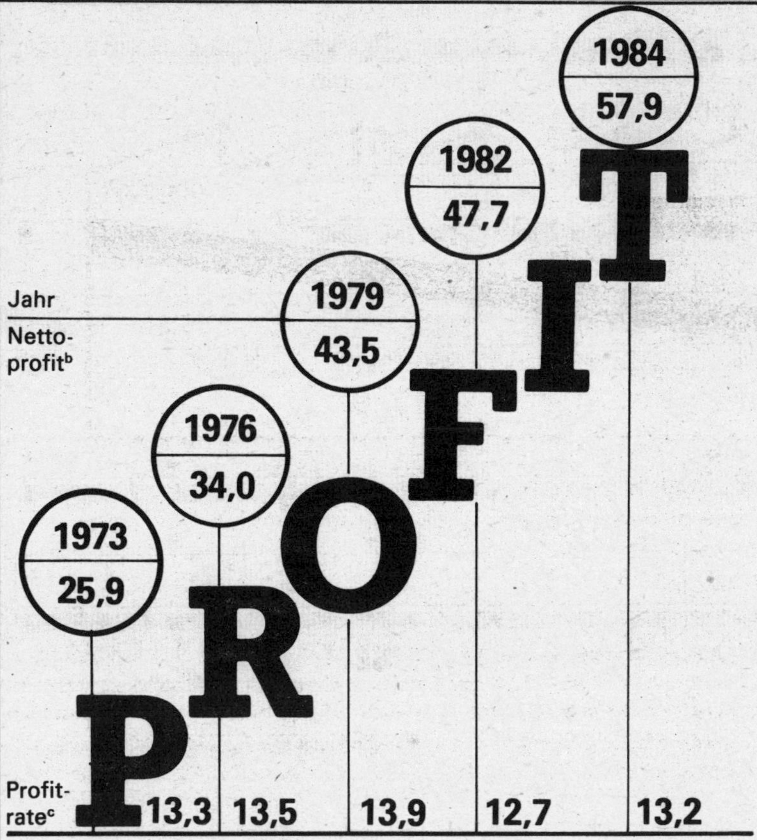


a 50 große Kapitalgesellschaften der verarbeitenden Industrie und der Bauwirtschaft

b Profit nach Abzug von Steuern und Abgaben an den Staat, Milliarden DM

c Verhältnis des Nettoprofits zum vorgeschossenen Gesamtkapital, Prozent, statistischer Durchschnitt

IPW-Berichte, 1985, H. 12, S. 31.

**Verhältnis von notwendiger Arbeitszeit und Mehrarbeitszeit 1950 bis 1982** **8**

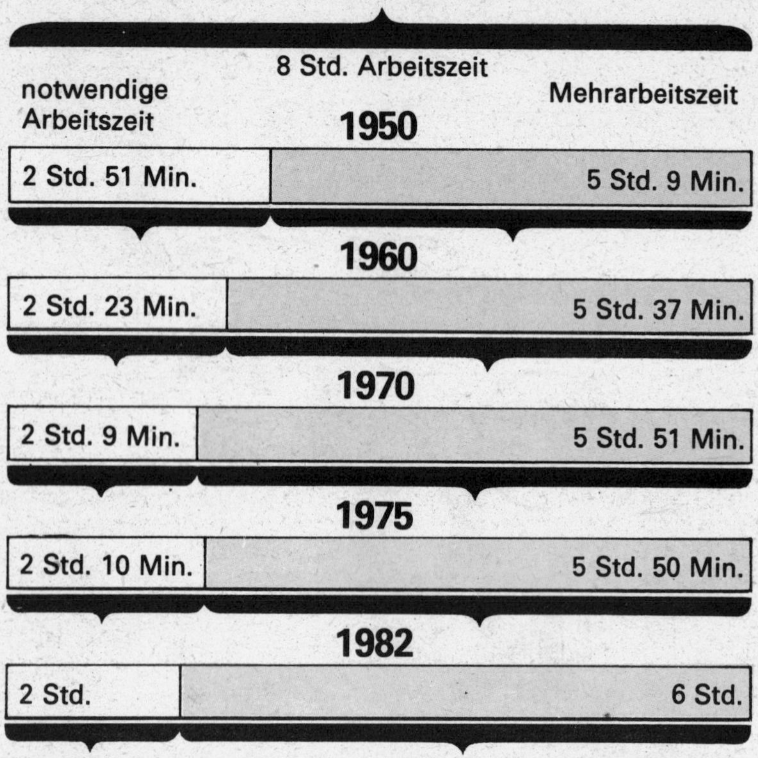


IPW-Berichte, 1977, H. 6, S. 21. – Seminar zur aktuellen Bedeutung der Leninschen Theorie über den Imperialismus, 1. Studienjahr 1982/1983.

zu einer Veränderung des Verbrauchs und seiner Struktur geführt, denn viele Konsumgüter, die heute hergestellt werden, waren vor 10 oder 20 Jahren noch unbekannt. Die Anwendung von Wissenschaft und Technik dient jedoch einzig und allein der Mehrwertproduktion, der Profitproduktion des Kapitals. Die Höhe des

## Ausgewiesene Reingewinne großer Konzerne 1960 und 1983 (Millionen Dollar)

**9**

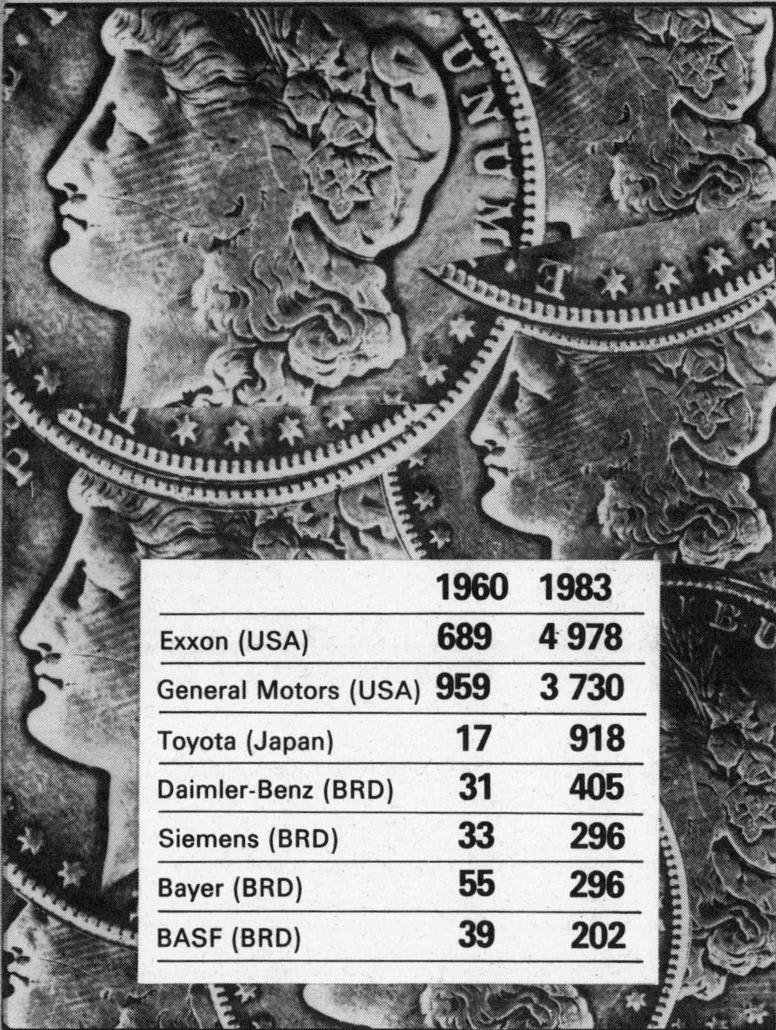

| | 1960 | 1983 |
|---|---|---|
| Exxon (USA) | 689 | 4 978 |
| General Motors (USA) | 959 | 3 730 |
| Toyota (Japan) | 17 | 918 |
| Daimler-Benz (BRD) | 31 | 405 |
| Siemens (BRD) | 33 | 296 |
| Bayer (BRD) | 55 | 296 |
| BASF (BRD) | 39 | 202 |

IPW-Forschungshefte, 1982, H. 1, S. 82. – IPW-Berichte, 1985, H. 8, S. 62.

Minderjährige wie dieser 10jährige italienische Junge, der in einer Autowerkstatt mit dem Montiereisen Reifen aufzieht, müssen zum Teil schwere Arbeit leisten, um zum Lebensunterhalt der Familie beizutragen. In Kalabrien und auf Sizilien arbeitet jedes vierte Schulkind zwischen 8 und 15 Jahren. Und weil sie arbeiten – manche das ganze Jahr über –, können sie nicht lernen und finden später kaum eine qualifizierte Arbeit

Profits ist der einzige Maßstab für die Einführung der neuen Technik und auch für die Methoden und Formen ihrer Einführung. So war die Anwendung der Ergebnisse der wissenschaftlich-technischen Revolution im kapitalistischen Reproduktionsprozeß stets damit verbunden, die notwendige Arbeit für den Wert der Arbeitskraft zu verringern, die Mehrwertrate, den Grad der Ausbeutung der Arbeiter und Angestellten, zu erhöhen. Auch für die moderne Wissenschaft und Technik im Kapitalismus gelten die Feststellungen von Marx:

»Gleich jeder andren Entwicklung der Produktivkraft der Arbeit soll sie Waren verwohlfeilern und den Teil des Arbeitstags, den der Arbeiter für sich selbst braucht, verkürzen, um den andren Teil seines Arbeitstags, den er dem Kapitalisten umsonst gibt, zu verlängern. Sie ist Mittel zur Produktion von Mehrwert.«[22]

## Klassenharmonie durch wissenschaftlich-technischen Fortschritt?

Als Mitte der fünfziger Jahre die wissenschaftlich-technische Revolution einsetzte, entwickelten imperialistische und sozialreformistische Ideologen eine Vielzahl neuer Theorien, die trotz ihrer Unterschiede im Wesen auf eine grundlegende Behauptung hinausliefen: Die wissenschaftlich-technische Revolution, die neuen Erkenntnisse von Wissenschaft und Technik würden ein wesentlich schnelleres Wirtschaftswachstum als bisher möglich machen. Dieses rasche Wachstum der Produktion wiederum bewirke, daß sich sowohl die Profite als auch die Löhne schnell erhöhen. Außerdem könnten die Mittel für die Durchführung vieler sozialer Reformen geschaffen werden. Auf diese Weise würden in geschichtlich kurzer Frist die sozialen Probleme und Widersprüche im Kapitalismus gelöst sein. An die Stelle der sozialen Widersprüche träte dann soziale Harmonie zwischen den Klassen.

Die Marxisten-Leninisten haben diese Theorien als unsinnig und unrealistisch zurückgewiesen. Der wissenschaftlich-technische Fortschritt hat in den fünfziger und sechziger Jahren tatsächlich das Wachstum der kapitalistischen Produktion beschleunigt. Aber im Gegensatz zu den imperialistischen und sozialreformistischen Ideologen haben die Marxisten-Leninisten darauf aufmerksam gemacht, daß unter kapitalistischen Bedingungen der wissenschaftlich-technische Fortschritt nichts anderes sein kann als ein »Mittel zur Produktion von Mehrwert«. Das bedeutet aber, daß mit seiner Hilfe die Mehrwertrate, der Ausbeutungsgrad der Arbeiter, steigen muß, auch wenn zum Beispiel mehr langlebige technische Konsumgüter zur Verfügung stehen. Die Folge ist, daß der Widerspruch zwischen Kapital und Arbeit und viele andere Widersprüche sich verschärfen, wie das die Krisen seit Mitte der siebziger Jahre auch bewiesen haben. Nach zwei Jahrzehnten wissenschaftlich-technischer Revolution sind die Widersprüche, sind Labilität und Krisenhaftigkeit der kapitalistischen Wirtschaft größer als jemals in der Zeit nach dem zweiten Weltkrieg. Während die imperialistischen Politiker und Ideologen noch sagten, daß die Vollbeschäftigung im Kapitalismus der Gegenwart nun endgültig gesichert sei, ist die Wirklichkeit in allen industriell entwickelten kapitalistischen Ländern durch hohe Massenarbeitslosigkeit gekennzeichnet.

## Warum sind Lohnkämpfe Klassenkämpfe?

Die Mehrwertrate und ihre Bewegung im Verlaufe der kapitalistischen Entwicklung ist noch in anderer Hinsicht von großer Bedeutung. In ihr zeigen sich die gegensätzlichen und unvereinbaren Klasseninteressen des Proletariats und der Bourgeoisie besonders deutlich. Der Wert der Ware Arbeitskraft wird durch objektive Faktoren bestimmt, über die bereits gesprochen wurde. Das bedeutet aber niemals, daß der Lohn diesen Wert der Ware Arbeitskraft einfach mechanisch widerspiegeln würde. Um seine wirkliche Höhe findet ein außerordentlich harter Kampf statt. Die Kapitalisten sind bestrebt, den Lohn möglichst unter den Wert der Ware Arbeitskraft zu drücken, ihn so niedrig wie möglich zu halten. Umgekehrt sind die Arbeiter daran interessiert, einen Lohn zu erhalten, der dem Wert der Ware Arbeitskraft voll entspricht, und nach Möglichkeit auch einen Teil des von ihnen produzierten Mehrwertes.

Den Lohn, den die Arbeiter und Angestellten für den Verkauf ihrer Arbeitskraft während einer bestimmten Zeit erhalten, bezeichnen wir als **Nominallohn.** So wichtig der Nominallohn und der Kampf um seine Erhöhung auch sein mögen, für die reale Lage der Arbeiter sagt er noch nicht alles aus. Die Wirkung des Lohnes auf die reale Lage der Arbeiterklasse wird insbesondere durch zwei Faktoren beeinflußt: durch die Entwicklung der Preise und die Abzüge für Steuern und Sozialversicherung. Diese Lohnabzüge haben sich in den letzten Jahren in allen kapitalistischen Ländern beträchtlich erhöht. Mitte der achtziger Jahre wurden in der BRD fast 34 Prozent des Bruttolohnes abgezogen (Tabelle 1).

Das bedeutet, daß die Arbeiter von jeder Mark Lohnerhöhung nur etwas mehr als 50 Pfennig erhalten. Die inflationistische Entwicklung verringert die Kaufkraft dieser 50 Pfennig noch weiter.

Die tatsächlich verbleibende Kaufkraft, die reale Kaufkraft, bezeichnen wir unter Berücksichtigung dieser Faktoren als den **Reallohn.** Da in den kapitalistischen Ländern in den siebziger

**Tabelle 1**
**Abgaben an den imperialistischen Staatshaushalt der BRD von der Bruttolohn- und Bruttogehaltssumme 1960 bis 1986 (Prozent)**

| | 1960 | 1970 | 1980 | 1984 | 1985 | 1986 |
|---|---|---|---|---|---|---|
| Lohnsteuer[a] | 6,82 | 12,29 | 16,79 | 18,49 | 19,08 | 18,85 |
| Sozialabgaben | 9,43 | 10,72 | 13,17 | 14,47 | 14,73 | 14,86 |
| Abgaben insgesamt | 16,25 | 23,01 | 29,96 | 32,96 | 33,81 | 33,71 |

a Lohnsteuer, Kirchensteuer, Sonderabgaben
Ifo-Schnelldienst, München 1985, H. 31, S. 9.

Jahren die Einzelhandelspreise im Durchschnitt um 10 bis 12 Prozent, in einigen Ländern sogar über 20 Prozent anstiegen, kann man sich leicht ausrechnen, wie groß jährlich die Lohnerhöhung, wie hoch der Nominallohn sein müßte, damit der Reallohn nicht sinkt.

Die geschichtlichen Erfahrungen haben im Zusammenhang mit dieser Tatsache zwei Schlußfolgerungen von Marx und Engels bestätigt:

**Erstens:** Der hier zutage tretende Widerspruch ist unüberbrückbar. Die Kapitalisten würden im Konkurrenzkampf untergehen, strebten sie auch nur ein Jahr lang nicht nach höchsten Profiten. Die Arbeiter würden auf ihre grundlegenden Existenzbedingungen verzichten, kämpften sie nicht ständig darum, über den Lohn zumindest den Wert ihrer Arbeitskraft ersetzt zu bekommen. Daher prallen hier gesetzmäßig und ununterbrochen die gegensätzlichen Klasseninteressen aufeinander. Lohnkämpfe, Kämpfe um vielfältige ökonomische und soziale Forderungen sind Erscheinungsformen, in denen diese gegensätzlichen Klasseninteressen ausgetragen werden.

»

»Wo kapitalistische Ausbeutung herrscht, erwächst der Kampf gegen sie. Wo Wirtschaftskrisen ausbrechen und Millionenheere von Arbeitslosen entstehen, wird für das Recht auf Arbeit gekämpft. Die letzten Jahre waren durch einen neuen Aufschwung der sozialen und politischen Kämpfe der Werktätigen in den kapitalistischen Ländern gekennzeichnet, und neue Klassenschlachten reifen heran.«[23]

«

**Zweitens:** Durch den ökonomischen Kampf, den vor allem die Gewerkschaften führen, kann zwar das Verhältnis von Lohn und Mehrwert beeinflußt und in der einen oder anderen Richtung verändert werden, aber am Wesen der kapitalistischen Ausbeutung, an der Stellung der Arbeiterklasse in der kapitalistischen Gesellschaft wird dadurch nichts geändert. Das ist auch nicht möglich, weil die Grundlagen der Ausbeutung, vor allem das kapitalistische Eigentum an den Produktionsmitteln, unangetastet bleiben.

## Akkumulation und Reproduktion des Kapitals

Die kapitalistische Produktion ist ihrem Wesen nach gesellschaftliche Reproduktion des Kapitals.

**Was heißt Reproduktion des Kapitals, und zu welchem Ergebnis führt sie gesetzmäßig?**

Ist der Wert der Ware durch den Verkauf in Geldform realisiert und wieder in die Kassen und auf die Bankkonten der Kapitalisten zurückgeflossen, so ist es zumindest notwendig, die verbrauchten Produktionsmittel, Maschinen, Rohstoffe, Brennstoffe, wieder zu ersetzen. Geschieht nur das, so findet **einfache Reproduktion** statt. Die Produktion wird auf gleicher Stufenleiter, im gleichen Umfang wiederholt.

Die einfache Reproduktion ist für die kapitalistische Produktionsweise eine Ausnahme. Die Konkurrenz zwingt die Kapitalisten, die Produktion quantitativ zu erhöhen und qualitativ zu verbessern. Charakteristisch für die kapitalistische Produktionsweise ist die **erweiterte Reproduktion.** Für die Erweiterung der Produktion muß stets ein Teil des Mehrwertes in Kapital verwandelt werden.

**Die Verwandlung des Mehrwertes in Kapital bezeichnen wir als Akkumulation des Kapitals.**

Wie sich dieser Akkumulationsprozeß in der BRD seit 1975 entwickelte, zeigt Tabelle 2. Dabei ist

**Tabelle 2**
**Bruttoanlageinvestitionen im verarbeitenden Gewerbe (einschließlich Bergbau) der BRD 1975 bis 1983 (Milliarden DM, in Preisen von 1980)**

| Jahr | 1975 | 1976 | 1977 | 1978 | 1979 | 1980 | 1981 | 1982 | 1983 |
|---|---|---|---|---|---|---|---|---|---|
| Bruttoanlageinvestitionen | 40,9 | 42,7 | 43,8 | 44,2 | 48,5 | 53,4 | 50,4 | 48,0 | 47,6 |

Zahlen zur wirtschaftlichen Entwicklung der Bundesrepublik Deutschland, Ausgabe 1985, Köln 1985, S. 50a.

nicht nur die gewachsene Investitionskraft der Konzernwirtschaft charakteristisch, sondern auch der krisenhafte Verlauf des Investitionsprozesses: Der Rückgang der Akkumulation in den Jahren 1975 und 1982/83 wird eindeutig von den jeweiligen zyklischen Krisen geprägt. Eine ähnliche Entwicklung vollzieht sich auch in anderen kapitalistischen Hauptländern (Abbildung 10).

## Was bedeutet gesellschaftliche Reproduktion des Kapitals?

Zunächst ist die Reproduktion (die einfache und die erweiterte) auf die ununterbrochene Wiederherstellung der materiellen Produktionsbedingungen und die physische und psychische Reproduktion der Arbeitskraft der Arbeiter und Angestellten gerichtet. Damit ist untrennbar die ständige Wiederherstellung der kapitalistischen Produktionsverhältnisse verbunden. Im Ergebnis des Produktions- und Reproduktionsprozesses können die Arbeiter und Angestellten nur ihre Arbeitskraft reproduzieren, aber sie können keine Eigentümer der Produktionsmittel werden. Sie sind stets aufs neue gezwungen, ihre Arbeitskraft zu verkaufen, um leben zu können. Die Kapitalisten sind am Ende jedes Reproduktionsprozesses nicht nur Eigentümer der Produktionsmittel geblieben, sondern sie konnten in der Regel ihr Kapital erweitern.

Mit der Reproduktion der materiellen Produktionsbedingungen und der kapitalistischen Produktionsverhältnisse sind wichtige Veränderungen verbunden. Alle Kapitalisten sind gezwungen zu akkumulieren, einen Teil ihres Mehrwertes in Kapital zu verwandeln. Aber es gibt viele Gründe dafür, daß dies nicht gleichmäßig erfolgt. Die Größe des Mehrwertes und die Akkumulationskraft sind unterschiedlich. Die Anlagemöglichkeiten, die Märkte sind nicht gleich usw. Die Folge davon ist, daß sich eine ständig größere Kapitalmasse in den Händen immer weniger Kapitalisten konzentriert. Andere werden ruiniert und gehen im Konkurrenzkampf unter. Immer mehr Eigentümer von Produktionsmitteln werden in die Arbeiterklasse gestoßen.

Im Reproduktionsprozeß des Kapitals werden nicht einfach die alten Produktionsbedingungen wiederhergestellt. Um die Mehrwertproduktion zu erhöhen und die Positionen im Konkurrenzkampf zu verbessern, streben die Kapitalisten danach, jeweils die neueste Technik, die neuesten technologischen Verfahren anzuwenden, die Produktion zu rationalisieren. In den siebziger Jahren begann dadurch die Zahl der freigesetzten Arbeitskräfte, die soziale Unsicherheit, die sozialen Widersprüche zu wachsen. All

**Bruttoanlageinvestitionen imperialistischer Hauptländer 1976 bis 1984 (jährliche Veränderung in Prozent)**

**10**

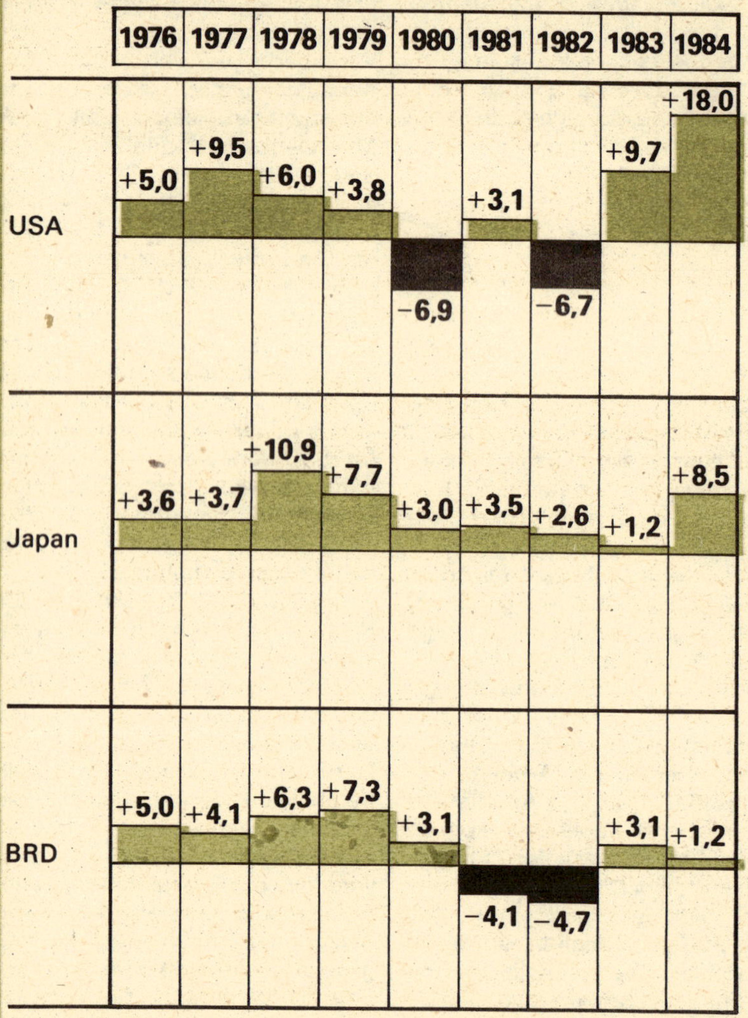

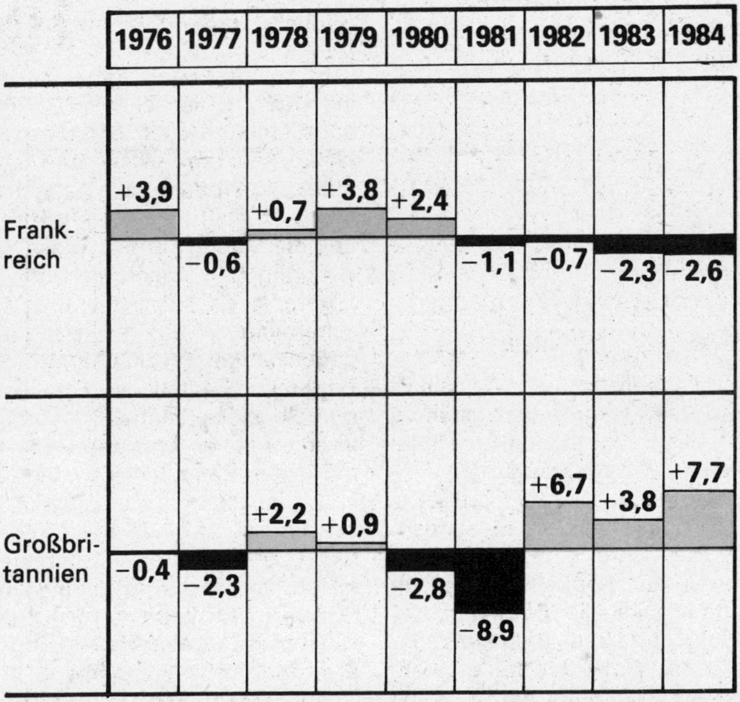


IPW-Berichte, 1979, H. 8, S. 57. – Ebenda, 1983, H. 8, S. 24. – Ebenda, 1985, H. 8, S. 24.

das bedeutet, daß die gesellschaftliche Reproduktion des Kapitals zu einer Verschärfung der grundlegenden kapitalistischen Widersprüche führt.

Im »Kapital« drückte Marx diesen geschichtlichen Prozeß mit folgenden Worten aus:

»Mit der beständig abnehmenden Zahl der Kapitalmagnaten, welche alle Vorteile dieses Umwandlungsprozesses usurpieren und monopolisieren, wächst die Masse des Elends, des Drucks, der Knechtschaft, der Entartung, der Ausbeutung, aber auch die Empörung der stets anschwellenden und durch den Mechanismus des kapitalistischen Produktionsprozesses selbst geschulten, vereinten und organisierten Arbeiterklasse. Das Kapitalmonopol wird zur Fessel der Produktionsweise, die mit und unter ihm aufgeblüht ist. Die Zentralisation der

Produktionsmittel und die Vergesellschaftung der Arbeit erreichen einen Punkt, wo sie unverträglich werden mit ihrer kapitalistischen Hülle. Sie wird gesprengt. Die Stunde des kapitalistischen Privateigentums schlägt. Die Expropriateurs werden expropriiert.«[24]

## Der Grundwiderspruch des Kapitalismus

Die kapitalistische Wirtschaft bringt den Zwang hervor, ständig nach neuen Methoden zur Erhöhung der Ausbeutung, der Produktion einer immer größeren Masse von Mehrwert zu suchen. Es wurde schon darauf hingewiesen, daß die Kapitalisten danach streben, über die Erhöhung der Produktivität und Intensität der Arbeit das Verhältnis von notwendiger Arbeit und Mehrarbeit zu ihren Gunsten zu verändern und dadurch die Mehrwertrate zu erhöhen.

Neben der Mehrwertrate hängt die Masse des Mehrwertes, die ein Kapitalist produzieren und realisieren kann, in erster Linie von der Anzahl der beschäftigten Arbeiter, der Größe des Kapitals sowie vom Umfang der Produktion ab. Daher unternehmen die Kapitalisten alles, um die Produktion möglichst zu erweitern. Ob das gelingt, hängt nicht nur von der Kapitalmenge ab, die der Kapitalist aufbringen kann, sondern vor allem von der realen Möglichkeit, möglichst viel Profit zu realisieren.

Marx und Engels haben bereits im Kommunistischen Manifest darauf hingewiesen, daß der Kapitalismus nicht existieren kann, ohne alle Produktion in kapitalistische Produktion zu verwandeln und diese zu erweitern. Diese Entwicklung hatte noch ein anderes Ergebnis. Es wuchs die gesellschaftliche Arbeitsteilung und die gegenseitige Verflechtung der Produktion – in jeder Fabrik, innerhalb eines Landes, später im internationalen Maßstab.

Für den Handwerker in den vorkapitalistischen Produktionsweisen und auch heute noch in großen Teilen der Welt ist charakteristisch, daß er alle Arbeiten selbst ausführt. Er kauft seine Werkzeuge und Rohstoffe selbst. Er produziert ein Erzeugnis – der Schuhmacher die Schuhe, der Tischler die Möbelstücke, der Schneider die Kleidungsstücke – vom Anfang bis zum Ende. In der Regel verkauft der Handwerker auch noch seine Ware selbst.

Damit hat der Kapitalismus Schluß gemacht; er setzte in jeder Hinsicht die arbeitsteilige Großproduktion durch. Sie war mit einer umfassenden Spezialisierung auf viele Zweige verbunden. Heute empfinden wir es als völlig normal, wenn in einzelnen Betrieben nur noch bestimmte Werkzeuge hergestellt werden. In einem modernen Großbetrieb ist die Arbeitstätigkeit des einzelnen Arbeiters oft auf einen Handgriff reduziert, der täglich einige tausend Male wiederholt werden muß. Viele Werktätige in den kapitalistischen Betrieben wissen nicht, für welches Enderzeugnis ihre Arbeit bestimmt ist, sie kennen dieses Erzeugnis nicht. Häufig verlagern kapitalistische Unternehmen die Produktion einzelner Maschinenteile oder Konsumgüter nach Ostasien oder nach Lateinamerika, um das niedrige Lohnniveau dort auszunutzen.

All das führt dazu, daß die Abhängigkeit zwischen den Betrieben ständig größer wird. Im Einleitungskapitel wurde darauf hingewiesen, daß die Produktion mancher Maschinen, Geräte und Anlagen die Zulieferungen einiger hundert anderer Betriebe erforderlich macht.

Und noch ein wesentlicher Unterschied besteht zwischen der kapitalistischen Großproduktion und der handwerklichen Produktion. Der Handwerker kannte seinen Kunden und arbeitete in der Regel auf dessen Bestellung. Mit dem Übergang zur kapitalistischen Massenproduktion wird für einen unbekannten Markt produziert. Erst dort stellt sich heraus, ob die Waren gesellschaftlich notwendig sind und mit Profit verkauft werden können.

Diese Entwicklungsprozesse führten dazu, daß die Arbeit, daß die Produktion immer mehr gesellschaftlichen Charakter erlangte. Der individuelle Charakter, die Isolierung der verschiedenen Warenproduzenten, ist verschwunden. Ohne große Übertreibung können wir feststellen: **Die ganze Gesellschaft produziert für die ganze Gesellschaft.** Dieser Vergesellschaftungsprozeß der Produktion nimmt Jahr für Jahr zu. Auch der wissenschaftlich-technische Fortschritt trägt wesentlich dazu bei, ihn außerordentlich zu beschleunigen.

Jedoch das Privateigentum an den Produktionsmitteln blieb im Kapitalismus erhalten und daher auch die private, kapitalistische Aneignung der Resultate der Produktion. Hier vollzieht sich im Verlaufe der Geschichte der kapitalistischen Gesellschaft eine völlig entgegengesetzte Entwicklung. Während sich der gesellschaftliche Charakter der Produktion stärker ausprägt, sich weiter entfaltet, geht die Zahl der kapitalistischen Privateigentümer an den Produktionsmitteln zurück. In den Händen einiger weniger Kapitalisten konzentriert sich ein immer größerer Kapitalreichtum.

Lenin charakterisierte diesen widersprüchlichen Prozeß folgendermaßen:

»

**»Die Vergesellschaftung der Arbeit durch die kapitalistische Produktion besteht ... darin, daß die Konzentration der Kapitalien von der Spezialisierung der gesellschaftlichen Ar-**

beit, von einer Verringerung der Anzahl der Kapitalisten in jedem gegebenen Industriezweig und einer Vergrößerung der Anzahl der speziellen Industriezweige begleitet ist ... Alle Betriebe verschmelzen so zu einem einzigen gesellschaftlichen Produktionsprozeß, aber jeder dieser Betriebe wird von einem einzelnen Kapitalisten geleitet, ist dessen Willkür ausgesetzt, und der Kapitalist erhält die gesellschaftlichen Produkte als Privateigentum. Ist es da nicht klar, daß die Produktionsform in einen unversöhnlichen Widerspruch zu der Aneignungsform gerät?«[25]

«

Daraus ergibt sich ein grundlegender Widerspruch: Alles, was die Gesellschaft für die Gesellschaft produziert, ist nicht Eigentum der Gesellschaft, sondern einer kleinen Zahl kapitalistischer Privateigentümer.

**Dieser Widerspruch zwischen dem gesellschaftlichen Charakter der Produktion und der privaten kapitalistischen Aneignung ihrer Resultate ist der Grundwiderspruch des Kapitalismus.**

Engels formulierte das so:

»

»Das gesellschaftliche Produkt wird angeeignet vom Einzelkapitalisten. Grundwiderspruch, aus dem alle Widersprüche entspringen, in denen die heutige Gesellschaft sich bewegt und die die große Industrie offen an den Tag bringt.«[26]

«

★

**Was bedeutet das Wirken des Grundwiderspruchs für die kapitalistische Gesellschaft?**

★

Der Grundwiderspruch des Kapitalismus ist die entscheidende Quelle aller inneren Widersprüche und Krisen des kapitalistischen Produktionsprozesses. Wir können hier nur auf einige Gesichtspunkte hinweisen: Die gesamte Arbeit der Gesellschaft ist den privaten Interessen, den Profitinteressen des Kapitals untergeordnet. Sie allein bestimmen das Ziel, den Sinn und Zweck der Produktion und aller anderen wirtschaftlichen Tätigkeit. Was das praktisch bedeutet, zeigen besonders die Wirtschaftskrisen und die vielen Millionen Arbeitslosen. Ob die Produktion gesteigert oder eingeschränkt wird, hängt nicht davon ab, ob die Gesellschaft, vor allem die Werktätigen – die unmittelbaren Produzenten –, diese Produktion braucht oder nicht, sondern allein davon, ob die Profite hoch genug sind. Gesellschaftlicher Charakter der Produktion bedeutet im Kapitalismus, daß die Existenz, die Lebensbedingungen der Arbeiter und Angestellten davon abhängen, ob sie auch tatsächlich an diesem Produktionsprozeß teilnehmen können, ob sie Arbeit haben oder nicht. Doch dies wird weder durch die Bedürfnisse noch durch die Fähigkeiten der Werktätigen bestimmt, sondern allein durch die Profitinteressen des Kapitals. Der gesellschaftliche Charakter der Produktion erfordert immer dringender, daß an die Stelle der privaten, kapitalistischen Interessen die Interessen der Gesellschaft für die Gestaltung der Wirtschaft treten.

Immer größer wird die Zahl jener Probleme und Aufgaben, die nicht mehr privat, sondern nur noch im Rahmen der ganzen Gesellschaft und durch die ganze Gesellschaft gelöst werden können. So führt die wissenschaftlich-technische Revolution der Gegenwart zu einem gewaltigen Anwachsen der Produktivkräfte. Damit entstehen die materiellen Voraussetzungen für ein steigendes Lebensniveau aller Menschen, zur Erhöhung der sozialen Sicherheit. Aber kapitalistisch angewandt, führt der wissenschaftlich-technische Fortschritt zu Arbeitslosigkeit, zu sozialer Unsicherheit und zu anderen Widersprüchen.

Besonders im Zusammenhang mit dem wissenschaftlich-technischen Fortschritt und seiner Durchsetzung in der Produktion treten solche Fragen wie die Reinhaltung der Luft, die Sauberkeit der Gewässer, Fragen der Gesundheit, Energieprobleme und manch andere Umweltprobleme stärker in den Vordergrund. In den kapitalistischen Ländern finden in verstärktem Maße große Massendemonstrationen statt, die Forderungen auf diesem Gebiet stellen. Besonders unter der Jugend ist die Angst vor der Zukunft, aber auch die Erkenntnis gewachsen, daß solche grundlegenden Probleme nicht im Kapitalismus gelöst werden können, denn sie müssen im Interesse der Gesellschaft entschieden und gelöst werden und nicht im Profitinteresse des Kapitals.

Zusammenfassend heißt es zu diesen Fragen im Programm der SED:

»

»Die wissenschaftlich-technische Revolution vergrößert die Möglichkeiten zur Erhöhung des Lebensniveaus der Menschen, zu ihrem geistigen Wachstum und zur Entfaltung aller schöpferischen Kräfte. Aber die Herrschaft des Kapitals vergeudet die Produktivkräfte und erniedrigt die Menschen. Der Kapitalismus ist die Ursache des Hungers, des Elends sowie der politischen und geistigen Unterdrückung eines bedeutenden Teils der Menschheit. Parasitismus und Fäulnis prägen immer drastischer diese Gesellschaft. Es entspricht dem Wesen des Kapitalismus, daß nicht der Mensch, sondern der Profit im Mittelpunkt steht.«[27]

«

Milliarden in den Weltraum?
Arbeitsplätze schaffen Stoppt SDI
Betriebliche Friedensinitiativen

# Der Imperialismus – Gesellschaft ohne Zukunft

Der Kampf für die Sicherung des Weltfriedens und für den gesellschaftlichen Fortschritt, gegen die aggressivsten Kräfte des Imperialismus kennzeichnet vor allem die Entwicklung in der heutigen Welt. Imperialismus – das ist jene wirtschaftliche und gesellschaftliche Ordnung, die heute in den industriell entwickelten kapitalistischen Ländern herrscht. Bürgerliche Politiker und Ideologen bestreiten dies. Sie meinen, für diese Länder sei die Bezeichnung »imperialistisch« überholt und längst nicht mehr zutreffend, da keines dieser Länder Kolonien besäße oder andere Länder beherrsche.

Die Wirklichkeit selbst widerlegt derartige Behauptungen. Einsatz militärischer Gewalt zum Beispiel gegen die Völker Grenadas, Libanons, Libyens und das demokratische Afghanistan, die Aufteilung der Welt in Interessengebiete, in deren Entwicklung beliebig eingegriffen werden kann, die Mittelamerikapolitik der USA, Wirtschaftskriege gegen sozialistische Länder, ideologische Diversion gegen Kräfte des Friedens und des Fortschritts – das sind einige Formen der Aggressivität und des Expansionsdranges des Imperialismus der Gegenwart.

## Das Wesen des Imperialismus

In der Propaganda bürgerlicher Politiker und Ideologen wird der Imperialismus so dargestellt, als sei er nur eine bestimmte Politik, insbesondere eine bestimmte Außenpolitik des Staates, die man betreiben oder auf die man auch verzichten könne. Es kommt praktisch so heraus, als könne eine Regierung oder das Parlament eines Staates sich durch Abstimmung entschließen, imperialistisch oder nicht imperialistisch zu sein. Nach dieser Auffassung hat der imperialistische Charakter eines Staates nichts mit der Wirtschaftsordnung, mit den ökonomischen und politischen Machtverhältnissen, mit der Klassenstruktur und den sozialen Beziehungen zu tun.

Um das internationale Leben zu verstehen und richtig orientiert zu sein, müssen wir uns die Frage beantworten:

**Was ist Imperialismus, wodurch wird er charakterisiert?**

Auf diese Frage gab Lenin eine kurze, treffende Antwort:

»Der Imperialismus ist ein besonderes historisches Stadium des Kapitalismus. Diese Besonderheit ist eine dreifache: der Imperialismus ist: 1. monopolistischer Kapitalismus; 2. parasitärer oder faulender Kapitalismus; 3. sterbender Kapitalismus.«[28]

Mit dieser Antwort charakterisierte Lenin die allerwichtigsten, allgemeingültigen Wesenszüge jenes Stadiums des Kapitalismus, das sich im letzten Drittel des vorigen Jahrhunderts herausgebildet hatte und bis zur Ablösung des Kapitalismus durch den Sozialismus existiert. Deshalb bezeichnete Lenin den Imperialismus als **das höchste oder das letzte Stadium des Kapitalismus**.

Aus dieser Definition geht hervor, daß Lenin den Imperialismus nicht nur, ja nicht einmal in erster Linie auf bestimmte Seiten der Außenpolitik beschränkte, sondern darunter vor allem Merkmale der inneren, besonders der ökonomischen Entwicklung der kapitalistischen Länder verstand. Das aggressive Wesen des Imperialismus – so wies Lenin nach – ergibt sich gesetzmäßig aus diesen inneren ökonomischen Eigentums- und Machtverhältnissen und den grundlegenden Interessen, die damit verbunden sind. Unter diesem Gesichtspunkt analysierte er das **ökonomische Wesen des Imperialismus**. Im Ergebnis dieser Analyse formulierte er fünf grundlegende Merkmale, die bis heute ihre volle Aktualität behalten haben:

»1. Konzentration der Produktion und des Kapitals, die eine so hohe Entwicklungsstufe erreicht hat, daß sie Monopole schafft, die im Wirtschaftsleben die entscheidende Rolle spielen; 2. Verschmelzung des Bankkapitals mit dem Industriekapital und Entstehung einer Finanzoligarchie auf der Basis dieses ›Finanzkapitals‹; 3. der Kapitalexport, zum Unterschied vom Warenexport, gewinnt besonders wichtige Bedeutung; 4. es bilden sich internationale monopolistische Kapitalistenverbände, die die Welt unter sich teilen, und 5. die territoriale Aufteilung der Erde unter die kapitalistischen Großmächte ist beendet.«[29]

Das erste und zugleich das wichtigste Merkmal des Imperialismus ist die Herausbildung und die Herrschaft der Monopole. Deshalb bezeichnen wir den Imperialismus gewöhnlich auch als **monopolistischen Kapitalismus.**

## Was sind Monopole?

Die kapitalistische Wirtschaft im vorigen Jahrhundert wurde vor allem dadurch charakterisiert, daß viele kleine und mittlere Kapitalisten existierten und gegeneinander einen harten Konkurrenzkampf führten. Dieser Konkurrenzkampf zwang die Kapitalisten, die Produktion zu erweitern und zu verbessern. In diesem erbarmungslosen Wettkampf versuchte jeder, starke Positionen zu erlangen und seinen wirtschaftlichen Einfluß zu erweitern. Die kapitalistische Ausbeutung ermöglichte es, und der Konkurrenzkampf zwang die Kapitalisten dazu, einen Teil des von ihnen angeeigneten Mehrwertes wieder als Kapital, das heißt als Produktionsmittel und für die Bezahlung der Ware Arbeitskraft, zur Erweiterung der Produktion anzulegen. Wir nennen das Akkumulation (Anhäufung) von Kapital. Durch die Akkumulation wird immer mehr Kapital in den Händen der akkumulierenden Kapitalisten konzentriert. Zugleich führt der kapitalistische Konkurrenzkampf unweigerlich dazu, daß die schwächeren Kapitalisten von den stärkeren vernichtet, »aufgefressen« oder von ihnen abhängig werden. Darin besteht das »Wolfsgesetz« der kapitalistischen Konkurrenz, das zur zunehmenden Vereinigung von Unternehmen, zur Zerstörung der Existenz kleiner und mittlerer Kapitalisten sowie zur Konzentration und zur Zentralisation des Kapitals in den Händen von einigen wenigen Monopolisten führt.

Dieser Prozeß gipfelte schließlich im letzten Drittel des vorigen Jahrhunderts darin, daß sich in jedem Industriezweig einige wenige Unternehmen herausbildeten, die im wesentlichen die Entwicklung ihres Zweiges bestimmten. Der größte Teil der Produktion eines Industriezweiges – zwei Drittel, drei Viertel oder noch mehr – wurde nur noch in wenigen kapitalistischen Betrieben hergestellt. Obwohl damals wie auch heute noch viele hundert oder sogar tausend Betriebe existierten und existieren, wird die überwiegende Menge der Produkte einer Branche in fünf, acht oder zehn kapitalistischen Unternehmen erzeugt. Daraus schlußfolgerte Lenin, daß einige zehntausend Großbetriebe alles sind und Millionen von Kleinbetrieben nichts.

Nachdem die Konzentration der Produktion und des Kapitals am Ende des vorigen Jahrhunderts eine hohe Stufe erreicht hatte, entstand in vieler Hinsicht eine völlig neue Situation. Obwohl sich am Wesen des Kapitalismus nichts verändert hat, traten neue Merkmale zutage. Denn diese wenigen Betriebe, die nunmehr zu den Hauptproduzenten ihres Zweiges – der Stahlindustrie, der Chemie, des Maschinenbaus usw. – wurden, konnten sich verhältnismäßig leicht miteinander verständigen, um die Preise hochzuschrauben, um solche Geschäftsbedingungen zu diktieren, die einen besonders hohen Profit sicherten. Diese kapitalistischen Betriebe nahmen eine **Monopolstellung** in ihrem Wirtschaftszweig ein. Sie benutzten dieses Monopol in der Produktion und auf dem Markt, um unter Umgehung der bisherigen Formen der freien Konkurrenz hohe Extraprofite – Monopolprofite – zu erlangen.

Die Formen, in denen dieses Monopol ausgeübt wird, können verschieden sein. Die einfachste Form sind gemeinsame Preisabsprachen, in denen sich die beteiligten Unternehmer verpflichten, einen bestimmten vereinbarten Preis für ihre Erzeugnisse nicht zu unterbieten. In anderen Abmachungen werden die internationalen Märkte aufgeteilt. Jeder beteiligte Kapitalist verpflichtet sich, nur in bestimmte Länder zu exportieren. Eine höhere Form des Monopols ist der direkte Zusammenschluß mehrerer Betriebe zu einem Unternehmen – zu einem Konzernunternehmen –, das kraft seiner Stellung die Preise seiner Erzeugnisse, die Preise der benötigten Rohstoffe, die Absatzbedingungen usw. diktieren kann. Das bedeutet:

**Der Kapitalismus der freien Konkurrenz wurde beendet, der Kapitalismus war in sein monopolkapitalistisches Stadium hinübergewachsen.**

### Gibt es noch Monopole?

Bürgerliche Ökonomen behaupten, daß heute in den kapitalistischen Ländern von einer solchen

Herrschaft der Monopole keine Rede sein könne. Es gäbe nicht nur einige wenige Großunternehmen, sondern viele zehntausend private Betriebe. Nicht die Herrschaft der Monopole, sondern die »freie Marktwirtschaft« sei beispielsweise das charakteristische Merkmal der Wirtschaft in der BRD.

Dieses Argument hält keiner ernsthaften Betrachtung stand. Die Verschleierungstaktik wird ganz offensichtlich, wenn wir uns die wirtschaftlichen Prozesse des Imperialismus etwas genauer ansehen. Das äußere Bild des Wirtschaftslebens in den entwickelten kapitalistischen Ländern wird durch viele scheinbar selbständige Unternehmer geprägt. Laut bürgerlicher Statistik geht die Zahl in die Hunderttausende. Doch erfaßt diese Statistik in den USA die in der Welt größten Konzerne Exxon sowie General Motors Corp. und solche Mammutkonzerne wie Du Pont de Nemours, General Electric C. und andere in gleicher Weise wie kleine Farmer, Handwerksbetriebe und Kleinhändler. In der BRD zählt die Statistik den werktätigen Bauern, den kleinen Ladenbesitzer, den selbständig praktizierenden Arzt, den Besitzer einer Eckkneipe genauso zu den Unternehmern wie die riesigen Chemiekonzerne Hoechst AG, BASF AG und Bayer AG, die Thyssen AG, die Daimler-Benz AG, die Siemens AG und viele andere Konzerne. Dieses trügerische Bild nennen sie »freie Marktwirtschaft«, die jedem Unternehmer die »gleiche Chance« bei »gleichem Risiko« biete.

Auch derjenige, der sich bisher wenig mit ökonomischen Fragen beschäftigt hat, erkennt sofort die Unsinnigkeit dieser Behauptung. Was soll dabei herauskommen, wenn man die unterschiedlichen Größenordnungen dieser statistisch gleichgesetzten »freien Unternehmen« zusammenfaßt? Wenn man beispielsweise weiß, daß in der BRD von den 249 587 Kapitalgesellschaften (1982) mit einem Grundkapital von zusammen 185,2 Milliarden DM nur 360 Kapitalgesellschaften (das entspricht 0,14 Prozent) über 106,8 Milliarden DM Grundkapital (das entspricht 57,7 Prozent) verfügen, dann weiß man auch, daß es in dieser Wirtschaft weder »Chancengleichheit« noch »gleiches Risiko« für alle Unternehmer gibt (Abbildung 11).

Allein schon diese Zahlen zeigen, daß die wirtschaftliche Macht in der BRD von großen Monopolen ausgeübt wird, deren Interessen die wirtschaftliche Entwicklung bestimmen. Ihre Existenz, ihre Tätigkeit und ihr Einfluß hatten schon vor 80 Jahren mit dem Kapitalismus der freien Konkurrenz Schluß gemacht, der einer niemals in reiner Form existierenden »freien Marktwirtschaft« noch am nächsten kam.

Seitdem hat sich dieser Prozeß

## Anteil der großen Aktiengesellschaften[a] an der Gesamtzahl und am Grundkapital aller Aktiengesellschaften der BRD 1954 bis 1982

**11**

a Mit einem Grundkapital von mehr als 100 Millionen DM

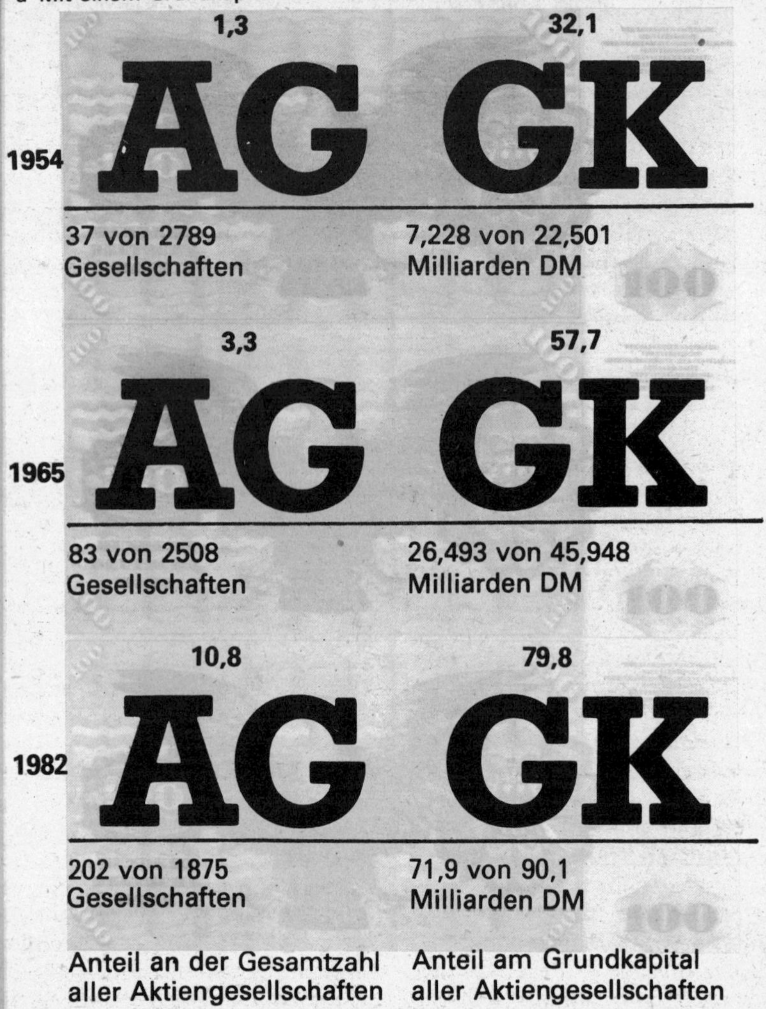

weiter fortgesetzt und heute zu einem ungeheuren Grad der Monopolisierung der kapitalistischen Wirtschaft geführt. Die fünf größten Monopolunternehmen des jeweiligen Industriezweiges in der kapitalistischen Welt beherrschen seit Mitte der siebziger Jahre über zwei Drittel der Automobilproduktion, fast drei Fünftel der Erdölverarbeitung, über die Hälfte der Elektroindustrie und der Nahrungsmittelindustrie sowie fast die Hälfte der Stahlerzeugung, des Maschinenbaus und der Chemieproduktion.

Der Monopolisierungsprozeß vollzieht sich heute vor allem durch Zusammenschlüsse (Fusionen) von großen Monopolunternehmen. In der BRD ist beispielsweise seit Ende der sechziger Jahre die Anzahl der Fusionen rasch angestiegen (Tabelle 3). Dabei schluckte der Chemiekonzern BASF AG unter anderen den Wintershall-Konzern und den Salzdetfurth-Konzern. Der Volkswagen-Konzern verleibte sich den NSU-Konzern ein. Der Mannesmann-Konzern vereinigte sich mit dem Demag-Konzern, der Thyssen-Konzern mit dem Rheinstahl-Konzern, und schließlich – sie bezeichneten das selbst als eine »Elefantenhochzeit« – fusionierten Thyssen und Mannesmann zum größten Stahlkonzern der kapitalistischen Welt. Die großen Brauereikonzerne Dortmunder Union-Brauerei und Schultheiss schlossen sich zusammen. Der größte westeuropäische Einzelhandelskonzern Karstadt AG vereinnahmte den Neckermann-Konzern.

Mitte der achtziger Jahre begann sich in der BRD **eine neue Stufe des Monopolisierungsprozesses** abzuzeichnen. Mit Hilfe des Staates versuchen große Konzerne, wie Krupp, Hoesch, Thyssen, Bosch, Daimler-Benz und andere, noch größere Unternehmen durch Fusionen, Kooperationen und Aufkäufe zu bilden. So wurden beispielsweise die Aktien des Flick-Konzerns, der durch die Bestechungsskandale in einen üblen Ruf geraten war, von anderen

**Tabelle 3**
**Meldepflichtige Zusammenschlüsse in allen Bereichen der Wirtschaft der BRD 1958 bis 1985**

| | 1958–1964 | 1965–1968 | 1969-1972 | 1973-1976 | 1977-1980 | 1981-1985 |
|---|---|---|---|---|---|---|
| Jahresdurchschnitt | 26 | 56 | 241 | 365 | 587 | 602 |
| Absolut | 181 | 223 | 962 | 1 461 | 2 349 | 3 011 |

IPW-Berichte, 1983, H. 12, S. 61. – Frankfurter Rundschau, 14. Februar 1986.

Konzernen aufgekauft. Der Autokonzern Daimler-Benz »übernahm« vollständig die Motoren- und Turbinen-Union (MTU), den Luft- und Raumfahrtkonzern Dornier und kaufte schließlich den AEG-Konzern auf, der vor einigen Jahren kurz vor dem Bankrott stand. In Bayern vollzog sich ähnliches durch den Verkauf des Panzerherstellers Krauss-Maffei AG an den Rüstungskonzern Messerschmitt-Bölkow-Blohm (MBB). Besonders auffällig ist dabei der Drang kapitalkräftiger Monopole, zum Beispiel Daimler-Benz, zur Verschmelzung mit Rüstungskonzernen, die über ein hochentwickeltes Technologiepotential verfügen. Der Anteil militärischer Produktion nimmt damit am Umsatz großer Monopole zu: Er beträgt bei Siemens, Daimler-Benz, Thyssen und Krupp etwa 5 bis 8 Prozent, bei AEG und Röchling etwa 20 Prozent. Das ist eine gefährliche Entwicklung, die die Bürger der BRD und alle Völker Europas mit Sorge erfüllt.

Die Leninsche Charakteristik des Imperialismus als monopolistischen Kapitalismus, in dem die Konzentration der Produktion und des Kapitals eine solche Stufe erreicht hat, daß die Monopole die entscheidende Rolle im Wirtschaftsleben spielen, trifft auf die kapitalistischen Länder in der Gegenwart mehr denn je zu.

## Was verstehen wir unter Finanzkapital?

Die Monopole, die, ausgehend vom Prozeß der Konzentration der Produktion und des Kapitals, in der Industrie entstanden waren, existieren heute in der Regel nicht mehr als reine Industriemonopole; denn Hand in Hand mit der Monopolbildung in der Industrie vollzog sich auch die Herausbildung großer Bankmonopole. Bis heute möchten viele bürgerliche Wissenschaftler die veränderte Rolle der Banken im kapitalistischen Wirtschaftsleben nicht wahrhaben. Sie versuchen, die Banken als einfache »Geldhändler« zu verharmlosen oder als Dienstleistungseinrichtungen darzustellen, die der gesamten Gesellschaft in Geldsachen dienen.

Solange noch – wie im vorigen Jahrhundert – die vielen kleinen und mittleren kapitalistischen Banken miteinander konkurrierten, hatten sie tatsächlich vor allem die Aufgabe, zeitweilig freie Geldmittel der Wirtschaft (Geldkapital) als Guthaben aufzunehmen und dorthin zu vermitteln, wo Geldkapital zeitweilig gebraucht wurde, das heißt, sie liehen Kapitel als Kredit gegen einen bestimmten Zinssatz aus.

Die Situation änderte sich jedoch mit dem Konzentrationsprozeß in der Industrie. Die Geldvermittlung begann sich in den Händen weniger Banken zu konzentrieren; Bankmonopole entstanden. Die Monopolbanken wurden zu den Nervenzentren, zu Schaltzentralen im kapitalistischen Wirtschaftsleben. Sie haben durch ihre Geld- und Kreditgeschäfte genauen Einblick in die Tätigkeit der kapitalistischen Unternehmen in allen Bereichen der Wirtschaft. Diese Stellung gestattet es ihnen, auf die gesamte Wirtschaft großen Einfluß auszuüben; denn sie können sowohl große Kredite vergeben als auch Kredite verweigern oder entziehen. Sie entscheiden damit oft über das Wohl und Wehe vieler kapitalistischer Unternehmen. Folge ist die immer stärkere Verflechtung zwischen Industrie- und Bankkapital, zwischen Industrie- und Bankmonopolen. Die Großbanken haben den größten Teil ihres Kapitals in den Großunternehmen der Industrie, des Handels oder des Verkehrs angelegt und umgekehrt: Die Monopolunternehmen der Industrie, des Handels oder des Verkehrs sind an den Großbanken beteiligt.

Allein im Zeitraum von 1970 bis 1980 haben die drei führenden Monopolbanken der USA – Bank America Corp., First National City Corp. und Chase Manhattan Corp. – ihre Aktiva von zusammen 78,4 Milliarden Dollar auf 292,1 Milliarden Dollar erhöht. Bei der Deutschen Bank in der BRD erhöhten sich die Aktiva im gleichen Zeitraum von umgerechnet 10,5 auf 88,2 Milliarden Dollar. Um die Jahreswende 1985/86 kaufte die Deutsche Bank das gesamte Flick-Imperium für etwa 5 Milliarden DM auf.

**Damit hat sich eine neue Kapitalform herausgebildet – das Finanzkapital. Unter Finanzkapital verstehen wir die Verbindung von Industrie- und Bankkapital.**

Imperialismus bedeutet also nicht nur Herrschaft des Kapitals schlechthin, sondern vor allem Herrschaft des Finanzkapitals.

Die Verschmelzung von Industrie- und Bankkapital hat auch zu einer Personalunion geführt. Führende Vertreter der Bankmonopole sitzen in der Führungsspitze der Industriemonopole und umgekehrt.

**Eine zahlenmäßig kleine Gruppe von Kapitalisten beherrscht so die gesamte Wirtschaft des Landes. Wir bezeichnen diese kleine Gruppe als Finanzoligarchie.**

In der BRD war Hermann Josef Abs dafür ein Musterbeispiel. Jahrelang war er Vorstandsvorsitzender der größten privaten Monopolbank der BRD, der Deutschen Bank AG. Zugleich war er Aufsichtsratsvorsitzender in 15 Aktiengesellschaften, darunter in solchen Konzernen wie der Daimler-Benz AG, Dortmund-Hörder Hüttenunion AG, Rheinisch-Westfälisches Elektrizitätswerk (RWE) AG. Stellvertretender Aufsichtsratsvorsitzender war er in sieben Konzernen, zum Beispiel in der IG Farben-Nachfolgegesellschaft Badische Anilin- & Soda-Fabrik AG, der Siemens AG und der Klöckner-Humboldt-Deutz AG. Außerdem war er gleichzeitig Ehrenvorsitzender des Aufsichtsrates bei zwei weiteren Konzernen sowie Aufsichtsratsmitglied in vielen anderen Gesellschaften. Er hatte den Vorsitz der Kreditanstalt für Wiederaufbau inne und war Mitglied des Verwaltungsrates in zwei weiteren Banken sowie im Krupp-Konzern. Eine führende Rolle spielte er in zahlreichen Unternehmerverbänden. Er galt als die »graue Eminenz« der Bundesregierung, deren Kanzler er jahrzehntelang beraten hat. Ähnlich wie Abs konzentrieren andere Vertreter der Finanzoligarchie eine ungeheure Fülle wirtschaftlicher und politischer Macht in ihren Händen.

## Kapitalexport und seine Rolle in Vergangenheit und Gegenwart

Die Herrschaft des Finanzkapitals über die kapitalistische Wirtschaft führte nicht zuletzt dazu, daß die Monopole in zunehmendem Maße nach günstigen Möglichkeiten suchten, ihre rasch wachsenden Profite auch außerhalb des jeweiligen Landes anzulegen. Sie gingen dazu über, einen wachsenden Teil ihrer Profite im Ausland, vor allem in solchen Ländern anzulegen, in denen eine noch günstigere Verwertung, noch höhere Profite zu erwarten waren.

**Die Anlage von Kapital im Ausland, sowohl in Form von Beteiligungen an bestehenden Unternehmen als auch in Form der Gründung neuer Unternehmen im Bergbau, in Industrie, im Handel, im Bankwesen und schließlich in Form der Ausreichung von Krediten, bezeichnen wir als Kapitalexport.**

Obwohl auch der internationale Warenaustausch, der Export und Import von Waren, im Verlaufe der Entwicklung des Imperialismus rasch anwuchs, gewann der Export von Kapital bei der Erschließung neuer und zusätzlicher Quellen für Monopolprofite den Vorrang. Dabei setzt sich das Finanzkapital rücksichtslos über alle Belange einzelner Volkswirtschaften hinweg, sowohl im eigenen Land als auch in den Ländern, die das Ziel des Kapitalexports sind. Entscheidend waren und sind die riesigen Profite, die durch den Kapitalexport möglich werden (Abbildung 12).

Untrennbar damit verbunden ist das Bestreben, mit Hilfe des Kapitalexports die Wirtschaft und die Politik anderer Länder zu beherrschen. So versuchen die Monopole in der Gegenwart, den Kapitalexport in Entwicklungsländer mit der Verpflichtung zu verbin-

**Profitmasse und Profitrate (Jahresdurchschnitt) aus privaten Direktinvestitionen der USA in Entwicklungsländern 1955 bis 1981** **12**

# PROFIT

| Zeitraum | Profite Md. Dollar | Profitrate Prozent |
|---|---|---|
| 1955–1959 | 1,8 | 16,2 |
| 1960–1964 | 2,2 | 17,2 |
| 1965–1969 | 2,7 | 17,1 |
| 1970–1974 | 4,8 | 22,7 |
| 1975–1981 | 9,6 | 23,6 |

IPW-Forschungshefte, 1985, H. 2, S. 101.

den, daß diese Länder in der Wirtschaft keinerlei Nationalisierungen vornehmen.

Die großen USA-Monopole exportieren beispielsweise Kapital nach Südamerika, obwohl dieses Kapital zur Schaffung neuer Arbeitsplätze für Millionen Arbeitslose im eigenen Land dringend nötig ist. Für jeden in den siebziger Jahren in Entwicklungsländern investierten Dollar holten die USA-Konzerne jährlich vier bis fünf Dollar in die USA zurück. Nach groben Schätzungen zogen die Monopole der imperialistischen Staaten aus dem Kapitalexport in Kolonien und wirtschaftlich schwach entwickelte Länder seit Beginn dieses Jahrhunderts 300 bis 500 Milliarden Dollar Profit.

Doch halten die Tatsachen die Ideologen des Imperialismus nicht davon ab, diese Aktivitäten der Monopole als eine »zivilisatorische Mission« und als eine Form der »Entwicklungshilfe« darzustellen. Das Ergebnis dieser »Mission« und »Hilfe« ist die meist einseitige, auf die Monopolinteressen ausgerichtete Wirtschaftsentwicklung vieler ökonomisch schwachentwickelter Länder und ein entsprechend niedriges Niveau ihrer Wirtschaftstätigkeit.

Die Produktion und die Dienstleistungen pro Kopf der Bevölkerung betrugen Anfang der siebziger Jahre in den Entwicklungsländern gegenüber den kapitalistischen Industriestaaten nur ein Dreizehntel. Nach Angaben bürgerlicher Wissenschaftler leben zwei Drittel der Weltbevölkerung von weniger als 30 Cents (etwa –,70 DM) pro Tag, leiden mehr als eine Milliarde Menschen ständig unter Hunger und Unterernährung, gibt es über eine Milliarde Analphabeten. Dieses materielle und geistige Elend konzentriert sich auf den Teil der Welt, in dem der Imperialismus mit seinem Kapitalexport eine »zivilisatorische Mission« durchzuführen vorgibt und von »Entwicklungshilfe« spricht.

**Der Kapitalexport war und ist ein wesentliches Instrument der Monopole, ihren Herrschaftsbereich zu erweitern und das Feld der kapitalistischen Ausbeutung auszudehnen und zu vertiefen.**

Der Kapitalexport beschränkt sich nicht auf ökonomisch schwach entwickelte Länder. In den Jahren nach dem zweiten Weltkrieg, die durch eine rasche Internationalisierung des kapitalistischen Wirtschaftslebens gekennzeichnet sind, hat sich der Kapitalexport zwischen den kapitalistischen Industriestaaten wesentlich schneller ausgedehnt als der Kapitalexport in die wirtschaftlich schwach entwickelten Länder. So hat beispielsweise der gegenseitige Kapitalexport zwischen den USA und der BRD im vergangenen Jahrzehnt beträchtlich zugenommen: 1984 hatten die USA 23 Milliarden DM in der BRD investiert, die BRD aber bereits 28,3 Milliarden DM in den USA (Abbildung 13). 1938 entfielen noch 70 Prozent des Kapitalexports in Form von Direktinvestitionen in der Produktion auf die Entwicklungsländer, 30 Prozent flossen in die kapitalistischen Industrieländer. Heute ist dieses Verhältnis genau umgekehrt.

Der Kapitalexport wurde zu einem wesentlichen Mittel der Monopole, die internationale Arbeitsteilung ihren Profitinteressen unterzuordnen. Die internationale

**Kapitalexport der BRD und der USA 1961 bis 1984 (Bestand, Millionen DM)** **13**

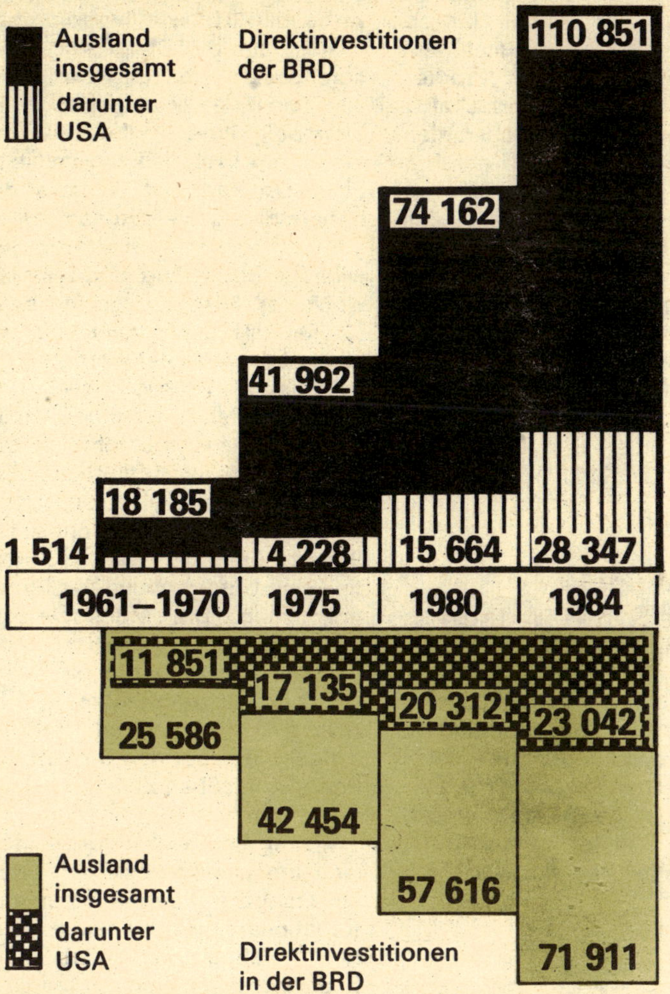


IPW-Berichte, 1985, H. 10, S. 63.

Arbeitsteilung beruht auf objektiven Grundlagen. Insbesondere die wissenschaftlich-technische Revolution, die Beschleunigung des wissenschaftlich-technischen Fortschritts, hat in den letzten Jahrzehnten zu einer zunehmenden Spezialisierung der Produktion sowohl in den Wirtschaftszweigen als auch zwischen den verschiedenen Ländern geführt. Auch ein industriell entwickeltes Land ist nicht in der Lage, das volle Sortiment der möglichen Erzeugnisse herzustellen. Daraus ergibt sich objektiv die rasche Ausdehnung der internationalen Wirtschaftsbeziehungen. Die imperialistischen Monopole unternehmen alles, um die Internationalisierung zu beherrschen und dadurch in anderen Ländern ökonomische Positionen und Einfluß zu erringen.

## Die Monopole und das Streben nach Weltherrschaft

Die Entwicklung des Kapitalismus am Ende des 19. Jahrhunderts war noch durch ein anderes wichtiges Merkmal gekennzeichnet. Lenin sprach davon, daß die ökonomische und territoriale Aufteilung der Welt beendet war.

**Was versteht man unter ökonomischer und territorialer Aufteilung der Welt?**

Mit der Herausbildung und der Herrschaft der Monopole ist untrennbar und gesetzmäßig ihr Streben nach der wirtschaftlichen Beherrschung der ganzen Welt verbunden. Hohe Monopolprofite können auf die Dauer nur dann durchgesetzt und gesichert werden, wenn das Monopol oder die Monopolgruppe alle Absatzmärkte im Weltmaßstab vollständig in der Hand hat. Dafür ist die Beherrschung der Rohstoffquellen und Brennstoffvorräte eine wichtige Bedingung, und zwar sowohl der bereits erschlossenen Quellen als auch jener, die zunächst nur vermutet werden.

Es ist also gesetzmäßig und entspricht dem Wesen des Monopols, alles zu unternehmen, um eine solche wirtschaftliche Beherrschung der Welt zu erreichen. Jede Lücke in der ökonomischen Beherrschung der Welt ist potentiell eine Untergrabung der Monopolstellung. Die Monopole der verschiedenen Länder treffen daher Abmachungen über die Preise auf dem Weltmarkt, über die Verteilung der Märkte und Interessengebiete, über den Umfang der Produktion, über Zoll- und Währungsfragen usw.

Macht und weltweiter Einfluß sind am besten gesichert, wenn ein Monopolunternehmen eine international beherrschende Stellung innehat. Der Imperialismus bildet deshalb von Anfang an große Monopole heraus, die international operieren. Die größten von ihnen realisieren ihre Profite im gesamten kapitalistischen Wirtschaftsbereich.

Auf diese Weise wurde mit dem Übergang vom 19. zum 20. Jahrhundert die Welt ökonomisch aufgeteilt. Im Verlaufe der letzten Jahrzehnte hat die Internationalisierung des Wirtschaftslebens rasch zugenommen. Das Gewicht der international operierenden imperialistischen Monopole hat sich außerordentlich erhöht. Sie spielen vor allem bei der ökonomischen Aufteilung der kapitalistischen Welt eine entscheidende Rolle.

Dieser Prozeß wird von den imperialistischen Konzernen mit einem großen Einflußgebiet bestimmt. In der bürgerlichen Literatur werden diese Konzerne oft als »multinationale Konzerne« bezeichnet. Auch wenn diese Bezeichnung in den täglichen Sprachgebrauch bereits Eingang gefunden hat (häufig auch kurz »Multis« genannt), so ist sie dennoch irreführend. Sie soll die wahren Herrschaftsverhältnisse und auch das Stammland, von dem die Aktivitäten (Ausbeutung, Rohstoffbeschaffung, Absatz) einer Vielzahl sogenannter Tochtergesellschaften in zahlreichen anderen Ländern gesteuert werden, verschleiern.

In der kapitalistischen Weltwirtschaft existieren etwa 11 000 derartige Konzerne – in der Mehrzahl in den USA ansässig –, die international operieren und Zehntausende von Auslandsfilialen steuern. Sie haben sich zu internationalen Machtgebilden entwickelt, »die mit ihren Polypenarmen Länder, ja ganze Kontinente umklammern. Heute beherrschen sie nahezu 40 Prozent der Industrieproduktion, rund 60 Prozent des Außenhandels und mehr als drei Viertel des technologischen Potentials der kapitalistischen Wirtschaft«[30] stellte Erich Honecker auf dem XI. Parteitag der SED fest. Abbildung 14 verdeutlicht den Machtzuwachs der 100 größten kapitalistischen Industriekonzerne: Von 1960 bis 1983 stieg ihr Umsatz um das Fünfzehnfache, die Zahl der von ihnen Ausgebeuteten um mehr als das Doppelte. Am Beispiel der BRD (Abbildung 15) zeigt sich die besonders rasche Expansion der »Multis« in den siebziger und achtziger Jahren.

Die Internationalisierung des Monopolkapitals bewirkt eine neue Stufe der kapitalistischen Ausbeutung. Die Konzerne benutzen ihren internationalen Einfluß, um die Produktion kurzfristig in jene Länder zu verlagern, in denen die niedrigsten Löhne und die höchsten Ausbeutungsraten zu erwarten sind. Sie sind bestrebt, die Arbeiter und die Gewerkschaften des einen Landes gegen die der anderen Ländern auszuspielen. Ergebnis dieser Strategie ist, daß die imperialistischen Monopole um 30 bis 40 Prozent höhere Profite erzielen als die Monopole, die

**Umsatz und Beschäftigte der 100 größten kapitalistischen Industriekonzerne 1960 bis 1983** **14**

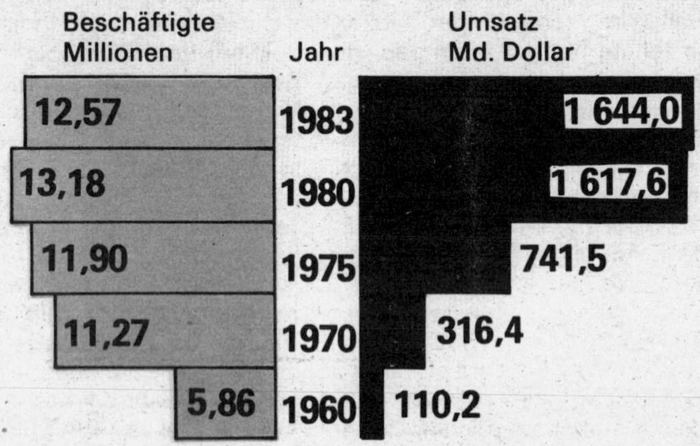


IPW-Berichte, 1982, H. 6, S. 69. – Ebenda, 1985, H. 8, S. 63.

nur in einem Land produzieren und lediglich exportieren.

In diesem Prozeß bilden sich riesige imperialistische Monopole heraus, deren wirtschaftliche Macht, gemessen an ihrem Umsatz beziehungsweise am Gesamtprodukt, größer ist als die kleiner und mittlerer kapitalistischer Staaten. Ohne Übertreibung kann man feststellen, daß diese Monopole heute die eigentlichen Machtzentren in der Wirtschaft der kapitalistischen Welt darstellen, die auch die imperialistischen Staaten beherrschen.

Für die Herausbildung des Imperialismus am Anfang dieses Jahrhunderts war die fast lückenlose territoriale Aufteilung der Welt unter die imperialistischen Mächte charakteristisch. Der Imperialismus wurde zu dem die ganze Erde umspannenden Weltsystem, in dem eine Handvoll Monopole und imperialistischer Staaten die lückenlose Herrschaft ausübten. Der britische Imperialismus mit einem eigenen Territorium von 300 000 km$^2$, auf dem 46,5 Millionen Einwohner lebten, herrschte am Vorabend des ersten Weltkrieges über 33,5 Millionen km$^2$ und 393,5 Millionen Erd-

## Direktinvestitionen und Stützpunkte von Unternehmen der BRD im Ausland 1976 bis 1983

**15**

| Jahr | Direktinvestitionen (Bestand) Md. DM | Auslandsstützpunkte Anzahl | Umsatz Md. DM | Beschäftigte Millionen |
|---|---|---|---|---|
| 1976 | 47,0 | 9 059 | 174,2 | 1,20 |
| 1977 | 52,1 | 9 562 | 192,7 | 1,27 |
| 1978 | 58,2 | 10 336 | 221,6 | 1,47 |
| 1979 | 66,0 | 11 180 | 275,3 | 1,65 |
| 1980 | 74,2 | 12 256 | 325,3 | 1,74 |
| 1981 | 84,0 | 13 084 | 400,5 | 1,76 |
| 1982 | 93,7 | 13 618 | 419,4 | 1,69 |
| 1983 | 101,6 | 13 811 | 436,7 | 1,62 |

IPW-Berichte, 1985, H. 10, S. 63.

bewohner. Der französische Imperialismus mit einem eigenen Territorium von 500 000 km² und 39,6 Millionen Einwohnern übte seine Herrschaft über 10,6 Millionen km² mit 55,5 Millionen Erdbewohnern aus.

Der deutsche Imperialismus – bei der territorialen Aufteilung der Welt zu spät gekommen – konnte bei einem eigenen Territorium von 500 000 km² und mit 64,9 Millionen Einwohnern »nur« Kolonien in der Größe von 2,9 Millionen km² und 12,3 Millionen Einwohnern sein eigen nennen.

**Diese territoriale Aufteilung der Welt in Gestalt von Kolonien, Halbkolonien und anderen Formen der Abhängigkeit unter eine Handvoll imperialistischer Staaten war das sicherste Mittel, um diese Teile der Welt als Absatzmärkte, Rohstoffquellen, billiges Arbeitskräftereservoir und militärstrategische Stützpunkte zu beherrschen.**

Die ökonomische und territoriale Aufteilung der Welt unter einige wenige Monopole und imperialistische Staaten ist mit wichtigen Schlußfolgerungen verbunden, die das Wesen des Imperialismus besonders deutlich zum Ausdruck bringen:

Dem kapitalistischen Monopol entspringt gesetzmäßig der Drang nach Aggression, der Drang zur Beherrschung der ganzen Welt.

»Damit das Monopol zum vollen Monopol wird, müssen die Konkurrenten nicht nur vom inneren Markt ..., sondern auch vom äußeren Markt, müssen sie in der ganzen Welt verdrängt werden.«[31]

Das »volle Monopol« macht die lückenlose Ausdehnung der ökonomischen und politischen Macht unumgänglich notwendig.

Dieser Drang nach einer unbeschränkten Ausdehnung der ökonomischen und politischen Macht ergibt sich nicht in erster Linie aus den subjektiven Wünschen oder aus dem Charakter der Monopolherren, also einzelner Personen. Das Wesen des Monopols, die Erfordernisse seiner Existenz und seiner Entwicklung bestimmen die Tätigkeit und den Charakter der Monopolkapitalisten. Das Monopol kann aber nur dann hohe Profite erreichen und seinen Bestand sichern, wenn es über den erforderlichen ökonomischen und politischen Einfluß verfügt. Mit anderen Worten: Die Aggressivität, das Streben nach internationaler Ausdehnung der Macht, ist letzten Endes das Streben nach Weltherrschaft in dieser oder jener Form, eine Existenzbedingung des Monopols. Mit dem Übergang zum Imperialismus zu Beginn des Jahrhunderts gab es faktisch kein Land, keinen Teil der Erde, der nicht in dieser oder jener Form, ökonomisch oder politisch, durch das Monopolkapital oder durch die imperialistischen Staaten beherrscht worden wäre.

Im Zusammenhang mit der Herausbildung des imperialistischen Weltsystems, der imperialistischen Aufteilung der Welt, entdeckte Lenin das Gesetz der ungleichmäßigen ökonomischen und politischen Entwicklung des Kapitalismus.

**Welche Bedeutung hat das Gesetz der ungleichmäßigen ökonomischen und politischen Entwicklung des Kapitalismus?**

Als Lenin bei seinen Untersuchungen über den Imperialismus feststellte, daß um die Jahrhundertwende die ökonomische und territoriale Aufteilung der Welt beendet war, ergab sich die Frage: Nach welchen Gesichtspunkten, nach welchen Maßstäben erfolgte diese Aufteilung? Wieso konnte sich der englische Imperialismus bis zum Ende des 19. Jahrhunderts ein so großes Kolonialreich zusammenräubern, während andere – darunter auch der deutsche Imperialismus – weit zurückblieben? Die Antwort auf diese Frage ist verhältnismäßig einfach: Unter kapitalistischen Bedingungen kann es dafür keinen anderen Maßstab, kein anderes Kriterium geben als die Macht, und zwar die ökonomische und politische Macht.

Die mächtigsten Monopolgruppen und imperialistischen Staaten waren in der Lage, für sich den größten internationalen Einflußbereich zu erobern. Die ökonomische und territoriale Aufteilung der Welt unter die Imperialisten spiegelt ungefähr deren Kräfteverhältnis wider.

Die Entwicklung bleibt jedoch nicht stehen, und sie kann unter kapitalistischen Bedingungen niemals gleichmäßig verlaufen. Ein Monopol oder ein imperialistisches Land, das heute in der kapitalistischen Welt an der Spitze liegt, kann morgen von anderen überholt werden. Wie die Geschichte zeigt, ist das Kräfteverhältnis in der kapitalistischen Welt infolge der ungleichmäßigen Entwicklung ständigen Veränderungen, einem ständigen Wechsel unterworfen.

Durch die ungleichmäßige Entwicklung ergibt sich, daß nach einer bestimmten Zeit die bestehende Verteilung der Macht- und Einflußbereiche unter die Monopolgruppen und imperialistischen Staaten nicht mehr mit dem neuen Kräfteverhältnis übereinstimmt. Die imperialistische Aufteilung der Welt und das neue Kräfteverhältnis sind in Widerspruch zueinander geraten – in einen Widerspruch, der objektiv nicht sehr lange bestehenbleiben kann. Denn jene imperialistischen Monopole und Staaten, die ihre ökonomische Macht vergrößert haben, benötigen zur Realisierung hoher Profite größeren Einfluß auf dem Weltmarkt, eine größere Rohstoff- und Brennstoffbasis usw.

Mit anderen Worten – im Ergebnis der ungleichmäßigen ökonomischen und politischen Entwicklung des Kapitalismus wird immer wieder eine Neuaufteilung der kapitalistischen Welt auf die Tagesordnung gesetzt. Das Ziel dieser Neuaufteilung ist es, die Aufteilung der Welt unter die imperialistischen Mächte mit dem neuen Kräfteverhältnis in Übereinstimmung zu bringen.

Die Formen der Neuaufteilung können sehr unterschiedlich, sehr vielfältig sein. Das gefährlichste Mittel ist zweifellos der Krieg, die militärische Gewalt. So wurden der erste und der zweite Weltkrieg ausgelöst, um eine solche Neuaufteilung – vor allem zugunsten des deutschen Imperialismus – herbeizuführen.

Neben der militärischen Gewalt spielen die vielfältigen Formen des ökonomischen und politischen Kampfes zwischen den imperialistischen Ländern eine wichtige Rolle. Der Kapitalexport ist ein wichtiges Mittel. Heute haben besonders die großen imperialistischen Konzerne daran einen wachsenden Anteil.

Wir können also feststellen: Das Gesetz der ungleichmäßigen ökonomischen und politischen Entwicklung ist eine entscheidende Quelle für die Aggressivität des Imperialismus. Sein Wirken bestimmt im hohen Maße die Entstehung und die Entwicklung tiefer Widersprüche zwischen den Monopolgruppen und den imperialistischen Staaten. Jeder ist bemüht, seine Positionen auf Kosten der anderen zu vergrößern. Daher stoßen alle Bestrebungen einer imperialistischen Integration immer wieder auf die Widersprüche und den Kampf der verschiedenen imperialistischen Gruppen.

★

## Eine »Neuaufteilung« ganz anderer Art?

★

Seit 1917 hat sich eine Reihe von Bedingungen grundlegend verändert. Im Ergebnis der Großen Sozialistischen Oktoberrevolution entstand eine ganz andere »Neuaufteilung« der Welt, als es die imperialistischen Mächte mit dem ersten Weltkrieg beabsichtigten. Der Imperialismus wurde als weltumspannendes Herrschaftssystem durchbrochen und in Gestalt der jungen Sowjetmacht mit einem Staat konfrontiert, der eine völlig entgegengesetzte, eine höhere Gesellschaftsordnung verkörpert.

Das war der Ausgangspunkt für eine internationale Entwicklung, die zur Herausbildung des sozialistischen Weltsystems und zum Untergang des imperialistischen

Kolonialsystems führte. Der Herrschaftsbereich des Imperialismus und damit auch der Wirkungsbereich des Gesetzes der ungleichmäßigen ökonomischen und politischen Entwicklung wurden wesentlich eingeschränkt. Die erfolgreiche Entwicklung des Sozialismus hat dem imperialistischen Weltherrschaftsstreben zunehmend Zügel angelegt.

Auch in der Nachkriegszeit hat das Gesetz der ungleichmäßigen Entwicklung in der kapitalistischen Welt volle Gültigkeit. Noch 1945 besaß der US-Imperialismus gegenüber den anderen imperialistischen Ländern eine alle überragende Stellung. Mehr als die Hälfte der Industrieproduktion der kapitalistischen Welt kam aus den USA. Das hat sich in den sechziger Jahren geändert. Japan und die westeuropäischen kapitalistischen Länder verbesserten ihre Positionen gegenüber den USA (Abbildung 16). Dadurch hat sich das Kräfteverhältnis zwischen den imperialistischen Staaten wesentlich verändert. Obwohl die USA nach wie vor die stärkste imperialistische Macht bleiben, entstanden drei Zentren des Weltimperialismus – die USA, Westeuropa und Japan. Zwischen diesen drei Zentren wird ein harter Konkurrenzkampf um die Erweiterung des internationalen Einflusses geführt. In Westeuropa ist der Imperialismus der BRD bestrebt, gegenüber Frankreich, England, Italien und den anderen westeuropäischen kapitalistischen Ländern seine Vorherrschaft durchzusetzen. Die Einschränkung des imperialistischen Machtbereichs überwindet nicht die inneren Widersprüche des Kapitalismus und beseitigt keinesfalls das Bestreben der einzelnen imperialistischen Staaten, ihren internationalen Einfluß auf Kosten anderer zu vergrößern. Daher brechen die Widersprüche zwischen den verschiedenen imperialistischen Gruppen immer wieder durch.

»

»Zwischen den großen Monopolen und den kapitalistischen Ländern, den drei Hauptzentren des modernen Imperialismus, USA, Westeuropa und Japan, tobt eine, wie es bürgerliche Politiker nennen, ›gigantische technologische Schlacht‹. Dabei erweitern sich die wissenschaftlich-technischen Potentiale teilweise beträchtlich. Zugleich türmen sich neue Widersprüche auf, die zu massiven Störungen in der kapitalistischen Weltwirtschaft führen.«[32]

«

Im Jahre 1983 hatten die USA einen Weltmarktanteil an Produkten des Hochtechnologiebereiches von 27,4 Prozent, Japan von 16,3 Prozent und die BRD von 15 Prozent. Alle drei Staaten haben ihre Exporte von technologieintensiven Waren bedeutend gesteigert (Abbildung 18). Vor allem Japan bedrängt mit seinen Exporten die US-amerikanische und west-

**Zuwachs des Bruttosozialprodukts in den drei imperialistischen Zentren 1955 bis 1985** (Prozent) **16**

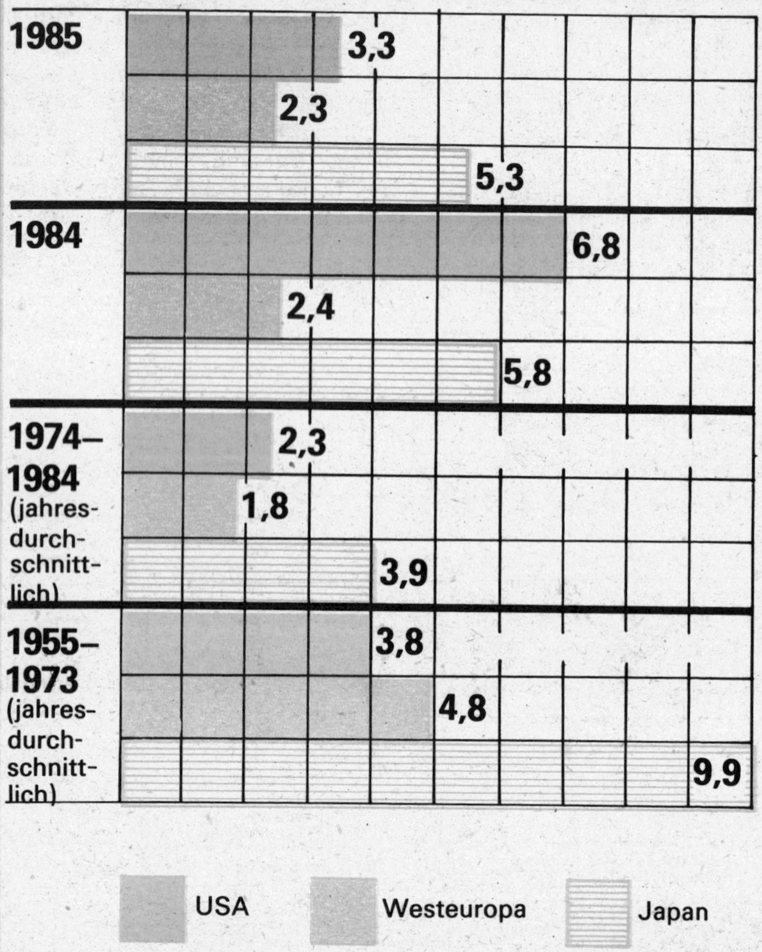


IPW-Forschungshefte, 1986, H. 1, S. 30.

## Anteile der drei imperialistischen Zentren an der Industrieproduktion und am Warenexport der kapitalistischen Welt 1960 bis 1984

**17**

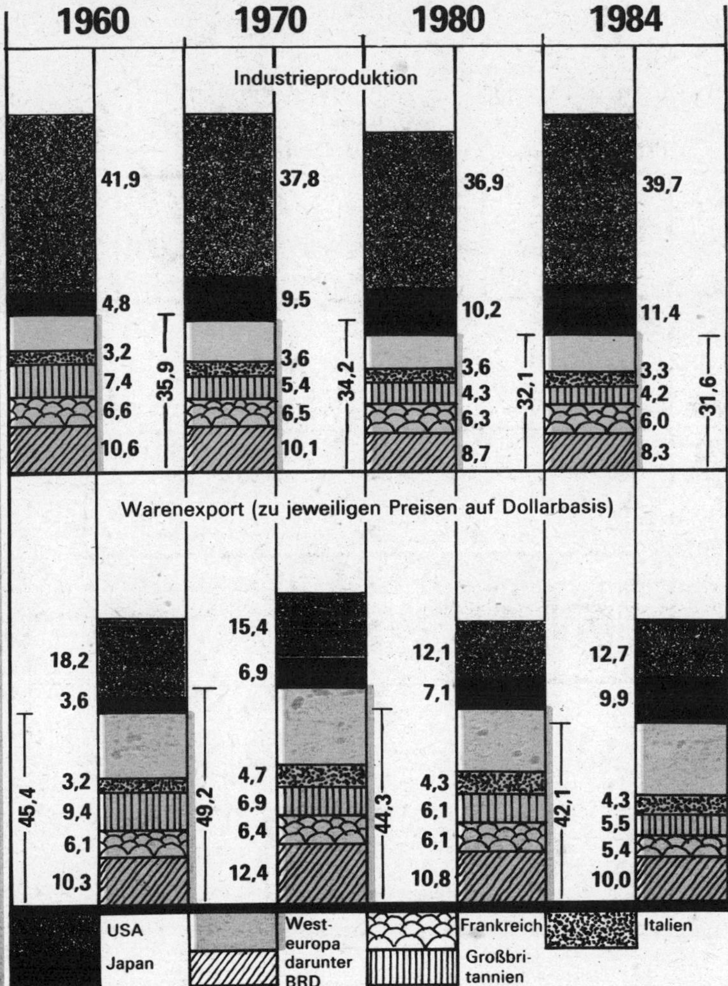


IPW-Forschungshefte, 1982, H. 2, S. 28. – Weltwirtschaft und internationale Beziehungen, Moskau, 1982, H. 8 (Beilage). – UN-Statistik.

## Exporte technologieintensiver Waren (26 Warengruppen) der USA, Japans und der BRD 1976 und 1981

**18**

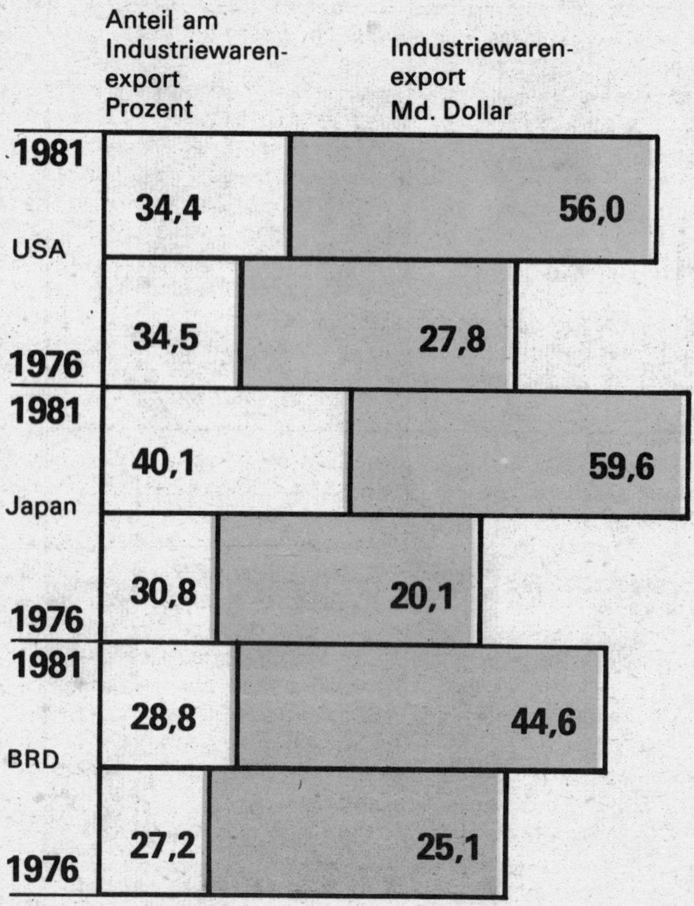


IPW-Berichte, 1984, H. 11, S. 7.

europäische Konkurrenz, und das nicht nur bei technologieintensiven Waren: 1982 gingen beispielsweise aus der Produktion von 10,8 Millionen Kraftfahrzeugen 5,6 Millionen, also über die Hälfte, in den Export. Ähnlich hoch und noch höher sind die Exportanteile bei Fotoapparaten, Motorrädern, Farbfernsehgeräten, Videorekordern u. a. Um die Konkurrenten zu bekämpfen, greifen die imperialistischen Staaten zu immer drastischeren Mitteln des Protektionismus, das heißt zur Eindämmung von Importen. Inzwischen existieren in der kapitalistischen Welt über 600 verschiedene Handelsbeschränkungen, darunter zum Beispiel komplizierte Grenzabfertigungsverfahren, langwierige Preisprüfungsverfahren, Vorschriften für Verpackung und Beschriftung, erhöhte Importzölle. Diese protektionistischen Maßnahmen sind eine ernsthafte Behinderung des Welthandels zum gegenseitigen Vorteil und Nutzen.

In erster Linie richtet sich jedoch das aggressive Streben des Imperialismus gegen den Sozialismus. Auch darin wird deutlich, daß die imperialistische Aggressivität viele Gesichter hat: Sie äußert sich in politischen, ökonomischen und ideologischen Formen – und natürlich auch in militärischen Formen, wie es am brutalsten durch den faschistischen Überfall auf die Sowjetunion 1941 sichtbar wurde. Doch der zweite Weltkrieg führte im Ergebnis des Sieges der Sowjetarmee zu einer weiteren entscheidenden Einschränkung imperialistischer Herrschaftssphären.

Die rasche erfolgreiche Entwicklung des Sozialismus nach dem zweiten Weltkrieg, in der jüngsten Vergangenheit und in der Gegenwart ändert nichts am Wesen des Imperialismus und an den diesem Wesen entspringenden Gefahren für die Menschheit. Das Wesen des Imperialismus ist heute ausgeprägter denn je. Die Kraft des Sozialismus ist aber in zunehmendem Maße in der Lage, die Art und Weise sowie die Formen zu beeinflussen, in denen sich dieses Wesen des Imperialismus durchsetzen kann. Vor allem diese Kraft verhindert seit fast vier Jahrzehnten einen neuen imperialistischen Weltkrieg und beeinflußt die in den letzten Jahren erfolgte Überwindung der noch bestehenden offen diktatorischen Regierungsformen in einer Reihe europäischer Staaten, wie Griechenland, Portugal und Spanien. Dem Imperialismus werden mit dem Erstarken des Sozialismus immer engere Grenzen gesetzt: Er ist gezwungen, sich an die veränderten Realitäten in der Welt anzupassen.

Der Imperialismus ist also nicht nur und nicht in erster Linie eine bestimmte Form der Außenpolitik. Er ist in der ökonomischen Basis, im ökonomischen Wesen des Kapitalismus des zwanzigsten Jahrhunderts begründet. Die Konzentration der kapitalistischen Produktion und des Kapitals auf hoher Stufe, die Herausbildung und Herrschaft der Monopole, ist das Kernstück. Aus dieser Konzentration der ökonomischen Macht in wenigen Händen ergibt sich zwangsläufig eine reaktionäre, aggressive Politik. Eine Überwindung des Imperialismus wird nur dann möglich, wenn seine ökonomischen Grundlagen beseitigt werden, wenn die Macht der Monopole eingeschränkt und schließlich überwunden wird.

## Zunehmende Fäulnis des Imperialismus

Die Herrschaft der Monopole in Wirtschaft und Staat bringt unvermeidlich zunehmende Tendenzen der Fäulnis in das wirtschaftliche, politische und geistige Leben der kapitalistischen Gesellschaft. Diese Aussage scheint im Widerspruch zur wissenschaftlich-technischen und wirtschaftlichen Entwicklung im heutigen Kapitalismus zu stehen. Kann man beispielsweise angesichts der Ergebnisse des wissenschaftlich-technischen Fortschritts in der Elektronik in kapitalistischen Staaten von Fäulnis sprechen?

Fäulnis des Kapitalismus heißt nicht, daß es im Imperialismus keine wissenschaftlich-technische Entwicklung und kein Wirtschaftswachstum mehr geben würde. Lenin verwies ausdrücklich auf das Wirken zweier widersprüchlicher Tendenzen im Imperialismus. Die eine Tendenz ist die durch das Profitstreben stimulierte Tendenz des Wachstums der Produktivkräfte, insbesondere von Wissenschaft und Technik. Die andere Tendenz ist die durch dieses Streben nach Monopolprofiten hervorgerufene und zunehmende Tendenz zur Fäulnis. Während die Tendenz des Wachstums der Produktivkräfte, von Wissenschaft, Technik und Wirtschaft viele Möglichkeiten eröffnet, die wachsenden individuellen und gesellschaftlichen Bedürfnisse der Menschen zu befriedigen, verhindert die von der Herrschaft der Monopole ausgehende Fäulnistendenz die Nutzung dieser Möglichkeiten im Interesse der Mehrheit der Gesellschaft und ruft wachsende wirtschaftliche, soziale und politische Widersprüche hervor. So zeigte sich beispielsweise zu Beginn der achtziger Jahre, daß die Beschleunigung des wissenschaftlich-technischen Fortschritts die Leistungsfähigkeit der Wirtschaft wesentlich erhöht hat, daß aber zugleich die Massenarbeitslosigkeit in vielen Ländern neue Rekorde erreicht hat, daß viele soziale Errungenschaften der Werktätigen beseitigt wurden, daß die Jugend ohne sinnvolle Perspektive ist.

**Fäulnis des Kapitalismus bedeutet daher, daß sich die Entwicklung der Produktivkräfte, daß sich**

Arbeitslos – obdachlos. Diese Frau teilt das Schicksal von Zehntausenden New-Yorkern. Im Sommer ist das Los dieser Menschen erträglicher, doch die Erinnerung an überstandene und die Angst vor kommenden Wintern ist in jedem Obdachlosen lebendig

**Fortschritte in Wissenschaft, Technik und Wirtschaft zunehmend gegen die Interessen der Mehrheit der Gesellschaft kehren.**

Dieser Gedanke soll an einigen Beispielen deutlich gemacht werden:

Der wissenschaftlich-technische Fortschritt ermöglicht die rasche Steigerung der Produktivität der Arbeit, der Produktion und die bessere Bedürfnisbefriedigung der Werktätigen. Schon heute können die materiellen und kulturellen Bedürfnisse der Werktätigen auf wesentlich höherem Niveau befriedigt werden. Doch die Ausnutzung des wissenschaftlich-technischen Fortschritts unterliegt dem Ziel der kapitalistischen Produktionsweise, der Erzielung hoher Monopolprofite, und bringt daher die entgegengesetzte Wirkung hervor. Der wissenschaftlich-technische Fortschritt verschärft die Widersprüche in der kapitalistischen Produktion. Seit Jahren investieren die Monopole nicht, um die Produktionsanlagen zu erweitern, sondern um vorhandene Produktionskapazitäten so zu rationalisieren, daß ohne Rücksicht auf die Arbeitskräfte, auf die lernwillige Jugend Arbeitsplätze vernichtet werden. So angewandt, kehrt sich der wissenschaftlich-technische Fortschritt gegen die Werktätigen. Es kommt zu einer permanenten Massenarbeitslosigkeit, die sich auch im Aufschwung der Wirtschaftsentwicklung kaum verringert, und es erhöht sich die kapitalistische Ausbeutung derjenigen, die ihren Arbeitsplatz noch behalten haben.

Wenn die Wirtschaftsentwicklung den Interessen der Monopole untergeordnet wird, sind nicht die Bedürfnisse der Mehrheit der Bevölkerung das Kriterium dafür, wieviel und was produziert wird, sondern die Profiterwartungen. Das führt unvermeidlich dazu, daß vorhandene Möglichkeiten zur Produktion materieller Güter nicht voll ausgenutzt werden, obwohl diese Güter dringend benötigt werden. Es wächst die Tendenz einer chronischen Nichtauslastung vorhandener und wachsender Produktionskapazitäten, die sich in den zyklischen Wirtschaftskrisen verstärkt. Wären zum Beispiel die von 1973 bis 1975 nicht ausgelasteten Produktionskapazitäten in der BRD genutzt worden, hätten je Einwohner für etwa 6000 DM mehr Produkte zur Verfügung gestanden. Oder: Durch die Massenarbeitslosigkeit kam es in den Jahren von 1980 bis 1984 in den kapitalistischen Industrieländern zu einem Ausfall an volkswirtschaftlichen Leistungen, die einem Wert von mehr als 3000 Milliarden Dollar entsprachen!

Ein großer und zunehmender Teil der Potenzen von Forschung und Entwicklung sowie der Wirtschaftskraft im Kapitalismus wird heute für das Wettrüsten vergeudet, weil die Profitinteressen der großen Rüstungsmonopole und nicht das Friedensinteresse der Mehrheit über die Richtung der wissenschaftlich-technischen Entwicklung entscheidet. Die NATO-Staaten haben seit Gründung der NATO im Jahre 1949 weit über zwei Billionen Dollar für die Rüstung verpulvert.

Mit dem Übergang zu den achtziger Jahren hat diese Fäulnis des Imperialismus neue Höhepunkte erreicht. Die Hochrüstungs- und Konfrontationspolitik maßgeblicher Kreise der USA und anderer NATO-Staaten hat zu bisher unvorstellbaren Rüstungsausgaben geführt (Abbildung 19). Allein die USA haben von 1981 bis 1985 dafür über 1500 Milliarden Dollar ausgegeben. Mehr als zwei Drittel des Wissenschaftspotentials sowie 5 bis 10 Prozent der wichtigsten Rohstoffe der imperialistischen Staaten werden für Rüstungszwecke eingesetzt. Das ist die eine Seite der ungeheuren Vergeudung:

## Rüstungsausgaben des USA-Bundeshaushaltes 1981 bis 1990 (Milliarden Dollar)

**19**

a Schätzung vom Januar 1986
b Haushaltsentwurf
c Ab 1988 mittelfristige Vorausplanung

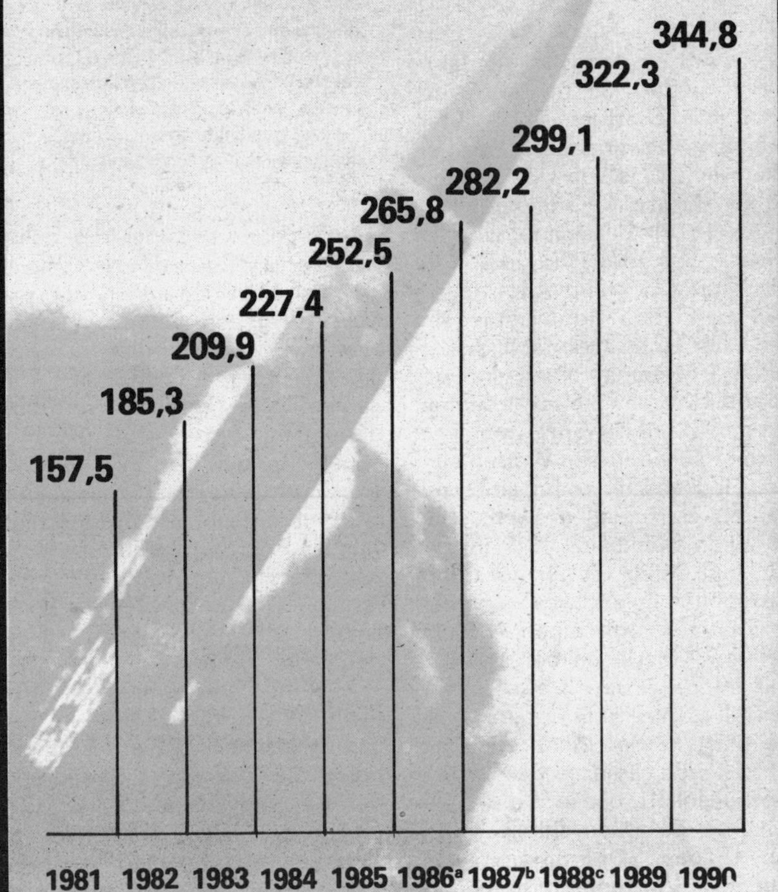


IPW-Berichte, 1986, H. 5, S. 52.

**Wissenschaft, Technik und Produktion werden weitgehend auf die Herstellung menschheitsgefährdender Vernichtungsmittel konzentriert, die in den Händen der aggressiven Monopole und ihrer Staaten eine nicht zu unterschätzende Gefährdung des Weltfriedens darstellen.**

Seit Anfang der achtziger Jahre nimmt dabei das Bemühen der USA zur Schaffung eines »Sternenkriegs«-Programms großen Raum ein. Was von USA-Militärs als »strategische Verteidigungsinitiative (SDI)« bezeichnet wird, ist reiner Etikettenschwindel. In Wahrheit geht es um Angriffswaffen gegen den Sozialismus: um den Plan eines mehrfach gestaffelten Systems verschiedener Strahlenwaffen, die im erdnahen Raum und auf der Erde stationiert werden sollen. Diese Waffen sind als »Flankenschutz« für einen nuklearen Erstschlag gedacht, also für einen wahnsinnigen Plan, der mit dem Schicksal der gesamten Menschheit spielt. Dies zu verhindern ist zur vorrangigen Aufgabe aller am Überleben der Menschheit interessierten Kräfte geworden. Das Weltraumprojekt, das die Existenz der Menschheit gefährdet, ist zugleich das größte Profitgeschäft, das die Geschichte der Menschheit kennt. So ist das SDI-Programm das teuerste Waffenprogramm der Menschheit: Seine Kosten werden mit mehr als 1000 Milliarden Dollar beziffert. Die Rüstungskonzerne rechnen damit, daß einige hundert Milliarden Dollar als Profit eingestrichen werden können.

In diesen und anderen Rüstungsausgaben wird die andere Seite dieses Fäulnisprozesses im Kapitalismus sichtbar:

**Wachsende Rüstungsausgaben vergeuden Mittel, die zur Lösung zahlreicher gesellschaftlicher Probleme, wie des Ernährungsproblems, des Bildungsproblems, des Umweltschutzes usw., dringend notwendig wären.**

Im Ergebnis des vom Imperialismus der USA und der NATO ausgelösten Wettrüstens stiegen die Militärausgaben auf der ganzen Welt zwischen 1975 und 1985 von 507 Milliarden auf etwa 1000 Milliarden Dollar (in Preisen von 1980 gerechnet). Um die über 500 Millionen Hungernden in den Entwicklungsländern satt zu machen, würden jährlich jedoch zusätzlich nur 8 Milliarden Dollar, um dem Analphabetentum und den gefährlichsten Krankheiten ein Ende zu bereiten, jährlich nur 22 Milliarden Dollar benötigt.

Rüstung ist eine riesige Bürde auch für die Werktätigen in den kapitalistischen Industriestaaten; denn die gewaltige Steigerung der Rüstungsausgaben der USA und anderer NATO-Staaten ist mit einer radikalen Kürzung der sozialen Ausgaben für die Werktätigen, mit riesigen Staatshaushaltsdefiziten und Inflation sowie mit einer

Gegen die menschenfeindliche Politik, die die steigenden Ausgaben für die Rüstung in den USA und in den anderen NATO-Ländern mit sich bringt, protestieren immer mehr Menschen. Weit über 100 000 forderten deshalb auf dem Dortmunder Hansaplatz, statt Weltraumwaffen Arbeitsplätze zu schaffen, ihr Protest richtete sich gegen Sozialabbau und den Abbau gewerkschaftlicher Rechte

Senkung der Reallöhne verbunden.

Es ist daher völlig natürlich, daß sich gegen eine solche menschenfeindliche Politik eine breite Friedensbewegung entwickelt hat.

Die Monopole tragen die Fäulnistendenz auch in die Arbeiterbewegung hinein. Um den Widerstand der Arbeiterklasse gegen die Monopolherrschaft und ihre Auswirkungen auf die Gesellschaft zu lähmen, benutzen die Monopole einen Teil ihres Profits, um Teile der Arbeiterklasse, besonders die Führer der Arbeiterbewegung, zu bestechen und ihnen bevorzugte Positionen zu verschaffen. Die Monopole ermöglichen auf diese Weise das Eindringen des Opportunismus in die Arbeiterbewegung, was zur Spaltung der Arbeiterbewegung führt. Der Opportunismus ist Ausdruck der Fäulnis des Kapitalismus, weil er Teile der Arbeiterbewegung dazu bringt, auf die Überwindung des Kapitalismus, auf den dazu notwendigen Klassenkampf und auf die proletarische Revolution zu verzichten. So kann die Existenz des faulenden Kapitalismus zeitweilig verlängert werden. Doch das bewirkt unvermeidlich die Verstärkung seiner Fäulnistendenzen.

Die Fäulnistendenzen des Kapitalismus dringen tief in das geistige und moralische Leben der kapitalistischen Gesellschaft ein. Wo der Monopolprofit höchstes erstrebenswertes Gut ist, bleiben die Interessen der Mehrheit der Gesellschaft sowie die Ideale und Wertvorstellungen dieser Mehrheit unberücksichtigt. Der Imperialismus ist unfähig, den Idealen und Wertvorstellungen der Arbeiterklasse und vieler anderer humanistisch gesinnter Menschen zu entsprechen und ein Leben in Frieden und Freiheit, das Recht auf Arbeit und Bildung, das Recht auf allseitige Entwicklung der Persönlichkeit und anderes zu gewährleisten. An die Stelle solcher humanistischen Ideale und Wertvorstellungen treten Idole, Scheinideale, die Verherrlichung von persönlichem Reichtum und Macht, von Gewalt und Brutalität gegenüber anderen Menschen.

Dieser Fäulnischarakter des Imperialismus hat die Jugend kapitalistischer Länder zu vielfältigen Protestbewegungen veranlaßt. Die Perspektivlosigkeit des Imperialismus, der Verlust grundlegender humanistischer Werte trifft besonders viele Jugendliche. Mitte der achtziger Jahre waren in Westeuropa 25 Prozent aller Jugendlichen ohne Arbeit. Sie sehen unter diesen Bedingungen für sich keine Zukunftschancen. Obwohl viele keine klaren Vorstellungen von einer Alternative haben, sind sie davon überzeugt, daß die kapitalistische Ordnung ihnen keine Perspektive bietet, daß sie ihre Probleme nicht lösen kann.

## Der staatsmonopolistische Kapitalismus

Lenin hat den Zusammenhang zwischen der ökonomischen Macht der Monopole und ihrer reaktionären Politik nachgewiesen; er analysierte den reaktionären und aggressiven Charakter des Imperialismus. Die Herrschaft des Monopolkapitals in der Wirtschaft prägt auch die politischen Wesenszüge des Imperialismus. Mit der Aufhebung der freien Konkurrenz durch das Monopol in der Wirtschaft vollzogen sich im politischen Überbau des Kapitalismus, im kapitalistischen Staat, in den bürgerlichen Parteien und gesellschaftlichen Organisationen, in der bürgerlichen Ideologie entsprechende Veränderungen. Der freien Konkurrenz in der Wirtschaft entsprach die bürgerliche Demokratie mit ihren formalen Rechten und Freiheiten, das hat sich mit dem Übergang zur Herrschaft der Monopole geändert.

Wie das Monopol in der Wirtschaft danach strebt, alle Konkurrenten auszuschalten, ist es auch in der Politik bemüht, den Staat und seine Politik fest in den Händen zu halten und ihn maximal für seine Profitinteressen einzuschalten. Der kapitalistische Staat ist nicht mehr das Instrument der Bourgeoisie schlechthin, sondern wurde zum Instrument des Monopolkapitals, das voll in seinem Interesse eingesetzt wird. Daraus erwächst die Tendenz, überall dort, wo es möglich ist, die demokratischen Rechte der Werktätigen einzuschränken und antiimperialistische Kräfte möglichst auszuschalten. Daher ist es kein Zufall, daß im Zeitalter des Imperialismus der Antikommunismus zur Ideologie und zur Grundlage der Politik der herrschenden imperialistischen Kreise wurde und auch der Faschismus als Herrschaftsform benutzt wird. Nur wenn der Widerstand der antiimperialistischen Kräfte groß genug ist, kann die Gefahr des Faschismus ernsthaft gebannt werden.

»Der Imperialismus ist die Epoche des Finanzkapitals und der Monopole, die überallhin den Drang nach Herrschaft und nicht nach Freiheit tragen. Reaktion auf der ganzen Linie, gleichviel unter welchem politischen System, äußerste Zuspitzung der Gegensätze auch auf diesem Gebiet – das ist das Ergebnis dieser Tendenzen.«[33]

**Herrschaft der Monopole und Verwandlung des bürgerlichen, des kapitalistischen Staates in ein Instrument des Monopolkapitals – das bedeutet Übergang zum staatsmonopolistischen Kapitalismus, Verflechtung der Macht der Monopole mit der Macht des Staates zu einem einheitlichen Organismus.**

Lenin hat, besonders im Zusammenhang mit dem ersten Weltkrieg, darauf hingewiesen, daß die Monopole den Staat und seine Einrichtungen nicht nur nutzen, um die imperialistische Herrschaft im allgemeinen zu sichern, sondern sie gingen verstärkt dazu über, mit staatlichen Mitteln in die Wirtschaft einzugreifen, um sich unter allen Umständen hohe Profite zu sichern. Es wurde die imperialistische Kriegswirtschaft staatlich organisiert. Der Bankrott großer Monopolunternehmen wurde mit staatlichen Mitteln verhindert oder hinausgezögert, dem Großkapital wurden riesige Steuermittel als Subventionen zugeschoben, Steuern erlassen usw.

Ziel dieser Maßnahmen ist es, mit staatlichen Mitteln den Auswirkungen der kapitalistischen Widersprüche entgegenzuwirken und dadurch solche Bedingungen zu schaffen, die es den Monopolen ermöglichen, die Widersprüche im Interesse des Monopolkapitals auszunutzen. Nach dem zweiten Weltkrieg hat dieser Prozeß eine qualitativ neue Stufe erreicht – der staatsmonopolistische Kapitalismus bildete sich vollständig heraus. Der gesellschaftliche Reproduktionsprozeß des Kapitals kann nicht mehr ohne staatliche Wirtschaftstätigkeit vollzogen werden.

Die Verflechtung von Monopolen und Staat, die umfassende Nutzung des Staates im Interesse der Monopole und gegen die Werktätigen, hat vielfältige Auswirkungen im täglichen Leben. Sie steht vor allem im krassen Gegensatz zu den Behauptungen, in der BRD und in anderen imperialistischen Ländern herrsche eine »freiheitlich-demokratische Grundordnung«. Daher ist es nicht erstaunlich, daß es in der demokratischen Jugendbewegung kapitalistischer Länder eine breite Strömung gibt, die ihren Kampf gegen dieses staatsmonopolistische System – kurz »Stamokap« genannt – richtet. Die Leninsche Theorie vom staatsmonopolistischen Kapitalismus und ihre schöpferische Weiterentwicklung werden deshalb in der BRD als staatsgefährdend mit besonderem Haß verfolgt. Darin kommt zum Ausdruck, wie aktuell und politisch wirksam diese Theorie ist.

★

**Welche Ursachen haben den Übergang zum staatsmonopolistischen Kapitalismus erzwungen?**

★

**Erstens** liegen diesem Prozeß rasche Veränderungen im Bereich der Wirtschaft zugrunde. Die zunehmende Vergesellschaftung der Produktion verstärkt das Erfordernis nach gesellschaftlicher Leitung und Planung, dem die privaten Monopole nicht entsprechen können. Von besonderer Bedeutung ist dabei die wissenschaftlich-technische Revolution. Sie stellt in der Forschung und Entwicklung, in der Investitionstätigkeit, bei der Erschließung von Rohstoff- und Energiequellen, im Ringen um internationale Märkte, bei der Gewährleistung eines Gleichgewichts zwischen Mensch und Natur Anforderungen, die auch von den mächtigsten Monopolen nicht mehr auf der Basis des privatkapitalistischen Eigentums gelöst werden können. Die wirtschaftliche Entwicklung im Kapitalismus kann nur dann vorangehen, und die Monopole können nur dann wachsende Profite einstreichen, wenn der imperialistische Staat in zunehmendem Maße und auf vielfältige Art und Weise entsprechende Bedingungen für den kapitalistischen Wirtschaftsprozeß schafft.

**Zweitens** geht ein Druck zur Verwandlung des monopolistischen in den staatsmonopolistischen Kapitalismus von den rasch wachsenden sozialen und politischen Widersprüchen innerhalb der imperialistischen Länder aus. Monopole und Staat wirken eng zusammen, um einem offenen Ausbruch der sich verschärfenden Klassenwidersprüche entgegenzuwirken. Damit wird es möglich, die beiden Grundmethoden imperialistischer Herrschaftsausübung – die Methode offener Gewaltanwendung und die Methode teilweiser sozialer und politischer Zugeständnisse – miteinander zu verbinden.

**Drittens** vollzieht sich die Herausbildung des staatsmonopolistischen Kapitalismus nicht zuletzt infolge der neuen Anforderungen, die sich für den Imperialismus aus der erfolgreichen Entwicklung des Sozialismus anfangs in einem Lande, später im sozialistischen Weltsystem ergeben. Der Imperialismus ist bestrebt, alle noch verfügbaren Potenzen für den Kampf gegen den Sozialismus zu mobilisieren und die Existenz der kapitalistischen Ordnung als Ganzes in der wachsenden Auseinandersetzung zwischen Sozialismus und Imperialismus zu sichern.

In der BRD haben sich die etwa 60 führenden Monopolgruppen besonders mit Hilfe ihrer wichtigsten Unternehmerverbände aufs engste mit den Einrichtungen des Staates (Ministerien, Bundestag, aber auch Einrichtungen auf Länder- und kommunaler Ebene usw.) verflochten, in denen die wichtigen Entscheidungen über Wirtschaft und Politik getroffen werden. Grundlage dafür ist im staatsmonopolistischen Kapitalismus in der Regel der staatliche Sektor. Mit Hilfe des Steuersystems, der Staatsausgaben, der Festsetzung von Zinssätzen und anderer Maßnahmen erfolgt eine systematische Umverteilung des Nationaleinkommens zugunsten der Monopole. Für diese entstehen damit Bedingungen, die ihnen auf jeden Fall hohe Profite sichern. So ist beispielsweise der Gesamtprofit der 50 größten Kapitalgesellschaften der BRD von 31,9 Milliarden DM 1973 auf 69,7 Milliarden DM 1984 – also um mehr als das Doppelte – gestiegen.

## Aggressivität – ein Wesensmerkmal des Imperialismus

Charakteristisch für den Übergang vom monopolistischen zum staatsmonopolistischen Kapitalismus ist die zunehmende Verflechtung der großen Rüstungsmonopole, besonders in den USA und in der BRD, mit den militärischen Institutionen des imperialistischen Staates. Diese von den Profit- und Aggressionsinteressen des Imperialismus getragene unheilvolle Verflechtung nennen wir den Militär-Industrie-Komplex, von dem im zunehmenden Maße das Wettrüsten forciert wird. Er ist der entscheidende Motor für die entspannungsfeindlichen Tendenzen, die in der Politik der imperialistischen Staaten gegenüber der sozialistischen Staatengemeinschaft sichtbar werden. Die Hochrüstungs- und Konfrontationspolitik der USA seit Beginn der achtziger Jahre ist in hohem

Maße die Folge davon, daß dieser Militär-Industrie-Komplex bestimmenden Einfluß auf die Regierungspolitik erlangt hat.

Die Verflechtung der Macht der Monopole mit der Macht des imperialistischen Staates zu einem umfassenden staatsmonopolistischen Herrschaftssystem zeigt besonders deutlich die Grenzen des Privateigentums an den Produktionsmitteln, die objektive Notwendigkeit des Übergangs zum Sozialismus. Der staatsmonopolistische Kapitalismus ist darauf gerichtet, möglichst große Potenzen für die Sicherung der Herrschaft des Imperialismus und seinen Kampf gegen den Sozialismus zu mobilisieren. Daher verstärkt der Übergang vom monopolistischen zum staatsmonopolistischen Kapitalismus den reaktionären und aggressiven Charakter des Imperialismus. Diese Entwicklung verändert also weder das Wesen des Imperialismus, noch hebt sie seine Widersprüche auf.

Mit der vollständigen Herausbildung des staatsmonopolistischen Kapitalismus hat sich auch der Widerspruch zwischen dem reaktionären, demokratiefeindlichen Wesen der politischen Herrschaft der Monopole und dem Streben der Arbeiterklasse und der anderen Werktätigen in den imperialistischen Ländern nach Erweiterung der von ihnen erkämpften politischen Rechte und Freiheiten auf das äußerste verschärft. Dieser Widerspruch bestimmt heute entscheidend die politische Entwicklung in den imperialistischen Ländern.

Die reaktionärsten Kräfte drängen auf die offene Beseitigung der in vielen kapitalistischen Ländern noch oder auch wieder bestehenden Formen bürgerlicher Demokratie. Das widerspiegeln wachsende Aktivitäten neofaschistischer Kräfte beispielsweise in Italien, Frankreich und in der BRD ebenso wie die Versuche, die demokratischen Errungenschaften in Portugal Schritt für Schritt abzubauen. Diese Kräfte waren es auch, die die fortschrittliche Entwicklung in Chile im offenen faschistischen Terror erstickten und mit allen ihnen zur Verfügung stehenden Mitteln die Pinochet-Junta genauso wie zahlreiche andere faschistische und Militärdiktaturen in Südamerika, Afrika und Asien am Leben zu erhalten versuchen.

Der dem Monopol entspringende Drang zur Herrschaft ist es auch, der dort, wo das internationale und innenpolitische Kräfteverhältnis die offene Durchsetzung reaktionärer, faschistischer Herrschaftsformen nicht zuläßt, zur Einschränkung und Aushöhlung der bürgerlich-demokratischen Verhältnisse führt. Das zeigen beispielsweise die Beschränkung der politischen Rechte für Kommunisten und andere aufrechte Demokraten in den USA genauso wie die Berufsverbote und die Notstandsgesetzgebung

An einer Demonstration in Mainz gegen die Berufsverbotspraxis in der BRD nahm auch der davon bedrohte Lehrer Ulrich Foltz aus Kaiserslautern teil

in der BRD. Der politische Überbau, das gesamte politische Leben ist in den imperialistischen Ländern auf vielfältige Weise tiefgreifenden Fäulnisprozessen unterworfen. Der Herrschaftsdrang der Monopole richtet sich jedoch nicht nur als eine zunehmend reaktionäre Tendenz nach innen, sondern prägt auch das Verhältnis gegenüber den anderen Staaten.

★

**Von wo geht die Gefahr für den Frieden aus?**

★

Imperialistische Politiker und Ideologen versuchen den Anschein zu erwecken, daß die kapitalistische Ordnung Frieden und Sicherheit am besten gewährleisten könne. Kriege und militärische Auseinandersetzungen seien immer nur das Werk einzelner mehr oder weniger verrückter Leute oder Gruppen – wie beispielsweise Hitler –, niemals aber im kapitalistischen System begründet. Hochrüstung, Entwicklung und Produktion von Massenvernichtungsmitteln in den USA, der BRD und anderen NATO-Staaten seien immer nur eine Antwort auf die Bedrohung aus dem Osten, aus der Sowjetunion und der sozialistischen Gemeinschaft.

Analysieren wir jedoch das Wesen des Imperialismus etwas näher, betrachten wir die Geschichte genauer, so zeigt sich daß mit diesen Erklärungen lediglich der aggressive Charakter des Imperialismus verschleiert werden soll. Tatsache ist, daß in unserem Jahrhundert vom Imperialismus zwei verheerende Weltkriege und eine große Zahl anderer militärischer Auseinandersetzungen ausgelöst wurden. In der Geschichte gibt es jedoch kein einziges Beispiel, in dem ein Krieg, eine militärische Auseinandersetzung vom Sozialismus ausgegangen wäre. Die Sowjetunion hat niemals zuerst eine neue Massenvernichtungswaffe produziert. Sie war immer aus Gründen der Verteidigung gezwungen, bei der Entwicklung und Einführung neuer Waffen nachzuziehen (Abbildung 20). In den achtziger Jahren haben die USA mit der Einführung neuer Waffensysteme von gewaltiger Zerstörungskraft das Wettrüsten außerordentlich verschärft (Tabelle 4).

Auf dem X. Parteitag der SED erklärte deshalb Erich Honecker: »Es wird immer deutlicher sichtbar, daß der Imperialismus mit seinen Krisen, seiner Aggressivität, seiner am Profit orientierten Politik den Frieden und den Fortschritt der Menschheit bedroht. Dies erfolgt zur gleichen Zeit, da der Weltsozialismus mit seinem Zentrum, der Sowjetunion, und die nationale Befreiungsbewegung an Kraft gewinnen.

Das erlaubt uns jedoch nicht, die Gefahren zu übersehen, die

## U 20

### Die USA waren immer der Vorrüster

| USA | UdSSR |
|---|---|
| **Kernwaffen** | |
| Mitte der 40er Jahre (eingesetzt im August 1945)  | Ende der 40er Jahre  |
| **Interkontinentale strategische Bomber** | |
| Mitte der 50er Jahre  | Ende der 50er Jahre  |
| **Atom-U-Boote** | |
| Mitte der 50er Jahre  | Ende der 50er Jahre  |
| **Atom-Flugzeugträger** | |
| Anfang der 60er Jahre  | keine |
| **Mehrfache, einzeln lenkbare Sprengköpfe** | |
| Ende der 60er Jahre  | Mitte der 70er Jahre  |
| **Neutronenmunition** | |
| Ende der 70er/  Anfang der 80er Jahre | keine |

Neues Deutschland, 26. Januar 1982, S. 3.

**Tabelle 4**
**Umsätze laufender US-Rüstungsprogramme**

| Hochrüstungsprogramme | Md. Dollar | Hauptauftragnehmer |
|---|---|---|
| Bomber B 1 | 6,2 | Rockwell International |
| MX-Rakete | 4,0 | Martin Marietta |
| F-16-Jagdflugzeug | 3,8 | General Dynamics |
| F-18-Kampfflugzeug | 2,9 | Northrop, McDonnell Douglas |
| Trident-2-Rakete | 2,9 | Lockheed |
| Nuklear-U-Boot-Programm SSN-688 | 2,8 | General Dynamics |
| F-15-Kampfflugzeug | 2,5 | McDonnell Douglas |
| Transportflugzeug C 5 B | 2,5 | Lockheed |

Unsere Zeit, 21. Februar 1986, S. 5.

von der imperialistischen Welt ausgehen, und die Verbrechen des Imperialismus dem Vergessen preiszugeben. Seit Beginn dieses Jahrhunderts sind 64 Jahre von globalen und regionalen Kriegen, Aggressionsakten und Interventionen erfüllt gewesen, bei denen der Imperialismus seine Hand im Spiele hatte und die mehr als 80 Millionen Menschen das Leben gekostet haben. Allein die USA griffen direkt oder indirekt mehr als 220mal zur Gewalt oder drohten mit militärischer Einmischung.«[34]

**Die Analyse zeigt – die Aggressivität ist ein Wesensmerkmal des Imperialismus, sie ist vor allem in seinen ökonomischen Machtverhältnissen begründet, die gesetzmäßig den Drang nach Expansion und Aggression hervorbringen.**

**Was sind die Wurzeln der Aggressivität?**

Die Herrschaft der Monopole bringt gesetzmäßig das Streben hervor, deren Herrschaftsbereich über die Landesgrenzen hinaus, möglichst über die ganze Welt auszudehnen und verlorengegangene Einflußsphären wieder zurückzugewinnen. Das kann ökonomisch, politisch oder militärisch geschehen. Das Monopol ist um so stabiler, die Profitmöglichkeiten sind um so größer, je fester und sicherer diese internationalen Einflußsphären, das heißt Rohstoff- und Brennstoffquellen, Absatzmärkte, Kapitalanlagesphären, strategische Stützpunkte, Reserven an billigen Arbeitskräften usw., beherrscht werden. Jede Einschränkung dieser Einflußsphären ist eine Untergrabung und Schwächung des Monopols.

In der Gegenwart wird der aggressive Charakter des Imperialismus durch einige spezifische Merkmale beeinflußt. Da ist zunächst ein wichtiger Widerspruch: Die Entwicklung der Nachkriegszeit brachte es mit sich, daß niemals zuvor in der Geschichte das ökonomische und wissenschaftlich-technische Potential des Imperialismus so groß war wie in der Gegenwart. Noch niemals hat die Konzentration der Produktion und des Kapitals in den Händen weniger Monopole eine derart hohe Stufe erreicht wie heute. Aber zugleich war durch die sozialistischen Revolutionen und die Siege der nationalen Befreiungsbewegungen der internationale Einflußbereich des Imperialismus noch nie so klein wie heute. Der Imperialismus hat das Monopol auf die Beherrschung der internationalen Märkte und der Weltwirtschaft verloren. Es ist klar, daß sich die herrschenden imperialistischen Kreise mit dieser Tatsache nicht abfinden.

Grundlegend erschüttert wurde ebenfalls die monopolistische Beherrschung der für die kapitalistischen Industriestaaten besonders wichtigen Rohstoff- und Brennstoffquellen. Viele Staaten der »dritten« Welt haben nicht nur ihre politische und nationale Unabhängigkeit erkämpft, sondern auch begonnen, über ihren nationalen Reichtum, insbesondere über die Förderung, die Preise und die Verkaufsbedingungen ihrer Roh- und Brennstoffe, selbst zu entscheiden. Das untergräbt die internationale Macht der Monopole.

Daher erwächst vor allem aus der Herrschaft der Monopole das Streben, Mittel und Wege zu finden, um die alten Machtverhältnisse und Einflußsphären wiederherzustellen. Der Hauptstoß richtet sich in erster Linie gegen den Sozialismus.

Für den Imperialismus der BRD erfolgte die wichtigste Einschränkung seiner Macht durch die erfolgreiche Entwicklung der DDR. Die reale Entwicklung der beiden deutschen Staaten und des internationalen Kräfteverhältnisses hat die herrschenden Kreise der BRD gezwungen, die Existenz der DDR zu akzeptieren und staatliche Beziehungen mit ihr aufzunehmen. Daß sie sich mit der Herausbildung eines sozialistischen Staates auf deutschem Boden, der ihre Expansion nach dem Osten Europas für immer beendet, jedoch immer noch nicht abgefunden haben, bezeugt die offiziell vertretene These, daß die sogenannte deutsche Frage offengehalten werden muß. Diese These unterstreicht die Absicht der aggressivsten Kräfte, auf einen günstigen Zeitpunkt zu warten, bis ihre Herrschaft auf die DDR ausgedehnt werden kann.

Eine wichtige Quelle der Aggressivität des Imperialismus ergibt sich aus der ungleichmäßigen ökonomischen und politischen Entwicklung. Es wurde bereits mit konkreten Daten darauf hingewiesen, wie diese ungleichmäßige Entwicklung das Kräfteverhältnis zwischen den imperialistischen Mächten periodisch verändert und das Streben nach einer Neuaufteilung der Herrschaftsbereiche und Einflußsphären erzeugt. Der erste und der zweite Weltkrieg waren Versuche – insbesondere des deutschen Imperialismus –, eine solche Neuaufteilung zu seinen Gunsten herbeizuführen.

Im letzten Viertel unseres Jahrhunderts hat sich das Kräfteverhältnis innerhalb der kapitalistischen Welt erneut wesentlich verändert. Die über eine lange Periode alles überragende Rolle der USA gehört der Vergangenheit an. Dieses veränderte Kräfteverhältnis führte zu einer scharfen Rivalität, zu heftigen Kämpfen um Einflußsphären und Märkte zwischen den imperialistischen Mächten. Alle kämpfen sie um Rohstoff- und Brennstoffquellen in Afrika, Asien und Lateinamerika. Neben der Verschärfung der herkömmlichen Formen des Konkurrenzkampfes tobt eine große technologische Schlacht zwischen den drei Zentren des Weltimperialismus.

Insgesamt hat sich in den achtziger Jahren der USA-Imperialismus, insbesondere der Militär-Industrie-Komplex, als das eigentliche Zentrum der Aggressivität und der aggressiven Kräfte in der Welt von heute entwickelt. Von ihm gehen die Konfrontations- und Hochrüstungspolitik aus. Er ist bestrebt, einen »Neoglobalismus« durchzusetzen, mit dem er die Herrschaft über den Sozialismus, aber auch über alle anderen Teile der Welt erreichen will.

Die USA versuchen mit allen Mitteln, ihre frühere internationale Vormachtstellung zurückzuerobern. Die aggressivsten Kräfte des USA-Imperialismus hoffen, daß dies mit Hilfe der Hochrüstungs- und Konfrontationspolitik gegen die Sowjetunion und die sozialistische Gemeinschaft erreicht werden kann. Nach dem Muster des kalten Krieges der fünfziger Jahre soll die verstärkte Konfrontation die imperialistische Welt auf die USA-Strategie festlegen und die einzelnen Staaten daran hindern, ihre eigene Position, ihre eigenen nationalen Interessen zu vertreten.

Schließlich ist die krisenhafte Entwicklung der kapitalistischen Wirtschaft eine entscheidende Quelle der imperialistischen Aggressivität. Rüstung und militärische Abenteuer sollen ein Ausweg aus den inneren Widersprüchen sein. In der Geschichte des Imperialismus hatte sich deshalb ein eigener Zyklus Krise–Krieg herausgebildet. Nach dem zweiten Weltkrieg konnte dieser Zyklus durch die Friedenspolitik der sozialistischen Länder, durch die Verhinderung eines neuen Weltkrieges gesprengt werden. Infolge der tiefen Krise, in der sich die kapitalistischen Länder seit Mitte der siebziger Jahre befinden, suchen aggressive imperialistische Kräfte in den USA und der NATO erneut mit Hochrüstung und Konfrontationspolitik einen Ausweg aus der Krise.

Natürlich spielen im internationalen Leben einzelne Personen oder Gruppen in positiver oder negativer Hinsicht eine wichtige Rolle. Wenn wir aber eine Erklärung für die Verschärfung der internationalen Situation, für die Gefährdung des Friedens durch ein atomares Inferno finden wollen, so ist das nur möglich, wenn wir die Wesensmerkmale des Imperialismus studieren, seine ökonomischen und politischen Machtverhältnisse, die daraus entspringenden Interessen und Widersprüche sowie deren konkrete Bewegungs- und Erscheinungsformen in der Gegenwart.

Zugleich muß man stets berücksichtigen, daß der praktischen Entfaltung des aggressiven Charakters des Imperialismus seit der Großen Sozialistischen Oktoberrevolution immer engere Grenzen gesetzt sind. Mit dem Sozialismus entstand eine Gesellschaft, für die der Frieden entscheidendes Wesensmerkmal ist. Auch hier entspringt der Kampf um die Erhaltung des Friedens, um Rüstungsbegrenzung und Abrüstung nicht nur den subjektiven Wünschen führender Politiker, sondern er ist zutiefst im Charakter der sozialistischen Gesellschaftsordnung begründet.

Hier sei nur auf einige Merkmale hingewiesen:

- Der Marxismus-Leninismus hat längst den wissenschaftlichen Beweis erbracht, daß die sozialistische Revolution nicht exportiert werden kann. Sie kann nur das Ergebnis der inneren sozialen Widersprüche und der revolutionären Aktion der Arbeiterklasse und anderer demokratischer Kräfte sein. Daher kann der Sieg des Sozialismus in der nichtsozialistischen Welt niemals durch militärische Expansion der sozialistischen Länder herbeigeführt werden. Bereits Lenin hat darauf hingewiesen, daß für den wachsenden Einfluß des Sozialismus die Kraft des Beispiels entscheidend ist. Dafür ist Frieden unerläßliche Voraussetzung.
- Im Sozialismus existieren keine Klassen, Kräfte oder gesellschaftliche Gruppen, die an Rüstung und Krieg auch nur einen Pfennig verdienen würden. Für die sozialistische Gesellschaft sind Verteidigungsausgaben zwar unbedingt notwendig, solange der Imperialismus existiert, sie sind aber immer ein Abzug vom Nationaleinkommen, der nicht für die Entwicklung der Wirtschaft, für die Hebung des materiellen und geistig-kulturellen Lebensniveaus der Werktätigen oder die solidarische

Hilfe für Entwicklungsländer verwendet werden kann.

Diese Tatsache gestehen imperialistische Politiker und Ideologen faktisch ein, wenn sie hoffen, daß durch immer neue Runden des Wettrüstens die Wirtschafts- und Sozialpolitik der sozialistischen Länder durchkreuzt werden könnte. Damit wird unterstrichen, daß die sozialistische Gesellschaft keinerlei Interessen an Rüstung und Krieg hervorbringt.

- Schließlich hat die Geschichte längst praktisch bewiesen, daß der Sozialismus sich am erfolgreichsten unter den Bedingungen eines gesicherten Friedens, der friedlichen Koexistenz entwickelt. Man braucht nur daran zu erinnern, daß jener Zeitabschnitt der siebziger Jahre, der durch Fortschritte im internationalen Entspannungsprozeß, im Ringen um friedliche Koexistenz gekennzeichnet war, zugleich eine sehr erfolgreiche Periode in der Geschichte der Sowjetunion, der DDR und anderer sozialistischer Länder war – insbesondere in der Wirtschafts- und Sozialpolitik und im internationalen Leben. Die Gegner der Entspannungspolitik gestehen den friedlichen Charakter der sozialistischen Gesellschaft indirekt ein, wenn sie erklären, daß der Entspannungsprozeß dem Sozialismus nutzen würde. Sie unterschlagen dabei jedoch die Tatsache, daß er ebenso allen anderen am Frieden interessierten Menschen dient.

**Wir können daher feststellen, daß ebenso, wie zum Wesen des Imperialismus sein aggressiver Charakter gehört, Sozialismus und Frieden untrennbar, das heißt gesetzmäßig, miteinander verbunden sind. Dies ist einer der größten Vorzüge des Sozialismus und entscheidender Kraftquell im Ringen um Frieden und Sicherheit.**

Zweifellos ist die wachsende Kraft des Sozialismus der entscheidende Garant dafür, daß der Imperialismus immer weniger in der Lage ist, die seinem Wesen entsprechenden reaktionären und aggressiven Tendenzen praktisch durchzusetzen. »So wirken in der internationalen Entwicklung einander gegenläufige Tendenzen. Sie treten zutage im Kampf derjenigen Kräfte, die für die Festigung des Friedens, für die Zügelung des Wettrüstens, für die Fortsetzung der Entspannung, für die Verteidigung der souveränen Rechte und der Freiheiten der Völker eintreten, sowie derjenigen Kräfte, welche die Entspannung unterminieren, das Wettrüsten beschleunigen, die Politik der Drohungen, des Boykotts, der Einmischung in die inneren Angelegenheiten anderer Staaten, der Unterdrückung des nationalen und sozialen Befreiungskampfes der Völker betreiben. Bestimmend ist nach wie vor jene positive Grundtendenz, die vor allem dank der Stärke der Sowjetunion und unserer sozialistischen Gemeinschaft, dank ihrer unermüdlichen Anstrengungen durchgesetzt werden konnte. Davon zeugt als eines der bedeutendsten Ergebnisse, daß es gelang, den unheilvollen Zyklus Krieg – Frieden – Krieg zu sprengen. Er darf nicht mehr in Bewegung gebracht werden.«[35]

## Der Imperialismus hat keine Zukunft

Aus dem Wesen des Imperialismus als monopolistischer Kapitalismus leitete Lenin dessen **historische Stellung** ab.

»Der Imperialismus ist die höchste Stufe der Entwicklung des Kapitalismus. Das Kapital ist in den fortgeschrittenen Ländern über den Rahmen des Nationalstaates hinausgewachsen; es hat Monopole an Stelle der Konkurrenz gestellt und alle objektiven Voraussetzungen für die Verwirklichung des Sozialismus geschaffen. Deshalb steht ... der revolutionäre Kampf des Proletariats um die Niederwerfung der kapitalistischen Regierungen und die Expropriation der Bourgeoisie auf der Tagesordnung.«[36] Deshalb ist der Imperialismus »der Vorabend der sozialen Revolution des Proletariats«[37], »die Ära der beginnenden sozialen Revolution«[38].

Diese Einschätzung Lenins beruht auf der Analyse folgender wesentlicher objektiver Tatbestände:

- Die Herausbildung der Monopole ist die Reaktion des Kapitalismus auf die zunehmende Vergesellschaftung der Produktion und ihre Erfordernisse. Denn wie Lenin einschätzte, besteht die Bedeutung der Herausbildung des Finanzkapitals darin, daß aus »den zersplitterten Kapitalisten ... ein einziger kollektiver Kapitalist«[39] entsteht und so ein wesentlicher Schritt in Richtung auf die historisch notwendige vollständige Vergesellschaftung des Eigentums an den Produktionsmitteln vollzogen wird. Darum charakterisierte Lenin den Imperialismus zu Recht als »Übergangskapitalismus oder, richtiger, als sterbende(n) Kapitalismus«.[40] Der Imperialismus ist eine Gesellschaft ohne Zukunft. Er setzt die revolutionäre Ablösung der kapitalistischen Gesellschaft auf die Tagesordnung der Geschichte.
- Die wirtschaftliche und politische Macht der Monopole und die daraus resultierenden Tendenzen des Parasitismus und der Fäulnis des Kapitalismus führen zur Verschärfung aller wirtschaftlichen, sozialen, politischen und geistigen Widersprüche der kapitalistischen Gesellschaft. Diese gewaltige Verschärfung aller grundlegenden Widersprüche macht die Beseitigung des Kapitalismus zu einer objektiven Notwendigkeit. Damit entstehen zahlreiche neue Bedingungen und Motive für den revolutionären Kampf der Arbeiterklasse und ihrer Verbündeten.

Zu schweren Auseinandersetzungen zwischen einem massiven Polizeiaufgebot und Streikposten kam es während des längsten und erbittertsten Streiks der britischen Bergleute, die entschlossen ihr Recht auf Arbeit verteidigen

Der Kampf um den Frieden, den die Aggressivität des Imperialismus immer wieder in Frage stellt, wird zu einer entscheidenden Seite des Kampfes gegen den Imperialismus. Der Kampf der Werktätigen in den imperialistischen Ländern verbindet sich immer enger mit dem Kampf der vom Imperialismus unterdrückten und ausgebeuteten Völker in den Kolonien, abhängigen und wirtschaftlich schwach entwickelten Ländern gegen den imperialistischen Kolonialismus und Neokolonialismus. So entstehen auf der Grundlage objektiver Prozesse alle Bedingungen für die revolutionäre Überwindung des Kapitalismus. Das heißt aber zugleich, daß es einen »automatischen Zusammenbruch« des Imperialismus, ein »Ersticken an seinen Widersprüchen« genausowenig gegeben hat und geben wird wie ein »friedliches Hineinwachsen« in den Sozialismus.

- Der Kapitalismus stirbt nicht in allen Ländern gleichzeitig ab, obwohl das imperialistische System in seiner Gesamtheit für den Übergang zum Sozialismus reif ist. Denn die einzelnen imperialistischen Länder entwickeln sich sowohl hinsichtlich ihrer wirtschaftlichen Potenzen als auch hinsichtlich ihrer innenpolitischen Bedingungen und ihrer außenpolitischen Situation außerordentlich ungleichmäßig. Das führt dazu, daß sich auch die Widersprüche ungleichmäßig verschärfen. In dem Teil der Welt, in dem sie sich besonders zuspitzen, entsteht in der Kette der imperialistischen Länder das Glied, wo die sozialistische Revolution möglich und notwendig wird. Die Voraussetzungen für eine erfolgreiche proletarische Revolution entstehen zuerst in diesem einen Land, der Sozialismus siegte zunächst in einem Land, ehe sich der revolutionäre Weltprozeß des Übergangs vom Kapitalismus zum Sozialismus unaufhaltsam in weiteren Ländern durchsetzte und weiter durchsetzen wird. Dieses schwächste Glied war Rußland, es entstand die Sowjetunion. Dieser historische Prozeß, der die Welt in einem Maße wandelt wie keine Revolution zuvor, hat erst begonnen. Dieser Prozeß ist kompliziert und langwierig, er verläuft sehr widerspruchsvoll, das heißt, er ist mit Fortschritten, Erfolgen, Rückschlägen und Niederlagen verbunden. Der friedliche Wettbewerb zwischen Sozialismus und Kapitalismus – besonders um die Lösung der sozialen Fragen der wissenschaftlich-technischen Revolution – übt dabei großen Einfluß aus. Wir sind Zeugen und aktive Mitgestalter dieses revolutionären Prozesses, der immer wieder die Perspektivlosigkeit des sterbenden Kapitalismus offenbart und gesetzmäßig zum Sieg des Sozialismus führt.

# Die allgemeine Krise des Kapitalismus

»Krise« gehört heute zu den am meisten gebrauchten Wörtern in den Reden und Schriften bürgerlicher Politiker und Ideologen.

Man spricht von der Wirtschafts- und Währungskrise, der Krise des Weltmarktes, der Energiekrise, der Bildungskrise, der Umweltkrise und der Krise der Kultur, der Moral, von der Krise der Städte, von der Krise der Menschheit usw. Die gleichen Leute, die viele Jahre lang erklärt hatten, sie wären jetzt in der Lage, Krisen zu beherrschen und zu verhindern, müssen nun »glaubhafte« Erklärungen für die tiefe Krise des Kapitalismus finden.

Die bürgerlichen Ideologen kommen an den Krisenerscheinungen des gegewärtigen Kapitalismus nicht mehr vorbei. Doch sie sind ängstlich bemüht, das Wesen zu vertuschen, das hinter der Vielfalt der einzelnen Krisenerscheinungen versteckt liegt. Zu diesem Zweck erfinden sie zahlreiche neue Begriffe, die alle darauf hinauslaufen, den allgemeinen, alle Bereiche der kapitalistischen Gesellschaft erfassenden Charakter dieser Krisenprozesse zu leugnen beziehungsweise zu verschleiern.

Der Marxismus-Leninismus weist demgegenüber überzeugend nach, daß die vielfältigen Krisen in der Welt des Kapitals eine gemeinsame Ursache haben. Sie sind sowohl Merkmal als auch Erscheinungsform der allgemeinen Krise des Kapitalismus.

## Das Wesen der allgemeinen Krise des Kapitalismus

Ist es überhaupt berechtigt, von einer **allgemeinen** Krise des Kapitalismus zu sprechen?

Stellen nicht solche Erscheinungen des heutigen Kapitalismus wie die Leistungen in Wissenschaft und Technik, eine hohe Effektivität vieler kapitalistischer Wirtschaftsunternehmen oder ein relativ hoher Lebensstandard bedeutender Teile der Arbeiterklasse in vielen entwickelten kapitalistischen Industrieländern die Richtigkeit einer solchen Aussage in Frage?

Eine Antwort auf diese Fragen erhält man nur, wenn man nicht einzelne Momente und Seiten herausgreift, sondern den Kapitalismus als Ganzes in seiner historischen Bewegung einschätzt.

Lenin hatte aus dem monopolistischen Charakter des Imperialismus abgeleitet, daß der Imperialismus zugleich sterbender Kapitalismus ist und im Ergebnis der ungleichmäßigen wirtschaftlichen und politischen Entwicklung zuerst in einem Lande, in Rußland, zur erfolgreichen proletarischen Revolution, zur Großen Sozialistischen Oktoberrevolution 1917, führte. Damit begann der weltweite Übergang vom Kapitalismus zum Sozialismus. Das »Sterben« des Kapitalismus und der Übergang zum Sozialismus im Weltmaßstab ist folglich kein einmaliger, kurzer historischer Akt, sondern ein langwieriger historischer Prozeß.

**Diese geschichtliche Periode, in der das Sterben des Imperialismus bereits begonnen hat, in deren Verlauf er von den revolutionären und demokratischen Kräften der kapitalistischen Länder endgültig beseitigt werden wird, ist der entscheidende Ausdruck dafür, daß sich das kapitalistische System in einer allgemeinen Krise befindet.**

Mit dem Sieg der Oktoberrevolution hat das kapitalistische System aufgehört, das einzige, allumfassende und alles beherrschende Gesellschaftssystem unserer Erde zu sein. Der Sozialismus beweist in der Praxis immer besser, daß er in der Lage ist, die gesellschaftlichen Probleme der Gegenwart im Interesse der Werktätigen zu lösen; er ist zur entscheidenden Kraft im Ringen um Frieden und Sicherheit geworden. Wie Imperialismus und Aggressivität gesetzmäßig untrennbar verbunden sind, sind Sozialismus und Frieden eine unzerstörbare Einheit. Gerade dadurch wächst der Einfluß des Sozialismus auf die internationale Entwicklung. Er beweist praktisch, daß ihm die Zukunft gehört.

Die allgemeine Krise des Kapitalismus ist also untrennbar mit dem Übergang vom Kapitalismus zum Sozialismus im Weltmaßstab, mit dem konkreten geschichtlichen Verlauf der sozialistischen Revolution in den einzelnen Ländern verbunden.

**Darum bezeichnen wir auch die historische Epoche, die mit der Großen Sozialistischen Oktoberrevolution eröffnet wurde und deren aktive Mitgestalter wir sind, als die Epoche des Übergangs vom Kapitalismus zum Sozialismus im Weltmaßstab.**

Sie ist gekennzeichnet von dem unaufhaltsamen Voranschreiten des Sozialismus und zugleich auch von der zunehmenden Vertiefung der allgemeinen Krise des Kapitalismus. In dieser Epoche stehen sich Sozialismus und Kapitalismus in einer harten Klassenauseinandersetzung gegenüber. Dieser Kampf zwischen Sozialismus und Kapitalismus beeinflußt und bestimmt in dieser oder jener Weise alle grundlegenden gesellschaftlichen Entwicklungsprozesse der Gegenwart. Die Feststellung von Marx und Engels im »Manifest der Kommunistischen Partei«, daß die bisherige Geschichte eine Geschichte der Klassenkämpfe ist, gilt heute in erster Linie auf dieser internationalen Ebene, für den Kampf der beiden Weltsysteme. Dieser Kampf beeinflußt in vieler Hinsicht die innere Entwicklung in den sozialistischen und kapitalistischen Ländern. Umgekehrt wird die internationale Auseinandersetzung entscheidend durch den erfolgreichen Verlauf des sozialistischen Aufbaus und die Klassenkämpfe in der kapitalistischen Welt beeinflußt. Mit dem Übergang von den siebziger zu den achtziger Jahren hat ein neuer Abschnitt im Kampf zwischen Sozialismus und Imperialismus begonnen. Ohne Verständnis für diesen dialektischen Zusammenhang zwischen innerer und internationaler Entwicklung kann man sich in der Welt von heute nur schwer zurechtfinden und eine richtige Haltung einnehmen.

Der Charakter der gegenwärtigen Epoche wird entscheidend durch ihren Hauptwiderspruch, den Widerspruch zwischen Sozialismus und Kapitalismus, geprägt. Mit dem Sieg der Großen Sozialistischen Oktoberrevolution, mit der Entwicklung des Sozialismus hat sich die Welt und damit die historische Situation der kapitalistischen Gesellschaft grundlegend geändert. Der Kapitalismus ist in seiner internationalen Position nicht mehr zu vergleichen mit dem Kapitalismus vor 1917.

Trotz aller Anstrengungen, trotz Konterrevolution, Krieg und Bürgerkrieg, militärischer und nichtmilitärischer Aggression konnte der Imperialismus den welthistorischen Sieg der Oktoberrevolution, den Aufbau der sozialistischen Gesellschaft, zunächst in der Sowjetunion, auf einem Sechstel der Erde, nicht verhindern. Seit der Oktoberrevolution ist es dem Imperialismus in keinem einzigen Fall gelungen, ein Land, in dem der Sozialismus errichtet worden ist, wieder zu erobern und in die kapitalistische Welt zurückzuführen. Das ist der entscheidende Ausdruck der Existenzkrise der kapitalistischen Ordnung. Je mehr sich im Verlaufe der historischen Entwicklung der Widerspruch zwischen Sozialismus und Kapitalismus verschärft, sich das Kräfteverhältnis zugunsten des Sozialismus ändert, um so stärker treten die inneren Widersprüche des Imperialismus hervor, wird seine Fäulnis für alle sichtbar.

»Seit ihrem Ausbruch mit dem ersten Weltkrieg und der Großen Sozialistischen Oktoberrevolution hat die allgemeine Krise des Kapitalismus mehr und mehr Gebiete des gesellschaftlichen Lebens erfaßt. Das betrifft die internationale Stellung des Imperialismus, seine Wirtschaft, die Ideologie und Moral, Stadt und Dorf, den einzelnen und die Familie.«[41]

Bei der allgemeinen Krise des Kapitalismus handelt es sich nicht um diese oder jene zeitweilig begrenzte Krise, auch nicht um eine permanente Krisenerscheinung in diesem oder jenem Bereich des gesellschaftlichen Lebens, sondern um eine Krise des kapitalistischen Systems, um die fundamentale Krise der kapitalistischen Gesellschaftsordnung als Ganzes. Die allgemeine Krise des Kapitalismus, die mit dem ersten Weltkrieg, insbesondere mit der Großen Sozialistischen Oktoberrevolution, begann, wird bis zum Sieg des Sozialismus im Weltmaßstab andauern, wobei sie sich gesetzmäßig vertieft.

Die konkreten Erscheinungsformen der allgemeinen Krise des Kapitalismus wechseln in den verschiedenen geschichtlichen Etappen. Doch es gibt eine Reihe grundlegender Merkmale, die den historischen Verlauf der allgemeinen Krise insgesamt charakterisieren.

**Welche Merkmale prägen den Charakter der allgemeinen Krise?**

Das entscheidende Kennzeichen der allgemeinen Krise des Kapitalismus ist die Existenz und die erfolgreiche Entwicklung des Sozialismus als überzeugende Alternative zum faulenden und sterbenden Kapitalismus.

Seit dem Sieg der Großen Sozialistischen Oktoberrevolution steht der unversöhnliche Kampf zwischen den beiden entgegengesetzten Gesellschaftssystemen im Brennpunkt der Geschichte der Menschheit. Bei aller Widersprüchlichkeit dieses historischen Prozesses wächst im Verlauf dieses Kampfes gesetzmäßig der

Einfluß des Sozialismus auf das Weltgeschehen, bestimmt der Sozialismus mehr und mehr die internationale Entwicklung.

Mit dem wachsenden Einfluß des Sozialismus geriet das imperialistische System nationaler und kolonialer Unterdrückung in eine tiefe Krise, in deren Verlauf das imperialistische Kolonialsystem zerfiel. Damit ist ein Grundpfeiler des Imperialismus zutiefst erschüttert. Heute entscheiden sich immer mehr junge Nationalstaaten für einen nichtkapitalistischen Weg ihrer weiteren gesellschaftlichen Entwicklung und erklären den Sozialismus zum Ziel ihres Kampfes.

Es vertiefen sich alle grundlegenden inneren Widersprüche der kapitalistischen Ordnung. Der Fäulnisprozeß des Kapitalismus verstärkt sich. Die wirtschaftliche, politische und soziale Labilität des Imperialismus wächst. Damit nehmen gesetzmäßig die Klassenauseinandersetzungen der Arbeiterklasse und ihrer Verbündeten mit dem Monopolkapital zu.

Die allgemeine Krise des kapitalistischen Systems, der historische Prozeß des Niedergangs des Kapitalismus, durchläuft mehrere Etappen:

Die **erste Etappe** begann mit dem ersten Weltkrieg und dem Sieg der Großen Sozialistischen Oktoberrevolution. Ihr Hauptmerkmal war der Sieg der Großen Sozialistischen Oktoberrevolution und der erfolgreiche Aufbau der sozialistischen Gesellschaft auf einem Sechstel der Erde.

Die **zweite Etappe** setzte mit dem zweiten Weltkrieg ein, in dessen Ergebnis eine ganze Gruppe von Ländern aus dem imperialistischen Weltsystem ausbrach und den Weg zum Sozialismus beschritt. Das Hauptmerkmal dieser Etappe war die Entstehung des sozialistischen Weltsystems. Damit hatte sich das internationale Kräfteverhältnis entscheidend gewandelt.

Die **dritte Etappe** begann Ende der fünfziger Jahre. Im Unterschied zu den vorangegangenen Etappen hatte sich das Kräfteverhältnis nicht im Ergebnis imperialistischer Kriege oder Weltkriege, sondern durch das rasche Wachstum des Sozialismus, der nationalen Befreiungsbewegung und der Arbeiterbewegung wesentlich zugunsten des Sozialismus verändert. Hauptkennzeichen dieser Etappe ist die Tatsache, daß das sozialistische Weltsystem mehr und mehr einen bestimmenden Einfluß auf die internationale Entwicklung erlangt.

## Vertiefung der allgemeinen Krise des Kapitalismus in der Gegenwart

Im Programm der SED wird eine knappe und treffende Einschätzung der gegenwärtigen Situation des Imperialismus gegeben:

»Während sich der Sozialismus stabil, erfolgreich und mit sicheren Perspektiven entwickelt, vertieft sich die allgemeine Krise des Kapitalismus. Im letzten Viertel des 20. Jahrhunderts zeigt sich immer klarer, daß der Kapitalismus zu einem Hemmnis der gesellschaftlichen Entwicklung geworden ist, daß er die Daseinsprobleme der Menschheit nicht zu lösen vermag. Die Realität bestätigt eindrucksvoll die Wahrheit der Leninschen Erkenntnis: Imperialismus – das ist sterbender Kapitalismus.«[42]

Diese Einschätzung wird durch die alltägliche Wirklichkeit des gesellschaftlichen Lebens auf unserer Erde immer wieder bestätigt. Das zeigen die Erfolge der nationalen Befreiungsbewegung genauso wie die zunehmenden Klassenauseinandersetzungen in den imperialistischen Ländern. Das offenbart sich in der Bedrohung des Friedens durch die imperialistische Hochrüstungs- und Konfrontationspolitik, in der krisenhaften Wirtschaftsentwicklung der kapitalistischen Länder, in der wachsenden sozialen und politischen Labilität des Imperialismus. Das zeigt sich auch in der Krise der bürgerlichen Ideologie und Moral.

★

**Wodurch wird das neue Kräfteverhältnis zwischen Sozialismus und Kapitalismus bestimmt?**

★

Bevor wir auf die einzelnen Prozesse etwas näher eingehen, müssen wir den Faktor untersuchen, der diese Prozesse beeinflußt, auf ihre Richtung und ihr Tempo wesentlich einwirkt und selbst das bestimmende Moment der Vertiefung und der Herausbildung qualitativ neuer Züge der allgemeinen Krise des Kapitalismus ist.

Dieser Faktor ist die grundlegende Veränderung des Kräfteverhältnisses zwischen Sozialismus und Imperialismus, der wachsende internationale Einfluß der Sowjetunion und der gesamten sozialistischen Gemeinschaft. Analysieren wir das internationale Kräfteverhältnis, wie es sich im Verlaufe der siebziger Jahre herausgebildet hat, so werden die Veränderungen zugunsten des Sozialismus eindeutig sichtbar. Das zeigt sich vor allem auch in der militärischen und politischen Niederlage der imperialistischen Hauptmacht, der USA, zu Beginn der siebziger Jahre in Vietnam, Laos und Kampuchea, damals Kambodscha. Diese imperialistische Aggression war der größte militärische Angriff auf das sozialistische Weltsystem nach dem zweiten Weltkrieg. Sie endete mit einem völligen Fiasko, das die USA zwang, sich militärisch und politisch aus diesen Ländern zurückzuziehen, so daß sich in diesen heute der Übergang zum Sozialismus vollzieht. Die diplomatische Blockade gegen die DDR ist zusammengebrochen. Eine Niederlage erlitten auch alle Versuche des Imperialismus, die sozialistische Entwicklung vor der Haustür der USA, in Kuba, aufzuhalten oder gar rückgängig zu machen.

Schließlich war auch mit Beginn der siebziger Jahre die Nachkriegsperiode beendet. Die imperialistischen Versuche, in den fünfziger und sechziger Jahren mittels des kalten Krieges, militärischer Gewaltandrohung und Wirtschaftsboykotts den Sozialismus »zurückzurollen«, waren gescheitert. Die gegen den Sozialismus gerichtete Nachkriegspolitik des Imperialismus war endgültig fehlgeschlagen, ihr grundlegendes Ziel konnte nicht erreicht werden.

Im Programm der SED wird auf dieser Grundlage eingeschätzt:

»Der Imperialismus befindet sich historisch und weltpolitisch in der Defensive.«[43]

Zunächst hat sich im Ergebnis des fortschreitenden Übergangs vom Kapitalismus zum Sozialismus und der Erfolge der nationalen Befreiungsbewegung die politische Weltkarte grundlegend verändert. Mitte der achtziger Jahre hatten die sozialistischen Länder einen Anteil am Weltterritorium von 26,2 Prozent und an der Weltbevölkerung von 32,3 Prozent. Die unabhängigen Nationalstaaten verfügten über 61,6 Prozent des Weltterritoriums, und in ihnen lebten 51 Prozent der Weltbevölkerung (Abbildung 21).

Vor allem aber hat sich das ökonomische Kräfteverhältnis bedeutend zugunsten der sozialistischen Länder verändert (Abbildung 22).

Besonders durch das Wachstum der sozialistischen Wirtschaft hat die bisherige imperialistische Politik eine Niederlage erlitten. Während sich die Wirtschaft der kapitalistischen Länder in den siebziger Jahren in tiefen Krisen befand, nahmen die meisten sozialistischen Länder die Verwirklichung umfangreicher sozialpolitischer Programme in Angriff. Die wachsende ökonomische Kraft der sozialistischen Gemeinschaft schuf auch die Voraussetzungen für einen umfangreichen Ausbau der Wirtschaftsbeziehungen mit vielen kapitalistischen Ländern, die dem Interesse beider Seiten dienen.

Von entscheidender Bedeutung war, daß sich zu Beginn der siebziger Jahre zwischen der Sowjetunion und den USA, zwischen dem Warschauer Vertrag und der NATO ein militärstrategisches Gleichgewicht herausgebildet hatte. Das heißt, das militärische Potential des Imperialismus konnte nicht mehr als Mittel des Drucks und der Erpressung gegen die sozialistischen Länder benutzt werden. Das militärstrategische Gleichgewicht erforderte interna-

**Veränderungen der politischen Weltkarte 1938 bis 1980 (Prozent)** **21**

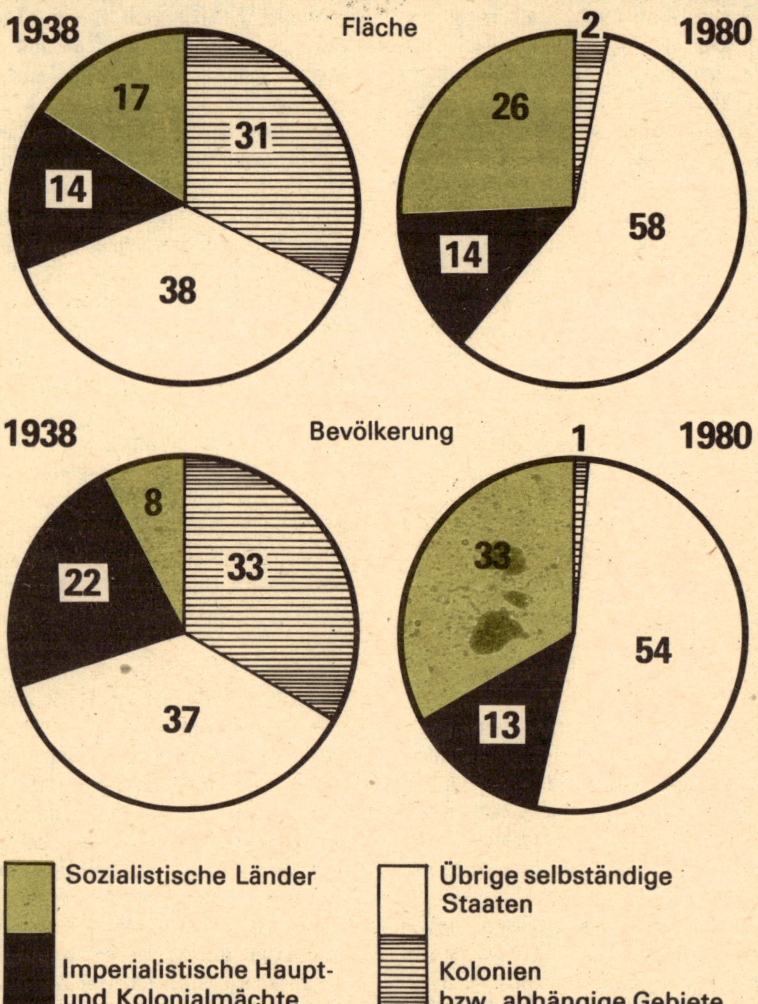


Haack, Atlas zur Zeitgeschichte, Gotha 1985, S. 45.

## Wachstumstempo[a] des Nationaleinkommens[b] in sozialistischen, kapitalistischen und in Entwicklungsländern 1951 bis 1984 (Prozent) 22

a Jahresdurchschnittliche Zuwachsraten
b Für kapitalistische und Entwicklungsländer Bruttosozialprodukt

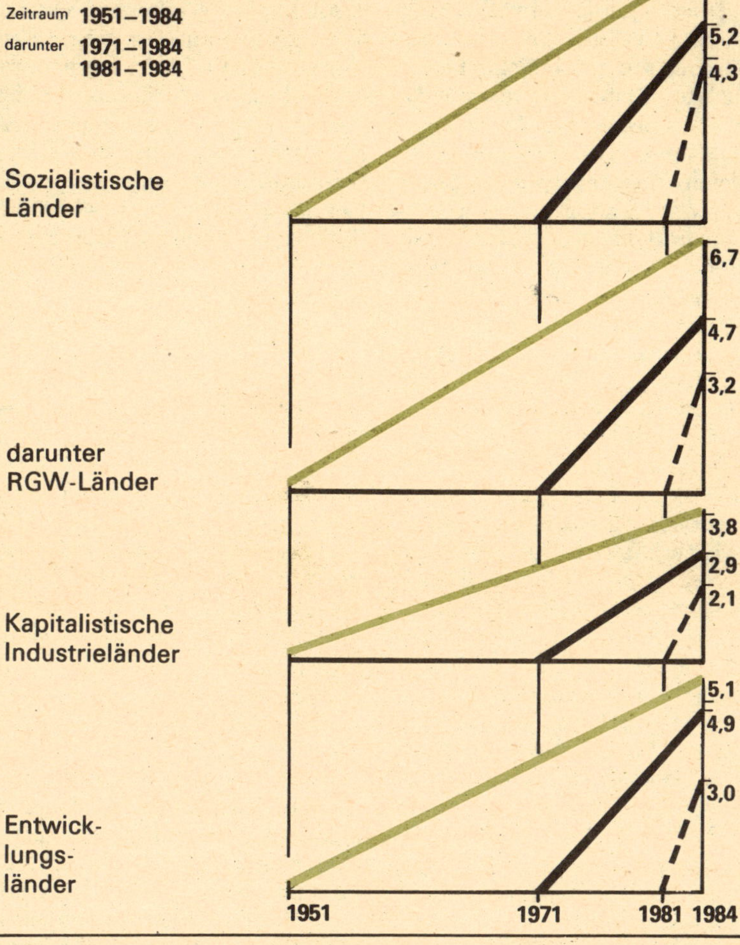


UdSSR in Zahlen für 1984, Moskau 1985, S. 60.

tionale Beziehungen zwischen den Staaten der beiden Gesellschaftssysteme, die auf Gleichberechtigung und Achtung der Souveränität beruhten.

Alle diese Faktoren zusammengenommen bildeten die objektiven Grundlagen für den Übergang zu einer Politik der Entspannung, deren Basis die friedliche Koexistenz von Staaten unterschiedlicher Gesellschaftsordnung ist. Die USA und die anderen imperialistischen Staaten waren daher gezwungen, diesen neuen Bedingungen entsprechend auf die Politik der Entspannung einzugehen. Wichtigster Meilenstein war 1975 die Konferenz von Helsinki.

Die herrschenden imperialistischen Kreise verbanden aber ihre Teilnahme am Entspannungsprozeß mit dem strategischen Ziel, die Entspannung zu nutzen, um auf die innere Entwicklung der sozialistischen Gemeinschaft einzuwirken, um sie zu untergraben, den revolutionären Weltprozeß insgesamt zu stoppen und nach Möglichkeit umzukehren. So wurde erklärt, friedliche Koexistenz und Unterstützung der nationalen Befreiungsbewegung durch die Sowjetunion, die DDR oder Kuba seien unvereinbar.

★

**Welche Ziele verfolgt der Imperialismus mit der Hochrüstungs- und Konfrontationspolitik?**

★

Mitte der siebziger Jahre wurde offensichtlich, daß die herrschenden Kreise des Imperialismus ihre Ziele nicht erreichen konnten. Das Gegenteil trat ein. Trotz mancher Rückschläge und Niederlagen hat sich in den siebziger Jahren der revolutionäre Weltprozeß wesentlich beschleunigt. Die aggressiven Kreise in den USA und in anderen NATO-Staaten drängten daher darauf, den Entspannungsprozeß zu beenden und eine andere Strategie im Kampf gegen den Sozialismus und die anderen Kräfte des revolutionären Weltprozesses zu entwickeln. Das Ergebnis war die Hochrüstungs- und Konfrontationspolitik der USA, auf die alle anderen imperialistischen Staaten festgelegt werden sollten. Ende der siebziger Jahre wurde ein neuer Abschnitt der verschärften Auseinandersetzung zwischen den beiden Weltsystemen eingeleitet, deren Ziel zunächst darin besteht, die Entwicklungsrichtung des internationalen Kräfteverhältnisses umzukehren und die Ergebnisse der siebziger Jahre wieder rückgängig zu machen. Die aggressivsten imperialistischen Kräfte der USA und anderer NATO-Staaten versuchten, soziale Revanche zu nehmen.

Kernstück dieser Strategie ist das Ziel, das militärstrategische Gleichgewicht zugunsten des Imperialismus zu verändern und wieder militärische Überlegenheit zu erreichen. Diese militärische Überlegenheit soll vor allem dazu genutzt werden, um mit der Sowjetunion und der sozialistischen Gemeinschaft von der Position der Stärke zu verhandeln und eine Politik der Drohungen, des Drucks und der Erpressung zu betreiben. Verbunden damit ist die Hoffnung, die sozialistische Gemeinschaft vor allem wirtschaftlich »totzurüsten«. Gegenüber den Entwicklungsländern soll mit dieser Strategie die alte Vorherrschaft vor allem über die Roh- und Brennstoffquellen wiederhergestellt werden und die Vormachtstellung der USA in der kapitalistischen Welt wieder durchgesetzt werden. Die USA wollen auf diesem Weg in jeder Hinsicht die stärkste Macht der Welt werden und diese Macht auch uneingeschränkt ausüben können. Es handelt sich dabei um eine langfristig angelegte Strategie mit weitreichenden Zielen.

Diese Strategie ist für die gesamte Menschheit äußerst gefährlich, weil sie an den Rand des Krieges, eines atomaren Infernos führt. Daher wächst mit der Durchsetzung dieser Politik zugleich der Widerstand gegen sie.

Die Analyse der internationalen Entwicklung ergibt, daß die imperialistische Strategie zwar äußerst gefährlich ist, aber keine Aussicht auf Erfolg haben kann. Entscheidende Kräfte wirken gegen sie:

- Die Sowjetunion und die sozialistische Gemeinschaft sind in der Lage und gewillt, keine einseitige Veränderung des militärstrategischen Gleichgewichts zugunsten des Imperialismus zuzulassen.
- Es wirken die positiven Ergebnisse des Entspannungsprozesses der siebziger Jahre. Viele Kräfte auch in den kapitalistischen Ländern Europas wollen auf sie nicht verzichten.
- In der kapitalistischen Welt stehen viele Widersprüche und unterschiedliche Interessen dieser Konfrontationsstrategie entgegen.
- In der Welt hat sich eine Friedensbewegung entwickelt, die in der Geschichte ohne Beispiel ist. An ihr können die herrschenden Kreise der imperialistischen Länder nicht mehr vorbeigehen.

Die Entwicklung der Nachkriegszeit zeigt, daß das Hauptziel der aggressivsten Kräfte des Imperialismus die Vernichtung des Sozialismus ist und bleibt. Sie zeigt aber auch, daß dazu ständig neue Strategien angewandt werden, ohne daß eine ihr Ziel erreicht hätte. In dieser Auseinandersetzung ist der Sozialismus trotz mancher widersprüchlicher Entwicklungsprozesse stärker geworden, er konnte seine Positionen und seinen Einfluß auf die internationale Entwicklung wesentlich vergrößern. Daß der Imperialismus im Ergebnis dieser Veränderungen im internationalen Kräfteverhältnis auch seine strategischen Konzeptionen verändern muß, ohne daß sie erfolgreich wären, zeigt die Schwäche und die historische Defensive seiner Position. Heute greifen die aggressivsten Kräfte im Kampf gegen den Sozialismus mit der Hochrüstungs- und Konfrontationspolitik zu Mitteln, die die Existenz der ganzen Menschheit aufs Spiel setzen und daher im Widerspruch zu den Interessen der Mehrheit aller Menschen stehen. Bei aller Gefahr, die diese Strategie mit sich bringt, werden sich jene Kräfte finden, die erforderlich sind, um sie zu durchkreuzen.

## Das Anwachsen der nationalen Befreiungsbewegung

Die nationale Befreiungsbewegung ist eine der Haupttriebkräfte der gesellschaftlichen Entwicklung unserer Epoche. Ihre erfolgreiche Entwicklung ist ein wichtiges Merkmal der allgemeinen Krise des Kapitalismus, denn in dem von ihm beherrschten Teil der Welt haben sich gewaltige Veränderungen vollzogen.

Wenn wir bedenken, welche große Bedeutung die Kolonien für die Monopole und die imperialistischen Staaten als Rohstoffquellen, als Einflußsphären, als Militärstützpunkte, als Reservoir billiger Arbeitskräfte usw. besaßen, kann man ermessen, welche großen Verluste die Imperialisten erlitten haben. Sie führten und führen verbrecherische und heimtückische Kriege, um sich diese Gebiete solange wie möglich zu erhalten und nach Möglichkeit wieder zurückzugewinnen.

Dank dem entschiedenen Kampf dieser Völker und dank der selbstlosen Unterstützung durch die Sowjetunion und die anderen sozialistischen Staaten ist heute das Kolonialsystem endgültig zusammengebrochen. Damit wurde der erste Abschnitt dieses großen Befreiungskampfes – die nationale und koloniale Befreiung – erfolgreich vollzogen.

Nachdem die direkte Kolonialherrschaft zusammengebrochen war, suchten die Imperialisten nach neuen Wegen und Methoden, um die Völker ihrer früheren Kolonien auszuplündern. Sie benutzten dazu vor allem ihren wirtschaftlichen Einfluß, den sie auch noch nach dem Zusammenbruch des Kolonialsystems besaßen. So wurden diese Länder viele Jahre lang gezwungen, die Waren aus imperialistischen Ländern zu hohen Preisen zu kaufen und ihre eigenen Erzeugnisse – vor allem Rohstoffe, Brennstoffe, Lebensmittel – zu äußerst niedrigen Preisen zu verkaufen. Auf diese Weise floß ein Teil des Nationaleinkommens der früheren Kolonien auch weiterhin in die Kassen der Monopole. Diese und viele andere Methoden zur Unterdrückung und Ausplünderung der national befreiten Länder bezeichnen wir als **Neokolonialismus.**

»

»Durch die Politik des Neokolonialismus sucht der Imperialismus die von den jungen Staaten erkämpfte Souveränität auszuhöhlen, die Kontrolle über sie zu behalten und sogar zu verstärken. Er bemüht sich, sie in seine militaristischen Pläne einzubeziehen und als Aufmarschgebiete für seine aggressive Globalstrategie zu nutzen.«[44]

«

Die achtziger Jahre machen deutlich, daß die Erringung der politischen Unabhängigkeit der Entwicklungsländer und auch das Beschreiten eines Weges mit sozialistischer Orientierung seitens einiger Nationalstaaten nicht automatisch auch die ökonomische Befreiung dieser Länder vom Imperialismus bedeutet. Mehr noch: Die wirtschaftlichen Fesseln des Neokolonialismus wurden straffer, die Ausplünderung durch die internationalen Monopole noch schärfer, die Auswirkungen der kapitalistischen Wirtschaftskrise und vor allem des vom USA-Imperialismus und der NATO entfachten Wettrüstens noch verheerender. Der Anteil der jungen Nationalstaaten an den Militärausgaben in aller Welt erhöhte sich von 1970 bis Mitte der achtziger Jahre von 7,2 auf 18 Prozent. Damit betrugen die militärischen Ausgaben der Entwicklungsländer 117 Milliarden Dollar (1984); in 22 Ländern wurden Waffen produziert. 117 Milliarden Dollar – dafür könnten nach Berechnungen von Experten über 300 Wärmekraftwerke, 300 Ölraffinerien, 1000 Kunstdünger- und 1600 Zuckerfabriken gebaut werden! Nichts macht den schreienden Widerspruch zwischen der ungeheuren Rüstungsvergeudung auf der einen Seite und ökonomischer und sozialer Unterentwicklung auf der anderen Seite deutlicher wie dies.

Sichtbarstes Resultat der Verschlechterung der ökonomischen Gesamtsituation der meisten Entwicklungsländer ist die rapide Zunahme ihrer Auslandsverschuldung. Sie erreichte 1986 die astronomische Summe von über 1000 Milliarden Dollar. Ursache dafür ist vor allem die imperialistische Hochzinspolitik (jede Erhöhung des Zinsfußes an US-amerikanischen Banken um nur ein Prozent vergrößert die Auslandsschulden der Entwicklungsländer um jährlich weitere 3 bis 3,5 Milliarden US-Dollar). Sinkende Roh- und Brennstoffpreise in den achtziger Jahren und die weitere Erhöhung der Preise für Importwaren vergrößerten die Zahlungsschwierigkeiten vieler Entwicklungsländer. Dazu kommen noch verschärfte Kreditbedingungen und Handelsbeschränkungen gegenüber jungen Nationalstaaten (Protektionismus).

Die hohe Verschuldung der Entwicklungsländer macht deutlich, daß eine globale und gerechte Lösung der wichtigsten internationalen Wirtschaftsprobleme zu einem der dringlichsten Probleme unserer Zeit geworden ist. Das Ringen um eine von imperialistischer Herrschaft und Ausplünderung freie ökonomische Entwicklung wird immer mehr zur Schlüsselfrage der weiteren nationalen Befreiungsbewegung. Diesem Ziel dient vor allem die Forderung nach einer neuen Weltwirtschaftsordnung, durch die alle Formen des Neokolonialismus aus den internationalen Wirtschaftsbeziehungen beseitigt werden sollen.

## Die Labilität und die Krise der kapitalistischen Wirtschaft

Mitte der siebziger Jahre vollzog sich in der Entwicklung der kapitalistischen Wirtschaft ein wichtiger Einschnitt. Ende 1973 brach eine tiefe zyklische Wirtschaftskrise aus, die bis Ende 1975 dauerte. Dies war die bis dahin längste, umfassendste und tiefgehendste zyklische Überproduktionskrise nach dem zweiten Weltkrieg. Diese Krise erfaßte alle kapitalistischen Länder und alle Wirtschaftszweige (einschließlich sogenannter Wachstumsindustrien, die jahrelang von Krisenprozessen verschont geblieben waren). Ende 1980 wurde der zeitweilige Aufschwung erneut von einer zyklischen Krise abgelöst, die in mehreren kapitalistischen Ländern bis 1983 andauerte.

★

**Wodurch sind kapitalistische Wirtschaftskrisen charakterisiert?**

★

Abbildung 23 verdeutlicht den starken Produktionsrückgang und die Dauer der Krisen von 1974/75 und 1980/83.

Dieser Produktionsrückgang war von einem schnellen Anwachsen der Arbeitslosigkeit begleitet. Am schnellsten stieg dabei die Anzahl der jugendlichen Arbeitslosen. Die Reallöhne der Arbeiter und Angestellten sanken oder stagnierten. Insgesamt hatte sich die wirtschaftliche und die soziale Unsicherheit sprunghaft vergrößert.

Mit der zyklischen Krise, die zu Beginn der achtziger Jahre einsetzte, wurde der Zyklus abgeschlossen, der mit der Krise in der Mitte der siebziger Jahre eingeleitet wurde. Charakteristisch war dabei, daß in dem Aufschwung, der 1976 einsetzte, zwar die Produktion in fast allen kapitalistischen Ländern wuchs, aber dieses Wachstum war nicht mehr vergleichbar mit dem bis Mitte der siebziger Jahre. Wesentlich ist aber vor allem die Tatsache, daß eine Reihe von Krisenerscheinungen trotz des Aufschwungs nicht überwunden werden konnte. Dazu gehörten insbesondere die Massenarbeitslosigkeit, die Infla-

## Die zyklischen Krisen 1974/1975 und 1980 bis 1983

**23**

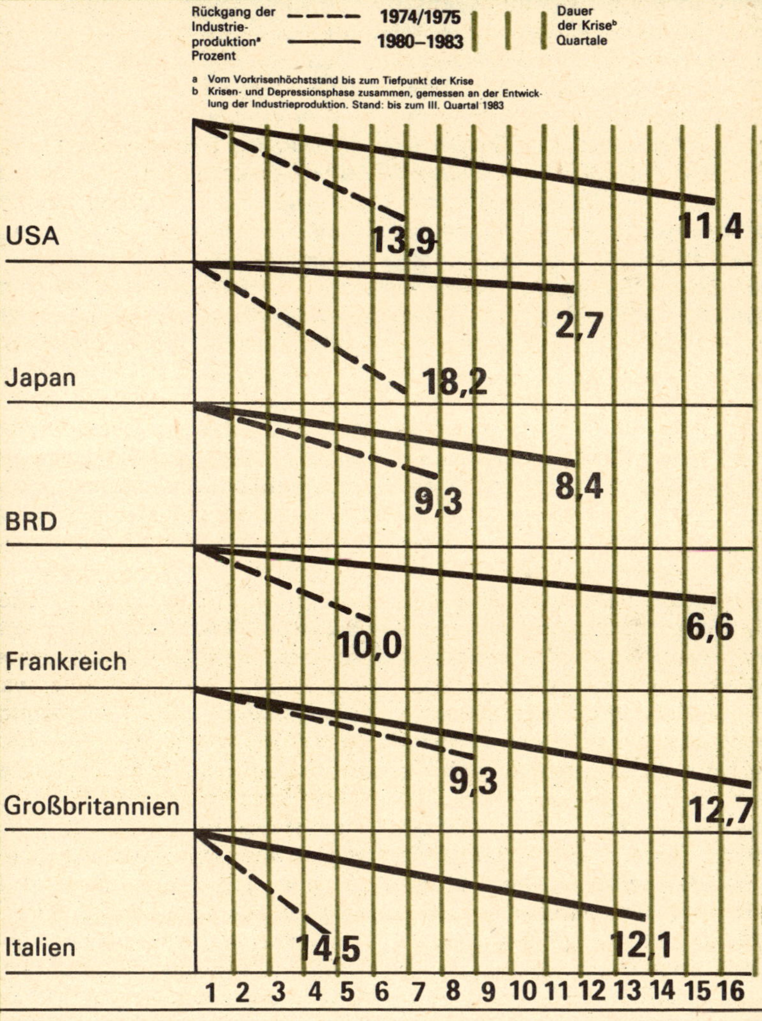


IPW-Berichte, 1984, H. 2, S. 6.

tion, Finanz- und Währungskrisen, Strukturkrisen usw. Darin kommt die anhaltende Labilität und Krisenhaftigkeit der kapitalistischen Wirtschaft zum Ausdruck. Dies ist schon lange keine zeitweilige, zyklische Erscheinung, sondern ein Merkmal der allgemeinen Krise des Kapitalismus.

Die kapitalistische Wirtschaft hatte im Jahre 1975 ein »besonderes Jubiläum«. 1825 war die erste kapitalistische Überproduktionskrise ausgebrochen, über die es zuverlässige statistische Angaben gibt. Seit dieser Zeit, also seit mehr als 150 Jahren, nimmt die Entwicklung der kapitalistischen Wirtschaft einen zyklischen Verlauf. Perioden eines raschen Wachstums der Wirtschaft werden nach einer bestimmten Zeit gesetzmäßig durch eine Krise abgelöst.

Die Krise ist durch ein Überangebot unverkäuflicher Waren in allen Bereichen der Wirtschaft und die Stillegung von Produktionskapazitäten gekennzeichnet. Die Produktion geht zurück, viele tausend Arbeiter werden arbeitslos, die Realeinkommen sinken usw.

Wenn wir diese 150 Jahre betrachten, so dauert ein solcher Zyklus, der durch Aufschwung und Konjunktur auf der einen, Krise und Stagnation auf der anderen Seite gekennzeichnet ist, durchschnittlich 8 bis 10 Jahre. Oft war die Zeit von Krise zu Krise kürzer, manchmal auch länger.

**Unabhängig von der konkreten Gestalt ist der zyklische Verlauf der kapitalistischen Wirtschaft eine Gesetzmäßigkeit des Kapitalismus.**

Alle Versuche, die Krisen und die zyklische Entwicklung im Kapitalismus zu beseitigen, sind gescheitert und mußten scheitern; denn ihre Ursachen liegen im Wesen der kapitalistischen Ausbeutung, im Grundwiderspruch des Kapitalismus.

Aus dem Grundwiderspruch des Kapitalismus ergeben sich viele andere Widersprüche, doch einer spielt im Zusammenhang mit der Krise eine besondere Rolle. Um möglichst hohen Profit zu erhalten, sind die Kapitalisten bestrebt, die Produktion und die Ausbeutung der Arbeiter soweit wie möglich zu erhöhen. Aber Mehrwert und Profit müssen nicht nur produziert werden. Es nutzt noch nicht viel, wenn in den Stahlwerken Stahl, in den Textilfabriken Stoffe bei einer hohen Ausbeutungsrate hergestellt werden. Erst wenn die Erzeugnisse auf dem Markt auch verkauft sind, wenn also Mehrwert nicht nur produziert, sondern in Geldform in die Kassen und auf die Bankkonten der Kapitalisten fließt, ist das Ziel der kapitalistischen Produktion erreicht.

Aber wer sind die Käufer? Letzten Endes stellen die Arbeiter und Angestellten nicht nur die unmittelbaren Produzenten dar, sondern sie bilden auch die Hauptmasse der Käufer. Durch die kapitalistische Ausbeutung wird ihre Kaufkraft ständig beschränkt und in engen Grenzen gehalten. Der Kapitalismus befindet sich demzufolge in einem unlösbaren, widerspruchsvollen Kreislauf, in dem zwei einander widersprechende Prozesse aufeinanderstoßen. Auf der Jagd nach Profit unternehmen die Kapitalisten alles, um die Produktion und die Rate der Ausbeutung der Arbeiter maximal zu erhöhen. Gleichzeitig muß der Profit auf dem Markt realisiert werden. Diese Ausbeutung aber setzt der Kaufkraft der Werktätigen enge Schranken. Sie verhindert, daß die Kaufkraft der Massen im gleichen Tempo wie die Produktion wächst. Je höher die Ausbeutungsrate ist, um so mehr bleibt die Kaufkraft der Massen hinter dem Wachstum der Produktion zurück.

**Die Steigerung der Ausbeutungsrate der Arbeiter untergräbt und beschränkt zugleich die Möglichkeit, das Ergebnis der Ausbeutung, den Mehrwert, in Geldform auf dem Markt zu realisieren. Daraus folgt, daß sich gesetzmäßig Perioden des Wachstums mit Perioden der Krise und der Stagnation abwechseln.**

Obwohl sich die konkreten Formen der Konjunktur und der Krise verändern, war und ist der Krisenzyklus die bestimmende Form der Bewegung der kapitalistischen Wirtschaft. Die siebziger und die achtziger Jahre haben dies erneut bestätigt.

★

**Worin zeigt sich die Verflechtung der allgemeinen mit der zyklischen Krise?**

★

Der Kapitalismus der Gegenwart wird von zwei fundamentalen Krisenprozessen betroffen: von der allgemeinen Krise des Kapitalismus und von der zyklischen Wirtschaftskrise.

»

**»Während die allgemeine Krise des Kapitalismus sozusagen ein steter Begleiter des Kapitalismus in seinem letzten Stadium ist und bis zu seinem Ende dauert, kommen und gehen die zyklischen Krisen, wie Marx entdeckt und die Geschichte erwiesen hat. Seit Beginn der siebziger Jahre aber zeigt sich eine ganz besondere Art der Verflechtung von allgemeiner und zyklischer Krise.«[45]**

«

Damit wird eine wichtige Tatsache hervorgehoben, die für die siebziger und achtziger Jahre charakteristisch geworden ist: Allgemeine Krise und zyklische Krise existieren nicht einfach nebeneinander, sondern sie beeinflussen sich gegenseitig, sind miteinander auf eine besondere Art und Weise verflochten. Diese Verflechtung ist besonders durch zwei wesentliche Momente charakterisiert: **Erstens** nimmt die wirtschaftliche Labilität zu, weil neben die sich in bestimmten Abständen periodisch wiederholenden wirtschaftlichen Erschütterungen durch zyklische Wirtschaftskrisen auch andere, nichtzyklische, durch die allgemeine Krise hervorgerufene langfristige Krisenerscheinungen treten und sich eng miteinander verbinden. **Zweitens** können Krisenerscheinungen, die in der Vergangenheit nur zeitweilig in der zyklischen Wirtschaftskrise auftraten, heute nicht kurzfristig überwunden werden. Viele wirken permanent, sind zu dauerhaften, ständigen Krisenerscheinungen im Wirtschaftsleben des Kaptalismus geworden.

Diese langfristig wirkenden Krisenerscheinungen, die in allen Phasen des Krisenzyklus, das heißt sowohl in der unmittelbaren zyklischen Krise als auch in der Zeit des Aufschwungs, wirken, erlangen immer mehr bestimmenden Einfluß. Sie bestimmen seit Mitte der siebziger Jahre in erster Linie die Lage der kapitalistischen Wirtschaft und die sich daraus ergebenden sozialen Folgen für die Werktätigen.

Im Jahre 1981 hat der X. Parteitag der SED diese krisenhafte Entwicklung gründlich analysiert: »Bereits auf unserem IX. Parteitag unterzogen wir die besondere Art der Verflechtung von allgemeiner und zyklischer Krise einer gründlichen Analyse. Dieser Prozeß erschütterte das kapitalistische System zutiefst und leitete einen neuen Abschnitt der allgemeinen Krise des Kapitalismus ein. Davon zeugen sinkende Wachstumsraten der Produktion bei steigender Inflation, anhaltend hohe, weiter steigende Arbeitslosigkeit bei stagnierenden oder sinkenden Reallöhnen. Chronische Krisenprozesse haben auf vielen Gebieten den Charakter internationaler Strukturkrisen angenommen. Handels- und Zahlungsdefizite weiten sich aus, und die Staatsverschuldung nimmt zu. Die Rivalität imperialistischer Mächte und Zentren verschärft sich, verbunden mit ständigen Positionskämpfen um Außenmärkte, Energie- und Rohstoffquellen, um Währungsrelationen, Kapitalexport und moderne Technologien. Die Beziehungen zwischen den imperialistischen Mächten auf dem Gebiet des Handels und des Zahlungsverkehrs spitzen sich zu. Das hat selbstverständlich Auswirkungen auf die Beziehungen zwischen den kapitalistischen Staaten, auf die Beziehungen zwischen kapitalistischen und sozialistischen Staaten, auf die Beziehungen zwischen kapitalistischen Staaten und Ländern der dritten Welt.«[46]

Viele der neuartigen langfristigen Krisenerscheinungen haben ihre Quelle in der **staatsmonopolistischen Wirtschafts- und Finanzpolitik.** Vor allem seit den

**Tabelle 5**
**Defizite, Rüstungsausgaben und Schuldenstand des USA-Bundeshaushaltes 1980 bis 1986 (Milliarden Dollar)**

| Jahr | Defizit | Rüstungsausgaben | Schuldenstand |
|---|---|---|---|
| 1980 | 73,8 | 134,0 | 914,3 |
| 1981 | 78,9 | 157,5 | 1 003,9 |
| 1982 | 127,9 | 185,3 | 1 147,0 |
| 1983 | 207,8 | 209,9 | 1 381,9 |
| 1984 | 185,3 | 227,4 | 1 576,7 |
| 1985[a] | 222,2 | 253,8 | 1 841,1 |
| 1986[a] | 180,0 | 285,7 | 2 074,2 |

a Schätzung bzw. Haushaltsentwurf
IPW-Berichte, 1985, H. 7, S. 45.

sechziger Jahren dehnten alle entwickelten kapitalistischen Länder ihren staatlichen Einfluß auf die Wirtschaft bedeutend aus. Der Staat wurde zum wichtigsten Geldgeber für die Monopole: Aus dem Staatshaushalt wurden große Summen für die Verbesserung ihrer Profitproduktion bereitgestellt. Dadurch vertiefte sich die Kluft zwischen den Staatsausgaben und -einnahmen. Die Defizite im Staatshaushalt erhöhten sich von Jahr zu Jahr und erreichten in den USA in den achtziger Jahren teilweise über 200 Milliarden Dollar jährlich (Tabelle 5); in der BRD etwa 30 Milliarden DM jährlich. Diese **Krise der Staatsfinanzen** wurde wesentlich durch die Hochrüstung beschleunigt. Daraus erwuchsen schwere und anhaltende ökonomische und soziale Folgen: die Bankzinsen kletterten infolge der hohen Nachfrage nach Krediten in die Höhe; bedeutende Kapitalströme flossen in die USA, hin zu den höchsten Zinsen; daraus erwuchsen Währungs- und Außenhandelsungleichgewichte; das Wirtschaftswachstum wurde gebremst.

Auch die **permanente Inflation** ist ein Produkt dieser Entwicklung. Seit Beginn der siebziger Jahre steigen in den kapitalistischen Ländern die Preise, besonders die Einzelhandelspreise, die für die Lage der Werktätigen bestimmend sind. Die Steigerungsraten hielten auch während der zyklischen Krisen an (Abbildung 24). In der Vergangenheit sanken die Preise in der Krisenphase.

Die entscheidenden Ursachen für die permanente Inflation sind **erstens** die neue Stufe der Macht der Monopole, besonders der international operierenden imperialistischen Monopole, die es ihnen ermöglicht, auch während

**Verbraucherpreise in kapitalistischen Ländern 1960 bis 1984**
(Steigerung gegenüber dem Vorjahr, Prozent)

**24**

a Jahresdurchschnittliche Steigerung

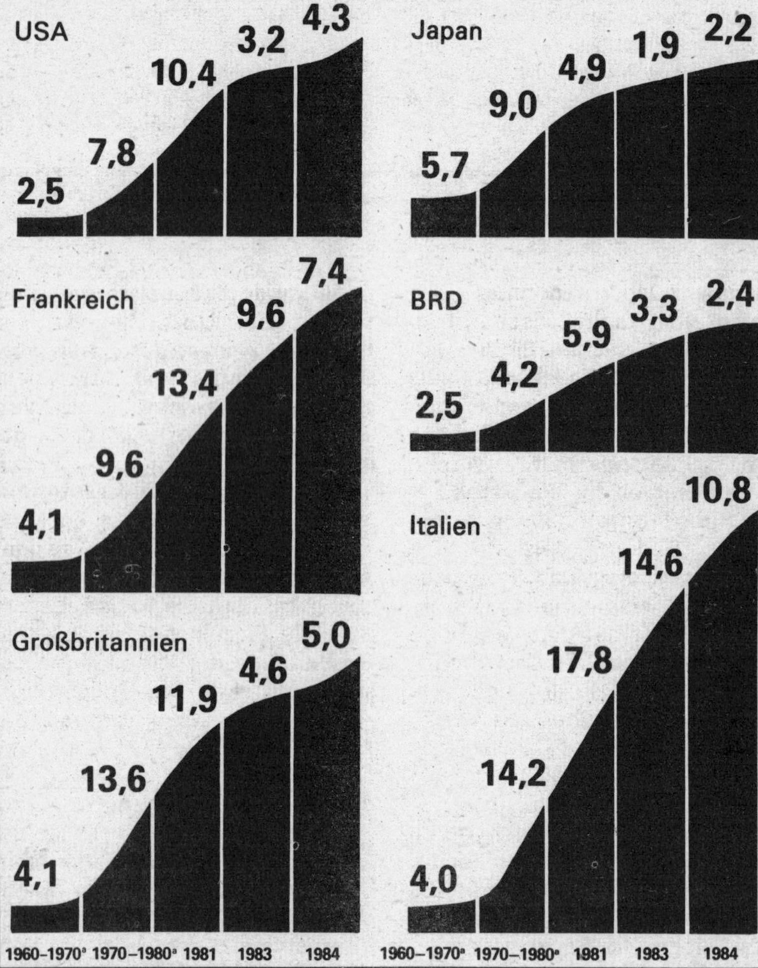


IPW-Berichte, 1985, H. 8, S. 31.

der Wirtschaftskrise steigende Preise zu diktieren, auch dann, wenn die Kaufkraft nicht mehr steigt oder sogar sinkt. **Zweitens** geht von der Finanzpolitik des imperialistischen Staates zugunsten der Monopole, besonders von den rasch wachsenden staatlichen Rüstungsausgaben, eine spürbare Tendenz zur Steigerung des Preisniveaus aus.

Das Tempo der Preissteigerung (die sogenannte Inflationsrate) ist in den einzelnen Jahren und vor allem auch von Land zu Land unterschiedlich. Hohe und unterschiedliche Preissteigerungsraten rufen Widersprüche im internationalen Handel und in vielen anderen Bereichen der Wirtschaft hervor. Die Inflation hat die kapitalistische Wirtschaftskrise wesentlich verschärft.

Die Inflation ist aber vor allem eine Quelle für große Profite der mächtigsten Monopole, die ihre Macht benutzen, um höhere Preise durchzusetzen. Am meisten betroffen sind die Werktätigen, deren Reallohn durch die Inflation sinkt. Nur wenn sie ständig um höhere Löhne kämpfen, können sie einer Verschlechterung ihres Lebensniveaus erfolgreich entgegenwirken. Dadurch verschärft sich zusätzlich der Widerspruch zwischen Produktion und Markt als eine Ursache zyklischer Wirtschaftskrisen.

Zum ständigen Begleiter der kapitalistischen Wirtschaftsentwicklung ist seit Beginn der siebziger Jahre die **Massenarbeitslosigkeit** geworden (Tabelle 6). In den vergangenen Jahrzehnten bewegte sich die Arbeitslosigkeit zyklisch: Während der Krise stieg sie an, und während der Konjunktur verringerte sie sich. Heute ist das anders. Die Anwendung von Ergebnissen der wissenschaftlich-technischen Revolution (beispielsweise der Mikroelektronik) in der Produktion im Interesse der Stei-

**Tabelle 6**
**Anzahl der Arbeitslosen in den kapitalistischen Hauptländern 1970 bis 1985 (Tausend)**

| Land | 1970 | 1980 | 1981 | 1982 | 1983 | 1984 | 1985[a] |
|---|---|---|---|---|---|---|---|
| USA | 4 088 | 7 637 | 8 273 | 10 678 | 10 717 | 8 539 | 8 312 |
| Japan | 593 | 1 140 | 1 259 | 1 359 | 1 561 | 1 608 | 1 510 |
| BRD | 149 | 889 | 1 272 | 1 833 | 2 258 | 2 265 | 2 305 |
| Großbritannien | 618 | 1 668 | 2 566 | 2 793 | 2 970 | 3 047 | 3 163 |
| Frankreich | 262 | 1 451 | 1 773 | 2 008 | 2 041 | 2 310 | 2 396 |
| Italien | 888 | 1 698 | 1 896 | 2 032 | 2 278 | 2 391 | 2 471 |

a Vorläufige Angaben
IPW-Berichte, 1986, H. 5, S. 27.

gerung der Monopolprofite hat zu Rationalisierungsmaßnahmen geführt, durch die die Industrieproduktion stieg und die Anzahl der Arbeitslosen zunahm.

In der BRD stieg beispielsweise 1976 die Industrieproduktion um 7,5 Prozent, aber dabei ging die Zahl der Arbeitskräfte in der Industrie um 2,5 Prozent zurück; 1977 erhöhte sich in den EG-Staaten trotz steigender Produktion die Arbeitslosenziffer von 5 Millionen auf 6 Millionen; 1986 lag sie bei 16 Millionen!

Den Charakter dieser massenhaften Dauerarbeitslosigkeit können wir klar erkennen, wenn wir die beiden Krisen – 1974/75 und 1980/1983 – miteinander vergleichen. Zwei Tatsachen sind dabei besonders wichtig. Wie schon betont, hat die Zahl der Arbeislosen trotz geringer Schwankungen im Verlaufe des Aufschwungs nicht abgenommen. Daraus ergibt sich aber, daß bei Beginn der neuen Krise Ende 1980 bereits eine große Massenarbeitslosigkeit als Ausgangsbasis existierte. Die Zahl der Arbeitslosen erreichte damit zu Beginn der achtziger Jahre völlig neue Dimensionen. Schwankte beispielsweise in den EG-Ländern 1974/75 ihre Zahl zwischen fünf und sechs Millionen, hatte sie 1981 bereits zehn Millionen erreicht. Die Labilität und Krisenhaftigkeit der kapitalistischen Wirtschaft ist untrennbar mit wachsender sozialer Unsicherheit der Werktätigen verbunden.

Unter dieser Geißel der Arbeiterklasse haben insbesondere die Jugendlichen zu leiden. Ihre Lage, ihre moralische und geistige Situation sind ein besonders deutlicher Reflex und zugleich Bestandteil der allgemeinen Krise des Kapitalismus. Mit der weiteren Verschärfung der kapitalistischen Krisenerscheinungen enthüllt sich immer vollständiger die Unfähigkeit dieses Gesellschaftssystems, die Grundfragen des Lebens der jungen Generation zu lösen, ihre grundlegenden Rechte zu sichern. Die Perspektiven von Millionen Jungen und Mädchen sind düster, ihre Zukunft ist bedroht. Es entwickeln sich neue Konfliktfelder zwischen Jugend und kapitalistischem System.

Für immer mehr junge Menschen beginnt der vielzitierte Weg ins Leben mit dem Gang zur Stempelstelle. Von den über 30 Millionen Arbeitslosen der entwickelten kapitalistischen Länder sind die Hälfte junge Leute unter 25 Jahren. Der Anteil Jugendlicher von 14 bis 24 Jahren an der Bevölkerung der EG-Länder beträgt 16,3 Prozent, an den Arbeitskräften 17,2 Prozent, an der Arbeitslosigkeit jedoch über 40 Prozent! Lehrstellenmangel, fehlende Möglichkeiten oder sinkende Qualität der beruflichen Ausbildung verschärfen die Lage. Mehrere Millionen junger Leute existieren heute in den USA und den anderen entwickelten kapitalistischen Staaten, die weder einen Arbeitsplatz noch eine Lehrstelle besaßen, die an den Rand der Gesellschaft gedrängt wurden, denen die Grundlagen ihrer Existenz fehlen. Besonders schwer sind die Kinder farbiger Eltern oder eingewanderter ausländischer Arbeiter betroffen; in den Slums amerikanischer Großstädte zählen 60 bis 80 Prozent der Jugendlichen zum »Bodensatz« der Gesellschaft (Abbildung 25).

Arbeitslosigkeit bedeutet, wie wissenschaftliche Untersuchungen nachweisen, für die betroffenen Jugendlichen Existenznot, psychische Belastung, Verlust sozialer Kontakte, familiäre Spannungen, Minderwertigkeitsgefühle. Für die arbeitenden Jungen und Mädchen, für Schüler und Studenten bedeutet sie zunehmenden Druck, wachsende Angst vor der Zukunft, vor dem Tag, an dem man selbst entlassen wird oder keinen Arbeitsplatz erhält. Eine ganze Generation amerikanischer Jugendlicher sei tief deprimiert und außerstande, den Druck zu verkraften, dem sie ausgesetzt ist, wenn sie in einer feindseligen und gleichgültigen Welt aufwächst, heißt es dazu in einigen Zeitungen der USA.

Auch bürgerliche Regierungen, Parteien und Institute kommen nicht um das Eingeständnis herum, daß sich die Situation der Jugend unter den Bedingungen der Krise als eines der kompliziertesten und folgenschwersten Probleme erweist. In einer Studie des Bundesministeriums für Jugend, Familie und Gesundheit der BRD wurde 1981 konstatiert, im Vergleich zur Situation 1968 stehe den Jugendlichen »heute eher ›das Wasser bis zum Hals‹, sie sehen ihre Lebensgrundlagen, Umwelt, Arbeit, Wohnen, bedroht«[47]. Eine Sachverständigenkommission dieses Ministeriums gelangte schon ein Jahr früher zu der Einschätzung, daß unter diesen Bedingungen »die Jugendphase heute zu einem Krisenphänomen geworden ist«[48]. Eine Befragung des Saarbrücker Instituts für Sozialforschung und Sozialwirtschaft unter 855 arbeitslosen Jugendlichen des Saarlandes ergab: »Zukunftsangst gestanden 54 Prozent der Jugendlichen ohne Hauptschulabschluß und 36 Prozent mit höheren Abschlüssen ein.«[49]

Scharfe Anklagen richten die kommunistischen Parteien gegen das jugendfeindliche kapitalistische System. Die Nationale Leitung der IKP erkärte: »Auf dramatische Weise tritt das Problem der Jugend, ihrer Lebensbedingungen und ihrer Zukunft als eine der dringendsten nationalen Fragen in den Vordergrund. Das an den Rand der Gesellschaft Gedrängtwerden der Jugend vertieft die Wurzeln der ungerechten und festgefahrenen Entwicklung, die die herrschenden Klassen und Parteien der italienischen Gesellschaft auferlegt haben.« Und das Zentralkomitee der FKP stellte

**Arbeitslose Jugendliche bis 24 Jahre in den kapitalistischen Hauptländern 1980 und 1983** (Tausend)

**25**

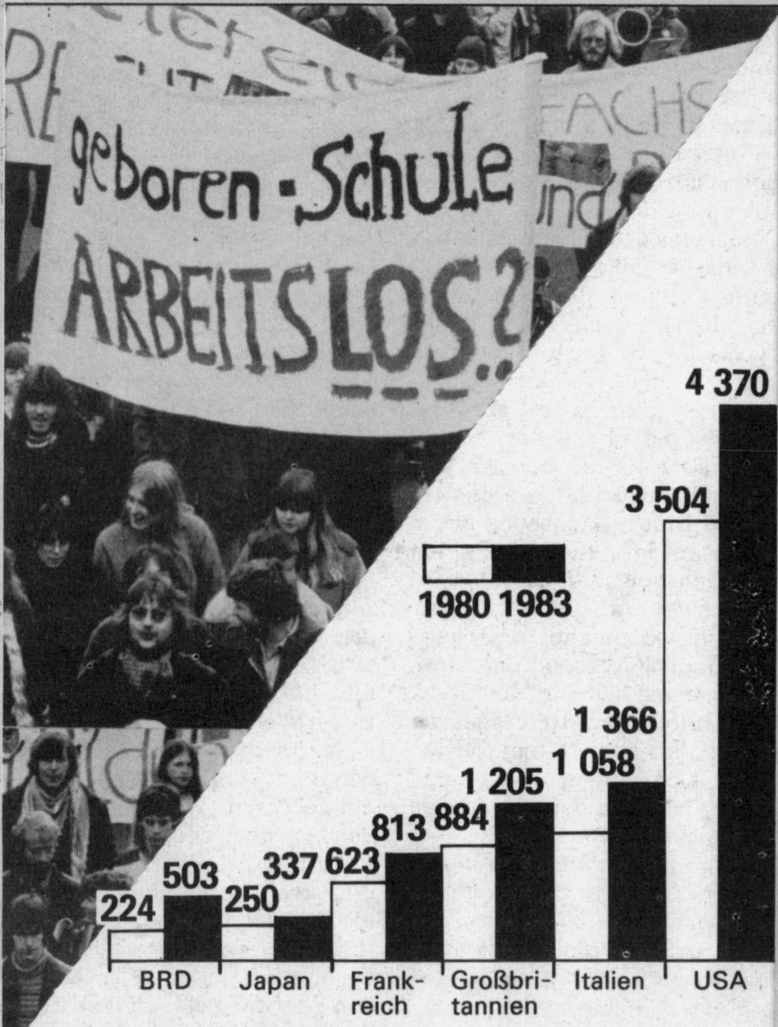


IPW-Berichte, 1984, H. 6, S. 38.

fest, daß die Eingliederung der Jugendlichen in das aktive Leben »einem ermüdenden Hindernislauf, einer langen Periode von Schwierigkeiten, Unsicherheiten, der Unbeständigkeit, der Entwurzelung und von Ängsten« gleichkommt, daß die Jugendlichen das Gefühl haben, »auf eine Gesellschaft zu stoßen, die sie abweist«.[50]

Aus Perspektivlosigkeit und Zukunftsangst wachsen heute in der kapitalistischen Welt massenhaft Resignation und Verzweiflung bei den Jugendlichen. Immer mehr junge Menschen lehnen die bürgerlichen moralischen Werte ab, ohne bereits neue positive Ideale und Maßstäbe ihres Handelns zu finden. Allgemeine Krise bedeutet auch massenhaftes Zerbrechen jugendlicher Persönlichkeiten, Absinken in Kriminalität, Prostitution, Drogensucht und Alkoholismus. In Frankreich hat sich seit 1945 die Jugendkriminalität zehnmal schneller entwickelt als der Bevölkerungszuwachs.

Ein Drittel der Schwerverbre-

Bei der Suche nach einem Ausweg aus ihrer hoffnungslosen Lage geraten jährlich Tausende junge Menschen in die Fänge von Rauschgifthändlern

chen in den USA wird heute von Jugendlichen unter 20 Jahren begangen. In der BRD, die zum »Heroinland Nr. 1« geworden ist, geraten jährlich etwa 11 000 junge Bürger neu in die Fänge der Rauschgifthändler. In Frankfurt (Main) stirbt jeder 40. Jugendliche den »Tod auf Raten«.

Bei der Suche nach einem Ausweg betreten viele junge Menschen unter dem Einfluß der reaktionären Ideologie einer verfaulenden Gesellschaftsordnung gefährliche Irrwege. Junge Leute in ihrer sozialen Not und Existenzbedrohung geraten in die Fänge von Pseudoreligionen und Rockerbanden, sind besonders anfällig für faschistische Ideen und Gruppierungen. Ohnmächtige Wut und Verzweiflung entladen sich in den gewalttätigen Unruhen, sinnlosem Zerstörungsdrang und bei manchen Jugendlichen in terroristischen Anschlägen. Bürgerliche Journalisten vergleichen die Situation unter der Jugend der kapitalistischen Länder heute mit Erscheinungen beim Untergang der alten Sklavenhalterstaaten in Griechenland und Rom.

Bei den unzufriedenen und suchenden jungen Menschen, die nicht nur Opfer des krisengeschüttelten Kapitalismus sein wollen, wächst jedoch auch immer mehr Widerstand und Protest. Diejenigen, die begreifen lernen, daß nicht individuelles Versagen oder die Erscheinungen des Verfalls unter der Jugend selbst die Ursachen ihrer sozialen Misere sind, sondern daß diese sich aus der Krise des kapitalistischen Systems ergibt, erheben sich zum Kampf.

Nichtzyklischer Natur sind **Strukturkrisen** in den imperialistischen Ländern. Sie sind vor allem in der wissenschaftlich-technischen Revolution begründet. Die wissenschaftlich-technische Revolution erfordert – oft recht schnell – Veränderungen in der Wirtschaftsstruktur. Während bestimmte Zweige der Wirtschaft rasch wachsen, beispielsweise die Elektronik- und Elektroindustrie, stagniert das Wachstum anderer Zweige. Meist geht dort die Produktion zurück, zum Beispiel in der Stahlindustrie, der Bekleidungsindustrie oder in der Chemiefaserproduktion, der Schuhproduktion, der Bauwirtschaft. Da die Herrschaft der Monopole eine weit vorausschauende Planung dieser Prozesse im gesamtgesellschaftlichen Maßstab verhindert, setzen sich derartige Strukturveränderungen unter kapitalistischen Bedingungen spontan in Form von Krisen durch. Das führt zu ungeheuren wirtschaftlichen Verlusten. Strukturkrisen sind eine weitere Ursache von Arbeitslosigkeit im Kapitalismus. Bürgerliche Ökonomen nennen das »strukturelle Arbeitslosigkeit« und möchten damit die wirkliche Ursache dieser Krisenprozesse – die Unfähigkeit der Monopole zur Lösung herangereifter Grundfragen der wirt-

In vielen Ländern des Kapitals ist es die Jugend, die in beeindruckenden Manifestationen gegen Arbeitslosigkeit und fehlende Lehrstellen auftritt. In mehreren italienischen Städten starteten Ende 1985 auf Initiative der kommunistischen und der sozialistischen Jugendorganisationen Tausende Teilnehmer einen Marsch für Arbeit

schaftlichen und gesellschaftlichen Entwicklung – vertuschen.

Ähnlich wirkt auch die **Umweltkrise**. Darunter verstehen wir die Belastung und Zerstörung der natürlichen Umwelt des Menschen durch ein profitorientiertes Wirtschaftswachstum. Mit zunehmender Industrialisierung wachsen die Belastungen für die natürliche Umwelt der Menschen, besonders durch die Verschmutzung von Wasser und Luft, wenn nicht die erforderlichen Gegenmaßnahmen unternommen werden. Umfangreiche Aufwendungen sind notwendig, um den daraus resultierenden Gefahren entgegenzuwirken. Doch dort, wo die Wirtschaft von den Gesetzen des Monopolprofits regiert wird, versuchen die Monopole, selbst rechtskräftige staatliche Gesetze für den Umweltschutz zu umgehen. Permanente Gefährdung der Umwelt ist die Folge.

Schließlich ist auch die **Währungskrise** der kapitalistischen Weltwirtschaft eine permanente Krisenerscheinung des Kapitalismus. Mit der Vertiefung der allgemeinen Krise des Kapitalismus verstärkt sich die Ungleichmäßigkeit der wirtschaftlichen und politischen Entwicklung sowohl zwischen Monopolen, besonders zwischen den imperialistischen Monopolen, die international operieren, als auch zwischen den imperialistischen Mächten und Mächtegruppierungen. Die internationalen kapitalistischen Währungsbeziehungen entwickelten sich zu einem wichtigen Feld der Auseinandersetzung zwischen den verschiedenen Monopolgruppen. Die Auf- und Abwertung nationaler Währungen ist zu einer bedeutenden wirtschaftlichen Waffe imperialistischer Staaten geworden.

Diese und weitere, hier nicht genannte Erscheinungen der besonderen Art der Verflechtung von allgemeiner und zyklischer Krise zeugen immer eindringlicher von der Unfähigkeit des Imperialismus, die sozialen Probleme der modernen wirtschaftlichen Entwicklung zu meistern.

## Die soziale Krise des Imperialismus

Die weitere Vertiefung der allgemeinen Krise zeigt sich auch in der sozialen Krise des Imperialismus. Die Porno- und Rauschgiftwelle, die zunehmende Kriminalität und Brutalisierung des öffentlichen Lebens und ähnliches sind vor allem Ausdruck dafür, daß der Imperialismus nicht fähig ist, dem Leben aller Menschen, insbesondere aber der Jugend, einen sinnvollen Inhalt zu geben.

Obwohl in den sechziger Jahren die Produktion in den USA, in der BRD und in den anderen imperialistischen Ländern relativ schnell gewachsen ist, konnte der Imperialismus die grundlegenden sozialen Probleme nicht lösen und auch nicht verhindern, daß die Widersprüche gewachsen sind.

Große Teile der Arbeiterklasse in den entwickelten kapitalistischen Ländern konnten einen Reallohn erkämpfen, der eine gewisse Steigerung des materiellen Lebensniveaus ermöglichte. Trotzdem blieben Elend und Armut auch in diesen Ländern nach wie vor erhalten. Trotz einer hohen Produktivität der Arbeit ist in den USA die offiziell registrierte Armut angewachsen. In der ersten Hälfte der achtziger Jahre wurde die gewachsene Zahl derjenigen, die in sozialem Elend leben müssen, von Gewerkschaften als »neue Armut« charakterisiert: »Langsam, aber sicher frißt sich eine neue Armut in unsere Gesellschaft«, schrieb im Mai 1984 die BRD-Gewerkschaftszeitung »Metall«. Mitte 1985 waren davon in den USA 33,7 Millionen, in Großbritannien 12,0 Millionen, in der BRD 5,0 Millionen, in Frankreich 6,4 Millionen und in Italien 5,4 Millionen Menschen betroffen. Insgesamt sind es in allen entwickelten kapitalistischen Ländern 75 bis 80 Millionen. Ihre Lage beschrieb die Hamburger Wochenzeitschrift »Zeit« so: »Hier hat ein Prozeß der Deklassierung, der Ausgrenzung eingesetzt – mit wahrscheinlich lange spürbaren Folgen. Es entsteht eine Brutstätte der Hoffnungslosigkeit, der physischen und psychischen Krankheiten.«

Aber die Armut, der Mangel an Gütern zur Befriedigung materieller Lebensbedürfnisse, ist nur eine Seite der sozialen Krise des Imperialismus.

Besonders durch die wissenschaftlich-technische Revolution wird die Reproduktion, die ständige Wiederherstellung der Arbeitskraft der Arbeiter und Angestellten, nicht mehr nur über den Lohn erreicht. Sie macht in zunehmendem Maße eine gesellschaftliche Lösung notwendig, zum Beispiel gesellschaftliche Bildungs- und Kultureinrichtungen, Einrichtungen zur sinnvollen Freizeitgestaltung und Erholung sowie den Umweltschutz. Der Imperialismus erweist sich als unfähig, diese Voraussetzungen zu schaffen. Die Hochrüstungs- und Konfrontationspolitik der USA und anderer NATO-Staaten zu Beginn der achtziger Jahre hat in der kapitalistischen Welt zu einem radikalen Abbau der Sozialausgaben, darunter der Ausgaben in diesen Bereichen des gesellschaftlichen Lebens, geführt.

**Die allgemeine Krise des Kapitalismus hat viele Gesichter. Aber ohne Zweifel gehören die Unfähigkeit des Imperialismus, die qualitativen Seiten des Lebens zu meistern, seine Unfähigkeit, dem Leben Sinn und Inhalt zu verleihen, zu den wichtigsten Merkmalen dieser Krise. Der Imperialismus von heute ist zwar reich an oft sehr teuren Waren, aber arm an Geist und Menschlichkeit.**

Ein wesentliches Moment der Vertiefung der allgemeinen Krise ist die **Verschärfung des Klassenkampfes.** Am deutlichsten kommt diese Tatsache im Anwachsen der Streikbewegung in den kapitalistischen Ländern zum Ausdruck (Tabelle 7). Dabei muß man berücksichtigen, daß Streikkampf nur eine Form der Klassenauseinandersetzung neben vielen anderen ist. Erinnert sei nur an die großen Antikriegsdemonstrationen gegen den amerikanischen Imperialismus und die NATO-Hochrüstungspolitik. In der BRD hat sich eine breite Bewegung gegen die Berufsverbote entwickelt. Eine große Rolle in der Klassenauseinandersetzung spielt die Jugend der kapitalistischen Länder – sowohl in den Betrieben als auch in Schulen und Universitäten. Der Kampf um Lehr- und andere Ausbildungsplätze, um die Durchsetzung gewerkschaftlicher Rechte beweist das immer wieder.

Viele Kämpfe werden nicht allein um Lohnforderungen geführt,

**Tabelle 7**
**Teilnehmer an Streiks und anderen Massenaktionen in den kapitalistischen Ländern 1919 bis 1982**

| Zeitraum | Zahl der Teilnehmer insgesamt Millionen | im Jahresdurchschnitt Millionen | Index (1946–1960 = 100) |
|---|---|---|---|
| **In allen kapitalistischen Ländern** | | | |
| 1919–1939 | 81 | 4 | 26 |
| 1946–1960 | 222 | 15 | 100 |
| 1961–1970 | 534 | 53 | 353 |
| 1971–1980 | 670 | 67 | 446 |
| 1981 | – | 72 | 480 |
| 1982[a] | – | 78 | 520 |
| **In kapitalistischen Industrieländern** | | | |
| 1919–1939 | 74 | 3,7 | 28 |
| 1946–1960 | 192 | 13 | 100 |
| 1961–1970 | 368 | 37 | 284 |
| 1971–1980 | 527 | 53 | 407 |
| 1981 | – | 64 | 492 |
| 1982[a] | – | 67 | 515 |

a Schätzung
Nach Angaben des Instituts für Internationale Arbeiterbewegung an der Akademie der Wissenschaften der UdSSR, Moskau.

sondern um demokratische Rechte, um Mitbestimmung, um bessere Arbeits- und Lebensbedingungen. Viele Kämpfe richten sich in der einen oder anderen Form gegen das ganze staatsmonopolistische System. In vielen Ländern entwickelt sich das Bündnis der Kommunisten mit den anderen demokratischen Kräften. Nehmen wir nur die wenigen hier angeführten Tatsachen, so widerlegen sie die Thesen aller bürgerlichen Theorien vom »Wandel des Kapitalismus«. Die Tatsachen widerlegen die Behauptung, der Klassenkampf sei verschwunden, er sei eine Erscheinung der Vergangenheit.

Bestätigt hat sich die marxistisch-leninistische Auffassung, daß der Kapitalismus nicht existieren kann, ohne daß sich der Widerspruch zwischen Kapital und Arbeit, ohne daß sich die Klassengegensätze verschärfen. Niemand, der Tatsachen achtet, kann heute ernsthaft behaupten, die Arbeiterklasse der kapitalistischen Länder hätte aufgehört, eine revolutionäre Kraft zu sein.

Bestätigt hat sich die marxistisch-leninistische Auffassung über die historische Rolle der Arbeiterklasse: Im Kampf gegen das Monopolkapital konnten dort bedeutende Erfolge erzielt werden, wo die Arbeiterklasse am Kampf teilnahm und ihre Stärke geltend machte. Unter den Bedingungen des staatsmonopolistischen Kapitalismus ist das Zusammenwirken aller demokratischen Kräfte mehr denn je die Bedingung für Erfolge im Kampf um gesellschaftlichen Fortschritt. Große Bedeutung kommt dabei der weiteren Verstärkung des Masseneinflusses der kommunistischen Parteien dieser Länder zu.

In den achtziger Jahren ist eine prinzipiell neue Situation für den Kampf um den gesellschaftlichen Fortschritt in den kapitalistischen Ländern und darüber hinaus in der gesamten Welt entstanden.

»Heute haben wir es ... mit einer Weltsituation zu tun, in der die Gefahr eines Nuklearkrieges das Leben der Völker überschattet, eines Infernos, das im Falle seines Ausbruchs die Selbstvernichtung der Menschheit bedeuten würde. Dies zu verhindern, einen sicheren Frieden zu gewährleisten, ist das Wichtigste in unserer Zeit. Nur dadurch werden der weitere soziale Fortschritt und die Lösung anderer gesellschaftlicher Probleme möglich, wird die Rettung der Zivilisation möglich.«[51]

Die prinzipiell neue Situation in der Welt wird also vor allem davon bestimmt, daß ein atomarer Krieg das Ende der menschlichen Zivilisation sein würde. Hinzu kommt eine weitere Gefahr: Würde das USA-Programm zur Militarisierung des Weltraums (SDI) verwirklicht, würden unter Mißbrauch der wissenschaftlich-technischen Revolution immer neue Systeme von Massenvernichtungsmitteln produziert, dann führte das zu einem Punkt, an dem zunehmend die Computer und andere technische Mittel über den Einsatz dieser Waffensysteme entscheiden. Eine politische Kontrolle der Waffensysteme wäre kaum noch möglich. Die Zeit, in der Entscheidungen getroffen werden müssen, wird immer kürzer. Schritt für Schritt wird die Möglichkeit für Politiker eingeschränkt, über die nächsten Schritte nachzudenken und überlegte Urteile zu fällen.

Und diese technischen Mittel, selbst wenn sie vielfach geprüft worden sind, können – davon zeugen das Unglück der Raumfähre »Challenger« sowie die Explosionen der Raketen »Titan« und »Delta« in den USA, die Havarie im Kernkraftwerk Tschernobyl in der UdSSR und viele ähnliche Vorfälle in anderen Ländern – hin und wieder versagen. Im Bereich atomarer Waffen würde aber das »hin und wieder« ein »ein für allemal« bedeuten.

Daraus müssen wir grundlegende Schlußfolgerungen ziehen: **Erstens** spielt das militärstrategische Gleichgewicht für die Erhaltung des Friedens heute und künftig eine entscheidende Rolle. Beim heutigen Stand der Rüstung bringt jede neue, höhere Stufe, jedes Hinzufügen neuer Waffensysteme nicht mehr Sicherheit, sondern mehr Unsicherheit für beide Seiten, ja für die ganze Menschheit. Der Frieden kann nicht »errüstet« werden. Daher ist Rüstungsbegrenzung und Abrüstung, die Senkung des militärstrategischen Gleichgewichts eine grundlegende Bedingung, um die Sicherheit zu erhöhen und den Frieden zu sichern.

**Zweitens** kann Frieden heute nicht mit militärischen Mitteln, sondern er muß politisch gesichert werden. Nur wenn es auf politischem Weg zu den notwendigen Abkommen kommt, wird die Welt sicherer, kann ein atomares Inferno verhindert werden. Das macht es notwendig, eine weltweite Koalition der Vernunft und des Realismus all jener Kräfte zu schaffen, die an Abrüstung sowie Entspannung interessiert und bereit sind, ihre Kräfte dafür einzusetzen.

**Drittens** kann Frieden heute nicht mehr gegeneinander, mit einer Strategie der Abschreckung oder ähnlichen Konzeptionen, die auf militärischer Überlegenheit der einen Seite beruhen, sondern nur noch miteinander gesichert werden, nicht durch Konfrontation, sondern nur noch mit Kooperation. Heute ist mehr denn je notwendig, die Kunst zu erlernen, miteinander zu leben, miteinander auszukommen. Dafür sind auf den verschiedenen Gebieten die notwendigen Voraussetzungen zu schaffen.

Zu diesen Voraussetzungen gehört, reale Schritte der Abrüstung durchzusetzen und eine Militarisierung des Weltraumes zu verhindern. Die DDR unterstützt vorbehaltlos das Abrüstungsprogramm der Sowjetunion und der sozialistischen Staatengemeinschaft. Im Mittelpunkt stehen dabei der Vorschlag Michail Gorbatschows vom 15. Januar 1986, die Welt bis zum Jahr 2000 von Atomwaffen zu befreien, die Vorschläge zur Beseitigung chemischer Waffen, zur Beendigung aller Kernwaffentests, zur Beseitigung der Mittelstreckenraketen in Europa. Michail Gorbatschow hat auf dem XI. Parteitag der SED einen neuen Vorschlag zur Reduzierung der konventionellen Waffen in Europa vom Atlantik bis zum Ural gemacht, der im Juni 1986 auf der Tagung des Politischen Beratenden Ausschusses der Teilnehmerstaaten des Warschauer Vertrages in Budapest konkretisiert wurde. Wir besitzen ein klares Programm, das wir zur Diskussion gestellt und für ergebnisorientierte Verhandlungen eingebracht haben (Abbildung 26).

Neben den Vorschlägen zur Abrüstung unterstützt die DDR das Europa-Programm der sozialistischen Länder, das auf der Beratung des Politischen Beratenden

Ausschusses der Warschauer Vertragsstaaten in Sofia 1985 unterbreitet wurde. Dabei geht es darum, neue Formen der Zusammenarbeit auf ökonomischem, wissenschaftlichem, kulturellem und anderen Gebieten zu entwikkeln. Die Vorschläge über die Zusammenarbeit zwischen RGW und EG, über gemeinsame Forschungsprojekte sind Teil dieser Konzeption. All das würde dazu beitragen, die Konfrontation Schritt für Schritt zu überwinden und die Kooperation zum Bestimmenden zu machen. Ohne Zweifel würde das zu einer neuen Vertrauensbasis führen, die sich positiv auf reale Abrüstungsschritte auswirken könnte.

Wie sich zeigt, gibt es heute besonders in den USA, aber auch in anderen NATO-Staaten starke Kräfte, die die praktische Durchsetzung einer solchen Politik im internationalen Leben, in den internationalen Beziehungen mit allen Mitteln verhindern wollen. Sie setzen nach wie vor auf die Konfrontation mit den Warschauer Vertragsstaaten, vor allem mit der Sowjetunion. Ihre Haltung wird immer noch von der Illusion bestimmt, sie könnten mit Hilfe ihres wissenschaftlich-technischen Potentials militärische Überlegenheit erreichen und auf dieser Basis uneingeschränkt ihre hegemoniale Politik durchsetzen. Viele Handlungen der USA nach dem Genfer Treffen zwischen Michail Gorbatschow und Ronald Reagan im November 1985 sind offensichtlich von diesen Zielen bestimmt.

Daraus ergibt sich, daß ein neues Denken, ein neues Herangehen an die internationalen Beziehungen, die Schaffung eines sicheren Friedens nur in harter, zäher Auseinandersetzung mit diesen aggressiven Kräften des Imperialismus erreicht werden kann. Und das ist keine Aufgabe, die kurzfristig zu lösen ist.

Unter diesen Bedingungen gewinnt die Politik des Dialogs eine ständig wachsende Bedeutung. Die DDR hat auf diesem Gebiet große Anstrengungen unternommen. Sie hat auch in komplizierten Situationen diese Politik konsequent betrieben und wird auch künftig große Anstrengungen unternehmen und alles in ihren Kräften Stehende tun, um diesen Dialog auszuweiten.

Die prinzipiell neue Situation in der Welt und die daraus zu ziehenden Schlußfolgerungen stellen höhere Anforderungen an die weitere Gestaltung der entwickelten sozialistischen Gesellschaft. Es gilt, unter den veränderten Bedingungen die Vorzüge des Sozialismus noch mehr zur Geltung zu bringen, um den friedlichen Wettstreit der beiden Weltsysteme zugunsten des Sozialismus zu entscheiden.

## Abrüstungsprogramm der UdSSR zur Beseitigung der Atomwaffen

## 26

### Erste Etappe (ab 1986)

- Innerhalb von fünf bis acht Jahren reduzieren die UdSSR und die USA die Kernwaffen, die das Territorium des anderen erreichen können, um die Hälfte. Für die ihnen verbleibenden Trägermittel dieser Kategorie behalten sie nicht mehr als jeweils 6000 Gefechtsköpfe.
- Beiderseitiger Verzicht der UdSSR und der USA auf Entwicklung, Erprobung und Stationierung von Weltraumangriffswaffen.
- Vollständige Beseitigung der Mittelstreckenraketen der UdSSR und der USA im europäischen Raum.
- Die USA verpflichten sich, weder strategische noch Mittelstreckenraketen an andere Länder zu liefern.
- England und Frankreich verpflichten sich, ihre entsprechenden Kernwaffen nicht aufzustocken.
- Die UdSSR und die USA vereinbaren die Einstellung aller nuklearen Explosionen und rufen die anderen Staaten auf, sich so schnell wie möglich diesem Moratorium anzuschließen.

### Zweite Etappe (spätestens ab 1990)

- Die anderen Nuklearmächte schließen sich der atomaren Abrüstung an. Sie verpflichten sich zunächst, sämtliche eigenen Kernwaffen einzufrieren und keine derartigen Waffen auf den Territorien anderer Länder zu unterhalten.
- Die UdSSR und die USA setzen die in der ersten Etappe vereinbarte Reduzierung fort und verwirklichen gleichzeitig weitere Maßnahmen zur Beseitigung ihrer Kernwaffen mittlerer Reichweite, frieren ihre taktischen Kernmittel ein.

- Nachdem die UdSSR und die USA die vereinbarte Rüstungsreduzierung um 50 Prozent abgeschlossen haben, beseitigen alle Nuklearmächte ihre taktischen Kernwaffen, also jene mit einer Reichweite bis zu 1000 Kilometern.
- Weitere Länder, vor allem die führenden Industriemächte, schließen sich der zwischen UdSSR und USA getroffenen Vereinbarung über das Verbot von Weltraumangriffswaffen an.
- Alle Nuklearmächte stellen die Kernwaffenversuche ein.
- Die Entwicklung nichtnuklearer Rüstungen, die auf neuen physikalischen Prinzipien basieren und mit ihrer Vernichtungskraft den nuklearen oder anderen Massenvernichtungswaffen nahekommen, wird verboten.

**Dritte Etappe (spätestens ab 1995)**

- Die Beseitigung aller noch vorhandenen Kernwaffen wird abgeschlossen, so daß es Ende 1999 keine Atomwaffen mehr auf der Erde gibt.
- Es wird eine universelle Übereinkunft ausgearbeitet, damit diese Waffenart niemals wieder entsteht.

Zur Vernichtung der Kernwaffen sowie zur Demontage, Umrüstung oder Vernichtung von Trägermitteln werden spezielle Verfahren ausgearbeitet. Dabei werden die Anzahl der Waffen, die in jeder Etappe vernichtet werden, und die Orte, an denen sie vernichtet werden, vereinbart.
Die Kontrolle über die Rüstungen, die der Vernichtung und der Begrenzung unterliegen, wird sowohl mit nationalen technischen Mitteln als auch durch Inspektionen an Ort und Stelle erfolgen.
Die UdSSR ist bereit, beliebige andere zusätzliche Kontrollmaßnahmen zu vereinbaren.

# Die Herausbildung der sozialistischen Produktionsweise

Zum erstenmal in der Geschichte wurde mit der Großen Sozialistischen Oktoberrevolution das Tor zum Aufbau des Sozialismus und des Kommunismus geöffnet. Unter Führung der KPdSU haben die Arbeiter und Bauern die zaristische Herrschaft liquidiert, den sozialistischen Staat errichtet und das gesellschaftliche Eigentum an den Produktionsmitteln geschaffen. Die Sowjetunion hat die Bewährungsproben der Geschichte siegreich bestanden. Die Erfolge und Errungenschaften des Sowjetvolkes, die wesentlichsten Veränderungen im wirtschaftlichen, sozialen und geistigen Leben der Sowjetgesellschaft haben in den Dokumenten und Beschlüssen des XXVII. Parteitages der KPdSU ihren konzentrierten Ausdruck gefunden.

Im Ergebnis des revolutionären Weltprozesses entstanden weitere sozialistische Staaten, bildete sich das sozialistische Weltsystem heraus. Die DDR ist ein fester Bestandteil der sozialistischen Gemeinschaft.

In der DDR hat die Arbeiterklasse im Bündnis mit den Bauern, der Intelligenz und allen anderen Werktätigen eine Gesellschaft gestaltet, in der es sich zu leben lohnt. Durch den Fleiß, die Disziplin, das Können und die Leistungen der Werktätigen in Stadt und Land ist es gelungen, den Sozialismus aufzubauen. Vollbeschäftigung, zunehmender Volkswohlstand, soziale Gerechtigkeit, die volle Demokratie des Volkes in wahrer Freiheit – das zeichnet unseren Staat aus. Der XI. Parteitag der SED hat einen neuen Abschnitt bei der Gestaltung der entwickelten sozialistischen Gesellschaft eingeleitet. Damit wurde ein wichtiger Beitrag zur allseitigen Stärkung des Sozialismus, zur Erhaltung des Friedens geleistet, und die gewonnenen Erfahrungen bereichern die Theorie über den sozialistischen Aufbau.

Der Sozialismus ist auf einem großen Teil des Erdballs zur geschichtlichen Realität geworden. Er wurde zur revolutionärsten Kraft, zum Pionier des Menschheitsfortschritts. Welche Vorstellungen über die sozialistische Gesellschaft auch weltweit existieren mögen, der Sozialismus, von Marx, Engels und Lenin wissenschaftlich begründet und in den sozialistischen Staaten lebendige Wirklichkeit, ist heute zum Symbol der Zukunft der menschlichen Gesellschaft in der Welt geworden.

Für den Übergang vom Kapitalismus zum Sozialismus begründeten die Klassiker des Marxismus-Leninismus vor allem zwei grundlegende Thesen.

**Erstens:** Der sozialistische Aufbau kann nur beginnen, wenn die Macht des Kapitals, die Diktatur der Bourgeoisie, durch die Macht der Arbeiterklasse, die Diktatur des Proletariats in dieser oder jener Form, ersetzt wird.

**Zweitens:** Für die Errichtung des Sozialismus, für den Aufbau einer sozialistischen Wirtschaft, ist eine spezielle Übergangsperiode notwendig.[1]

## Gesetzmäßigkeiten der sozialistischen Revolution und des sozialistischen Aufbaus

Ohne die allgemeingültigen Gesetzmäßigkeiten der sozialistischen Revolution und des sozialistischen Aufbaus zu kennen, läßt sich die neue Gesellschaft nicht aufbauen. Deshalb wollen wir uns zuerst mit diesen allgemeinen Gesetzmäßigkeiten bekannt machen:

- Durchführung der proletarischen Revolution und Errichtung der Diktatur des Proletariats in dieser oder jener Form als Hauptinstrument der sozialistischen Umgestaltung der Gesellschaft,
- Führung der werktätigen Massen durch die Arbeiterklasse, deren Vortrupp die marxistisch-leninistische Partei ist,
- Bündnis der Arbeiterklasse mit der Hauptmasse der Bauernschaft und den anderen Schichten und Gruppen der Werktätigen,
- Beseitigung des kapitalistischen Eigentums, Schaffung und Entwicklung des gesellschaftlichen Eigentums an den grundlegenden Produktionsmitteln,
- allmähliche sozialistische Um-

gestaltung der bäuerlichen Wirtschaften und Bildung von Produktionsgenossenschaften,

- planmäßige Entwicklung der Volkswirtschaft, die auf die Erhöhung des materiellen und geistig-kulturellen Lebensniveaus und auf die konsequente Verwirklichung des Prinzips »Jeder nach seinen Fähigkeiten, jedem nach seiner Leistung« gerichtet ist,
- Verwirklichung der sozialistischen Revolution auf dem Gebiet der Ideologie und Kultur und Herausbildung einer der Arbeiterklasse und der Sache des Sozialismus ergebenen Intelligenz,
- Beseitigung der nationalen Unterdrückung, Herstellung der Gleichberechtigung und brüderlichen Freundschaft zwischen den Völkern,
- Schutz der Errungenschaften der sozialistischen Revolution gegen feindliche Anschläge,
- proletarischer Internationalismus und antiimperialistische Solidarität,
- Schaffung einer engen Gemeinschaft der sozialistischen Staaten entsprechend den Prinzipien des sozialistischen Internationalismus.

Die Durchsetzung dieser Gesetzmäßigkeiten ist ein revolutionärer Prozeß, der große Anstrengungen von allen fortschrittlichen Kräften erfordert. Auch von Rückschlägen bleibt die gesellschaftliche Entwicklung in der Übergangsperiode nicht verschont.

In der DDR war Anfang der sechziger Jahre die Übergangsperiode vom Kapitalismus zum Sozialismus im wesentlichen vollzogen, die sozialistische Revolution in harten Klassenkämpfen mit den vom Imperialismus der BRD beeinflußten Kräften zum Sieg geführt. Die Kommandohöhen der Volkswirtschaft befanden sich fest in den Händen der Arbeiter und Bauern. Das bedeutete, daß die Grundlagen des Sozialismus geschaffen waren, ein stabiler sozialistischer Staat entstanden war, die Diktatur des Proletariats unter der Führung der Partei der Arbeiterklasse erfolgreich ausgeübt wurde, die sozialistischen Produktionsverhältnisse in Industrie und Landwirtschaft gesiegt hatten.

Zu den Kommandohöhen der Volkswirtschaft zählen die großen Industriebetriebe, insbesondere in der Grundstoff- und metallverarbeitenden Industrie, das staatliche Außenwirtschafts-, Außenhandels- und Valutamonopol, die großen Betriebe und Genossenschaften in der Land- und Forstwirtschaft, das Post- und Fernmeldewesen, die wichtigsten Betriebe des Transportwesens, das Währungs- und Finanzwesen einschließlich der Banken und Sparkassen, die wichtigsten Zweige des Großhandels.[2]

An den revolutionären Umwälzungen hatte die Jugend einen entscheidenden Anteil:

Am 26. Februar 1946 beantragt der Zentrale Antifaschistische Jugendausschuß bei der SMAD die Gründung der Freien Deutschen Jugend. Am 7. März 1946 wird diesem Antrag stattgegeben. Damit ist eine Wende in der deutschen Jugendbewegung vollzogen. Zum ersten Mal in der Geschichte des deutschen Volkes entsteht eine Organisation, in der junge Menschen unterschiedlicher Weltanschauung, sozialer Herkunft und Berufe vereint sind und sich zum gesellschaftlichen Fortschritt bekennen.

Pfingsten 1946 tagt in Brandenburg das I. Parlament der FDJ. Als Vorsitzender der FDJ erläutert Erich Honecker die Grundrechte der jungen Generation. Mit der Forderung nach politischen Rechten, nach Arbeit und Erholung, nach Bildung, Freude und Frohsinn ist das Kampfprogramm der Jugend formuliert.

Der Jugendverband wirkt aktiv an der Schaffung und am Aufbau des ersten deutschen Arbeiter-und-Bauern-Staates. Seit ihrer Gründung erweist sich die FDJ des Grundprinzips marxistisch-leninistischer Jugendpolitik – der Jugend Vertrauen entgegenzubringen und Verantwortung zu übertragen – als würdig.

Im April 1949 findet in Erfurt der 2. Kongreß der Jungaktivisten statt. Adolf Hennecke ist das große Vorbild der Arbeiter- und der Landjugend. Die Jugend eifert ihm mit beispielhaften Aktionen nach – Bau der Eisenbahnlinie Rostock–Schwaan, »Max braucht Wasser«, »FDJler auf die Traktoren«.

Viele Traditionen der FDJ haben ihren Ursprung in den fünfziger Jahren: Der Bau der Talsperre Sosa wird auf Beschluß des III. Parlaments der FDJ erstes zentrales Jugendobjekt. Am 19. Dezember 1951 gibt ihr Ministerpräsident Otto Grotewohl den Namen »Talsperre des Friedens«. Die Jugendbrigade Hans Bleisch der Wismut erfüllt ihren Fünfjahrplan in 21 Monaten. Hans Bleisch wird »Held der Arbeit«.

Auf dem XII. Parlament der FDJ konnte Erich Honecker einschätzen, daß die DDR im tatsächlichen Sinne des Wortes ein Staat der Jugend ist. In unserer sozialistischen Gesellschaft wird die junge Generation gefordert und gefördert. Vom Bau des Dorfes der Jugend im Jahre 1948 in Adelsdorf bei Großenhain führte dieser Weg bis zur Ausgestaltung unserer Hauptstadt mit Hilfe der FDJ-Initiative Berlin, vom Verlegen der Wasserleitung für die Maxhütte in Unterwellenborn im Gründungsjahr der FDJ bis zum Bau der Gasleitungen auf sowjetischer Erde, vom Kampf um die Grundrechte der jungen Generation in den ersten Nachkriegsjahren bis zur umfassenden Mitarbeit der Jugend an der Gestaltung der sozialistischen Gesellschaft in unserer Republik.

Entscheidende Bedeutung für den Aufbau des Sozialismus und für die Inbesitznahme der Kommandohöhen der Volkswirtschaft hat die Schaffung des sozialistischen Eigentums an den wichtigsten Produktionsmitteln. In der DDR wurde das Volkseigentum an den Produktionsmitteln durch die Enteignung der Kriegsverbrecher und Naziaktivisten, der Monopole in der Industrie und im Bankwesen sowie der Großgrundbesitzer begründet. Von 1952 bis 1960 entstanden in der Landwirtschaft sozialistische Produktionsgenossenschaften. Kleine und mittlere Privatbetriebe wurden seit 1956 durch die staatliche Beteiligung in den sozialistischen Aufbau einbezogen; diese und noch vorhandene private Industriebetriebe wurden 1972 durch Aufkauf zu volkseigenen Betrieben umgebildet. Die Entwicklung der verschiedenen Eigentumsformen in der Volkswirtschaft der DDR ist Tabelle 8 zu entnehmen.

Auch in anderen sozialistischen

**Tabelle 8**
**Anteil der Eigentumsformen am Nettoprodukt je Wirtschaftsbereich in der DDR 1950 bis 1985 (Prozent)**

| | 1950 | 1970 | 1980 | 1985 |
|---|---|---|---|---|
| **Volkswirtschaft** | | | | |
| volkseigene Betriebe | 50,5 | 68,9 | 96,5[a] | 96,7[a] |
| genossenschaftliche Betriebe | 6,3 | 16,8 | | |
| Betriebe mit staatlicher Beteiligung oder Kommissionsvertrag | – | 8,6 | 0,6 | 0,5 |
| Privatbetriebe | 43,2 | 5,5 | 2,9 | 2,8 |
| **Industrie und produzierendes Handwerk** (ohne Bauhandwerk) | | | | |
| volkseigene Betriebe | 65,7 | 79,7 | 96,3 | 97,7[a] |
| genossenschaftliche Betriebe | 1,4 | 3,2 | 1,3 | |
| Betriebe mit staatlicher Beteiligung oder Kommissionsvertrag | – | 11,6 | – | – |
| Privatbetriebe | 32,8 | 5,6 | 2,3 | 2,3 |
| **Land- und Forstwirtschaft** | | | | |
| volkseigene Betriebe | 3,4 | 16,1 | 96,2[a] | 96,3[a] |
| genossenschaftliche Betriebe | – | 79,2 | | |
| Betriebe mit staatlicher Beteiligung oder Kommissionsvertrag | – | 0,1 | – | – |
| Privatbetriebe | 96,6 | 4,6 | 3,8 | 3,7 |

a Sozialistische Betriebe
Statistisches Jahrbuch der DDR 1981, S. 79. –
Statistisches Taschenbuch der DDR 1986, S. 27.

Ländern hat sich der sozialistische Sektor der Volkswirtschaft entwickelt (Tabelle 9).

**Tabelle 9**
**Anteil des sozialistischen Sektors am produzierten Nationaleinkommen in RGW-Ländern 1960 bis 1984 (Prozent)**

| Land | 1960 | 1980 | 1984 |
|---|---|---|---|
| VR Bulgarien | 99,5 | 99,9[a] | ... |
| DDR | 84,7 | 96,5 | 96,5 |
| Mongolische VR | 99,9 | 100,0 | 100,0 |
| VR Polen | 62,1 | 84,6 | 79,8 |
| SR Rumänien | 83,3 | 95,5 | ... |
| ČSSR | 98,5 | 99,5 | 99,3 |
| UdSSR | 99,9 | 100,0 | 100,0 |
| Ungarische VR | 91,0 | 96,5 | 95,9 |

a 1979
Statistisches Jahrbuch der Mitgliedsländer des RGW 1985, Moskau 1985, S. 51 (russ.).

In der Verfassung der DDR (Artikel 9 bis 16) ist das sozialistische Eigentum an den Produktionsmitteln in seinen verschiedenen Formen staatsrechtlich verankert. Es ist die Grundlage für die Entwicklung der Volkswirtschaft, dient der Verwirklichung der Hauptaufgabe bei der Gestaltung der entwickelten sozialistischen Gesellschaft und ist mit dem Ziel zu nutzen, höchste Ergebnisse für die Gesellschaft zu erzielen.

Die sozialistische Produktionsweise (Abbildung 27) ist die materielle Grundlage für die gesellschaftliche Entwicklung und für die konkrete Gestaltung aller Bereiche des gesellschaftlichen Lebens. Sie ist die dialektische Einheit von Produktivkräften und Produktionsverhältnissen.

**Die Produktivkräfte sind das revolutionäre Element der Entwicklung. Die Produktionsverhältnisse wirken ihrerseits aktiv auf die Produktivkräfte ein, sie können deren Entwicklung beschleunigen oder hemmen.**

Der XI. Parteitag stellte neue Aufgaben, damit auch künftig die sozialistischen Produktionsverhältnisse so ausgestaltet werden, daß sie die rasche Entwicklung der Produktivkräfte – vor allem die breite und ökonomisch wirksame Anwendung der Schlüsseltechnologien – im Interesse der weiteren Stärkung des Sozialismus fördern.

Die Menschen, die Werktätigen mit ihren schöpferischen Fähigkeiten, ihren Kenntnissen und Erfahrungen sind die wichtigste Produktivkraft (oder die Hauptproduktivkraft). Dieser marxistisch-leninistische Standpunkt schränkt die Bedeutung der anderen Produktivkräfte (zum Beispiel der Produktionsinstrumente, die Gradmesser für das Niveau der Herrschaft des Menschen über die Natur sind) nicht ein, sondern soll deutlich machen, daß ohne die lebendige Arbeit keine Maschinen, Automaten, Konsumgüter und anderen materiellen Leistungen geschaffen werden können.

## Die sozialistische Produktionsweise

**27**

„In der gesellschaftlichen Produktion ihres Lebens gehen die Menschen bestimmte, notwendige, von ihrem Willen unabhängige Verhältnisse ein, Produktionsverhältnisse, die einer bestimmten Entwicklungsstufe ihrer materiellen Produktivkräfte entsprechen."
(K. Marx, MEW, Bd. 13, S. 8.)

### Produktivkräfte und Produktionsverhältnisse

| **Produktionsmittel** | **Eigentumsverhältnisse** |
|---|---|
| Arbeitsmittel | Sozialistisches Eigentum an Produktionsmitteln |
| – Produktionsinstrumente<br>– Transport- und Kommunikationsmittel<br>– Gebäude, Kanäle, Straßen<br>– Boden in der Landwirtschaft<br>– genutzte Naturkräfte | – gesamtgesellschaftliches Volkseigentum<br>– genossenschaftliches Gemeineigentum werktätiger Kollektive<br>– Eigentum gesellschaftlicher Organisationen der Bürger |
| Arbeitsgegenstände | **Verhältnisse der Verteilung der Produktionsmittel und der gesellschaftlichen Arbeit auf die verschiedenen Zweige der sozialistischen Produktion und der planmäßigen Organisation der Produktion** |
| – Naturstoffe (Erze, Erdöl u. a.)<br>– Rohmaterial<br>– Energie<br>– Hilfsstoffe (z. B. Schmierstoffe) | |
| **Arbeitskräfte** | |
| **Wissenschaft** | |
| **Gesellschaftliche Produktivkräfte** | **Verhältnisse der Leitung der gesellschaftlichen Produktion** |
| – Kombination der Arbeit im großen Maßstab<br>– Arbeitsteilung und Kooperation<br>– Konzentration, Spezialisierung u. a. | **Verhältnisse des Austausches der Arbeit oder der Produkte zwischen den Produzenten** |
| **Leitung der sozialistischen Produktion** | **Verhältnisse der Verteilung und der Konsumtion der erzeugten Produkte** |

Dieser Standpunkt ist heute besonders wichtig, um die Herausforderungen der wissenschaftlich-technischen Revolution richtig zu erfassen und ihre Errungenschaften für die höhere Leistungsfähigkeit der Volkswirtschaft zu nutzen. Der wissenschaftlich-technische Fortschritt schafft Voraussetzungen für den weiteren ökonomischen und sozialen Fortschritt.

Mit der weiteren Entfaltung der sozialistischen Produktionsverhältnisse werden die Vorzüge und Triebkräfte des Sozialismus genutzt, um den Sinn des Sozialismus, alles für das Wohl der Werktätigen zu tun, mit hoher Effektivität zu verwirklichen. Das ist eine grundlegende Aufgabe bei der weiteren Gestaltung unserer neuen Gesellschaft.

In dem vom IX. Parteitag (1976) beschlossenen Programm der SED heißt es: »... die Sozialistische Einheitspartei Deutschlands« stellt sich »für die kommende Periode das Ziel, in der Deutschen Demokratischen Republik weiterhin die entwickelte sozialistische Gesellschaft zu gestalten und so grundlegende Voraussetzungen für den allmählichen Übergang zum Kommunismus zu schaffen«.[3]

★

**Wie vollzieht sich die Gestaltung der sozialistischen Produktionsweise in den achtziger Jahren?**

★

Der XI. Parteitag der SED schätzte ein, daß sich in unserer Republik ungeachtet vielfältiger imperialistischer Störmanöver der Sozialismus weiterentwickelt hat. »Er ist zwar noch nicht vollkommen, wir sind jedoch gut vorangekommen.«[4] Im Bericht des ZK der SED wird darauf hingewiesen, daß gewiß noch eine große Arbeit zu leisten ist, um das Programm der SED in den verschiedensten Lebensbereichen zu verwirklichen. Aber die bisherigen Ergebnisse bestärken uns in der Überzeugung, daß wir unser Ziel Schritt für Schritt erreichen werden.[5] Dabei lassen wir uns von einer Reihe grundlegender Positionen und Auffassungen über die Entwicklung der sozialistischen Gesellschaft leiten.

**Erstens** sind nach der Übergangsperiode vom Kapitalismus zum Sozialismus – in der DDR zu Beginn der sechziger Jahre – zunächst nur die Grundlagen der sozialistischen Gesellschaft geschaffen. Um alle Vorzüge und Triebkräfte, alle Werte und Ideale des Sozialismus für jeden spürbar und erlebbar zur Geltung zu bringen, ist ein historisch langer Zeitraum erforderlich. Im Mittelpunkt steht dabei die Aufgabe, den sozialen und humanistischen Charakter des Sozialismus umfassend auszuprägen.

**Zweitens** ist für diesen langen Zeitraum eine ständige Höherentwicklung der Gesellschaft in all ihren Bereichen charakteristisch. Im

Mittelpunkt steht dabei notwendigerweise die rasche Entwicklung der Produktivkräfte. Ebenso trifft das auf die Produktionsverhältnisse, die sozialen Beziehungen, das System der Leitung und Planung usw. zu.

**Die Feststellung im Programm der SED, daß die Gestaltung der entwickelten sozialistischen Gesellschaft ein Prozeß tiefgreifender politischer, ökonomischer, sozialer und geistig-kultureller Wandlungen ist, ist eine Schlüsselfrage für das Verständnis der Gesellschaftsstrategie der Partei.**

Die wissenschaftlich-technische Revolution hat die Dynamik der ökonomischen und sozialen Entwicklung wesentlich verstärkt. Das wird weiterhin so bleiben. In den kommenden Jahren werden ebenfalls tiefgreifende Wandlungen erfolgen – in den Produktivkräften, den Produktionsverhältnissen, den sozialen Beziehungen, in der Lebensweise. Kontinuität in der langfristig angelegten Gesellschaftsstrategie ist nur möglich, wenn dafür immer wieder die günstigsten Bedingungen geschaffen werden.

Die entscheidende Führungsaufgabe der Partei und des Staates besteht darin, diesen dynamischen Prozeß so zu leiten, damit das Wesen und die Vorzüge des Sozialismus immer besser zur Wirkung gebracht werden können, die Interessen aller Werktätigen durchgesetzt werden und der soziale Fortschritt unter unterschiedlichen Bedingungen immer wieder gesichert wird.

Uns geht es stets darum, sozialistische Lösungen für den wissenschaftlich-technischen Fortschritt zu finden, die Möglichkeiten, Vorzüge und Ideale der sozialistischen Gesellschaft bei dieser Entwicklung durchzusetzen. Niemand wird ernsthaft behaupten, daß wir dabei bereits auf alle Fragen eine Antwort hätten oder daß ausgereifte Vorstellungen bereits voll realisiert wären. Die dynamische Entwicklung der Produktivkräfte ist ein komplizierter Prozeß, der mit Widersprüchen, unvorhergesehenen Problemen und noch manchen ungelösten Fragen verbunden ist. Auch werden dazu von verschiedenen sozialistischen Ländern verschiedene Wege erprobt und beschritten. Nicht alle Wege erweisen sich als richtig. Die Tatsache, daß verschiedene sozialistische Länder bei der Lösung einzelner Aufgaben unterschiedliche Methoden anwenden, ist ein normaler Vorgang. Wesentlich ist, daß die sozialistischen Länder eine im Wesen gleiche Strategie verfolgen.

**Drittens** muß jeder wissenschaftlich-technische Fortschritt, jeder ökonomische Fortschritt mit sozialem Fortschritt verbunden sein. Das findet seinen Ausdruck bei uns in der Einheit von Wirtschafts- und Sozialpolitik.

In den sechziger und Anfang der siebziger Jahre fand in den

sozialistischen Ländern eine außerordentlich wichtige Diskussion darüber statt, worin das nächste strategische Ziel des sozialistischen Aufbaus besteht – im unmittelbaren Übergang zum Kommunismus oder zunächst in der umfassenden Entwicklung des Sozialismus. Oder man könnte die Frage auch so stellen: Werden im Sozialismus die Kräfte darauf konzentriert, alle materiell-technischen und anderen Bedingungen des Kommunismus zu schaffen, mit der Hoffnung und Überzeugung, daß später, auf dieser Grundlage auch das Lebensniveau der Werktätigen schnell wachsen wird? Oder muß nicht jeder wissenschaftlich-technische Fortschritt sofort in eine Erhöhung des materiellen und geistig-kulturellen Lebensniveaus umgesetzt werden? Arbeiten wir in erster Linie für künftige Generationen oder für die heute Lebenden?

Die Diskussion zu diesen Fragen und die in den sozialistischen Ländern gesammelten Erfahrungen in den sechziger Jahren führten zur Ausarbeitung der Konzeption von der entwickelten sozialistischen Gesellschaft und begründeten damit wissenschaftlich die strategische Entscheidung: alle Kraft darauf zu konzentrieren, jeden Fortschritt in der Wirtschaft unmittelbar, direkt mit einer Verbesserung der Arbeits- und Lebensbedingungen der Werktätigen zu verbinden. In diesem Sinne sprechen wir von der Einheit von Wirtschafts- und Sozialpolitik. Nur die direkte Verbindung von ökonomischer und sozialer Entwicklung kann sichern, daß die Triebkräfte und Vorzüge des Sozialismus für jeden spürbar wirksam werden. Dies ist eine entscheidende Basis für die Verbindung von Partei und Volk und damit auch für politische Stabilität.

Für die SED war in dieser Hinsicht der VIII. Parteitag im Jahre 1971 ein entscheidender Wendepunkt. Für uns stand und steht seitdem die Einheit von Wirtschafts- und Sozialpolitik niemals zur Disposition. Mit dieser Politik werden wir auch in das Jahr 2000 eintreten. Jedoch ist die Frage immer wieder neu zu beantworten, welche Voraussetzungen in jedem neuen Abschnitt unter sich ständig verändernden Bedingungen dafür zu schaffen sind, damit diese Einheit von Wirtschafts- und Sozialpolitik auch praktisch realisiert werden kann. Die wichtigsten Voraussetzungen sind in der Wirtschaft durch deren Leistungsfähigkeit zu schaffen.

Die Wirtschaftsstrategie der SED läßt sich vor allem von zwei Prämissen leiten. Einmal kann die Gesellschaftspolitik nur dann realisiert werden, wenn ein dynamisches Wachstum der Wirtschaft – und zwar qualitativ und quantitativ – gesichert werden kann. Und zum anderen kann dieses Wachstum nur auf dem Weg der Intensivierung, durch den Übergang der Volkswirtschaft auf die intensiv erweiterte Reproduktion vollzogen werden.

Dank der zielstrebigen, auf Wachstum und Leistung orientierten Wirtschafts- und Sozialpolitik der Partei gelang es in den vergangenen 15 Jahren, die wirtschaftliche Leistungskraft bedeutend zu steigern. Die Zahlen der Tabelle 10 belegen den Leistungsanstieg der letzten Jahre und die nächsten Zielstellungen.

Diese erfolgreiche Entwicklung der DDR ist vor allem auch deshalb bemerkenswert, weil Mitte und Ende der siebziger Jahre als Folge der Krisen und Preisexplosion auf dem kapitalistischen Weltmarkt die Volkswirtschaft der DDR ökonomische Belastungen abwehren mußte, die mit dem Außenhandel zusammenhingen. Diese Belastungen wurden von den Werktätigen mit Leistungszuwachs und steigender Arbeitsproduktivität beantwortet.

Zugleich zeigen die Erfahrungen der Länder der sozialistischen Gemeinschaft, daß eine entscheidende Grundlage für die Überwindung der außenwirtschaftlichen Belastungen und für den wachsenden Einfluß des realen Sozialismus auf das Weltgeschehen, für die Lösung der politischen, wirtschaftlichen, sozialen und gei-

**Tabelle 10**
**Wichtige Kennziffern der ökonomischen Entwicklung der DDR 1981 bis 1990 (Milliarden Mark)**

| Kennziffer | 1981–1985 | 1986–1990 | Zuwachs in Prozent |
|---|---|---|---|
| Produziertes Nationaleinkommen | 1 087 | über 1 300 | 24–26 |
| Investitionen in der Volkswirtschaft | 319 | 346 | 8,5 |
| Zuwendungen für die Bevölkerung aus Mitteln des Staatshaushaltes[a] | 345 | 485 | 40,6 |
| Wohnungsbau (Anzahl) | 988 880 | 1 064 000 | 7,6 |

a Einsatz von Mitteln des Staatshaushaltes zur Fortführung der Politik stabiler Verbraucherpreise für Waren des Grundbedarfs sowie für Mieten und Tarife, für die Befriedigung der wachsenden gesundheitlichen, sozialen und geistig-kulturellen Bedürfnisse der Bevölkerung.
Erfolgreicher Weg der Gestaltung der entwickelten sozialistischen Gesellschaft der DDR. Zahlen und Fakten, Berlin 1986, S. 22, 23, 44, und eigene Berechnungen.

stig-kulturellen Aufgaben des sozialistischen Aufbaus die Einheit und Geschlossenheit der sozialistischen Staaten ist. Durch Vereinigung der Kräfte gilt es den gesellschaftlichen Fortschritt zu beschleunigen und den Sozialismus weiter zu stärken.

## Charakteristik der entwickelten sozialistischen Gesellschaft

Mit dem Begriff »entwickelte sozialistische Gesellschaft« hat Lenin jenes Stadium der ersten Phase der kommunistischen Gesellschaftsformation charakterisiert, in dem sich der Sozialismus »vollständig gefestigt« und den »endgültigen Sieg« errungen hat und von dem aus dann der Übergang zum Kommunismus vollzogen werden kann.

Die kollektive theoretische Arbeit der KPdSU, der SED und anderer Bruderparteien hat in den siebziger Jahren Klarheit über das Wesen, die Hauptmerkmale und die historische Stellung der entwickelten sozialistischen Gesellschaft gebracht.

**Das Wesen der entwickelten sozialistischen Gesellschaft besteht darin, alle materiellen, sozialökonomischen und politisch-ideologischen Voraussetzungen zu schaffen, um den Sinn des Sozialismus, alles zu tun für das Wohl des Volkes, für die Interessen der Arbeiterklasse, der Genossenschaftsbauern, der Intelligenz und der anderen Werktätigen, auf ständig höherer Stufe zu verwirklichen.**

Die entscheidenden **Vorzüge des Sozialismus** bestehen in der politischen Herrschaft der Arbeiterklasse, im gesellschaftlichen Eigentum an den Produktionsmitteln, in der sozialistischen Planwirtschaft, in der bewußten Gestaltung aller gesellschaftlichen Prozesse durch die Werktätigen unter Führung der marxistisch-leninistischen Partei, im unverbrüchlichen Bruderbund mit der Sowjetunion und den anderen Staaten der sozialistischen Gemeinschaft.

Diese Vorzüge sind die Grundlage für die Einheit von Wirtschafts- und Sozialpolitik, die soziale Sicherheit und Geborgenheit, Wachstum, Wohlstand und Stabilität gewährleistet, und für eine aktive Friedens- und Entspannungspolitik, die günstige äußere Bedingungen für die Festigung des Sozialismus sichern soll. Die Triebkräfte des Sozialismus wurzeln in den sozialistischen Produktionsverhältnissen und in der marxistisch-leninistischen Weltanschauung.

**Triebkräfte – das sind Faktoren und Beziehungen, die das Handeln der Menschen verursachen,**

**aktivieren, stimulieren und in bestimmte Richtungen lenken, die geschichtliche Veränderungen bewirken. Die Interessen und Bedürfnisse der Menschen, viele Erscheinungen des gesellschaftlichen Lebens, einschließlich der Ideen, können als Triebkräfte wirken.**

Im Sozialismus wird auch die prinzipielle Übereinstimmung zwischen den gesellschaftlichen Erfordernissen und den persönlichen Interessen der Bürger und ihrer Kollektive, der Schichten und Klassen zu einer wichtigen Triebkraft. Hier können nicht alle Aspekte der Triebkräfte behandelt werden, doch für das Studium der politischen Ökonomie des Sozialismus und die Verwirklichung der Wirtschaftspolitik der Partei ist wichtig: Von der Kenntnis und der Wirksamkeit der materiellen und ideellen Triebkräfte, die das Handeln jedes einzelnen bestimmen, hängt das Tempo des ökonomischen und des gesellschaftlichen Fortschritts im Sozialismus ab. Wir nutzen deshalb die Einheit und die Wechselbeziehungen der materiellen Triebkräfte, zu denen vor allem die ökonomischen Interessen der Werktätigen gehören, und der ideellen Triebkräfte, die vor allem die Übereinstimmung der grundlegenden Ziele der Werktätigen im Kampf für den gesellschaftlichen Fortschritt, die marxistisch-leninistische Weltanschauung und die sozialistische Moral umfassen, um das Schöpfertum, die Initiative, den Fleiß, die Disziplin der Werktätigen zu fördern. Aufgabe der sozialistischen Gesellschaft ist es, alle diese Triebkräfte immer besser zur Wirkung zu bringen, um die Errungenschaften des Sozialismus zu festigen und Schritt für Schritt auszubauen.

Weitere wichtige theoretische Positionen der Konzeption des entwickelten Sozialismus sind:

- Die Gestaltung der entwickelten sozialistischen Gesellschaft erfolgt auf ihren eigenen sozialökonomischen Grundlagen. Zu diesen eigenen Grundlagen gehören die Macht der Arbeiterklasse im Bündnis mit allen anderen Klassen und Schichten sowie das politische System des Sozialismus, die sozialistischen Produktionsverhältnisse, die materiell-technische Basis des Sozialismus, die dem Sozialismus entsprechende Klassen- und Sozialstruktur und die ihr entsprechenden sozialen Beziehungen sowie die sozialistische Ideologie, die zur herrschenden wurde.
- Mit der Gestaltung der entwickelten sozialistischen Gesellschaft werden die Wechselbeziehungen zwischen den verschiedenen Bereichen der Gesellschaft, den produzierenden und den nichtproduzierenden, Schritt für Schritt so gestaltet, daß ein einheitlicher sozialer Organismus entsteht. Der Leistungsanstieg in den produzierenden Bereichen, die Effektivität

Als Bauarbeiter in Berlin Spitze sein und das Tempo mitbestimmen – das ist das Ziel der Kollektive von der Rostocker Jugendtaktstraße »Fritz Heckert«. Klaus-Dieter Krohn (2. v. r.), Leiter einer Jugendbrigade der Jugendtaktstraße, hatte auf dem XI. Parteitag über das Vorhaben der jungen Bauarbeiter berichtet, um neue Bestleistungen zu kämpfen und diese auf Dauer zu erreichen

der gesellschaftlichen Arbeit bewirken den weiteren Fortschritt bei der Gestaltung aller Bereiche der sozialistischen Gesellschaft. Zugleich wirken die Leistungen der nichtproduzierenden Bereiche auf das Tempo und die Qualität des Produktionswachstums ein. Deshalb spielen die Einheit und die Wechselbeziehungen von Wirtschafts- und Sozialpolitik, von Wissenschaft, Technik und Produktion, von Ökonomie, Politik und Ideologie, von materiellen und ideellen Interessen bei der Verwirklichung des sozialistischen Aufbaus, bei der Ausarbeitung der Strategie und Taktik der Politik der Partei eine immer größere Rolle.

Entscheidende Bedeutung für die Verbindung der Vorzüge des Sozialismus mit den Errungenschaften der wissenschaftlich-technischen Revolution hat das geistige Potential unseres Landes und seine ständige Höherentwicklung erlangt.

● Mit der erfolgreichen Gestaltung aller Seiten und Bereiche der sozialistischen Gesellschaft werden zugleich wesentliche Voraussetzungen für den allmählichen Übergang zum Kommunismus geschaffen. Das erfordert Klarheit über die Notwendigkeit, alles zu tun für die Erhaltung des Friedens, für die Verhinderung eines atomaren Infernos, für die Verwirklichung der friedlichen Koexistenz. Das verlangt aber auch Klarheit über die Rolle der sozialistischen Staaten und über das Gewicht einer stabilen ökonomischen und politischen Entwicklung unserer Länder. Das schließt die Zusammenarbeit für die anderen revolutionären Bewegungen und fortschrittlichen Kräfte ebenso ein wie die Verantwortung gegenüber kommenden Generationen. Dies alles verlangt eine gründliche Analyse der objektiven Prozesse, um zu theoretischen Verallgemeinerungen und Konsequenzen zu gelangen. Das gilt für die weitere Ausarbeitung der Theorie des entwickelten Sozialismus ebenso wie für die aus den Gemeinsamkeiten und Unterschieden der beiden Phasen der kommunistischen Gesellschaftsformation abzuleitenden Aufgaben.

## Wodurch werden Sozialismus und Kommunismus charakterisiert?

Die Herausbildung der kommunistischen Gesellschaftsformation ist ein historischer Prozeß, der einen langen Zeitraum umfaßt. Karl Marx begründete in der »Kritik des Gothaer Programms« die Notwendigkeit von zwei Phasen der kommunistischen Gesellschaftsformation. Das richtige Verständnis dafür ist eine Voraussetzung, um den Entwicklungsprozeß kontinuierlich und erfolgreich zu gestalten.

Die zwei Phasen der kommunistischen Gesellschaftsformation besitzen gemeinsame Grundlagen, sie beruhen auf dem gesellschaftlichen Eigentum an den Produktionsmitteln. Die kommunistische Gesellschaftsformation ist auf der Grundlage des gesellschaftlichen Eigentums unbegrenzt entwicklungsfähig. Den zwei Phasen – Sozialismus und Kommunismus – entsprechen die sozialistische Produktionsweise und die kommunistische Produktionsweise.

Beide Produktionsweisen haben folgende **gemeinsame Grundlagen und Wesenszüge:** Es herrscht das gesellschaftliche Eigentum an den Produktionsmitteln, die Ausbeutung des Menschen durch den Menschen ist für immer beseitigt, die Produktion dient der immer besseren Befriedigung der materiellen und kulturellen Bedürfnisse der Werktätigen, die Fähigkeiten und Talente des Menschen werden allseitig entwickelt, und es bildet sich ein neuer Typ der Persönlichkeit heraus. Der Charakter der Arbeit verändert sich allmählich; dieser Prozeß vollzieht sich im Sozialismus und im Kommunismus. Die bewußte, wissenschaftlich fundierte planmäßige Leitung der gesellschaftlichen Prozesse ist ebenfalls beiden Phasen eigen.

Zugleich bestehen **Unterschiede** zwischen Sozialismus und Kommunismus, die allmählich, so wie die materiellen, sozialen und geistigen Voraussetzungen geschaffen werden, überwunden werden. Im Sozialismus gibt es zwei Formen des sozialistischen Eigentums an den Produktionsmitteln: das gesamtgesellschaftliche Volkseigentum, das auch als staatlich-sozialistisches Eigentum bezeichnet wird, und das genossenschaftliche Gemeineigentum werktätiger Kollektive. Im Kommunismus wird es das einheitliche kommunistische Eigentum an den Produktionsmitteln geben.

Das Niveau der Produktivkräfte und der materiell-technischen Basis sowie deren Entwicklung im Sozialismus ermöglichen eine ständige Verbesserung der materiellen und geistig-kulturellen Lebensbedingungen des Volkes. Sämtliche individuellen und gesellschaftlichen Bedürfnisse können jedoch noch nicht befriedigt werden. Erst ein hohes Niveau der Produktivkraftentwicklung auf der Grundlage der materiell-technischen Basis des Kommunismus läßt sämtliche Springquellen des gesellschaftlichen Reichtums in einem solchen Maße fließen, daß nach den Bedürfnissen verteilt werden kann. Voraussetzung dafür muß sein, daß die Arbeit für alle zum ersten Lebensbedürfnis wird. Doch eins ist klar, Lebensanspruch (Wünsche und Vorstellungen zum Bildungs- und Lebensniveau) und Leistung (Stand der Arbeitsproduktivität usw.) lassen sich nur durch schöpferische, fleißige, disziplinierte und effektive Arbeit auf einem stets steigenden Niveau in Übereinstimmung bringen.

**Die Einstellung zur Arbeit ist das Herzstück der sozialistischen Lebensweise.**

Den Produktionsverhältnissen im Sozialismus entspricht eine Sozialstruktur, die durch unterschiedliche Klassen, Schichten und Gruppen von Werktätigen gekennzeichnet ist. Es gibt die Arbeiterklasse, die Klasse der Genossenschaftsbauern, die soziale Schicht der Intelligenz und andere Werktätige, die im festen Bündnis unter Führung der marxistisch-leninistischen Partei die sozialistische Gesellschaft gestalten. Im Kommunismus wird es auf der Grundlage des einheitlichen kommunistischen Eigentums keine unterschiedlichen Klassen mehr geben. Der Kommunismus ist eine klassenlose Gesellschaft.

Im Sozialismus existieren noch für einen längeren historischen Zeitraum wesentliche Unterschiede zwischen Stadt und Land, zwischen industrieller und landwirtschaftlicher Arbeit, zwischen körperlicher und geistiger Arbeit. Im Kommunismus werden diese wesentlichen, jedoch nicht jegliche Unterschiede im Ergebnis der raschen Produktivkraftentwicklung und der Schaffung der materiell-technischen Basis des Kommunismus überwunden sein.

Im Sozialismus gilt das Prinzip: »Jeder nach seinen Fähigkeiten, jedem nach seiner Leistung.« Im Kommunismus wird die Arbeit zum ersten Lebensbedürfnis für alle, und sie wird in viel höherem Maße produktiv sein. Dann kann das Prinzip verwirklicht werden: »Jeder nach seinen Fähigkeiten, jedem nach seinen Bedürfnissen.«

Das Hinüberwachsen der sozialistischen in die kommunistische Phase ist ein historischer Prozeß, der ein solches Reifestadium des Sozialismus hervorbringt, in dem die Umgestaltung aller gesellschaftlichen Beziehungen ein qualitativ neues Niveau sichert.

»

»Die sozialen Wandlungen des Jahrhunderts wandeln auch die Bedingungen der weiteren gesellschaftlichen Entwicklung. Neue wirtschaftliche, politische und wissenschaftlich-technische, innere und internationale Faktoren werden wirksam. Die wechselseitige Abhängigkeit von Staaten und Völkern nimmt zu. All das stellt an jeden Staat besonders harte Anforderungen, ob es sich nun um die Außenpolitik, die wirtschaftliche und soziale Handlungsfähigkeit oder das geistige Antlitz der Gesellschaft handelt.«[6]

«

Wir analysieren den Prozeß der gesellschaftlichen Entwicklung vom Standpunkt der entwickelten sozialistischen Gesellschaft, der Vervollkommnung des Sozialismus. Auf dieser Grundlage bestimmen wir den historischen Platz des gegenwärtigen Abschnitts in der Herausbildung der kommunistischen Gesellschaftsformation. Der gesetzmäßige Verlauf dieses Prozesses erlaubt es nicht, Aufgaben der sozialistischen Phase auf später zu verschieben oder, umgekehrt, jetzt Aufgaben der kommunistischen Phase zu stellen, für die heute die objektiven und subjektiven Voraussetzungen fehlen.

Der allmähliche Übergang zum Kommunismus erfolgt nicht dadurch, daß dem Sozialismus nach und nach einige Elemente des Kommunismus hinzugefügt werden. Nur wenn alle Vorzüge, alle Potenzen und Möglichkeiten des Sozialismus zur vollen Entfaltung und Reife geführt werden, wenn wir alle Aufgaben bei der Gestaltung der entwickelten sozialistischen Gesellschaft lösen, schaffen wir gleichzeitig die wesentlichen Voraussetzungen für den allmählichen Übergang zum Kommunismus.

Die weitere Gestaltung der ent-

Fest verankert im Bruderbund der sozialistischen Streitkräfte, leistet unsere Nationale Volksarmee tagtäglich einen großen Beitrag dazu, den Frieden und unsere Errungenschaften zu schützen

wickelten sozialistischen Gesellschaft in der DDR erfolgt unter sich wandelnden internationalen Bedingungen. Heute steht die Welt an einem Wendepunkt. Mit aller Schärfe stellt sich die Frage nach dem künftigen Schicksal der Menschheit. Die neue internationale Lage verlangt ein neues Denken und ein neues, verantwortungsbewußtes Herangehen an jene Probleme, von denen Krieg und Frieden abhängt. Vor allem müssen solche Lösungen gefunden werden, die der Einstellung des Wettrüstens, der Umgestaltung der Beziehungen zwischen den Staaten unterschiedlicher Gesellschaftsordnung auf der Grundlage der umfassenden und gleichen Sicherheit für alle dienen. Manches alte Modell des politischen Denkens und der Anschauungen über Krieg und Frieden, über die Verteidigung, über die Sicherheit einzelner Staaten und die internationale Sicherheit muß von Grund auf geändert werden. Das Hauptproblem, das sich heute in seiner ganzen Größe vor der Menschheit erhebt, ist das Problem des Überlebens. Deshalb gilt es, Europa aus einem explosiven Pulverfaß in einen Kontinent des Friedens, der Sicherheit und der Zusammenarbeit zu verwandeln. Die Anstrengungen für die Erhaltung des Friedens und für die Zügelung des Wettrüstens haben auch einen beachtlichen ökonomischen Aspekt. Angesichts der Aktivitäten der aggressivsten imperialistischen Kreise mit dem Ziel, den Weg zur ungehemmten Entfaltung des Rüstungswahnsinns frei zu machen, ist höchste Wachsamkeit geboten, werden noch mehr hohe Leistungen in Produktion und Wissenschaft für eine konstruktive Friedenspolitik und die allseitige Stärkung des Sozialismus notwendig. Darauf sind auch die ökonomischen Initiativen der FDJ nach dem XI. Parteitag der SED zu orientieren.

Das Glück des Volkes, Wohlstand für alle werktätigen Menschen – das ist ein uralter Traum der Menschheit. Kaum zu zählen sind die Projekte, die Vorschläge, die dazu im Verlaufe der Geschichte von hervorragenden Denkern ausgearbeitet wurden.

Die Geschichte hat gezeigt, daß der Wohlstand des Volkes nicht von Wünschen oder Illusionen abhängt, sondern von fleißiger, schöpferischer und disziplinierter Arbeit und stets zugleich von den gesellschaftlichen Verhältnissen, unter denen sie geleistet wird.

## Ziel der sozialistischen Produktion

»

»Der wirkliche Reichtum der Gesellschaft und die Möglichkeit beständiger Erweiterung ihres Reproduktionsprozesses hängt also nicht ab von der Länge der Mehrarbeit, sondern von ihrer Produktivität und von den mehr oder minder reichhaltigen Produktionsbedingungen, worin sie sich vollzieht.«[7]

«

Die entscheidende Voraussetzung für die Erhöhung des Volkswohlstandes ist die Entwicklung und das Niveau der Produktivkräfte. Man kann nicht verbrauchen, was nicht vorher produziert wurde. Aber unter kapitalistischen Produktionsverhältnissen bedeutet ein hoher Entwicklungsstand der Produktivkräfte noch lange keine Garantie für soziale Sicherheit und wachsendes materielles und geistig-kulturelles Lebensniveau der Werktätigen. Die ansteigende Arbeitslosigkeit und der radikale Abbau der in den sechziger und siebziger Jahren während der damaligen ökonomischen Wachstumsperioden erreichten sozialen Verbesserungen für die Werktätigen in den kapitalistischen Industrieländern veranschaulichen in der Gegenwart sehr deutlich, daß bei kapitalistischem Eigentum an den Produktionsmitteln nicht der Wohlstand des Volkes, sondern der Profit der Unternehmer das Ziel der Produktion ist.

Erst die sozialistischen Produktionsverhältnisse schaffen die Voraussetzungen dafür, daß die historische Forderung der Arbeiterbewegung »Was des Volkes Hände schaffen, soll des Volkes Eigen sein« verwirklicht werden kann. Die Wirtschaft dient im Sozialismus den Interessen des Volkes. Sinn des Sozialismus ist es, alles für das Wohl der Menschen, für das Glück des Volkes zu tun.

In jeder Produktionsweise wirkt eine Vielzahl ökonomischer Gesetze, die auf vielfältige Weise miteinander verbunden sind. Aber aus all diesen Gesetzen hebt sich ein Gesetz besonders heraus, ein Gesetz, das die grundlegenden Entwicklungstendenzen, die Entwicklungsrichtung aller ökonomischen Prozesse bestimmt. Es zeigt das Ziel der wirtschaftlichen Tätigkeit und die entscheidenden Mittel, mit denen dieses Ziel erreicht wird. Es prägt damit die Wirkungsrichtung aller ökonomischen Gesetze und ist mit allen diesen Gesetzen untrennbar verbunden. Diese Funktion erfüllt das ökonomische Grundgesetz.

Das ökonomische Grundgesetz charakterisiert das Wesen einer Gesellschaftsordnung. Das ökonomische Grundgesetz des Kapitalismus ist das Mehrwertgesetz. Die Produktion und Aneignung des Mehrwertes durch die Kapitalisten ist das Ziel der Produktion. Diesem Ziel ist alle Tätigkeit, sind alle ökonomischen und sozialen Beziehungen und Prozesse untergeordnet.

**Das ökonomische Grundgesetz des Sozialismus hat die immer bessere Befriedigung der wachsenden materiellen und geistig-kulturellen Bedürfnisse der Menschen und ihre allseitige Persönlichkeitsentwicklung durch die ständige Entwicklung und Vervollkommnung der gesellschaftlichen Produktion auf der Grundlage der fortgeschrittensten Wissenschaft und Technik und der ständigen Steigerung der Arbeitsproduktivität zum Ziel.**

## Merkmale des ökonomischen Grundgesetzes des Sozialismus

Analysieren wir das Wesen des ökonomischen Grundgesetzes und seine wichtigsten Merkmale und Aussagen etwas näher.

**Erstens wird das Ziel der Produktion im Sozialismus exakt bestimmt: die immer bessere Befriedigung der materiellen und geistig-kulturellen Bedürfnisse der Menschen und ihre allseitige Persönlichkeitsentwicklung.**

Im Sozialismus werden erstmals die Interessen des werktätigen Menschen in den Mittelpunkt der wirtschaftlichen Tätigkeit gestellt. Das Ziel der Produktion wird immer durch die Interessen der Eigentümer der Produktionsmittel bestimmt, das sind im Sozialismus die Werktätigen.

Die Interessen der Werktätigen kommen im Ziel der sozialistischen Produktion zum Ausdruck, wie es durch das ökonomische Grundgesetz des Sozialismus ausgesagt wird. Dieses Ziel der sozialistischen Produktion ergibt sich objektiv aus den sozialistischen Produktionsverhältnissen.

Die Verwirklichung dieses Zieles ist keine einfache Angelegenheit, sondern erfordert von der Partei der Arbeiterklasse, den gesellschaftlichen Organisationen und von jedem einzelnen Werktätigen immer wieder große Anstrengungen. Viele komplizierte Aufgaben der Produktion und Verteilung der Erzeugnisse sind zu erfüllen. Dafür müssen rationelle Lösungen erarbeitet werden. Die sozialistische Gesellschaft bringt immer wieder Arbeit, Zeit und Kraft auf, um die Voraussetzungen für die Befriedigung der materiellen Bedürfnisse der Menschen zu schaffen.

Doch die materiellen Bedürfnisse sind nur eine Seite des Zieles der sozialistischen Produktion. Auch die geistig-kulturellen Bedürfnisse und ihre Wechselbeziehungen zu den materiellen Bedürfnissen, die allseitige Entwicklung sozialistischer Persönlichkeiten stellen immer wieder neue Anforderungen an die sozialistische Gesellschaft. Der gesamte Reproduktionsprozeß ist planmäßig auf die Erfüllung des Zieles der sozialistischen Produktion auszurichten. Nur durch vereinte Bemühungen und Anstrengungen aller Werktätigen, durch das fortwährende Ringen um die planmäßige Herstellung der Übereinstimmung und Realisierung der gesellschaftlichen, kollektiven und individuellen Interessen der Werktätigen kann sich die sozialistische Gesellschaft effektiv entwickeln. Eine solche Interessenübereinstimmung wirkt als Triebkraft der gesellschaftlichen und besonders der ökonomischen Entwicklung. Das ökonomische Grundgesetz des Sozialismus erfordert und orientiert auf die Entfaltung aller materiellen und ideellen Triebkräfte der sozialistischen Gesellschaft.

**Zweitens werden die Mittel zur Erreichung dieses Ziels formuliert: die ständige Entwicklung und Vervollkommnung der sozialistischen Produktion durch die Anwendung der neuesten Errungenschaften von Wissenschaft und Technik, durch die ständige Steigerung der Arbeitsproduktivität und die Verbesserung der Effektivität der Produktion durch umfassende und dauerhafte Intensivierung.**

Alle Mittel, die für die systematische Verbesserung des materiellen und geistig-kulturellen Lebensniveaus, für die allseitige Bildung und Entwicklung der Werktätigen notwendig sind, müssen von der sozialistischen Gesellschaft vorher erarbeitet werden. In antikommunistischen Angriffen auf die sozialistische Gesellschaft wird ein Gedanke immer wieder herausgestellt, nämlich, daß die Erhöhung des Lebensniveaus der Werktätigen, die Ausgaben für die Sozialpolitik ja nichts Besonderes seien, da diese von den Werktätigen selbst produziert werden. Natürlich ist das eine Binsenwahrheit.

Im Kapitalismus müssen ebenfalls alle Mittel von den Werktätigen erarbeitet werden. Aber das Ergebnis der Arbeit eignen sich die Unternehmer an. Sie nutzen die Früchte der Arbeit der Werktätigen für ihren parasitären Verbrauch und für die Aufrechterhaltung des imperialistischen Herrschaftssystems. Im Sozialismus kommen die Ergebnisse der Arbeit dem Wohl des Volkes zugute. Die Einheit von Wirtschafts- und Sozialpolitik bringt das deutlich zum Ausdruck. Die Verteilung der Konsumtionsfonds erfolgt im Interesse der Werktätigen. Darin liegt ein wesentlicher Unterschied gegenüber dem Kapitalismus.

Die Werktätigen erarbeiten alle Fonds der individuellen und gesellschaftlichen Konsumtion und Akkumulation und reproduzieren damit alle Bedingungen für künftige Reproduktionsprozesse und wachsenden Wohlstand.

Entscheidend ist: Mit der Beseitigung der kapitalistischen Ausbeutung verändert sich der Charakter der Arbeit grundlegend. Die Arbeit wird nicht mehr für irgendwelche Ausbeuter, sondern für die Werktätigen selbst geleistet. Die Gesellschaft und jeder einzelne haben den Nutzen davon. Darin liegen unsere großen Möglichkeiten auch in der Zukunft.

Die sozialistische Wirtschaft ist eine auf Wachstum orientierte Wirtschaft. Wachstum der Wirtschaft und Wachstum des Volkswohlstandes sind untrennbar miteinander verknüpft (Tabelle 11).

Aus diesem Grund ist es aber auch immer wieder notwendig,

**Tabelle 11**
**Wichtige ökonomische Ziele der DDR im Fünfjahrplanzeitraum 1986 bis 1990 (Prozent)**

| Kennziffer | Entwicklung 1990:1985 | Durchschnittliche jährliche Zuwachsrate |
|---|---|---|
| Produziertes Nationaleinkommen | 124–126 | 4,4–4,7 |
| Nettoproduktion im Bereich der Industrieministerien | 149–151 | 8,3–8,6 |
| Arbeitsproduktivität in der Industrie auf Basis Nettoproduktion | 149–151 | 8,5 |
| Bauproduktion der Volkswirtschaft | 118–120 | 3,4–3,7 |
| Export in das sozialistische Wirtschaftsgebiet | 129 | 5,2 |
| Spezifischer Verbrauch volkswirtschaftlich wichtiger Rohstoffe und Materialien | 81 | 4[a] |
| Selbstkosten in der Industrie | 90 | 2,2[a] |
| Nettogeldeinnahmen der Bevölkerung | 121–122 | 3,9–4,1 |
| Einzelhandelsumsatz | 121–122 | 3,9–4,1 |
| Realeinkommen | 120–123 | 3,7–4,2 |

a Durchschnittliche jährliche Senkungsrate.
XI. Parteitag der SED, 17. bis 21. April 1986. Direktive zum Fünfjahrplan für die Entwicklung der Volkswirtschaft der DDR in den Jahren 1986 bis 1990, Berlin 1986, S. 22–26, und eigene Berechnungen.

die Produktion und die Arbeitsproduktivität zu steigern und die Initiativen aller Werktätigen, besonders aber auch der Jugend, auf eine höhere Leistungsfähigkeit der Volkswirtschaft durch breite Anwendung neuer wissenschaftlich-technischer Errungenschaften zu lenken.

**Drittens bilden Ziel und Mittel der Produktion eine untrennbare Einheit. Sie stehen in ständiger Wechselbeziehung zueinander, wirken ständig aufeinander ein.**

Das Wachstum und die Effektivität der Produktion bestimmen die realen Möglichkeiten für die weitere Entwicklung des materiellen und geistig-kulturellen Lebensniveaus. Und umgekehrt ist die systematische Hebung des Lebensniveaus der Werktätigen die Quelle neuer Anstrengungen, neuer Aktivitäten. Es wächst die Bereitschaft, neue große Leistungen für die Gesellschaft zu vollbringen. Dieser direkte Zusammenhang zwischen dem wissenschaftlich-technischen Fortschritt, dem ökonomischen Wachstum und den sozialen Aktivitäten der Werktätigen ist ein Wesensmerkmal der sozialistischen Gesellschaft.

Natürlich handelt es sich bei den Wechselbeziehungen von Ziel und Mittel um sehr dynamische, an die Wirtschaftsleitung hohe Ansprüche stellende Beziehungen. Die Bedürfnisse wachsen gesetzmäßig und verändern sich, der wissenschaftlich-technische Fortschritt entwickelt sich rasch, und auch die inneren und äußeren Reproduktionsbedingungen verändern sich ständig.

Durch die Entwicklung von Wissenschaft und Technik werden immer wieder neue Erzeugnisse hervorgebracht. Das wird auch in Zukunft so bleiben. Dazu ist es notwendig, Produktion, Wissenschaft und Technik ununterbrochen weiterzuentwickeln und zu vervollkommnen und die Arbeitsproduktivität stetig zu erhöhen.

Die Wirtschaftskraft eines sozialistischen Landes und damit auch die Höhe des materiellen und geistig-kulturellen Lebensniveaus seiner Bevölkerung hängen maßgeblich nicht mehr allein vom Produktionsumfang, sondern zusätzlich auch von der Qualität, vom wissenschaftlich-technischen Niveau der Erzeugnisse ab. Deshalb ist ein Erneuerungsgrad der Erzeugnisse von jährlich mehr als 30 Prozent so wichtig. Immer mehr tritt die Fähigkeit in den Vordergrund, auf der Basis von Schlüsseltechnologien modernste Erzeugnisse mit einem günstigen Verhältnis von Aufwand und Ergebnis zu produzieren und die Intensivierung umfassend und dauerhaft zu gestalten.

**Dem Sozialismus sind grundlegend neue Bedingungen für das Wachstum der Arbeitsproduktivität eigen. Im wesentlichen gehören dazu: Planmäßigkeit und Bewußtheit, schöpferische Arbeit und steigende Qualifikation der Werktätigen, sozialistischer Wettbewerb und Neuererbewegung, wirksame Verknüpfung der Vorzüge des Sozialismus mit den Errungenschaften der wissenschaftlich-technischen Revolution, wissenschaftlich fundierte staatliche Leitung, Planung und ökonomische Stimulierung der Wirtschaft, sozialistische ökonomische Integration.**

Durch die Steigerung der Arbeitsproduktivität und die Nutzung der Vorzüge und Triebkräfte des Sozialismus können lebenswichtige Bedürfnisse der Werktätigen in einem Maße befriedigt werden, wie das der Kapitalismus niemals vermochte. Wir haben »eine Gesellschaft geschaffen, in der die Ausbeutung des Menschen durch den Menschen beseitigt ist, in der sich die schöpferischen Kräfte des Volkes voll entfalten können. Unser Volk hat aufgrund der Entwicklung der Produktivkräfte und der sozialistischen Produktionsverhältnisse einen Lebensstandard erzielt wie noch nie in seiner Geschichte. Arbeitslosigkeit ist für uns ein Begriff aus einer anderen, fremden Welt. Gewährleistet sind bei uns soziale Sicherheit und Geborgenheit, Vollbeschäftigung, gleiche Bildungschancen für alle Kinder des Volkes. Als wichtigste Aufgabe betrachten wir die Erhaltung des Friedens und damit die Aussicht auf eine gesicherte Zukunft.«[8] Der Sozialismus hat in der DDR seine gesellschaftliche Überlegenheit eindeutig unter Beweis gestellt.

★

**Worin drückt sich die Überlegenheit des Sozialismus aus?**

★

Für die Überlegenheit des Sozialismus über das kapitalistische Ausbeutungssystem sprechen trotz der auf wissenschaftlich-technischem und damit auf ökonomischem Gebiet noch zu lösenden Aufgaben vor allem folgende Fakten:

- Die RGW-Länder mit einem Anteil von 9,4 Prozent an der Weltbevölkerung erzeugen mehr als ein Drittel der Industrieproduktion und mehr als ein Viertel (27 Prozent) des Nationaleinkommens aller Länder, das heißt, die Industrieproduktion und das Nationaleinkommen pro Kopf der Bevölkerung ist in den Mitgliedsländern des RGW höher als in den übrigen Ländern. Nur in den am weitesten entwickelten kapitalistischen Industrieländern ist das Niveau der Arbeitsproduktivität noch höher als in den sozialistischen Industriestaaten. Durch die zielstrebige Nutzung neuer Errungenschaften von Wissenschaft und Technik wird dieser Vorsprung immer weiter abgebaut.
- Die sozialistischen Produktions- und Machtverhältnisse gewährleisten soziale Sicherheit und Geborgenheit jedes Bürgers in umfassendem Sinn und gewährleisten die allseitige Entwicklung seiner Persönlichkeit.
- Das ökonomische Wachstum zielt auf die stete Verbesserung des materiellen und geistig-kulturellen Lebensniveaus der Werktätigen und der Arbeits- und Lebensbedingungen sowie die reale Verwirklichung der politischen und sozialen Menschenrechte.
- Der wissenschaftlich-technische Fortschritt wird planmäßig zu ökonomischem und sozialem Fortschritt im Interesse der Werktätigen für jeden spürbar genutzt.
- Die sozialistischen Produktionsverhältnisse, ihre ständige Vervollkommnung und die damit verbundene Qualifizierung der Leitung und Planung des Reproduk-

tionsprozesses schließen Wirtschaftskrisen, wie sie im Kapitalismus immer wieder aufbrechen, aus. Unsere sozialistische Planwirtschaft hat ihre Überlegenheit über das kapitalistische Profitsystem mit einer stabilen ökonomischen Entwicklung zum Wohle des Volkes und der daraus resultierenden politischen Stabilität der DDR bewiesen.

Oft wird in Diskussionen zur Überlegenheit des Sozialismus auf ökonomischem Gebiet auf den bekannten Ausspruch von Lenin verwiesen, der die höhere Arbeitsproduktivität als »das allerwichtigste, das ausschlaggebende für den Sieg der neuen Gesellschaftsordnung«[9] charakterisierte. Die fundamentale Bedeutung dieser These ist uns allen bekannt. Die ökonomische Strategie der SED ist vor allem durch die breite und ökonomisch wirksame Einführung der Schlüsseltechnologien darauf gerichtet, den noch vorhandenen Vorsprung einiger hochentwickelter kapitalistischer Industrieländer in der Arbeitsproduktivität weiter zu verringern. Ausgehend von den erreichten Ergebnissen und unter Nutzung aller Potenzen, Vorzüge und Triebkräfte des Sozialismus arbeiten die Werktätigen daran, die Überlegenheit der neuen Gesellschaftsordnung auch auf diesem Gebiet zu erreichen. Diese historische Aufgabe erfordert einen längeren Zeitraum, denn der Kapitalismus nutzt ebenfalls die Errungenschaften der wissenschaftlich-technischen Revolution zielstrebig für seine Interessen aus.

Aber die Jagd nach Profit steht den Interessen der Werktätigen entgegen. Die zielstrebige Verwirklichung der Einheit von wissenschaftlich-technischem, ökonomischem und sozialem Fortschritt im Interesse der Werktätigen im Sozialismus wird auch auf diesem Gebiet letztlich den Ausschlag geben.

Der XI. Parteitag der SED stellte für den Fünfjahrplanzeitraum 1986 bis 1990 die Aufgabe, die Arbeitsproduktivität der Arbeiter und Angestellten in der Industrie auf Basis Nettoproduktion auf 149 bis 151 Prozent, auf Basis industrielle Warenproduktion auf 122 bis 124 Prozent zu erhöhen. Das ist eine anspruchsvolle Aufgabe und erfordert überall eine auf Leistungszuwachs und Effektivitätsanstieg orientierte Wettbewerbsatmosphäre.

In den sozialistischen Ländern dient die sozialistische Produktion immer den Interessen des Volkes, sie kann auch gar kein anderes Ziel haben. Aber wie das Ziel verwirklicht wird, war im Verlauf der historischen Entwicklung der sozialistischen Länder infolge jeweils konkreter innerer und äußerer, ökonomischer und außerökonomischer Bedingungen differenziert. Betrachten wir die unterschiedlichen Ausgangs- und Rahmenbedingungen der einzelnen sozialistischen Länder, das

Tempo bei der Verwirklichung der allgemeingültigen Gesetzmäßigkeiten des sozialistischen Aufbaus, das internationale Kräfteverhältnis und den Stand von Wissenschaft und Technik in den vergangenen Jahrzehnten, so wird deutlich, daß die verschiedenen Aufgaben – Aufbau der materiell-technischen Basis, Schaffung der Schwerindustrie, Sicherung der Roh- und Brennstoffversorgung, Steigerung der landwirtschaftlichen Produktion, Erhöhung der Investitions- sowie der Exportkraft, ökonomische Sicherstellung der Landesverteidigung – in den einzelnen Ländern auch zu differenzierten Lösungen geführt haben.

In den Anfangsjahren war es objektiv notwendig, alle verfügbaren Mittel und Kräfte darauf zu konzentrieren, die materiell-technische Basis auszubauen und die Schwerindustrie zu entwickeln. Obwohl auch in dieser Periode dem materiellen und kulturellen Lebensniveau der Werktätigen große Aufmerksamkeit geschenkt wurde, waren doch die Möglichkeiten dafür eingeschränkt, da beträchtliche Mittel für die Industrialisierung, für die sozialistische Entwicklung der Landwirtschaft und die Sicherstellung der Landesverteidigung erforderlich waren.

Je weiter der Aufbau der entwickelten sozialistischen Gesellschaft voranschreitet, je günstiger das internationale Kräfteverhältnis und der Einfluß des realen Sozialismus sich entwickeln, um so dringender wird eine Wirtschafts- und Sozialpolitik, in der jeder wirtschaftliche Fortschritt nicht erst in ferner Zukunft, sondern unmittelbar mit einer Verbesserung der Arbeits- und Lebensbedingungen verbunden wird. Solche Bedingungen waren in der DDR Ende der sechziger Jahre herangereift.

»... mit der weiteren Entwicklung der sozialistischen Gesellschaft und ihrer ökonomischen Potenzen«, so betonte Erich Honecker auf dem VIII. Parteitag der SED, »kann und muß dieser gesetzmäßige Zusammenhang zwischen Produktion und Bedürfnissen der Menschen immer unmittelbarer wirksam werden. Dem tragen wir mit der Hauptaufgabe Rechnung.«[10] Erich Honecker sprach von einem gesetzmäßigen Zusammenhang, weil der genannte Zusammenhang Inhalt des ökonomischen Grundgesetzes des Sozialismus ist.

## Hauptkampffeld – Einheit von Wirtschafts- und Sozialpolitik zum Wohle des Volkes

Entsprechend dem Inhalt des ökonomischen Grundgesetzes des Sozialismus wird die weitere Erhöhung des materiellen und kulturellen Lebensniveaus des Volkes untrennbar verbunden mit der

Schaffung der materiellen Voraussetzungen hierfür, nämlich einem hohen Entwicklungstempo der sozialistischen Produktion, der Erhöhung ihrer Effektivität, der Beschleunigung des wissenschaftlich-technischen Fortschritts und der Steigerung der Arbeitsproduktivität.

»

»Entsprechend dem ökonomischen Grundgesetz des Sozialismus besteht die Hauptaufgabe bei der Gestaltung der entwickelten sozialistischen Gesellschaft in der weiteren Erhöhung des materiellen und kulturellen Lebensniveaus des Volkes auf der Grundlage eines hohen Entwicklungstempos der sozialistischen Produktion, der Erhöhung der Effektivität, des wissenschaftlich-technischen Fortschritts und des Wachstums der Arbeitsproduktivität.«[11]

«

In der Hauptaufgabe kommt die Einheit von Wirtschafts- und Sozialpolitik zum Wohle des Volkes zum Ausdruck.

★

Was verstehen wir unter Einheit von Wirtschafts- und Sozialpolitik?

★

»Unser Hauptkampffeld ist die Einheit von Wirtschafts- und Sozialpolitik« – mit dieser Feststellung brachte Erich Honecker auf dem XI. Parteitag den Kern unserer Gesellschaftspolitik zum Ausdruck. Es wird alles getan, um die Leistungsfähigkeit unserer Wirtschaft maximal zu erhöhen. Aber das geschieht nicht um der Leistungsfähigkeit willen. Es werden so die Voraussetzungen geschaffen, um das Lebensniveau des Volkes und jedes einzelnen systematisch zu erhöhen. Damit ist zugleich der tiefe Gegensatz zum Kapitalismus charakterisiert. Es geht nicht einfach um die Einführung dieser oder jener Schlüsseltechnologie, um die Aufstellung einer Anzahl von Computern, um ökonomisches Wachstum schlechthin, sondern immer darum, wissenschaftlich-technischen Fortschritt, ökonomisches Wachstum in sozialen Fortschritt für die Werktätigen umzusetzen und diesen für jeden erlebbar zu machen.

Unter sozialistischen Bedingungen ist sozialer Fortschritt nicht nur das Ergebnis der wirtschaftlichen Tätigkeit. Die Lösung grundlegender sozialer Aufgaben und Probleme ist zugleich eine Voraussetzung dafür, daß die erforderlichen Triebkräfte, die Aktivitäten, die Talente und Fähigkeiten aller Werktätigen wirksam werden. In dieser Wechselbeziehung ist die Einheit von Wirtschafts- und Sozialpolitik zu sehen.

Die Sozialpolitik der SED beschränkt sich keinesfalls auf bestimmte sozialpolitische Maßnahmen mit dem Wohnungsbau als Kernstück. Sozialpolitik ist Gesellschaftspolitik in ihrer ganzen Breite und richtet sich auch auf das Bildungswesen, die Kulturpolitik, die medizinische Betreuung und die Freizeit.

**Einheit von Wirtschafts- und Sozialpolitik bedeutet erstens: Die Bedürfnisse der Menschen, ihre immer bessere Befriedigung sind Ausgangspunkt wirtschaftspolitischer Entscheidungen.**

Das findet in solchen sozialpolitischen Maßnahmen seinen Niederschlag, die für alle Menschen oder für die Mehrheit der Bevölkerung und insbesondere die Arbeiterklasse besonders wichtig sind und wo mit den verfügbaren Ressourcen spürbare Verbesserungen des Lebensniveaus erreicht werden.

Deshalb ist seit dem VIII. Parteitag der SED der Wohnungsbau zur Lösung der Wohnungsfrage als soziale Frage bis zum Jahre 1990 das Kernstück des sozialpolitischen Programms. Und gerade jeder junge Mensch weiß, wie wichtig für sein Leben und sein Familienglück eine eigene,

Bereits über 100 000 Menschen haben im zweitgrößten Neubaugebiet unserer Republik, in Leipzig-Grünau, ein neues, schönes Zuhause gefunden. Mit dem Kulkwitzer See, der aus einem ehemaligen Braunkohlentagebau entstand, haben die Grünauer ihr Naherholungsgebiet direkt vor der Haustür

warme, sichere und trockene Wohnung ist, die in ihrer Größe seiner Familie entspricht.

»Wie es dem Sinn des Sozialismus entspricht, nutzen wir die beträchtlich gewachsene Leistungskraft unserer Volkswirtschaft dafür, das materielle und kulturelle Lebensniveau des Volkes zu sichern und weiter zu erhöhen. In 15 Jahren entstanden 2,4 Millionen neugebaute und modernisierte Wohnungen, wodurch die Wohnbedingungen für 7,2 Millionen Bürger verbessert werden konnten. Zwei Drittel aller fertiggestellten Neubauwohnungen wurden an Arbeiter vergeben, jede vierte Neubauwohnung an junge Ehepaare. Seit 1971 haben wir für unser Wohnungsbauprogramm 260 Milliarden Mark aufgewendet, 10 Prozent des in diesem Zeitraum produzierten Nationaleinkommens.«[12]

Große Anstrengungen werden zur Verbesserung der Arbeitsbedingungen unternommen, damit sie Arbeitsfreude, Einsatzbereitschaft und Schöpfertum sowie das Streben der Werktätigen nach Ordnung, Sicherheit und Disziplin fördern. Allein von 1981 bis 1985 wurden für über 190 000 Werktätige Gesundheitsgefährdungen sowie Belastungen durch körperlich schwere Arbeit beseitigt, von 1986 bis 1990 sollen für 440 000 bis 450 000 Werktätige Arbeitserschwernisse beseitigt werden.

Besondere Aufmerksamkeit widmet die sozialistische Gesellschaft der Förderung von Mutter und Kind, der Jugend und der Familie sowie den Veteranen der Arbeit.

Einige sozialpolitische Maßnahmen der letzten Jahre:

- Das 1976 erstmals eingeführte bezahlte Babyjahr wird nicht erst bei der Geburt des 2. Kindes gewährt, sondern kann schon nach der Geburt des ersten Kindes in Anspruch genommen werden.
- Junge Ehen werden durch die Erhöhung des zinslosen Ehekredits von 5000 auf 7000 Mark und die Heraufsetzung der Altersgrenze von 26 auf 30 Jahre gefördert.
- Seit September 1981 erhalten alle Lehrlinge ein höheres Lehrlingsentgelt (gestaffelt nach Lehrhalbjahren von 120 bis 200 Mark monatlich), allen Studenten, unabhängig vom Einkommen der Eltern, wird ein staatliches Stipendium gewährt.
- Seit Juli 1985 ist für Kinder bis zu 6 Jahren die Fahrt mit der Eisenbahn kostenlos, alle Jugendlichen bis 18 Jahre sowie Schüler, Lehrlinge und Studenten erhalten innerhalb der DDR 50 Prozent Fahrpreisermäßigung für Eisenbahnfahrten.
- Seit 1971 wurden die Altersrenten fünfmal erhöht. Allein die Rentenerhöhung vom 1. Dezember 1984 betraf 2,2 Millionen Bürger unseres Landes. Weiter haben sozialversicherte Werktätige die

Möglichkeit, zur Verbesserung ihrer materiellen Versorgung im Alter, bei Invalidität und Krankheit im Rahmen der freiwilligen Zusatzrentenversicherung selbst beizutragen. Im Fünfjahrplan 1986 bis 1990 sind entsprechend der jährlichen Erhöhung der Nettogeldeinnahmen der Bevölkerung um 4 Prozent bei Erfüllung der ökonomischen Aufgaben wiederum Rentenerhöhungen vorgesehen.

Zur Sozialpolitik gehören auch die nunmehr seit über einem Vierteljahrhundert stabilen Einzelhandelspreise für die Waren des Grundbedarfs, die niedrigen Mieten sowie die gleichgebliebenen Verkehrstarife, die alle das Klima der sozialen Sicherheit in unserem Land wesentlich bestimmen, von denen alle Klassen und Schichten, Jugendliche und Veteranen Nutzen haben.

Im Verbrauch von Lebensmitteln und beim Erwerb von langlebigen Konsumgütern (Tabelle 12, Abbildung 28) drückt sich das steigende materielle Lebensniveau aus.

An diesen oder auch anderen Kennziffern sind die Fortschritte bei der Erhöhung des Lebensniveaus allein jedoch nicht zu messen. Auch die Entwicklung des Bildungs- und Gesundheitswesens ist Ausdruck dieser erfolgreichen Wirtschafts- und Sozialpolitik.

Bedeutende Fortschritte wurden auch auf dem Gebiet der Volksbildung erreicht. Gab es 1950 je 1000 Kinder im Vorschulalter 205 Plätze in Einrichtungen der vorschulischen Erziehung, so standen 1980 bereits 922 Plätze zur Verfügung. 1985 gab es 345 200 Plätze in Kinderkrippen und 866 252 Plätze in Kindergär-

**Tabelle 12**
**Prokopfverbrauch ausgewählter Nahrungs- und Genußmittel in der DDR 1960 bis 1985**

| | Einheit | 1960 | 1970 | 1980 | 1985 |
|---|---|---|---|---|---|
| Fleisch und Fleischerzeugnisse | kg | 55,0 | 66,1 | 89,5 | 96,2 |
| Eier und Eierzeugnisse | Stück | 197 | 239 | 289 | 305 |
| Butter | kg | 13,5 | 14,6 | 15,2 | 15,7 |
| Trinkmilch, 2,5 % Fettgehalt | l | 94,5 | 98,5 | 98,7 | 105,6 |
| Gemüse | kg | 60,7 | 84,8 | 93,8 | 104,4 |
| Obst | kg | · | 55,5 | 71,1 | 79,3 |
| Zucker und Zuckererzeugnisse | kg | 29,3 | 34,4 | 40,6 | 39,6 |
| Bohnenkaffee | kg | 1,1 | 2,2 | 2,8 | 3,5 |
| Wein/Sekt | l | 3,2 | 5,0 | 9,6 | 10,3 |
| Alkoholfreie Getränke | l | · | 40,8 | 81,3 | 89,3 |

Statistisches Taschenbuch der DDR 1986, S. 115.

**Ausstattung mit ausgewählten industriellen Konsumgütern in der DDR 1960 bis 1985**
(Ausstattungsgrad je 100 Haushalte)

**28**

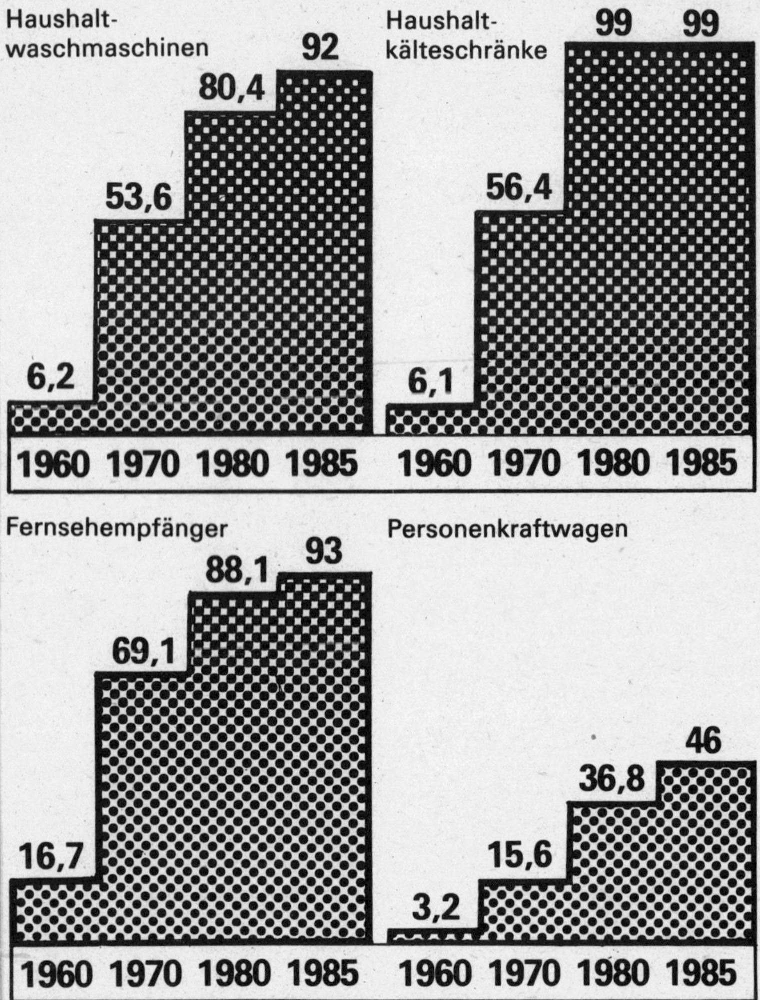


Statistisches Taschenbuch der DDR 1986, S. 117.

ten. Weit über 90 Prozent der Schüler der 8. Klasse werden durch die zehnklassige allgemeinbildende polytechnische Oberschule bis zur 10. Klasse geführt. Große Aufmerksamkeit wird der Berufsaus- und -weiterbildung und namentlich der Heranbildung des Facharbeiternachwuchses geschenkt. Eine bedeutende Förderung erfährt das Hoch- und Fachschulwesen. 1949 studierten von 10 000 Einwohnern der DDR 23,6 an Hoch- und Fachschulen, 1984 waren es 176. Der Anteil der Hoch- und Fachschulkader an den Gesamtbeschäftigten stieg von 11 Prozent 1970 auf 21 Prozent 1985.

**Mit der politischen Macht der Arbeiterklasse und dem sozialistischen Eigentum an den Produktionsmitteln sind die Bedingungen gegeben, unter denen der Mensch, seine Bedürfnisse und die Entfaltung seiner Fähigkeiten zum Maß aller Dinge werden.**

**Einheit von Wirtschafts- und Sozialpolitik heißt zweitens: Die Erhöhung des materiellen und kulturellen Lebensniveaus der Menschen erfordert ein stabiles hohes Wachstum wirtschaftlicher Leistungskraft, eine ständig steigende Produktivität und Effektivität der Arbeit durch umfassende Intensivierung.**

In der Wirtschaft werden die materiellen Voraussetzungen für die Verwirklichung des Sinns des Sozialismus geschaffen, hier vor allem fallen die Entscheidungen über weitere Fortschritte bei der Gestaltung des entwickelten Sozialismus. Unerläßlich ist deshalb, alle Reserven für die Steigerung der Arbeitsproduktivität und Effektivität der Arbeit in allen Bereichen und Phasen der Reproduktion zu mobilisieren, die Intensivierung dauerhaft zu gestalten und die Struktur der Volkswirtschaft auf diese Intensivierung einzustellen.

Besonders große Anstrengungen sind notwendig, damit die DDR mit dem hohen Tempo der wissenschaftlich-technischen Revolution Schritt hält und auf bedeutenden Gebieten der Schlüsseltechnologien selbst Spitzenpositionen erzielt, um so die gewachsenen Möglichkeiten für die Verbesserung des Lebens der Menschen voll nutzen zu können. Wesentlich dafür sind auch die Außenwirtschaftsbeziehungen, die dazu beitragen, den handelspolitischen Spielraum für die Fortsetzung des Kurses der Einheit von Wirtschafts- und Sozialpolitik zu schaffen.

**Einheit von Wirtschafts- und Sozialpolitik heißt drittens: Das höhere materielle und geistig-kulturelle Lebensniveau, die soziale Sicherheit und Geborgenheit wirken auf die Wirtschaft stimulierend, indem sie für den Werktätigen täglich erlebbar werden.**

Manchmal wird die Frage aufgeworfen, ob wir den materiellen

Bedürfnissen nicht eine zu große, eine zu einseitige Aufmerksamkeit schenken, ob wir dadurch nicht Gefahr laufen, uns zu einer sogenannten Konsumgesellschaft zu entwickeln.

Die Arbeiterbewegung kämpft seit mehr als hundert Jahren für den Sozialismus mit dem Ziel, die Arbeits- und Lebensbedingungen der Werktätigen zu verbessern, ihnen ein Leben in Wohlstand zu sichern. Daher betrachten wir es als eine große Errungenschaft, diesem Ziel Schritt für Schritt näher zu kommen. Konzentrierten wir uns aber nur auf die materiellen Bedürfnisse und würden allein daran die Qualität unseres Lebens messen, käme es zu Problemen und Widersprüchen. Die sozialistische Lebensweise ist viel reicher. Sie schließt ein inhaltsreiches geistig-kulturelles Leben, soziale Sicherheit, Vollbeschäftigung, gesellschaftliche Aktivität, kameradschaftliche, kollektive Beziehungen ebenso ein wie die Herausbildung sozialistischer Persönlichkeiten und ein richtiges Verständnis der Einheit und der Wechselbeziehungen von sozialistischem Patriotismus und proletarischem Internationalismus.

Eine interessante Freizeitbeschäftigung haben diese Jungen und Mädchen gefunden: Sie erforschen im Jugendklub »Heinrich Schliemann« des Bezirksmuseums Neubrandenburg die slawische Siedlungsgeschichte

In diesem umfassenden Sinne ist die Einheit von Wirtschafts- und Sozialpolitik auf die Verbesserung der Arbeits- und Lebensbedingungen der Werktätigen gerichtet.

**Unter Verbesserung der Arbeits- und Lebensbedingungen verstehen wir einen Komplex eng miteinander verbundener Aufgaben zur Erhöhung des materiellen und geistig-kulturellen Lebensniveaus. Sie sind darauf gerichtet, die Fähigkeiten und Talente, die schöpferische Initiative der Werktätigen wirksam werden zu lassen.**

Die Einheit von Wirtschafts- und Sozialpolitik als Kern unserer Gesellschaftspolitik bringt den Sinn des Sozialismus am deutlichsten zum Ausdruck und ist ein Fundament der politischen Stabilität der DDR. Deshalb gibt es zu dieser Politik keine Alternative. »Die Tatsache, daß die DDR nun schon über anderthalb Jahrzehnte eine kontinuierliche ökonomische und soziale Entwicklung gewährleistet, darf man zu Recht als ein historisches Zeugnis dafür bezeichnen, was der reale Sozialismus vermag. Bei unseren Erfolgen übersehen wir jedoch keineswegs, daß das Erreichte noch nicht das Erreichbare ist. Deshalb sollten überall die fortschrittlichsten Erfahrungen zum Allgemeingut aller werden.

Unser Hauptkampffeld ist die Einheit von Wirtschafts- und Sozialpolitik. Wir sind dafür, diesen Kurs fortzuführen.«[13]

Immer wenn sich die Bedingungen für die Realisierung dieser Politik geändert haben, hat die SED neue Aufgaben gestellt, um die Wirtschaft auf diese Bedingungen einzustellen, hat sie nach neuen Wegen gesucht, wie dieser Kurs der Einheit von Wirtschafts- und Sozialpolitik erfolgreich fortgeführt werden kann. Das wird auch in Zukunft so sein. Den Weg dazu weist die ökonomische Strategie.

## Die ökonomische Strategie mit dem Blick auf das Jahr 2000

Die ökonomische Strategie der SED ist durch Kontinuität gekennzeichnet und orientiert zugleich auf die für das stabile Wachstum der Volkswirtschaft erforderlichen Veränderungen. In der ersten Hälfte der achtziger Jahre wurde so die Wende zur Intensivierung erfolgreich vollzogen und damit ein solides Fundament für die kommenden Jahre geschaffen.

**Worauf ist die ökonomische Strategie gerichtet?**

Der XI. Parteitag der SED formulierte in den zehn Punkten der

**29**

**Produziertes Nationaleinkommen in der DDR 1960 bis 1985**
(vergleichbare Preise; Basis 1980; Mark)

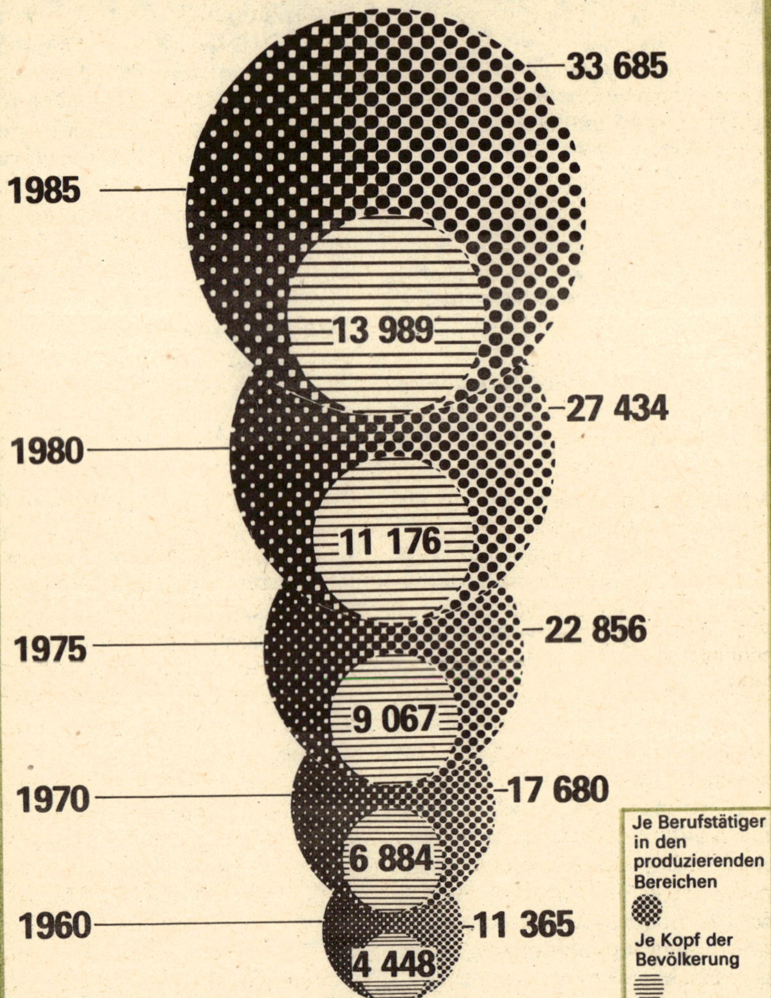


Statistisches Taschenbuch der DDR 1986, S. 25.

Wirtschaftsstrategie die neuen Erfordernisse, Aufgaben und Schwerpunkte, die bis 1990 und darüber hinaus zu bewältigen sind. Eine revolutionäre Umwälzung der Produktivkräfte ist die Kernfrage der ökonomischen Strategie. Mit der Orientierung auf die revolutionäre Veränderung der Produktivkräfte auf der Basis einer breiten Anwendung und hohen ökonomischen Wirksamkeit der Schlüsseltechnologien werden qualitativ neue Schritte in der ökonomischen Entwicklung eingeleitet. Der XI. Parteitag hat für jeden sichtbar gemacht, daß die SED eine klare Konzeption besitzt, wie und mit welchen Schwerpunkten dieser Weg in der DDR gegangen wird.

**Mit der intensiv erweiterten Reproduktion wird ein prinzipiell neuer Wachstumstyp der Wirtschaft durchgesetzt, der darauf beruht, daß in der gesamten Volkswirtschaft die Ergebnisse schneller wachsen als der Aufwand.**

Die Senkung des Produktionsverbrauchs und des Aufwandes an lebendiger Arbeit ist die bestimmende Wachstumsquelle. Es geht also bei diesem Wachstumstyp der Wirtschaft nicht um diese oder jene Effektivitätssteigerung und auch nicht um einzelne Inseln hoher Effektivität, sondern darum, im Rahmen der gesamten Volkswirtschaft dauerhaft eine Entwicklung zu gewährleisten, die durch sinkenden Aufwand bestimmt wird. Dies macht die breite und unverzügliche Einführung der Schlüsseltechnologien mit hohem Tempo unerläßlich.

Die effektive und rechtzeitige Einführung der Schlüsseltechnologien erfordert viele gesellschaftliche Voraussetzungen, die lange vor dem unmittelbaren Einsatz der neuen Technik geschaffen werden müssen. Neue technische Anlagen einschließlich der Informationstechnik können nicht auf eine alte Produktionsorganisation, auf alte technologische Abläufe aufgepfropft werden. Alle beteiligten Werktätigen werden von Anfang an in die Rationalisierungsprozesse einbezogen und durch die erforderlichen Qualifizierungsmaßnahmen darauf vorbereitet.

Die für die effektive Nutzung der informationsverarbeitenden Technik erforderlichen Programme (Software) sind auszuarbeiten, Daten- und Programmierbanken zu bilden und Möglichkeiten ihrer Vernetzung zu erschließen.

Den neuen Grundlagen in der Technologie und im Charakter der Arbeit muß entsprochen werden. Der XI. Parteitag hat hohe Ziele gestellt und mit den 10 Schwerpunkten der ökonomischen Strategie den Weg zu ihrer Realisierung gewiesen (Abbildung 30). Dafür gilt es, die jungen Wissenschaftler, Ingenieure und Fach-

**Schwerpunkte unserer ökonomischen Strategie mit dem Blick auf das Jahr 2000** **30**

| | |
|---|---|
| **1.** | Die Vorzüge des Sozialismus sind noch wirksamer mit den Errungenschaften der wissenschaftlich-technischen Revolution zu verbinden, die selbst in eine neue Etappe eingetreten ist. |
| **2.** | Die Steigerung der Arbeitsproduktivität ist zu beschleunigen, vor allem durch Beherrschung der Schlüsseltechnologien. |
| **3.** | Das Wachstum der Produktion ist mit sinkendem spezifischem Aufwand an Roh- und Werkstoffen sowie Energieträgern zu gewährleisten. |
| **4.** | In der Volkswirtschaft gilt es durchgängig eine Qualitätsproduktion zu erreichen, die hohen internationalen Maßstäben entspricht. |
| **5.** | Die sozialistische Rationalisierung geht in großer Breite vonstatten und wird immer mehr von modernsten technischen Mitteln charakterisiert. |
| **6.** | Alle Anstrengungen sind auf eine hohe Effektivität der Arbeit zu richten. |
| **7.** | Höhere Anforderungen sind an die Investitionstätigkeit gestellt. |
| **8.** | Die Konsumgüterproduktion ist noch stärker zu entwickeln. Konsumgüter, die dem Bedarf entsprechen, in hoher Qualität und ausreichender Menge zu erzeugen muß noch mehr zur Sache der ganzen Volkswirtschaft werden. |
| **9.** | Es ist ein kontinuierlicher und dynamischer Leistungsanstieg zu gewährleisten. |
| **10.** | Entsprechend den objektiven Entwicklungsgesetzen des Sozialismus ist die intensiv erweiterte Reproduktion ständig zu vertiefen und auf dauerhafte Grundlagen zu stellen. |

arbeiter mit all ihrem Enthusiasmus und ihren fachlichen Kenntnissen zu begeistern und mit den Erfahrungen und Fähigkeiten der Älteren zu vereinen.

Die Schwerpunkte der ökonomischen Strategie sind[14]:

- Mit dem Blick auf das Jahr 2000 ist die ökonomische Strategie darauf gerichtet, die Vorzüge des Sozialismus mit den Errungenschaften der wissenschaftlich-technischen Revolution noch wirksamer zu verbinden. Mikroelektronik, moderne Rechentechnik und rechnergestützte Konstruktion, Projektierung und Steuerung der Produktion bestimmen immer mehr das Leistungsvermögen der Volkswirtschaft. In enger Wechselwirkung mit anderen Schlüsseltechnologien stellen sie eine gewaltige Herausforderung und zugleich eine Chance dar, die Produktion zu erneuern und ihre Qualität zu erhöhen. Das wach-

Für den Dialog mit dem Computer wird eine Sprache benötigt, die Mensch und Computer gleichermaßen verstehen. Die Computersprache BASIC, die mit der Entwicklung der Mikroprozessoren und der Personalcomputer eine weltweite Verbreitung gefunden hat, können 13- bis 18jährige im Lehrkabinett des Applikationszentrums Mikroelektronik in Schwerin erlernen. In anderen Arbeitsgemeinschaften werden Kenntnisse über den Eigenbau elektronischer Geräte vermittelt

sende geistige Potential unseres Landes, das seine Hauptquelle in dem hochentwickelten einheitlichen sozialistischen Bildungssytem hat, gewinnt immer stärkeren Einfluß auf diese Prozesse.

- Die Arbeitsproduktivität ist bedeutend zu steigern. Darin muß sich die Beherrschung der Schlüsseltechnologien ausweisen. Alle Faktoren der Steigerung der Arbeitsproduktivität müssen wirksam genutzt werden. Die Arbeitsproduktivität noch schneller zu steigern erfordert, noch konsequenter nach dem Gesetz der Ökonomie der Zeit zu handeln.
- Das Wachstum der Produktion ist bei sinkendem Aufwand an Roh- und Werkstoffen sowie Energieträgern zu gewährleisten. Der Anteil des Produktionsverbrauchs am Gesamtprodukt muß weiter sinken, was das Wachstum des Nationaleinkommens beschleunigt. Es gilt, den Einsatz von Energie, Rohstoffen und Materialien, vor allem auch einheimischen Rohstoffen, im volkswirtschaftlichen Kreislauf so ökonomisch wie möglich zu organisieren. Die Abfall- und Abprodukte müssen in ihn zurückfließen. Mit jedem Kilogramm Material muß durch Veredlung ein höherer Erlös erzielt werden.
- Durchgängig ist die Qualitätsproduktion, die internationalen Maßstäben entspricht, zu erreichen. Qualitätsbestimmend sind das wissenschaftlich-technische Niveau der Erzeugnisse, ihr Gebrauchswert, ihre Funktionstüchtigkeit und ihr Design. Qualität kennt keinen Stillstand! So verbindet sich ihre dauernde Verbesserung mit einer hohen Erneuerungsrate der Produktion, die etwa 30 Prozent pro Jahr betragen muß, wenn wir das internationale Tempo erreichen wollen. Wer nicht ständig nach Spitzenleistungen strebt, kann im internationalen Wettbewerb nicht mithalten.
- Die sozialistische Rationalisierung hat einen hohen Rang. Sie geht in großer Breite vonstatten und wird mit immer mehr modernsten technischen Mitteln durchgeführt. Wesentlich ist, eine höhere Stufe der sozialistischen Rationalisierung rasch zu erreichen und dafür die Schlüsseltechnologien, vor allem Mikroelektronik, CAD/CAM-Arbeitsstationen und flexible Automatisierung und Industrieroboter zu nutzen.

Mit den rechnergestützten Technologien wird eine ökonomische Leistungskraft erschlossen, die in ihrer Ausstrahlung noch nicht vollständig abzuschätzen ist. Die intensiv erweiterte Reproduktion wird auf eine neue effektivere Grundlage gestellt. Für die Werktätigen ergibt sich ein weites Feld schöpferischer Betätigung. Der eigene Rationalisierungsmittelbau wird zu einer wesentlichen materiell-technischen Basis für die breite Anwendung der Schlüsseltechnologien.

- Es geht um eine hohe Effektivität der Arbeit. Einsparung von Arbeitszeit, Senkung des Produktionsverbrauchs, bestmögliche Nutzung der Grundfonds, schnellere Wirksamkeit von Forschung und Entwicklung und höhere Schichtausnutzung, kurz alle Faktoren des Reproduktionsprozesses rationell zu nutzen, bedeutet höhere Effektivität.

- Für die Investitionstätigkeit gelten höhere Anforderungen. Sie muß vor allem der Modernisierung der Grundfonds dienen. Im Zusammenhang mit den Vorhaben der Spitzentechnik wird die materiell-technische Basis wesentlich gestärkt werden. Der Anteil der Rationalisierungsinvestitionen wird weiter erhöht. Die mit dem Plan beschlossenen Investitionsvorhaben zur Stärkung der materiell-technischen Basis der DDR sind exakt zu erfüllen.
- Die Konsumgüterproduktion wird noch stärker entwickelt. Konsumgüter, die dem Bedarf entsprechen, in hoher Qualität und in ausreichender Menge zu erzeugen muß noch mehr Sache der ganzen Volkswirtschaft werden. Von den großen Kombinaten bis zu den Handwerksbetrieben, von den Chancen der modernen Technologien bis zu meisterlichen Erfahrungen und Traditionen sind alle Voraussetzungen besser zu nutzen, um mehr neue, schöne und gebrauchstüchtige Erzeugnisse für die Bevölkerung und den Export zu fertigen.
- Es ist ein kontinuierlicher und dynamischer Leistungsanstieg zu sichern, denn die Verbesserung des materiellen und geistig-kulturellen Lebensniveaus der Menschen in unserem Lande erfordert starkes und beständiges Wirtschaftswachstum. Dieses Wachstum wird immer stärker von den Wechselbeziehungen der Wirtschaft zu den anderen gesellschaftlichen Bereichen beeinflußt, wobei vor allem die gegenseitige Durchdringung von Wissenschaft und Produktion zu nennen ist. Das sozialistische Bildungswesen und seine weitere Entwicklung üben großen Einfluß auf die Wirtschaft aus. Auch aus dem Fortschritt der modernen Produktivkräfte leiten sich Anforderungen an Bildung und Weiterbildung ab. In vielfältiger Weise zeigen sich diese Zusammenhänge auf zahlreichen Gebieten bis hin zur Freizeitgestaltung.
- Mit dem Blick auf das Jahr 2000 ist die intensiv erweiterte Reproduktion ständig zu vertiefen und auf dauerhafte Grundlagen zu stellen. Die sozialistische Planwirtschaft, die moderne Technik und vor allem die Schlüsseltechnologien ermöglichen es, diese Aufgabe zu stellen. Jedes Jahrfünft wird so eindrucksvoller bezeugen, daß nur der Sozialismus die gewaltigen Produktivkräfte unseres Jahrhunderts zum Wohle der Menschen zu nutzen vermag.

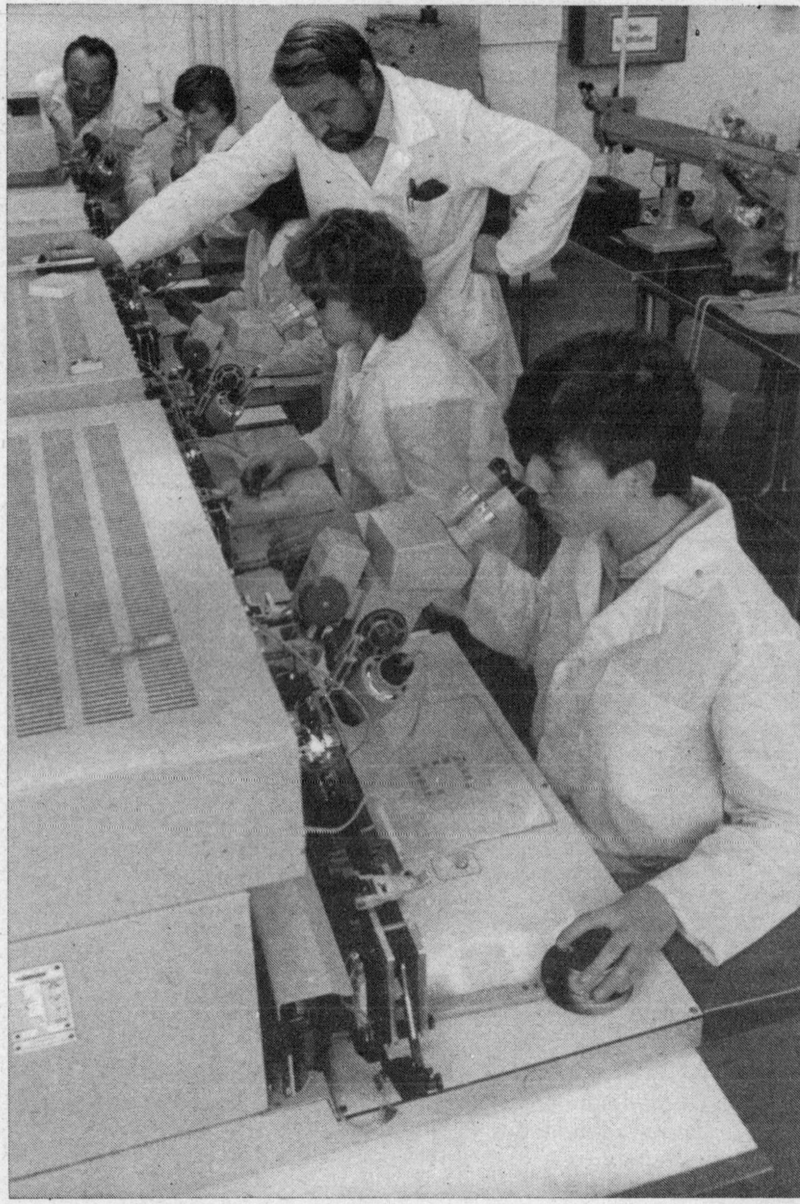

## Sozialismus und wissenschaftlich-technische Revolution

In ihrem Programm hat die SED die Verbindung der Vorzüge des Sozialismus mit den Errungenschaften der wissenschaftlich-technischen Revolution als Kernfrage der Gestaltung der entwikkelten sozialistischen Gesellschaft hervorgehoben. Damit hat sie rechtzeitig darauf orientiert, daß die stürmische Entwicklung der Produktivkräfte anhält und noch weiter beschleunigt wird. Folgerichtig stellt die vom XI. Parteitag der SED beschlossene ökonomische Strategie als ersten und bestimmenden Schwerpunkt die Aufgabe, »die Vorzüge des Sozialismus noch wirksamer mit den Errungenschaften der wissenschaftlich-technischen Revolution zu verbinden, die selbst in eine neue Etappe eingetreten ist«[15].

Die erfolgreiche Verwirklichung unserer ökonomischen Strategie mit ihrem Kern, der Einheit von Wirtschafts- und Sozialpolitik, hängt unmittelbar davon ab, wie wir durch zielstrebige und kluge Nutzung der Vorzüge und Triebkräfte des Sozialismus die neuen bedeutenden Effektivitätsquellen der modernen Produktivkräfte erschließen.

**Was ist wissenschaftlich-technischer Fortschritt und wissenschaftlich-technische Revolution?**

Wie jeder Entwicklungsprozeß vollzieht sich der wissenschaftlich-technische Fortschritt in der dialektischen Wechselwirkung von grundlegenden qualitativen, revolutionären Veränderungen und mehr quantitativen, evolutionären Veränderungen, das heißt durch Einführung neuer Erzeugnisse und Verfahren sowie durch Vervollkommnung bereits bekannter Erzeugnisse und Technologien.

**Als wissenschaftlich-technische Revolution bezeichnen wir die Gesamtheit der revolutionären Veränderungen in Wissenschaft, Technik und Produktion, die die Entwicklung der Produktivkräfte in der Gegenwart prägen.**

Der wissenschaftlich-technische Fortschritt ist im Verhältnis zur wissenschaftlich-technischen Revolution logisch wie historisch das Umfassendere, Übergreifende.

Die wissenschaftlich-technische Revolution begann in den fünfziger Jahren unseres Jahrhunderts. Sie ist eine qualitativ neue Etappe in der Entwicklungsgeschichte der Produktivkräfte, das gesetzmäßige Resultat der Produktivkraftentwicklung. Vorbereitet wurde sie durch revolutionäre Umwälzungen in den Naturwissenschaften, die um die Jahrhundertwende einsetzten. Die durch die wissenschaftlich-technische Revolution bewirkten Veränderungen in den materiell-gegenständlichen Existenz- und Entwicklungsbedingungen der Gesellschaft unterscheiden sich von allen revolutionären technischen Umwälzungen der Vergangenheit durch ihren universellen Charakter.

- Alle gegenständlichen Elemente der Produktivkräfte – Arbeitsmittel, Arbeitsgegenstände, Energiequellen – werden grundlegend verändert. Von ihnen gehen die größten Effektivitätswirkungen aus.

Revolutionäre Veränderungen bei den Arbeitsmitteln ergeben sich durch komplexe Mechanisierung und zunehmende Automatisierung. Automatisierte, sich selbst regelnde und steuernde Techniksysteme bilden mehr und mehr die Grundlage für eine schnell steigende Effektivität der sozialistischen Produktion, für progressive Veränderungen der Arbeitsinhalte.

Durch den wachsenden Einsatz künstlicher Werkstoffe, das heißt von Werkstoffen, die in dieser physikalischen und chemischen Beschaffenheit in der Natur nicht vorkommen, wird die Produktion unabhängiger von den natürlichen Rohstoffquellen. Gleichzeitig können damit Werkstoffe eingesetzt werden, die dem jeweiligen Verwendungszweck optimal angepaßt sind.

Zunehmend werden qualitativ neue, hocheffektive technologische Verfahren angewandt, die die Entwicklung neuer Arbeitsmittel und Arbeitsgegenstände fördern. Wachsende Bedeutung erlangen die Biotechnologie, Plasmatechnologien, Lasertechnik usw.

- Die weiteren Elemente der Produktivkräfte – Technologie, Organisation, Information – erlangen ebenfalls eine qualitativ neue Bedeutung für die Höherentwicklung der Produktivkräfte.
- Der Mensch setzt sich zunehmend mit neuen Richtungen und Gesetzmäßigkeiten in der Natur auseinander, die bisher noch nicht Gegenstand seiner Tätigkeit waren. Erstmals bezieht er beispielsweise den Kosmos und die Welt der Atome und Elementarteilchen ein.

Mit dem Vorstoß in den Kosmos überwand der Mensch die Erdenschwere, erschloß er sich eine neue Richtung seiner Herrschaft über die Natur, über technologische Arbeits- und Produktionsbedingungen, die auf der Erde nicht oder nur kurzzeitig und mit großen Aufwendungen herbeigeführt werden können. Die Erschließung des Mikrokosmos, also der Welt der Atome und Elementarteilchen, führte zu neuartigen Energiequellen, technologischen Verfahren und Werkstoffen. Mit der Entschlüsselung des Codes der Erbinformation in den Zellen der Lebewesen wurde erstmals die grundsätzliche Möglichkeit geschaffen, Lebewesen direkt »auf konstruierendem Wege« zu verändern und nicht nur wie bislang auf dem Wege der Auslese und Züchtung.

Auf allen diesen Gebieten sind in den kommenden Jahrzehnten bedeutende Fortschritte zu erwarten (ständig bemannte große kosmische Stationen, technologische Beherrschung der Kernfusion, der Gentechnologien und anderer biotechnologischer Verfahren).

Der Gesamtprozeß der wissenschaftlich-technischen Revolution gipfelt in der sich qualitativ verändernden Stellung des Menschen im Produktions- und Arbeitsprozeß. Beide Grundfunktionen der menschlichen Arbeit – körperliche und geistige Arbeit – werden technisierbar. Erstmals entstehen von den Produktivkräften her die Voraussetzungen für die allseitige Entwicklung des Menschen, erweitern sich die Möglichkeiten für die Erleichterung und Bereicherung unseres Lebens, für die Entfaltung der schöpferischen Kräfte des Menschen.

Die wissenschaftlich-technische Revolution bewirkt die endgültige Herausbildung der von Marx vorausgesehenen historischen Tendenz »zu einer Entwicklung der gesellschaftlichen Produktivkräfte und zur Schöpfung von materiellen Produktionsbedingungen, welche allein die reale

## Höhere Veredlung und wachsende Produktion von Rohstoffen

**31**

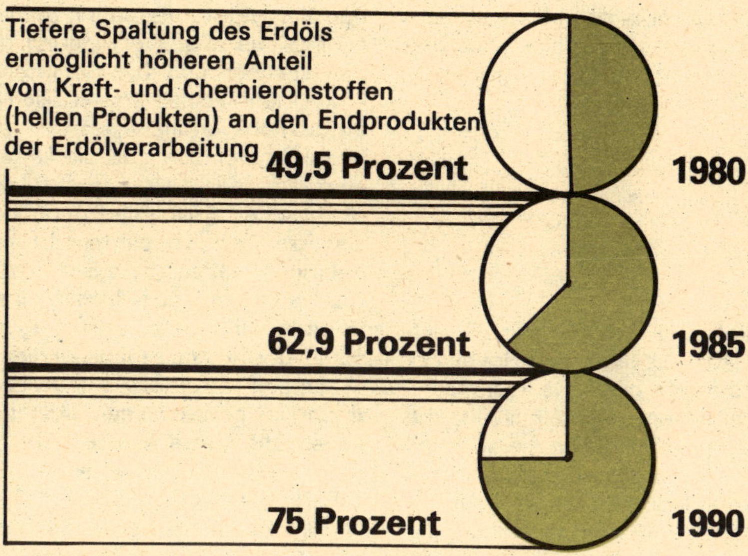


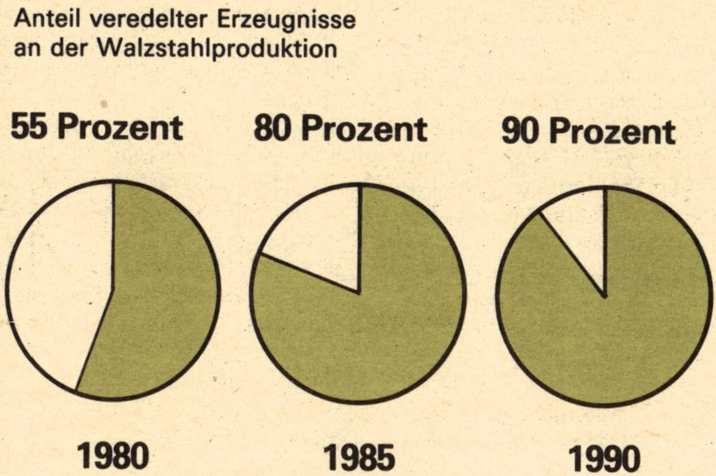


Erfolgreicher Weg der Gestaltung der entwickelten sozialistischen Gesellschaft in der DDR. Zahlen und Fakten, Berlin 1986, S. 41.

Basis einer höheren Gesellschaftsform bilden können, deren Grundprinzip die volle und freie Entwicklung jedes Individuums ist«[16].

**Wie beeinflussen die gesellschaftlichen Verhältnisse die wissenschaftlich-technische Revolution?**

Ziel und Verlauf der wissenschaftlich-technischen Revolution werden von den jeweiligen gesellschaftlichen Verhältnissen bestimmt, unter denen sie sich vollzieht. Sie ist also kein gesellschaftsneutraler, kein nur technischer oder nur wissenschaftlicher Prozeß. Die Produktionsverhältnisse bestimmen die Ziele und die sozialen Triebkräfte der Entwicklung von Wissenschaft und Technik und speziell auch der wissenschaftlich-technischen Revolution. Die sozialen und weltanschaulichen Probleme der wissenschaftlich-technischen Revolution bewegen deshalb auch das Denken und Handeln vieler Millionen Menschen. Die Frage, wie der wissenschaftlich-technische Fortschritt sozial und politisch beherrscht werden kann, wurde zu einer zentralen Frage der Gegenwart. Ihre Beantwortung spielt in der Auseinandersetzung zwischen den beiden Weltsystemen eine bestimmende Rolle. Vor allem drei Tendenzen zeichnen sich in dieser Hinsicht klar ab:

**Erstens** verlangen die modernen Produktivkräfte selbst immer nachhaltiger die Überwindung kapitalistischer und die Schaffung sowie den Ausbau sozialistischer Produktionsverhältnisse. Vor allem wird sichtbar, daß die Unterwerfung der wissenschaftlich-technischen Revolution unter die Gesetze der Profitwirtschaft zunehmend anachronistisch, zur Quelle tiefer gesellschaftlicher Widersprüche und zum Gegenstand harter Klassenauseinandersetzungen wird. Sowohl die beträchtlich gewachsenen Möglichkeiten, die ganze Menschheit bedrohende Waffensysteme zu schaffen, als auch die zum Teil verheerenden sozialen Wirkungen neuer Technologien im Kapitalismus verdeutlichen, daß moderne Produktivkräfte und kapitalistische Wirklichkeit immer weniger vereinbar sind.

**Zweitens** ist die wissenschaftlich-technische Revolution vor allem eine Herausforderung an die schöpferischen Fähigkeiten der Werktätigen; denn sie beschleunigt sich nicht »von selbst«. Ihr Tempo wird in jedem Fall durch den Erfindungsreichtum und den Neuerergeist der arbeitenden Menschen bestimmt.

Die umfassende Mobilisierung dieser Fähigkeiten setzt jedoch eine Gesellschaft voraus, in der ein neuerungsfreundliches Klima herrscht, in der niemand Angst zu haben braucht, durch Rationalisierung und technischen Fortschritt seinen Arbeitsplatz zu verlieren. Im Sozialismus gibt es für diese lebenswichtige breite Teilnahme der Werktätigen an Neuerungsprozessen keinerlei gesellschaftliche Schranken; hierauf gründet sich nicht zuletzt die prinzipielle Überlegenheit des Sozialismus bei der Meisterung der wissenschaftlich-technischen Revolution.

**Drittens** stellen auf dieser Grundlage die wissenschaftlich-technische Revolution und der Sozialismus zwei Seiten derselben Medaille dar: Die modernen Produktivkräfte brauchen für ihre ungehinderte Entfaltung im Interesse der werktätigen Menschen den Sozialismus, und umgekehrt braucht der Sozialismus zur praktischen Realisierung seiner grundlegenden Ziele und Ideale die modernen Produktivkräfte. Mit anderen Worten: Gesellschaftliche Wirkungen der wissenschaftlich-technischen Revolution und Erfordernisse der sozialistischen gesellschaftlichen Entwicklung gehen Hand in Hand. Diese Verbindung noch wirksamer zu gestalten – das vor allem ist gemeint, wenn von der organischen Verbindung der Errungenschaften der wissenschaftlich-technischen Revolution mit den Vorzügen des Sozialismus gesprochen wird.

Wenn wir betonen, daß der sozialökonomische Inhalt der wissenschaftlich-technischen Revolution durch die jeweils herrschenden Produktionsverhältnisse bestimmt wird, so darf nicht geschlußfolgert werden, daß es zwei wissenschaftlich-technische Revolutionen gibt, eine sozialistische und eine kapitalistische. Hätten wir unsere »eigene« wissenschaftlich-technische Revolution, so müßten auch ihr Ausmaß und Tempo ausschließlich internen Maßstäben unterliegen. Die Maßstäbe, die durch die technische Entwicklung in den kapitalistischen Ländern gesetzt werden, hätten keinen Einfluß auf uns. Die praktischen Erfahrungen unserer Außenwirtschaftstätigkeit würden uns aber sehr schnell eines anderen belehren.

Selbstverständlich gibt es nur eine wissenschaftlich-technische Revolution. Sie ist ein weltweiter Prozeß, der das gesamte System der Produktivkräfte qualitativ verändert, insbesondere die Stellung des Menschen in der Produktion. Sie ist bestimmt durch technische und technologische Hauptrichtungen, die im wesentlichen überall gleich sind, unabhängig davon, ob sich die wissenschaftlich-technische Revolution im Kapitalismus oder im Sozialismus vollzieht. Das heißt jedoch nicht, daß auch die Arbeitsbedingungen und -inhalte gleich sind. Wesentliche soziale Erscheinungen und Prozesse – zum Beispiel die Arbeitslosigkeit – sind nicht unmittelbar aus der Entwicklung der Produktivkräfte, der Technik, ableitbar, sondern aus den sozialökonomischen Verhältnissen. Existiert in diesen Verhältnissen aber die Ursache für Arbeitslosigkeit, so muß der wissenschaftlich-technische Fortschritt sie tendenziell verstärken.

Die Entfaltung der wissenschaftlich-technischen Revolution bringt die gegensätzlichen Wesenseigenschaften der kapitalistischen und der sozialistischen Gesellschaft immer deutlicher zum Vorschein. Sie verstärkt tendenziell die Unvereinbarkeit der modernen Produktivkräfte mit den kapitalistischen Gesellschaftsverhältnissen und macht zugleich die gegenseitige Bedingtheit von Sozialismus und wissenschaftlich-technischer Revolution praktisch zwingender: Sie verlangt gebieterisch sozialistische Gesellschaftsverhältnisse als grundlegende Voraussetzung für die Entfaltung, die praktische Erschließung der ihr eigenen ökonomischen und sozialen Potenz. Umgekehrt beruht die Entfaltung der Vorzüge und Wesenseigenschaften des Sozialismus vor allem auf ihrer Verbindung mit den Errungenschaften der wissenschaftlich-technischen Revolution.

★

**Worin bestehen die Vorzüge des Sozialismus bei der Meisterung der wissenschaftlich-technischen Revolution?**

★

- Der Sozialismus vermag ökonomischen Fortschritt umfassend in sozialen Fortschritt zu verwandeln und gibt damit den modernen Produktivkräften ausreichenden sozialen Spielraum für ihre Entwicklung. Die »Borniertheit« der kapitalistischen Produktionsverhältnisse, das auf Profit begrenzte Ziel der Produktion, äußert sich dagegen infolge der Dynamik der wissenschaftlich-technischen Revolution in zunehmenden Wachstumsschwierigkeiten, in sozialen Widersprüchen. Das führt dazu, daß ein großer Teil der Bevölkerung den wissenschaftlich-technischen Fortschritt negativ bewertet.
- Die bewußte Gestaltung der gesellschaftlichen Verhältnisse, die planmäßige Entwicklung der Volkswirtschaft erweisen ihre Überlegenheit gegenüber der krisengeschüttelten kapitalistischen Gesellschaft in dem Maße, wie die wissenschaftlich-technische Revolution objektiv die Vergesellschaftung der Produktion vertieft.
- Die Entfaltung der wissenschaftlich-technischen Revolution erfordert die breite Einbeziehung derjenigen in die Neuerungsprozesse, die mit der neuen Technik umgehen, also Produktionsarbeiter, Meister, Ingenieure und Techniker. Insbesondere die neuen Richtungen der technischen Entwicklung sind das Feld, auf dem auch junge Leute unseres Landes zeigen können, was in ihnen steckt. Dies ist gegenwärtig in der Welt durchaus keine Selbstverständlichkeit. So ist »No

future« wohl einer der am meisten zitierten Slogans, die die Situation der Jugend in kapitalistischen Industriestaaten unter den Bedingungen des raschen technologischen Fortschritts charakterisieren.

- Die wissenschaftlich-technische Revolution beschleunigt die Internationalisierung des Wirtschaftslebens. Sie verbindet sich mit dem internationalen Wesen des Sozialismus zur sozialistischen ökonomischen Integration, die die Entwicklung der modernen Produktivkräfte in den sozialistischen Ländern fördert.

Diese Vorzüge des Sozialismus sind objektiver Natur. Sie sind es im Sinne objektiver Notwendigkeit und objektiver Möglichkeit. Das resultiert aus dem gesellschaftlichen Eigentum an den Produktionsmitteln. Wirklichkeit werden diese Vorzüge des Sozialismus aber nur in dem Maße, wie sie von den subjektiven Faktoren und Bedingungen her beherrscht werden, also durch eine entsprechende Qualität der Leitung und Planung, durch Initiative und Zielstrebigkeit. Die organische Verbindung der Vorzüge des Sozialismus mit der wissenschaftlich-technischen Revolution muß folglich als Aufgabe für bewußtes praktisches Handeln verstanden werden. Die Entfaltung und die Verwirklichung der ökonomischen und sozialen Potenzen der wissenschaftlich-technischen Revolution erfordern, daß die Gesellschaft, ungehindert durch sozialökonomische Schranken, ökonomischen in sozialen Fortschritt umwandelt. Dies ist der grundlegende ökonomische und zugleich politisch-moralische Vorzug des Sozialismus. Die Einheit von Wirtschafts- und Sozialpolitik ist eine objektive Bedingung für die ungehinderte Entfaltung der wissenschaftlich-technischen Revolution.

In der Wirtschafts- und Wissenschaftspolitik der SED stehen vor allem zwei Tatsachen im Vordergrund:

- Die Entwicklung der Wissenschaft und die breite Anwendung ihrer Erkenntnisse in der Volkswirtschaft ist im kommenden Jahrzehnt die wichtigste, alles überragende Wachstumsquelle der Wirtschaft. Von ihrer effektiven Nutzung hängt die Erfüllung aller ökonomischen und sozialen Aufgaben ab.

Vor allem hängt davon ab, wie gewichtig der Beitrag der sozialistischen Staatengemeinschaft für die Erhaltung des Friedens ist. Auch künftig braucht ein sicherer Frieden einen politisch und wirtschaftlich starken Sozialismus. Hier wird deutlich sichtbar, wie durch die schöpferische Arbeit der Werktätigen mit soliden ökonomischen Ergebnissen das Menschenrecht Nummer eins – der Frieden – gefestigt wird. Die Friedenspolitik unseres Staates wird zum Beispiel durch solche Jugendforscherkollektive am besten unterstützt, die wissenschaftlich-technische Neuerungen mit Spitzenniveau hervorbringen, eine überdurchschnittliche ökonomische Verwertung ermöglichen und keinen Vergleich auf dem Weltmarkt zu scheuen brauchen.

- Die Bewältigung der sozialen und geistigen Probleme des technologischen Wandels wird künftig im Zentrum der Auseinandersetzung zwischen den beiden Weltsystemen stehen. In den Schwerpunkten zur ökonomischen Strategie, wie sie vom XI. Parteitag beschlossen wurde, heißt es:

»Die ökonomische Strategie unserer Partei mit dem Blick auf das Jahr 2000 ist darauf gerichtet, die Vorzüge des Sozialismus noch wirksamer mit den Errungenschaften der wissenschaftlich-technischen Revolution zu verbinden, die selbst in eine neue Etappe eingetreten ist. Mikroelektronik, moderne Rechentechnik und rechnergestützte Konstruktion, Projektierung und Steuerung der Produktion bestimmen mehr und mehr das Leistungsvermögen einer Volkswirtschaft. In enger Wechselwirkung damit breiten sich andere Schlüsseltechnologien aus, wie flexible automatische Fertigungssysteme, neue Bearbeitungsverfahren und Werkstoffe, die Biotechnologie, die Kernenergie und die Lasertechnik. Das sind gewaltige Herausforderungen und zugleich Chancen, die Produktion rasch zu erneuern, ihre Qualität zu erhöhen und den Aufwand in einem Maße zu senken, wie das bisher nicht möglich war. Auf diesem Felde fallen die Entscheidungen über das Wachstumstempo der Arbeitsproduktivität, von denen abhängt, wie unsere Ökonomie den Bedürfnissen der Menschen, den vielfältigen inneren Erfordernissen der Entwicklung unseres Landes gerecht wird und sich in der Welt behaupten kann. Damit reifen auch neue Voraussetzungen heran, die Stellung der Werktätigen im Produktionsprozeß zu verändern, ihnen interessantere schöpferische Aufgaben zu übertragen, ihre Arbeitsbedingungen immer günstiger zu gestalten, wie das eines sozialistischen Betriebes würdig ist.«[17]

## Rasche Entwicklung und breite Anwendung der Schlüsseltechnologien

Zu Beginn der achtziger Jahre hat die wissenschaftlich-technische Revolution im internationalen Maßstab eine qualitativ neue Stufe erreicht, die dadurch gekennzeichnet ist, daß sich ihr Tempo weiter beschleunigt, weil Schlüsseltechnologien in den Vordergrund getreten sind, deren Anwendung zu grundlegenden Umwälzungen in allen Bereichen der Volkswirtschaft führt.

Diese Tauchstrahlfermentoren (Bioreaktoren) gehören zu einer Produktionsanlage im VEB Petrolchemisches Kombinat Schwedt, in der industriell auf biotechnologischem Weg aus Erdöl Futterhefe mit einem hohen Rohproteingehalt gewonnen wird

### Was sind Schlüsseltechnologien?

Die Bezeichnung »Schlüsseltechnologie« macht deutlich, daß sie der Schlüssel für ein Effektivitätswachstum in völlig neuen Dimensionen ist.

**CAD (Computer Aided Design) heißt »rechnergestütztes Konstruieren«; CAD ermöglicht, am Bildschirm zu konstruieren – Werkstücke genauso wie Gebäude, Schuhe oder Muster für Textilien.**

**CAM (Computer Aided Manufacturing) heißt »rechnergestütztes Fertigen«; CAM ermöglicht mit dem Rechner das Steuern von Werkzeugmaschinen, von Meß- und Prüftechnik, von Transport- und Lagereinrichtungen sowie Montagemaschinen zur Herstellung der Bauteile und Erzeugnisse.**

Zu den Schlüsseltechnologien gehören vor allem die Mikroelektronik und die sich auf ihrer Grundlage entwickelnde moderne Rechentechnik und rechnergestützte Projektierung, Konstruktion, Produktionsvorbereitung und -steuerung (CAD/CAM). Weiterhin zählen dazu flexible automatische Fertigungssysteme, neue Bearbeitungstechnologien und Werkstoffe, die Biotechnologie, die Kernenergie und die Lasertechnik. Diese Schlüsseltechnologien bestimmen entscheidend das ökonomische und soziale Potential der wissenschaftlich-technischen Revolution, und sie erwachsen unmittelbar aus den grundlegenden und allgemeinen Merkmalen der wissenschaftlich-technischen Revolution. Um also mit der wissenschaftlich-technischen Revolution und der raschen Entwicklung der Produktivkräfte im internationalen Maßstab Schritt zu halten sowie auf entscheidenden Gebieten internationale Spitzenpositionen zu erreichen, sind vor allem die Schlüsseltechnologien rasch zu entwikkeln und breit in der Volkswirtschaft anzuwenden. Dafür wurden in der DDR bereits wichtige Voraussetzungen geschaffen:

- Die DDR gehört zu den wenigen Ländern in der Welt, die über eine entwickelte mikroelektronische Basis verfügen, die also die entscheidenden Basistechnologien der Mikroelektronik produktionswirksam beherrschen und in der Lage sind, mikroelektronische Bauelemente zu entwickeln und zu produzieren, wichtige Vormaterialien selbst herzustellen und hochwertige technologische Spezialausrüstungen dafür zu fertigen.
- Wichtige Erfahrungen wurden in den letzten Jahren beim Einsatz der Robotertechnik gesammelt. 1970 besaßen wir noch keinen einzigen Industrieroboter; Ende 1985 waren es bereits mehr als 56 600. Damit wurde die Zielstellung des Fünfjahrplanes 1981 bis 1985 deutlich überboten.
- 1986 wurden wichtige flexibel automatisierte Fertigungssysteme in Betrieb genommen, die internationale Spitzenleistungen darstellen. Die installierte Technik stammt vor allem aus unserer eigenen Industrie, ergänzt durch Ausrüstungen aus der Sowjetunion und anderen sozialistischen Ländern. Diese hochmodernen Produktionssysteme zeigen, daß unser Land ein entwickeltes sozialistisches Industrieland ist, das die Arbeitsproduktivität mit Hilfe der Technik unserer Zeit in bisher nicht gekanntem Maße zu steigern vermag.

**Flexible automatisierte Fertigungssysteme stellen einen Komplex von Maschinen dar, die untereinander und mit dem Materiallager durch Roboter und Verkettungstechnik flexibel, das heißt beweglich, veränderbar verknüpft sind. Durch unterschiedli-**

**che Steuerprogramme können daher mit dem gleichen Maschinensystem automatisch unterschiedliche Werkstücke be- und verarbeitet werden.**

- Alle Kombinate haben begonnen, rechnergestützte Arbeitsplätze für die Konstruktion, die technologische Produktionsvorbereitung und die Steuerung der Produktion einzuführen. Mit dieser neuen Technik kann die Produktivität der Projektanten, Konstrukteure und Technologen um 100 bis 500 Prozent gesteigert und die Kosten in der technologischen Produktionsvorbereitung halbiert werden. Bei der Überleitung neuer Erzeugnisse in die Produktion kann so die Hälfte bis drei Viertel der Zeit eingespart werden. In wenigen Monaten gelang es, den Bestand an CAD/CAM-Arbeitsstationen zu verdoppeln; zum Zeitpunkt des XI. Parteitages der SED waren bereits 11 200 solcher rechnergestützten Arbeitsstationen vorhanden.
- Auch auf dem Gebiet der Biotechnologie verfügen wir über ein bedeutendes Forschungs- und Produktionspotential. Schwerpunkte sind die Entwicklung und Produktion hochwirksamer Diagnose- und Arzneimittel für den Gesundheitsschutz, der Einsatz von Enzymen und Geschmacksstoffen zur Erhöhung der Effektivität und Qualität der Lebensmittelproduktion, die Nutzung gen- und zelltechnischer Methoden zur Leistungssteigerung der Pflanzen- und Tierproduktion sowie zur Höherveredlung einheimischer Rohstoffe und die Gewinnung von Wertstoffen aus Abprodukten einschließlich der Reduzierung von Umweltbelastungen.

Die Schlüsseltechnologien zu entwickeln und breit in der Volkswirtschaft anzuwenden ist eine Aufgabe von wahrhaft revolutionärer Bedeutung, insbesondere auch für die Jugend, die jungen Arbeiter und die junge wissenschaftlich-technische Intelligenz unseres Landes. Das Tempo ist auf diesem Gebiet außerordentlich hoch und beschleunigt sich ständig. Heute haben wir es zum Beispiel in der Mikroelektronik mit jährlichen Zuwachsraten der Integrationsdichte mikroelektronischer Bauelemente von 60 Prozent sowie mit Kostensenkungen je Funktionselement um 30 Prozent zu tun.

**Die Integrationsdichte gibt an, wieviel elektronische Elemente, zum Beispiel Transistoren oder Dioden, auf einer bestimmten Fläche untergebracht werden können. Je höher die Integrationsdichte ist, desto mehr verschiedenartige Arbeitsfunktionen können folglich mit einem Chip realisiert werden.**

In Auswertung des XI. Parteitages der SED konzentrieren sich die Leitungen der FDJ darauf, alle Jugendlichen mit den Anforderun-

## Hohes Leistungswachstum durch Schlüsseltechnologien

**32**

Produktion ausgewählter Rechentechnik (Stück)

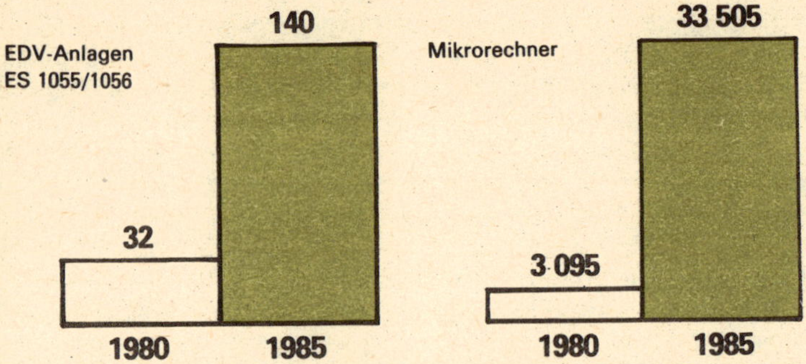


Produktion 1986 bis 1990:

**160 000–170 000 Büro- und Personalcomputer**

**1 900–1 950 Klein-Datenverarbeitungsanlagen**

**660–670 EDV-Anlagen**

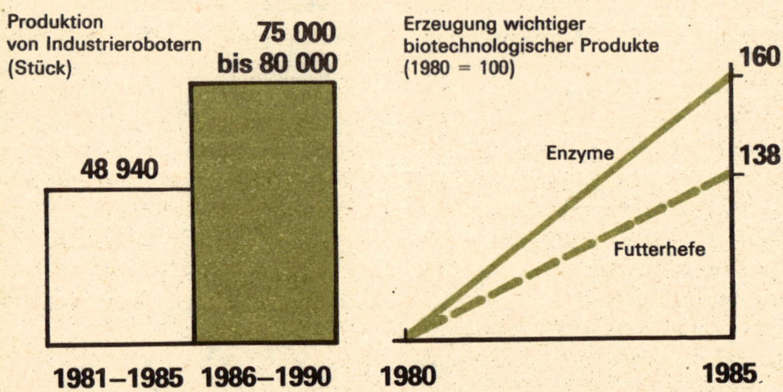


Erfolgreicher Weg der Gestaltung der entwickelten sozialistischen Gesellschaft in der DDR. Zahlen und Fakten, Berlin 1986, S. 33, 35, 36.

gen bei der Verwirklichung der Wirtschaftsstrategie der SED vertraut zu machen und sie zielstrebig einzubeziehen. Eine große Bedeutung hat die Weiterführung der FDJ-Initiativen »Mikroelektronik« und »Industrierobotertechnik«.

Auf dem XII. Parlament der FDJ widmete Eberhard Aurich der Lehrlingsausbildung breiten Raum. Er betonte, daß bis 1990 in unserem Land 924 000 junge Facharbeiter ausgebildet werden. Sie stehen vor der Aufgabe, modernste wissenschaftliche Erkenntnisse zu erfassen, die fortgeschrittene Technik beherrschen zu lernen, sich aber auch solide handwerkliche Fertigkeiten anzueignen. Mit ihrer Berufsausbildung erwerben sie das Rüstzeug, um über die Jahrtausendwende hinaus als hochqualifizierte Facharbeiter zu bestehen und die sich aus der raschen Entwicklung der Produktivkräfte ergebenden Anforderungen erfolgreich zu meistern. Dem entspricht das große gesellschaftliche Vorhaben, die Berufsinhalte zu vervollkommnen und in den kommenden fünf Jahren für alle Berufe neue Lehrpläne in Kraft zu setzen. Das alles erfordert bereits in der Berufsausbildung schöpferisches Handeln, Selbstbewußtsein und Selbständigkeit. Notwendig sind aber auch der Wille und die Fähigkeit, Verantwortung zu übernehmen. Alle Lehrlinge für die Erfüllung dieser neuen Lehrpläne zu mobilisieren, sie zu befähigen, nach der Berufsausbildung die Facharbeiterleistung beständig und in guter Qualität zu erreichen – das ist ein wichtiges Anliegen.

Abgeleitet aus den Erfordernissen der wissenschaftlich-technischen Revolution, werden bis 1990 in den Ausbildungsstätten und Ausbildungsbetrieben über 1000 Computerkabinette eingerichtet. Auch die Anzahl der wissenschaftlich-technischen Arbeitsgemeinschaften wird sich deutlich erhöhen. Die FDJ hat die Patenschaft über die Informatikausbildung der Lehrlinge übernommen.

Das XII. Parlament der FDJ konnte einschätzen, daß sich die Führung des sozialistischen Berufswettbewerbes bewährt hat. Die Lehrlinge kämpfen um gute Leistungen im theoretischen und im berufspraktischen Unterricht. Ihr Beitrag zur Planerfüllung der Betriebe und zu den ökonomischen Initiativen der FDJ ist gewachsen. Immer mehr Lehrlinge beteiligen sich an der MMM-Bewegung. Überall ist die Leistungsbereitschaft des Facharbeiternachwuchses noch besser zu nutzen, es sind ihm klare und anspruchsvolle Aufgaben als Jugendobjekte im Berufswettbewerb zu übertragen.

»Die internationale Entwicklung der Produktivkräfte vollzieht sich zunehmend rascher, und so können wir uns das Tempo nicht aussuchen. Es heißt, den Wettlauf mit der Zeit zu bestehen, an wichtigen Punkten Vorsprung zu erzielen und dadurch hohe ökonomische und soziale Ergebnisse zu realisieren.«[18]

«

Besonders wichtig ist es, sich den internationalen Maßstäben der Entwicklung von Wissenschaft und Technik zu stellen und auf entscheidenden Feldern das fortgeschrittenste Niveau zu erreichen. Die Jenaer Zeiss-Werker zum Beispiel trugen dem Rechnung, als sie sich verpflichteten, in Vorbereitung des XI. Parteitages der SED wesentliche Ausrüstungen für die Produktion des 1-Megabit-Speicherschaltkreises zu produzieren und Ausrüstungen für die Herstellung von 4-Megabit-Speicherschaltkreisen vorzubereiten.

**Das Bit ist die kleinste Darstellungseinheit für Informationen. 1 bit trägt also genau eine Information (ja oder nein). Die 1- und die 4-Megabit-Speicher können folglich 1 bis 4 Millionen solcher Informationen speichern.**

★

**Welche Prozesse sind für die Entwicklung und Anwendung der Schlüsseltechnologien in den Kombinaten, Betrieben und Einrichtungen charakteristisch?**

★

**Erstens:** Die Schlüsseltechnologien bringen qualitativ neue Effektivitätsquellen hervor. Sie ermöglichen bedeutende Effekte in allen Richtungen des ökonomischen Fortschritts gleichzeitig: höhere Gebrauchseigenschaften der Erzeugnisse, Einsparung an Arbeitszeit, Material, Energie und Kosten. Sie beruhen unmittelbar auf neuen theoretischen Erkenntnissen. Ihre Entwicklung stellt insbesondere an die Grundlagenforschung und ihre Verflechtung mit der Produktion neue, höhere Anforderungen. Zugleich weisen die Schlüsseltechnologien eine außerordentliche Anwendungsbreite auf. Es gab und gibt keine technische Umwälzung, die ein vergleichbar großes Anwendungsfeld aufweist wie die Mikroelektronik. Abzusehen ist, daß es künftig kaum noch ein Arbeitsmittel oder technisches Konsumgut geben wird, das ohne Mikroelektronik auskommt.

In vielen Fällen bewirken die Schlüsseltechnologien aber qualitativ neue Effektivitätsquellen vor allem dort, wo sie das Einsatzfeld der Technik erweitern, wo sie Arbeitstätigkeiten, die bislang nicht technisierbar waren, zunehmend mechanisieren und automatisieren. Das betrifft insbesondere die produktionsvorbereitenden Prozesse (Forschung, Konstruktion, Projektierung, technologische Vorbereitung), die Planung, Steuerung und Organisation der Fertigungsprozesse, aber auch viele Tätigkeiten in den nichtproduzierenden Bereichen, zum Beispiel in Sparkassen, Banken, in der Dienstleistungssphäre.

Mikroelektronik, CAD/CAM, rechnergestützte Bildschirmarbeitsplätze beinhalten die Technisierung informationsverarbeitender Prozesse, geistiger Arbeitsfunktionen. Da jede Arbeit mehr oder weniger geistige Komponenten enthält, ist das Einsatzfeld dieser Technik – zumindest potentiell – nahezu ebenso groß wie das Feld menschlicher Arbeit überhaupt. Die gleiche gerätetechnische Ausstattung (beispielsweise ein Bürocomputer) kann, mit anderen peripheren Geräten und anderer Software (Computerprogrammen) kombiniert, als Textverarbeitungssystem eines Schreibbüros, als Technologen- oder Konstruktionsarbeitsplatz oder als Schalterterminal bei der Deutschen Post eingesetzt werden – je nach ökonomischen und sozialen Möglichkeiten und Erfordernissen.

**Zweitens:** Insbesondere wegen ihrer Breitenwirksamkeit bringen die Schlüsseltechnologien neue technische Lösungen zur Intensivierung und Rationalisierung hervor. Sie bieten dem Schöpfertum der Werktätigen große Entfaltungsmöglichkeiten, erschließen gewissermaßen neue, in diesen Dimensionen bisher nicht bekannte Quellen zur Effektivitätssteigerung. Damit aber diese neuen Quellen zu einem breiten Strom des Effektivitätsfortschritts werden, sind umfangreiche weitere, mit ihnen verbundene Neuerungen notwendig. Um die Möglichkeiten der Mikroelektronik vollständig nutzen zu können, brauchen wir beispielsweise weitere Fortschritte in der Steuerungstechnik, der Präzisionsmechanik, in der Entwicklung verschiedenartiger informationsverarbeitender Systeme überhaupt. All das verlangt viele wissenschaftlich-technische Neuerungen, die auf die sichere technologische Beherrschung, aber auch auf die weitere Vervollkommnung und Verbilligung neuer Erzeugnisse und Verfahren gerichtet sind.

Man kann hochintegrierte Schaltkreise und Bürocomputer nicht einfach beschaffen und anwenden. Es sind außerordentlich anspruchsvolle Aufgaben für die Veränderung ihres technologischen und organisatorischen Umfeldes zu bewältigen, und zwar in enger Verbindung von Forschung und Entwicklung, Neuererwesen und Rationalisierungsmittelbau.

Wissenschaftlich-technische Revolution und umfassende Rationalisierung sind untrennbar miteinander verbunden. Die neue Qualität der Rationalisierung, ihre neue Dimension, ergibt sich aus ihrem Zusammenhang mit der wissenschaftlich-technischen Revolution; umgekehrt ist die umfassende Rationalisierung unentbehrlich für die Erschließung der neuen Effektivitätsquellen, die von den Schlüsseltechnologien hervorgebracht werden.

Unentbehrlich sind dabei die Erkenntnisse und Erfahrungen der Forscher, Ingenieure und Arbeiter in den Anwenderbereichen. Die wissenschaftlich-technische Revolution, die Entwicklung und Anwendung der Schlüsseltechnologien schränken keineswegs die Neuererbewegung in den Kombinaten, Betrieben und Einrichtungen ein. Im Gegenteil, Voraussetzung für ihre volle Wirksamkeit ist die breite aktive Einbeziehung der Werktätigen in die Neuerungsprozesse. Wenn die Mikroelektronik und die CAD/CAM-Technik bestehende technologische Abläufe rationeller gestalten sollen, so müssen diese Abläufe bekannt sein und beherrscht werden. Über diese Kenntnisse und Fertigkeiten verfügen aber nur die Arbeiter, Ingenieure und Techniker im jeweiligen Anwenderbereich. Deshalb kann ohne ihre aktive Mitwirkung an den Neuerungsprozessen auch die wissenschaftlich-technische Revolution nicht effektivitätswirksam werden.

In allen Kombinaten steht jetzt die Aufgabe, eigene Kapazitäten für die Entwicklung und Anwendung der Mikroelektronik zu schaffen. Das ist eine Grundvoraussetzung, um die Qualität der Erzeugnisse und der Fertigungstechnologien auf Spitzenniveau zu heben und den gesamten Erneuerungsprozeß sicher zu beherrschen. Große Anstrengungen sind in diesem Zusammenhang notwendig, um die erforderliche Software für die neuen Automatisierungslösungen zu entwickeln und die vielen rechnergestützten Arbeitsplätze effektiv zu nutzen.

**Drittens:** Die Schlüsseltechnologien bieten qualitativ neue Möglichkeiten, das Effektivitätswachstum der Produktion mit persönlichkeitsfördernden Arbeitsinhalten und -bedingungen zu verbinden. Sie schaffen neue Bedingungen für die Steigerung der Arbeitsproduktivität und zugleich wichtige Grundlagen dafür, die Arbeit anspruchsvoller, schöpferischer zu gestalten. Damit trägt sie zur weiteren Herausbildung sozialistischer Persönlichkeiten bei.

## Wissenschaftlich-technischer Fortschritt für sozialen Fortschritt

Die wissenschaftlich-technische Revolution bewirkt ein in der bisherigen Menschheitsgeschichte noch nie dagewesenes Wachstum der Produktivkräfte. Zu keiner anderen Zeit verfügten die Menschen über wissenschaftliche und technische Voraussetzungen, ihr Leben menschenwürdig, bedeutend reicher und inhaltsvoller zu gestalten. Sie wurden aber auch noch zu keiner anderen Zeit mit der Herausforderung konfrontiert, diese Möglichkeiten uneingeschränkt für das Wohl der Menschen und für die Erhaltung des Friedens zu nutzen.

»

»Zu keiner früheren Zeit boten sich dem Fortschritt der Menschheit durch die stürmische Entwicklung der Produktivkräfte so gewaltige Möglichkeiten. Aber niemals zuvor wurden Waffen von solcher Zerstörungskraft hervorgebracht und angehäuft wie heute. Der Sozialismus stellt den Frieden an erste Stelle und löst auch die kompliziertesten Probleme der wissenschaftlich-technischen Revolution im Interesse und zum Wohle der Menschen. Zugleich tritt immer deutlicher zutage, daß der Imperialismus, dessen aggressivste Kreise mit dem Risiko eines Atomkrieges spielen, zu einem Hemmnis der gesellschaftlichen Entwicklung geworden ist.«[19]

«

★

Welche unterschiedlichen Wirkungen hat der wissenschaftlich-technische Fortschritt?

★

- Jede wissenschaftlich-technische Entwicklung birgt neben ihrer schöpferischen Wirkung auf Mensch und Natur auch Möglichkeiten einer zerstörerischen Wirkung in sich. Forschungsergebnisse der Kernenergetik oder der Biotechnologie können auf der einen Seite zu nahezu unerschöpflichen Energiequellen der Zukunft führen, sie können den Weg bereiten, um den Hunger auf der Welt ein für allemal zu beseitigen. Auf der anderen Seite können sie gefährliche Instrumente der Massenvernichtung und -manipulation sein. Die Pläne der aggressivsten Kräfte des Imperialismus, die Ergebnisse von Wissenschaft und Technik in einem die Menschheit bedrohenden Kernwaffenkrieg zu mißbrauchen, das mögliche Kriegsfeld bis in den erdnahen Kosmos hinaus zu vergrößern, stellen eine ernsthafte Gefahr für die Existenz der Menschheit dar.

In der Produktion steht die wissenschaftlich-technische Revolution für immer mehr Menschen im Kapitalismus als Synonym für Dauerarbeitslosigkeit, berufliche und soziale Dequalifikation, Hoffnungslosigkeit. Hinzu kommen die negativen Wirkungen auf die nach der Einführung neuer Technologien noch Beschäftigten: Arbeitsplatzunsicherheit und die Existenz einer industriellen Reservearmee fördern nachhaltig Tendenzen des Reallohnabbaus und der Verschlechterung von Arbeitsbedingungen. All dies verdeutlicht die historische Überlebtheit des Imperialismus, zeigt, in welch hohem Maße dieses Wirtschafts- und Gesellschaftssystem mit den modernen Produktivkräften in Konflikt geraten ist.

- Neue wissenschaftlich-technische Errungenschaften können neben ihren günstigen Resultaten auch von technischen Wirkungen begleitet sein, die unkontrolliert negativ auf den Menschen und seine natürliche Umwelt wirken. Charakteristisch für die gegenwärtige wissenschaftlich-technische Revolution ist, daß diese möglichen positiven, aber auch die möglichen gefährlichen Wirkungen vielfach globalen Charakter angenommen haben, daß also von ihnen die ganze Menschheit betroffen sein kann. Ganz deutlich wird dies in den Gefahren eines militärischen Mißbrauchs der modernen Wissenschaft oder aber auch in einer unkontrollierten steigenden Umweltbelastung durch Industrie und Landwirtschaft.

Je größer diese Wirkungen, um so wichtiger ist es, einseitige, aus privatem Profitinteresse entstandene Leitkriterien für neue Technologien abzulösen und alle kurz- und langfristigen Wirkungen für und durch die ganze Gesellschaft abzuwägen. Dies aber verlangt eine Gesellschaft, die kein anderes Ziel für die Produktion kennt als die Bedürfnisbefriedigung des Menschen. Es ist ein Staat nötig, der verantwortungsvoll seine Macht im Interesse aller gebraucht. Auf der Grundlage des gesellschaftlichen Eigentums an Produktionsmitteln und der politischen Herrschaft der Arbeiterklasse und ihrer Verbündeten ist dies im Sozialismus grundsätzlich gegeben. Die volle Nutzung dieser Möglichkeiten, die bewußte Einordnung aller wissenschaftlich-technischen Bemühungen in die Höherentwicklung aller gesellschaftlichen Lebensbereiche ist eine weitreichende Aufgabe bei der Gestaltung der entwickelten sozialistischen Gesellschaft.

Die grundlegende Einheit von wissenschaftlich-technischer Revolution und Sozialismus ist keine spekulative Konstruktion; sie ist praktisch erlebte Wirklichkeit. Und daraus erwächst auch vor allem die grundlegend bejahende Einstellung der sozialistischen Gesellschaft zu den wesentlichen Entwicklungen der wissenschaftlich-technischen Revolution. Es geht dabei keineswegs um irgendeinen »naiven Technizismus«, einen blinden Fortschrittsglauben etwa in dem Sinne, alles gutzuheißen, was technologisch machbar ist, sondern es geht um eine optimistische, realitätsnahe Grundhaltung zur technologischen Entwicklung der Gegenwart.

- Technologische Neuerungen bewirken nicht automatisch und auch im Sozialismus nicht zwangsläufig günstige soziale Verbesserungen. Kein noch so hoher Entwicklungsstand der Technik kann die sozialistische Gesellschaft davon entbinden, immer wieder zielstrebig und bewußt nach Wegen zu suchen, neue Technologien so ökonomisch wie möglich zu verwerten und gleichzeitig progressive soziale Wirkungen zu erreichen.

Besonders deutlich äußert sich das in den sozialen Möglichkeiten

**Für Wissenschaft und Technik eingesetzte Mittel in der DDR 1971 bis 1985** (Milliarden Mark) **33**

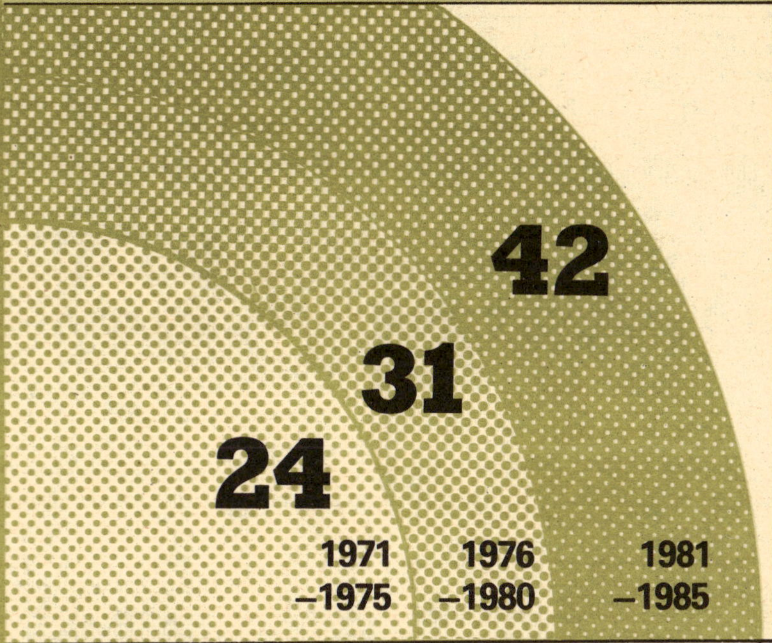


Erfolgreicher Weg der Gestaltung der entwickelten sozialistischen Gesellschaft in der DDR. Zahlen und Fakten, Berlin 1986, S. 39.

der Schlüsseltechnologien. Vor allem die Informations- und Kommunikationstechnik schafft qualitativ neue Möglichkeiten, ganz bewußt soziale Ziele anzustreben und dafür die Technik und die Technologien entsprechend zu gestalten. Das betrifft zum Beispiel den schrittweisen Abbau schwerer körperlicher oder gesundheitsgefährdender Arbeit, die Reduzierung geistiger Routinetätigkeit und die allmähliche Anreicherung der Arbeit mit geistig-schöpferischen Elementen. Auf diese Weise können Schlüsseltechnologien, gestützt auf eine hohe ökonomische Ergiebigkeit und zielstrebige Leitungstätigkeit, die Arbeit der Werktätigen abwechslungsreicher und leichter machen.

## Beschäftigte in Forschung und Entwicklung in der Wirtschaft der DDR 1970 und 1985

**34**

| | Insgesamt | Hoch- und Fachschulkader |
|---|---|---|
| 1970 | 127 000 | 67 000 |
| 1985 | 191 000 | 122 000 |

Erfolgreicher Weg der Gestaltung der entwickelten sozialistischen Gesellschaft in der DDR. Zahlen und Fakten, Berlin 1986, S. 39.

Charakteristisch für die Schlüsseltechnologien ist, daß sie eine enorme soziale Reichweite besitzen, indem sie die Arbeit der verschiedenartigsten Berufsgruppen wesentlich verändern, auch wenn sich die einzelnen Arbeitsplätze von ihren äußeren Erscheinungsformen und den Arbeitsumweltbedingungen her (zum Beispiel Bildschirmarbeitsplatz) sehr ähneln. Sie zeichnen sich durch eine breite Vielfalt der möglichen sozialen Effekte aus, die letztlich alle Seiten der Arbeitstätigkeit des Menschen umfaßt, vom konkreten Arbeitsinhalt am einzelnen Arbeitsplatz bis hin zu Veränderungen in den Kollektivbeziehungen.

Mit dem verstärkten Einsatz der CAD/CAM-Technik treten – auf längere Sicht gesehen – sehr tiefgreifende Veränderungen in der Arbeitstätigkeit auf: im Arbeitsinhalt und in den Qualifikationsanforderungen (manche langjährige Berufserfahrung verliert ihren bisherigen Wert), in den Arbeitsbelastungen, im Arbeitszeitregime (Schichtarbeit) sowie in den Kollektivbeziehungen. Mit der CAD/CAM-Technik verbundene soziale Auswirkungen weisen somit eine große Komplexität und Vielfalt auf und stellen hohe Anforderungen an die Aus- und Weiterbildung der Werktätigen, aber auch an die Gewinnung von Arbeitskräften für andere Tätigkeiten. Besonders einschneidende Veränderungen ergeben sich in den Arbeitsinhalten, indem geistige, auch kompliziertere geistige Routinearbeiten und ausführende Tätigkeiten in großem Umfange an die Technik übergehen. Dadurch erhält der einzelne mehr Raum für geistig-schöpferische Tätigkeiten und kann sein gesamtes geistiges Leistungsvermögen potenzieren.

Wenn wir sagen, daß mit den neuen Technologien die Gesellschaft gegenüber früheren Jahren ungleich größere Möglichkeiten erhält, ihre sozialen Ziele technologisch zu untermauern, dann bedeutet dies natürlich auch, daß mit dem weiteren technologischen Fortschritt sich die Konsequenzen für die Werktätigen im Kapitalismus und im Sozialismus immer mehr unterscheiden. Denn die Ziele der kapitalistischen Unternehmer sind unvereinbar mit den Zielen der sozialistischen Gesellschaft. Um so wichtiger ist es in der sozialistischen Gesellschaft, alles, aber auch alles zu tun, um möglichst direkt und umfassend technische Möglichkeiten in spürbare soziale Verbesserungen umzusetzen. Von besonderem Gewicht ist dies für die sozialistische Rationalisierung, über die vor allem der wissenschaftlich-technische Fortschritt in der Praxis verwirklicht wird.

## Die sozialistische Rationalisierung stützt sich auf neueste wissenschaftliche Erkenntnisse

**Rationalisierung – das ist die Gesamtheit der Maßnahmen zur qualitativen Vervollkommnung und besseren Nutzung des bestehenden Produktionspotentials. Ihr Grundanliegen besteht darin, mit den vorhandenen Arbeitskräften, Produktionsausrüstungen, Gebäuden, Produktionsflächen und Materialien den Reproduktionsprozeß als Ganzes intensiver zu gestalten und so Effektivität und Qualität der Arbeit zu erhöhen. Rationalisierung vollzieht sich auf verschiedenen Wegen. Sie schließt die grundlegende Modernisierung und Rekonstruktion ebenso ein wie die vielfältigsten technisch-organisatorischen Maßnahmen und die wissenschaftliche Arbeitsorganisation.**

Unter unseren sozialistischen Bedingungen wird die Rationalisierung heute durch folgende Merkmale geprägt:

- Die Rationalisierung wird mit allen Werktätigen und zum Nutzen aller Werktätigen durchgeführt.
- Das hohe und sich weiter beschleunigende Tempo des wissenschaftlich-technischen Fortschritts bewirkt eine qualitativ neue Rolle der Rationalisierung.
- Die moderne Wissenschaft und Technik schafft prinzipiell neue Möglichkeiten zur Verbesserung des Verhältnisses von Aufwand und Ergebnis.
- Die Rationalisierung ist durch einen zunehmend komplexen Charakter gekennzeichnet, indem neue Technik, neue Technologien und Verfahren in voller Breite eingeführt werden und der Weg zur Automatisierung beschritten wird.

Auch künftig ist die Rationalisierung der entscheidende Weg, um neue technische Entwicklungen in die vorhandene Volkswirtschaft einzufügen und die Bedingungen der Arbeit für möglichst viele Werktätige zu verbessern.

**Das Ziel aller Rationalisierungsbemühungen im Sozialismus besteht in der engen Verknüpfung hoher Wirtschaftlichkeit mit progressiven Veränderungen am Arbeitsplatz.**

Unzureichende soziale Verbesserungen mindern unter sozialistischen Verhältnissen das wirtschaftliche Ergebnis der Rationalisierung; eine zu geringe ökonomische Effektivität der Rationalisierung engt wiederum den realen Spielraum für soziale Verbesserungen ein. Im Begreifen dieser Einheit von Ökonomischem und Sozialem liegt das Hauptproblem für das Verständnis der sozialistischen Rationalisierung.

**Durch Rationalisierung sind Arbeitskräfte zu gewinnen, die dringend an anderen Arbeitsplätzen – zumeist im gleichen Betrieb, im gleichen Kombinat oder im Territorium – benötigt werden.**

Jeder einzelne Werktätige hat dabei die absolute Sicherheit, daß er nicht »auf der Strecke« bleibt, daß die sozialistische Gesellschaft für ihn eine nützliche, qualifikationsgerechte Arbeit bereithält und gemeinsam mit ihm alle Fragen klärt, die sich aus dem Wechsel des Arbeitsplatzes ergeben. Seit 1981 haben dies Zehntausende Werktätige praktisch erlebt; und diese Praxis beweist eindeutig, daß ständige Produktivitätssteigerung und Sicherung des elementaren Menschenrechts auf Arbeit gleichzeitig und für jeden einzelnen verwirklicht werden können, aber das eben nur unter sozialistischen Produktionsverhältnissen.

**Die Werktätigen beteiligen sich in wachsendem Maße und rechtzeitig an der Vorbereitung und Realisierung konkreter Rationalisierungsschritte, indem sie ihre fachlichen Kenntnisse nutzen und eigene Überlegungen und Vorstellungen in die Rationalisierungsprojekte einfließen lassen.**

Die Erfahrungen weisen darauf hin, daß die aktive Beteiligung des einzelnen an technisch-organisatorischen Veränderungen seines Arbeitsplatzes wesentlich dazu beiträgt, daß sich dieser Werktätige mit den späteren Arbeitsaufgaben identifiziert.

**Rationalisierung und Entwicklung der Qualifikation sind eng miteinander verknüpft.**

Gegenwärtig verfügen etwa 85 Prozent aller Werktätigen über eine abgeschlossene Berufsausbildung; 1990 werden es etwa 90 Prozent sein (67 Prozent Facharbeiter oder Meister, 23 Prozent Hoch- und Fachschulabsolventen). Dieses Qualifikationspotential immer umfassender zu nutzen ist und bleibt eine entscheidende Wachstumsquelle. Es liegt nicht im Interesse der Gesellschaft oder des einzelnen, die erworbenen Fähigkeiten und Fertigkeiten durch Arbeitsplatzwechsel zu entwerten. Auch die Schlüsseltechnologien wie CAD/CAM entwerten keineswegs zwangsläufig die vorhandene Qualifikation. Der Schwerpunkt liegt vielmehr eindeutig darauf, aufbauend auf einer soliden, breit angelegten Facharbeiterausbildung und durch zusätzliche Qualifizierungsmaßnahmen einen Wechsel von Arbeitsaufgaben und Arbeitsanforderungen innerhalb der Berufe und Berufsgruppen zu ermöglichen, also die Disponibilität des Menschen zu erhöhen.

Das Herangehen an die Verbindung von wissenschaftlich-techni-

Gute Lernbedingungen bietet das neue Elektronikkabinett der Betriebsberufsschule »Kalinin« des Kombinats Chemische Werke Buna den angehenden Lehrlingen

schem und sozialem Fortschritt verdeutlicht, daß technisch ähnliche Entwicklungswege im Kapitalismus und im Sozialismus unvermeidbar zu gravierend unterschiedlichen sozialen Wirkungen führen müssen, da es letztlich immer zuerst um die Frage geht, welche Ziele die Gesellschaft als Ganzes mit der technischen Entwicklung verfolgt und mit welchen Mitteln sie diese Ziele verwirklicht.

Dies gilt für die Rationalisierung, das gilt genauso für die umfassende Nutzung der objektiv in der Technik und Technologie enthaltenen Möglichkeiten zur Verbesserung der Arbeitsbedingungen. So bestimmt bei uns die Technik niemals Höhe und Entwicklung der Arbeitsintensität; Arbeitshetze und Akkordarbeit werden auch künftig dem Werktätigen im Sozialismus unbekannt bleiben.

Unternehmer und Unternehmerparteien im Kapitalismus dagegen verlangen immer offener von den Werktätigen, im Interesse der Konkurrenz- und Weltmarktfähigkeit der Unternehmen eine Verschlechterung ihrer Arbeits- und Lebensbedingungen kampflos hinzunehmen.

Auch sozialistische Kombinate müssen weltmarktfähig werden und bleiben, aber nie auf Kosten der Werktätigen. Dies zwingt zu ständig neuen Überlegungen, wie bei einer im wesentlichen gleichbleibenden, jedem gesunden Werktätigen zumutbaren Arbeitsintensität die ökonomischen Effekte neuer Technologien rasch wachsen, aber eben durch Produktivitätsfortschritte und nicht durch Mehrarbeit in der gleichen Zeit.

All das verdeutlicht: Grundlegend gleiche oder zumindest sehr ähnliche technische Entwicklungen im Kapitalismus und im Sozialismus führen in vieler Hinsicht zu wesentlich verschiedenen sozialen Wirkungen. Der Sozialismus verfolgt dabei seine Strategie, die auf die immer bessere Befriedigung der materiellen und kulturellen Bedürfnisse der werktätigen Menschen gerichtet ist. Aus dieser Sicht heraus werden die konkreten Richtungen, Aufgaben und Maßnahmen zur Meisterung der wissenschaftlich-technischen Revolution bestimmt.

# Die planmäßige Leitung der Wirtschaft durch den sozialistischen Staat

★

**Worin besteht die ökonomische Funktion des sozialistischen Staates?**

★

Die ökonomische Funktion des sozialistischen Staates besteht darin, auf der Grundlage der Beschlüsse der marxistisch-leninistischen Partei die Leitung, Planung und ökonomische Stimulierung der Volkswirtschaft mit hoher Effektivität zu realisieren und ständig so zu vervollkommnen, daß sich die Produktivkräfte dynamisch entwickeln können, daß der wissenschaftlich-technische Fortschritt beschleunigt wird, daß die sozialistischen Produktionsverhältnisse weiter gefestigt werden.

Diesem Prozeß widmet die SED große Aufmerksamkeit. In ihrer ökonomischen Strategie geht sie davon aus, daß die Gestaltung der entwickelten sozialistischen Gesellschaft stets die weitere Vervollkommnung der sozialistischen Planwirtschaft einschließt. Wir können heute einschätzen, daß in der DDR ein System der Leitung und Planung geschaffen wurde, das den Erfordernissen der intensiv erweiterten Reproduktion, der wissenschaftlich-technischen Revolution entspricht. Zugleich verlangt das Leben, das Erreichte ständig zu vervollkommnen. In diesem Herangehen an die weitere Vervollkommnung der Leitung, Planung und wirtschaftlichen Rechnungsführung in unserer Volkswirtschaft kommt das schöpferische Herangehen an die marxistisch-leninistische Theorie und ihre Entwicklung zum Ausdruck. Auch künftig werden wir die sozialistischen Produktionsverhältnisse so ausgestalten, daß sie die dynamische Entwicklung der Produktivkräfte im Interesse der Stärkung des Sozialismus fördern.[20]

Im Sozialismus sind die Werktätigen Eigentümer der Produktionsmittel. Der sozialistische Staat nimmt die Funktion der Wirtschaftsleitung im Interesse der Arbeiterklasse und der mit ihr verbündeten Klassen und Schichten wahr und verwirklicht die in der Verfassung der DDR festgelegten Prinzipien der Wirtschaftsführung. Auf dieser Grundlage realisieren die Kombinate ihre wachsende volkswirtschaftliche Verantwortung. Auch die Betriebe, Genossenschaften und die anderen Wirtschaftseinheiten üben ihre eigenverantwortliche Tätigkeit auf der Grundlage des Planes mit großer Effektivität aus.

Der Staat bestimmt in einem demokratischen Prozeß (von der Planaufstellung über die Beschlußfassung bis zur Realisierung und Kontrolle) die Planaufgaben. Er entscheidet über die materiellen Mittel, über den Einsatz der Arbeitskräfte und der Finanzmittel und führt alle Maßnahmen durch, um die Arbeits- und Lebensbedingungen aller Bürger zu sichern und Schritt für Schritt zu verbessern.

Die ökonomischen Gesetze des Sozialismus erfordern das bewußte, planmäßige Handeln aller Werktätigen im Rahmen der ganzen Gesellschaft und die Entwicklung aller Bereiche des gesellschaftlichen Lebens. Die fleißige, initiativreiche, schöpferische und disziplinierte Arbeit der Werktätigen in der Produktion, in Wissenschaft und Technik, bei der Aus- und Weiterbildung, im geistig-kulturellen Bereich usw. ist die wichtigste Voraussetzung, um das wachsende materielle und geistig-kulturelle Lebensniveau und die allseitige Entwicklung sozialistischer Persönlichkeiten zu sichern.

Der sozialistische Staat erweist sich als das Hauptinstrument zur Leitung der Gesellschaft. Er wirkt auf vielfältige Weise (Gesetze, Verordnungen, materielle und moralische Interessiertheit, Überzeugungskraft und anderes) darauf ein, die Übereinstimmung der sozialistischen Produktionsverhältnisse mit dem Charakter der Produktivkräfte zu sichern, die Wissenschaft und Technik, die Produktion und ihre Realisierung, das soziale und geistig-kulturelle Leben entsprechend unserer Verfassung zu entwickeln.

Die sozialistische Wirtschaft ist Planwirtschaft. Sie beruht auf dem Prinzip des demokratischen Zentralismus. Die Erfahrungen der sozialistischen Staaten zeigen, daß es kein wirksameres Prinzip für die Gestaltung der Wirtschaft gibt.

## Wesen des demokratischen Zentralismus

**Der demokratische Zentralismus ist das grundlegende Leitungs- und Organisationsprinzip im Sozialismus, das die Einheit von zentraler Leitung und Planung sowie Initiative und Mitarbeit der Werktätigen verkörpert. Er beruht auf dem sozialistischen Eigentum an den Produktionsmitteln und der sozialistischen Staatsmacht.**

Der demokratische Zentralismus

- ist wissenschaftlicher Ausdruck der Interessen der Arbeiterklasse, insbesondere ihrer Anschauungen über Demokratie und Organisiertheit, über Freiheit und Disziplin. Er gewährleistet die führende Rolle der Arbeiterklasse und ihrer marxistisch-leninistischen Partei in der sozialistischen Gesellschaft und im sozialistischen Staat und ermöglicht die Aktivität aller Werktätigen zur Verwirklichung der gesellschaftlichen Erfordernisse, die sich aus den objektiven Gesetzmäßigkeiten der gesellschaftlichen Entwicklung ergeben;
- verbindet die wissenschaftlich fundierte Leitung und Planung der gesellschaftlichen Prozesse mit der auf materieller Interessiertheit und sozialistischem Bewußtsein beruhenden schöpferischen Initiative und Aktivität der Werktätigen. Er hilft die straffe zentrale Leitung der Grundprozesse und -aufgaben zu gewährleisten und inspiriert die breite Mitwirkung der Werktätigen an der Leitung und Verwirklichung dieser Aufgaben;
- vereinigt die verschiedenen Ebenen der staatlichen Leitung (Republik, Bezirke, Kreise, Städte und Gemeinden) und die Wirtschaftseinheiten (Kombinate, Betriebe, Genossenschaften, Institute usw.) zu einem Ganzen und gewährleistet deren einheitliches Vorgehen bei der Verwirklichung der Beschlüsse von Partei und Regierung, insbesondere des Volkswirtschaftsplanes und des Staatshaushaltsplanes;
- beruht auf der Wählbarkeit der Machtorgane und auf der Rechenschaftspflicht der Leitungen sowie auf der bewußten Einhaltung der Staatsdisziplin.

In der Wirtschaft dient der demokratische Zentralismus dazu, Wachstum und Stabilität, wissenschaftliche Fundierung und breite Mitwirkung der Werktätigen bei der Ausarbeitung der Pläne zu sichern. Er fördert die Aktivität der Werktätigen, sichert die Funktionsfähigkeit und die Autorität des Staates.

Die Gegner des Sozialismus versuchen immer wieder und auf

vielfältige Weise, den demokratischen Zentralismus zu diffamieren. Die Erfahrungen aus den verschiedensten konterrevolutionären Attacken auf sozialistische Errungenschaften zeigen, daß die von den Imperialisten vorgeschickten »Sozialismusverbesserer« verschiedenster Prägung zuerst den demokratischen Zentralismus und die führende Rolle der marxistisch-leninistischen Partei angreifen. So wird behauptet, der demokratische Zentralismus schließe die Werktätigen von der Mitwirkung an den Staatsgeschäften aus und beeinträchtige lokale oder regionale Interessen. In Wirklichkeit »schließt er auch keineswegs die völlige Freiheit der verschiedenen Gebiete und sogar der verschiedenen Gemeinden des Staates bei der Ausarbeitung mannigfaltiger Formen sowohl des staatlichen als auch des gesellschaftlichen und ökonomischen Lebens aus, sondern setzt sie vielmehr voraus. Nichts ist irriger als die Verwechslung des demokratischen Zentralismus mit Bürokratismus und Schablonisierung. Unsere Aufgabe besteht jetzt darin, gerade den demokratischen Zentralismus auf dem Gebiet der Wirtschaft zu verwirklichen.«[21]

Die Praxis der sozialistischen Länder zeigt, wie wirksam und vielfältig das Zusammenwirken der verschiedenen Ebenen der staatlichen Leitung und die Einbeziehung der Werktätigen in die Planung, in die Entscheidungsprozesse erfolgt.

Mitbestimmung und Mitverantwortung der Gewerkschaften bei der Ausarbeitung und Verwirklichung der Volkswirtschaftspläne, angefangen in den Betrieben über die örtlichen Volksvertretungen bis zur Volkskammer, veranschaulichen die neue Stellung der Werktätigen. Die Volksaussprachen zu wichtigen Gesetzentwürfen, die zahlreichen Vorschläge an die staatlichen Organe zur Qualifizierung der Gesetze und Beschlüsse sind ein Ausdruck der immer deutlicher zutage tretenden Verantwortung des einzelnen Werktätigen. Dabei geht es auch in diesem Prozeß um die Einheit von Quantität und Qualität. Die Mitwirkung der Bürger bei der Lösung gesellschaftlicher Angelegenheiten ist wichtig und unersetzlich. Jedoch mit den Aufgaben zur Gestaltung des entwickelten Sozialismus wachsen die Ansprüche an die Sachkenntnis, sind konstruktive Lösungsvorschläge gefragt. Sozialistischer Wettbewerb, Gemeinschaftsarbeit, Neuerertätigkeit, Plandiskussion, FDJ-Initiativen, Wahlkreis- und Wohngebietsarbeit, ehrenamtliche Tätigkeit in den Ständigen Kommissionen der örtlichen Volksvertretungen und anderen Gremien sind bewährte Formen der sozialistischen Demokratie.

Entsprechend den Erfahrungen vergangener Jahre haben wir uns dafür entschieden, die weitere

Entwicklung der sozialistischen Demokratie in den Betrieben bis hin zum Arbeitskollektiv vor allem über den Ausbau der Rechte und der Verantwortung der Gewerkschaften zu vollziehen. Nahezu jeder dritte Bürger unserer Republik übt gegenwärtig eine ehrenamtliche staatliche oder gesellschaftliche Funktion aus. Die immer umfassendere Einbeziehung aller Bürger in die Lösung öffentlicher Angelegenheiten gehört deshalb zu den bedeutendsten demokratischen Traditionen unseres Staates.

Die Gegner des Sozialismus ignorieren nicht nur die Praxis des Sozialismus, sondern ihre vermeintlichen Alternativen – politischer Pluralismus, Gruppeneigentum – sind auf die Spaltung der Arbeiterklasse gerichtet.

**Politischer Pluralismus** ist ein Begriff der bürgerlichen Ideologie zur Bezeichnung einer Vielzahl von politischen Kräften, parteipolitischen Orientierungen und ideologischen Anschauungen. Er dient zur Erhaltung der Klassenherrschaft der Bourgeoisie, verschleiert die tatsächlichen Produktions- und Machtverhältnisse und propagiert das »freie Spiel der Kräfte«.

Die Empfehlung, den demokratischen Zentralismus durch politischen Pluralismus zu ersetzen, soll dazu dienen, unsere Gesellschaft zu schwächen. Der Pluralismus ermöglicht keine wissenschaftlich fundierten Entscheidungen über die Grundfragen der gesellschaftlichen Entwicklung. Im Kapitalismus werden diese durch den Konkurrenz- und Profitmechanismus, durch das »Recht« des Stärkeren entschieden. Die Werktätigen sind von diesen Entscheidungen ausgeschlossen und können ihre Interessen nur im Kampf gegen die Ausbeuterklassen geltend machen.

Als **Gruppeneigentum** bezeichnet man genossenschaftliches Eigentum im Kapitalimus. Indem das einheitliche Volkseigentum in den sozialistischen Ländern durch Gruppeneigentum ersetzt werden soll, wird versucht, die ökonomische Grundlage des sozialistischen Staates zu untergraben.

**Warum gibt es zum demokratischen Zentralismus in der Wirtschaft keine sinnvolle Alternative?**

In der Wirtschaft der DDR arbeiten über 8,5 Millionen Werktätige, darunter 7,6 Millionen Arbeiter und Angestellte, 805 000 Mitglieder von Produktionsgenossenschaften sowie 398 000 Lehrlinge. Sie sind in rund 3526 volkseigenen Industriebetrieben, 2732 Produktionsgenossenschaften des Handwerks, 465 volkseigenen Gütern, 3905 landwirtschaftlichen Produktionsgenossenschaften, über 100 000 Verkaufsstellen des Handels und in vielen anderen Betrieben und Einrichtungen beschäftigt. Auf vielfältige Weise sind diese Betriebe und Einrichtungen miteinander verbunden, sind alle Werktätigen am Wirtschaftsleben beteiligt. Enge Beziehungen gibt es zum Beispiel zwischen der Produktion, dem Transportwesen, der Lagerwirtschaft und dem Handel. Diese und andere Beziehungen ergeben sich aus der historisch entstandenen gesellschaftlichen Arbeitsteilung. Auch in den kommenden Jahrzehnten wird die Vergesellschaftung der Produktion weitergeführt, das heißt, Konzentration, Spezialisierung und Kooperation werden weiter zunehmen.

Der Vergesellschaftungsprozeß der Produktion erfordert objektiv eine einheitliche zentrale Leitung. Das gilt übrigens auch für den Kapitalismus, der in Gestalt der großen Konzerne und Trusts sowie der verschiedensten internationalen staatsmonopolistischen Organisationen beachtliche Formen zur Realisierung der Konzentration, Spezialisierung und Kooperation der Produktion hervorbringt. Doch eine einheitliche zentrale Leitung – im Konzern noch realisierbar, bei den transnationalen Monopolen in bestimmten Grenzen noch erreichbar – ist in der kapitalistischen Gesellschaft unmöglich. Die Interessengegensätze, die Rivalitäten der großen Monopole und der von ihnen beeinflußten Regierungen und Institutionen, eben die aus den kapitalistischen Produktionsverhältnissen objektiv resultierende Konkurrenz und Anarchie, verhindern die einheitliche zentrale Leitung. Die diesbezüglichen Versuche (»Gipfelkonferenzen«, »Spitzengespräche«, »konzertierte Aktionen«) beweisen immer wieder, daß der Gegensatz von Kapital und Arbeit, daß die Interessengegensätze zwischen den Monopolgruppen der verschiedenen kapitalistischen Länder nicht überbrückt werden können, selbst wenn zeitweilig oder partiell übereinstimmende Formen zur Behandlung bestimmter Probleme (Bekämpfung der Inflation und der Arbeitslosigkeit, Reduzierung der Zahlungsbilanzprobleme usw.) gefunden werden.

Marx, der die einheitliche Leitung der Gesellschaft (Verhältnis Teil zum Ganzen) mit dem Verhältnis eines Violinspielers zum Musikdirektor verglich, hat gemeinsam mit Engels den demokratischen Zentralismus erstmalig in den Statuten des Bundes der Kommunisten (1847) und der I. Internationale dargelegt. »Alle unmittelbar gesellschaftliche oder gemeinschaftliche Arbeit auf größrem Maßstab bedarf mehr oder minder einer Direktion ... Ein einzelner Violinspieler dirigiert sich selbst, ein Orchester bedarf des Musikdirektors.«[22] Lenin schließlich betonte: »Wir sind für den demokratischen Zentralismus. Und man muß sich eindeutig darüber klarwerden, wie sehr sich der demokratische Zentralismus einerseits vom bürokratischen Zentralismus« (gemeint ist der Zentralismus im Kapitalismus), »anderseits vom Anarchismus unterscheidet.«[23]

Die Lehren der Klassiker des Marxismus-Leninismus und die Erfahrungen der sozialistischen Länder bestätigen die Bedeutung des demokratischen Zentralismus für den sozialistischen und kommunistischen Aufbau. Deshalb bemühen wir uns, in den verschiedenen Bereichen stets effektive Formen der zentralen Leitung und Planung sowie der Mitwirkung der Werktätigen an der Gestaltung der gesellschaftlichen Prozesse zu verwirklichen.

Um den komplizierten Organismus einer Volkswirtschaft, um die Tätigkeit von Millionen Menschen mit höchster Effektivität im Interesse der stetigen Verbesserung des materiellen und geistig-kulturellen Lebensniveaus zu organisieren, ist es notwendig, die zentrale staatliche Leitung und Planung der Grundfragen wirksam mit der Initiative und der Verantwortung der Werktätigen und ihrer Kollektive in den Wirtschaftseinheiten zu verknüpfen. Dabei gilt es, stets ein optimales Verhältnis zwischen Art und Umfang zentraler Leitungsentscheidungen und der Eigenverantwortung der Wirtschaftseinheiten zu bestimmen und praktisch zu gewährleisten. Unter den Bedingungen einer hohen Dynamik der wissenschaftlich-technischen und wirtschaftlichen Entwicklung muß dieses Verhältnis anders gestaltet sein als vor 10 oder 20 Jahren. Diesen gegenwärtigen Erfordernissen wurde vor allem durch die Bildung und weitere Entwicklung der Kombinate entsprochen. Als Grundformen für die gesellschaftliche Organisation der sozialistischen Großproduktion vereinigen sie ein großes Forschungspotential, die Produktion und den Absatz unter einer Leitung.

Durch die Verbindung der zentralen staatlichen Leitung und Planung mit der Eigeninitiative und der wirtschaftlich-operativen Selbständigkeit der Kombinate und der anderen Wirtschaftseinheiten sowie mit der Tätigkeit der örtlichen Organe der Staatsmacht wird es möglich, den gesellschaftlichen Reproduktionsprozeß optimal zu leiten. Es ist unmöglich, den Reproduktionsprozeß von zentraler Stelle aus bis in alle Einzelheiten zu übersehen. Unmöglich ist es aber auch, den gesellschaftlichen Reproduktionsprozeß mit hoher Effektivität zu gestalten, wenn man nur die Interessen eines einzelnen Kombinates, eines einzelnen Betriebes oder einer einzelnen Genossenschaft vertritt.

**Gesamtgesellschaftliche Interessen und Erfordernisse haben daher immer Vorrang. Es gilt der Grundsatz, Entscheidungen dort**

**zu treffen, wo das mit größter Sachkenntnis geschehen kann.**

Dank den sozialistischen Produktions- und Machtverhältnissen, kraft der Vorzüge und Triebkräfte des Sozialismus können die gesellschaftlichen Entwicklungsprozesse planmäßig und bewußt gestaltet, Widersprüche rechtzeitig erkannt und die Wachstumsziele der sozialistischen Wirtschaft durch die planmäßige Leitung sowie die Masseninitiative der Werktätigen erreicht werden. Das ist kein einfacher Prozeß. Viele objektive und subjektive Einflüsse sind zu beachten, und nicht immer gelingt es, alle Aspekte eines Problems optimal zu berücksichtigen.

Nehmen wir die Produktion in der Landwirtschaft. Die erfolgreiche Entwicklung der sozialistischen Landwirtschaft in der DDR ist allbekannt und wird hoch gewürdigt. Die Erhöhung der Produktion und der Produktivität der lebendigen Arbeit, die zunehmende Mechanisierung und die Verbesserung der Arbeits- und Lebensbedingungen der Genossenschaftsbäuerinnen und -bauern, der Landarbeiter, der Intelligenz auf dem Dorf gehören zur erfolgreichen Bilanz unserer Volkswirtschaft. Die weiteren Fortschritte auf dem Wege der Intensivierung der landwirtschaftlichen Produktion sind mit neuen Anforderungen verbunden:

»

**»Im Kern handelt es sich darum, die Erzeugung pflanzlicher und tierischer Produkte je Hektar schneller zu steigern als den Aufwand an lebendiger und vergegenständlichter Arbeit.«[24]**

«

Stabile Zuwachsraten der Produktion verlangen eine hohe Ökonomie beim Einsatz von Material, Energie und Grundfonds, eine bessere Qualität der Erzeugnisse, neue Verfahren und Technologien sowie die optimale Organisation der Arbeit.

Der Transport landwirtschaftlicher Erzeugnisse (Futter, Getreide, Hackfrüchte u. a.) beispielsweise erfordert einen hohen Treibstoffverbrauch. Wie kann er schnell gesenkt werden, ohne Produktion und Produktivität zu verringern? Wie können moderne Produktionsinstrumente, die Anwendung der Mikroelektronik und der Biotechnologie die Effektivität weiter erhöhen? Was muß getan werden, um diese und ähnliche Aufgaben optimal durchzuführen, damit der gesamte Aufwand an Arbeit je Einheit Endprodukt reduziert wird?

Jeder von uns kennt ähnliche Beispiele an seinem Arbeitsplatz. Immer geht es darum, Aufwand und Ergebnis im Zusammenhang zu sehen. Besonders die Beschleunigung des wissenschaftlich-technischen Fortschritts, die Rationalisierung der Produktion und des Gütertransports, die weitere Verbesserung der Struktur der Produktion erfordern gesamtgesellschaftliche und ausgewogene Entscheidungen, die beide Seiten, Aufwand und Ergebnis, Gegenwarts- und Zukunftsinteressen berücksichtigen. Das ist im persönlichen Leben nicht anders. Denken wir nur an die Berufswahl und an eine sinnvolle Freizeitgestaltung, bei denen auch stets aktuelle und perspektivische Überlegungen eine Rolle spielen.

Nur wenn alle Werktätigen, jeder an seinem Platz, ständig, konstruktiv an der Lösung der Probleme des sozialistischen Aufbaus mitwirken, werden wir unser Ziel erreichen. Die Wirtschaft entwickelt sich in einem dynamischen Prozeß. Es gibt keinen Stillstand. Eine wissenschaftlich fundierte Wirtschafts- und Sozialpolitik, die ständige Analyse und Überprüfung ihrer Voraussetzungen und Ergebnisse, die rechtzeitige Veränderung der Prioritäten und vor allem die aktive Mitwirkung der Werktätigen, ihre kämpferische Einstellung in bezug auf Leistungsanstieg und Effektivitätszuwachs sind deshalb unerläßlich.

Insbesondere durch die ökonomischen Initiativen der FDJ eröffnet sich der Jugend ein interessantes Betätigungsfeld in der sozialistischen Wirtschaft. Die mehr als 45 000 Jugendbrigaden und 4500 Jugendforscherkollektive kämpfen vorrangig im Rahmen zentraler und bezirklicher Jugendobjekte (zum Beispiel »FDJ-Initiative Berlin«, Elektrifizierung von Eisenbahnstrecken, Intensivierung der Produktion hochveredelter Chemiefaserstoffe, Mikroelektronik) darum, Höchstleistungen zu Dauerleistungen zu machen und Spitzenleistungen in Spitzenzeiten zu erbringen. Damit sind die Jugendbrigaden und Jugendforscherkollektive gleichzeitig bewährte Stätten kommunistischer Erziehung, die zur Herausbildung jener Eigenschaften und Verhaltensweisen beitragen, die den Lebenssinn der Kommunisten ausmachen.

Die wissenschaftlich-technische Revolution stellt eine gewaltige Herausforderung dar. Deshalb wurde auf dem XI. Parteitag hervorgehoben, daß der Sozialismus alle schöpferischen Fähigkeiten und Begabungen braucht, daß er massenhaft allseitig gebildete, hochbefähigte, talentierte Persönlichkeiten benötigt und hervorbringt. Die Lehrlinge von heute werden in den neunziger Jahren und nach der Jahrtausendwende aktiv den Arbeits- und Produktionsprozeß mitbestimmen. Um die künftigen Facharbeiter besser und weitsichtig auf diese Erfordernisse einzustellen, werden inhaltliche Konsequenzen insbesondere aus der Mikroelektronik, der Robotertechnik, der Automatisierung und Informationsverarbeitung gezogen. Die inhaltlichen Veränderungen in der theoreti-

Die Streckenelektrifizierung der Deutschen Reichsbahn wurde der FDJ als ein Zentrales Jugendobjekt übergeben. Seit 1981 wurden über 1000 km Eisenbahnstrecke elektrifiziert, bis 1990 sollen 1500 km geschafft sein

## Initiativen der Freien Deutschen Jugend

**35**

Seit dem X. Parlament der FDJ im Jahr 1976 übergaben der Zentralrat und das Ministerium für Wissenschaft und Technik insgesamt 143 Aufgaben des Staatsplanes Wissenschaft und Technik zentral an Grundorganisationen der FDJ. Bis 1985 konnten davon 107 erfolgreich realisiert werden. An dem 1982 ausgerufenen „Erfinderwettbewerb der Jugend" beteiligten sich bis 1985 6335 Jugendliche.

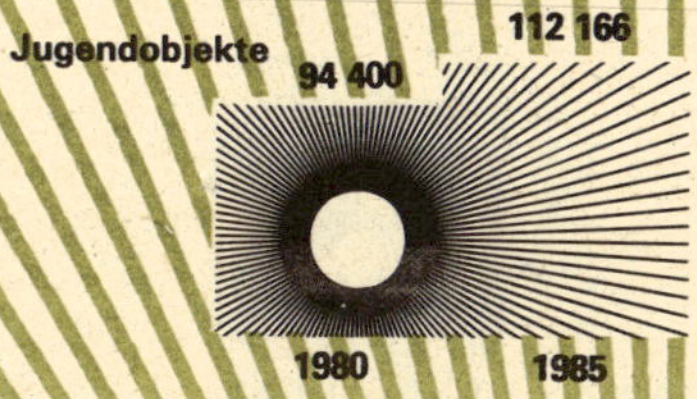


In den Jahren 1983 bis 1985 wurden 102 900 junge Werktätige für die Mehrschichtarbeit gewonnen.

Von 1983 bis 1985 wurden 10 000 Industrieroboter durch die Jugend gefertigt und zum Einsatz gebracht.

In der FDJ-Initiative „Mikroelektronik" wurden 500 FDJ-Mitglieder in das Kombinat Mikroelektronik Erfurt delegiert.

In der FDJ-Initiative „Pkw-Produktion" wurden 512 FDJ-Mitglieder in die Automobilwerke Eisenach und Zwickau delegiert.

In der FDJ-Initiative „Wissenschaftlicher Gerätebau" wurden seit 1984 Leistungen im Werte von 3 Millionen Mark erbracht.

2873 FDJ-Mitglieder nahmen im Rahmen der FDJ-Initiative „Tierproduktion" in leistungsschwachen LPG eine Tätigkeit auf, um zu helfen, sie an das Niveau der fortgeschrittenen heranzuführen.

206 000 Hektar landwirtschaftliche Nutzfläche wurden in mehr als 6700 Jugendobjekten „Bewässerung" in den Jahren 1984 und 1985 durch Mitglieder der FDJ für die Bewässerung erschlossen.

Über 230 000 Jugendliche beteiligten sich an der FDJ-Aktion „Gesunder Wald" und forsteten über 41 000 Hektar Wald wieder auf.

Mit 173 Kreisjugendobjekten „Getreideernte" und 1590 FDJ-Mähdrescherkomplexen hatte die FDJ 1985 einen spürbaren Beitrag zur Einbringung der besten Getreideernte in der Geschichte der Republik geleistet. Jeder 2. Mähdrescher wurde von einem FDJler gefahren.

Über 167 Dörfer übernahm die FDJ die Patenschaft, um das Leben dort schöner und attraktiver zu gestalten.

Erfolgreicher Weg der Gestaltung der entwickelten sozialistischen Gesellschaft in der DDR. Zahlen und Fakten, Berlin 1986, S. 143/144.

schen und praktischen Berufsausbildung werden in den Berufen begonnen, die für die wissenschaftlich-technische Revolution von besonderer Bedeutung sind. Bereits die Lehrlinge sollen dazu befähigt werden, an der modernen Rechentechnik und Informationsverarbeitungstechnik zu arbeiten, sie im Produktionsprozeß anwenden zu können sowie an der automatisierten Konstruktion und Produktionsvorbereitung mitzuwirken.

Der Grundsatz »Arbeite mit, plane mit, regiere mit«[25] – Ausdruck sozialistischer Demokratie – sichert jedem Bürger das Recht und die Möglichkeit, aktiv das politische, wirtschaftliche, soziale und kulturelle Leben umfassend mitzugestalten. Auf diese Weise können die Vorzüge und Potenzen für die wirksame Ausnutzung der ökonomischen Gesetze des Sozialismus, für die Verwirklichung des Ziels der sozialistischen Produktion besser genutzt werden.

Wissenschaftlichkeit, Bewußtheit, Planmäßigkeit und Initiative bewirken, daß die von den Menschen in Bewegung gesetzten gesellschaftlichen Ursachen vorwiegend und in stets steigendem Maße auch die von ihnen gewollten Wirkungen erhalten.

Die Praxis hat bewiesen, daß es ohne demokratischen Zentralismus keinen Sozialismus geben kann. Von den Klassikern des Marxismus-Leninismus wurde begründet und durch die Praxis der sozialistischen Staaten bekräftigt, daß der sozialistische Staat mit einer qualifizierten Leitung, Planung und Stimulierung zu einer ökonomischen Potenz wird, wenn wissenschaftlich fundierte Beschlüsse und eine breit entfaltete sozialistische Demokratie alle Initiativen der Werktätigen zu positiven Arbeitsergebnissen führen.

Der demokratische Zentralismus gewährleistet die Mitwirkung der Werktätigen an allen wichtigen Angelegenheiten im Staat und in der Wirtschaft. Mit dem Versuch, die Planwirtschaft als »Befehlswirtschaft« zu diskreditieren, sollen Vorteile der zentralen Leitung und Planung der Grundfragen, die Vorzüge des demokratisch ausgearbeiteten und angenommenen Volkswirtschaftsplanes und des Staatshaushaltsplanes relativiert werden. Es wird nur der Zentralismus gesehen, der dann noch fälschlicherweise mit Bürokratismus gleichgesetzt wird. Die sozialistische Demokratie, die Mitwirkung der Werktätigen bei der Ausarbeitung und Realisierung der Beschlüsse, werden dabei ignoriert.

**Ohne das einheitliche Handeln der Werktätigen ist eine hohe Effektivität der mannigfaltigen Initiativen der Werktätigen nicht zu sichern. Das schließt die freiwillige Disziplin der Staatsbürger ein, die ihrer Verantwortung gegenüber der Gesellschaft, gegen-**

**über ihrem Kollektiv gerecht werden.**

Diese Disziplin wird seitens des sozialistischen Staates durch für alle verbindliche Normen in Form von Gesetzen, Verordnungen und Anordnungen unterstützt. Administration im Sozialismus hat nichts mit dem bürokratischen Zentralismus zu tun, der in den kapitalistischen Staaten zur Aufrechterhaltung ihres Systems der Ausbeutung und Unterdrückung genutzt wird.

Dabei verschließen wir keineswegs die Augen vor bürokratischen Erscheinungen, die es auch bei uns im täglichen Leben noch gibt. Diese Erscheinungen resultieren nicht aus den objektiven Verhältnissen in Basis und Überbau, sondern meistens aus Unkenntnis, Bequemlichkeit, ungenügendem Staatsbewußtsein, falschen Einstellungen zur Arbeit und zum gesellschaftlichen Eigentum.

Partei und Regierung, die Öffentlichkeit, wir alle, besonders auch die Jugend mit ihrem Elan, bekämpfen diese Erscheinungen und wollen sie überwinden. Das ist ein Prozeß, der Kraft und Ausdauer verlangt, weil die Ursachen für das Fehlverhalten einzelner vielfältig und zählebig sind. Ständige politisch-ideologische Arbeit, Erhöhung des politischen und fachlichen Bildungsniveaus, Kritik und Selbstkritik und wirksame Kontrolle der Durchführung der Beschlüsse von Partei und Regierung sind wichtig zur Überwindung bürokratischer Erscheinungen in unserem Leben.

Die ständige Vervollkommnung der Leitung, Planung und ökonomischen Stimulierung ist unerläßlich, um alle Reserven für die weitere erfolgreiche Verwirklichung der Wirtschafts- und Sozialpolitik zu mobilisieren. Für diese Aufgaben, die theoretisch fundiert und praktisch wirksam gelöst werden müssen, gilt generell folgendes:

»Indem bereits auf dem X. Parteitag die ökonomische Strategie in wichtigen Grundzügen ausgearbeitet wurde, setzte unsere Partei ihre bewährte Praxis fort, rechtzeitig auf heranreifende Probleme zu reagieren, so mit dem Leben Schritt zu halten und sozusagen in vorbeugender Weise erkennbaren Entwicklungsproblemen zu begegnen. Auch bei der Verwirklichung der gefundenen Lösungen wurde weiteren heranreifenden Fragen Aufmerksamkeit geschenkt, wurden Entscheidungen vorbereitet und die notwendigen Beschlüsse gefaßt. Das hat uns vor manchem Tempoverlust bewahrt und uns auf wichtigen Gebieten Tempogewinn eingebracht. Dabei lassen die weiter zunehmende Dynamik in der Entwicklung der Produktivkräfte, aber auch manche von uns nicht beeinflußbaren internationalen Entwicklungstendenzen gewiß keinen Mangel an neu auftauchenden

Fragen entstehen. Stets gilt es deshalb, die gesamte Arbeit der Partei und des Staates bis hin in jedes einzelne Kombinat in Richtung auf diese vorausschauende Arbeit zu qualifizieren. Die Verantwortung dafür ist groß.

Ein solches Reagieren setzt die Bereitschaft und die Fähigkeit der Kommunisten, der verantwortlichen Leiter voraus, sich auf das Neue einzustellen, nicht in alten Gewohnheiten zu verharren, sondern aktiv und schöpferisch nach den entsprechenden Lösungen zu suchen, bei auftretenden Problemen nicht abzuwarten, sondern selbst Vorschläge zu ihrer Lösung zu unterbreiten. Das ist der Arbeitsstil, den wir in noch stärkerem Maße benötigen.«[26]

## Gesetz der planmäßigen proportionalen Entwicklung

Die bewußte und planmäßige Ausnutzung der ökonomischen Gesetze des Sozialismus, insbesondere des Gesetzes der planmäßigen proportionalen Entwicklung, durch den sozialistischen Staat ist ein großer Vorzug. Das ermöglicht, das für den sozialistischen Aufbau notwendige Tempo durchzusetzen, die materiellen und finanziellen Fonds effektiver zu nutzen sowie den Einsatz des gesellschaftlichen Arbeitsvermögens zweckmäßig zu organisieren.

**Das ökonomische Gesetz der planmäßigen proportionalen Entwicklung ist ein spezifisches Gesetz der sozialistischen und der kommunistischen Produktionsweise.**

Es wirkt auf der Grundlage des gesellschaftlichen Eigentums an den Produktionsmitteln und bestimmt die notwendigen Proportionen für ein hohes, effektives und kontinuierliches Wirtschaftswachstum. Dieses spezifische ökonomische Gesetz ist den in der kapitalistischen Wirtschaft wirkenden Kategorien Spontanität, Anarchie und Konkurrenz direkt entgegengesetzt.

Planmäßigkeit und Proportionalität sind untrennbar miteinander verbunden. Als objektive Kategorie (im Unterschied zur Planung, die ein Instrument des Staates ist) geht die Planmäßigkeit weit über den Begriff der Proportionalität hinaus. Planmäßigkeit resultiert aus den sozialistischen Produktionsverhältnissen und bringt den Anspruch hervor, alle gesellschaftlichen Prozesse planmäßig mit hoher Rationalität zu gestalten.

Planmäßig proportionale Entwicklung verlangt, die Größenverhältnisse und Wechselbeziehungen der verschiedenen Bereiche und Zweige der Volkswirtschaft, ihr Entwicklungstempo aufeinander abgestimmt festzulegen und zu realisieren. Damit soll die Produktion von Produktionsmitteln und von Konsumgütern in den von der Gesellschaft benötigten Mengen mit möglichst niedrigem Aufwand gesichert werden. Die Proportionalität ist eine Grundvoraussetzung für ein kontinuierliches, effektives und stabiles Wachstum der sozialistischen Volkswirtschaft, das entsprechend der Hauptaufgabe erreicht werden soll.

Proportionalität im Sinne der politischen Ökonomie des Sozialismus ist auf die abgestimmte Entwicklung der quantitativen und qualitativen Beziehungen zwischen den Abteilungen und Bereichen der gesellschaftlichen Produktion, zwischen den Zweigen und Bereichen sowie zwischen den Betrieben gerichtet. Proportionen in der Produktion können nur bestimmt werden, wenn der gesellschaftliche Aufwand für eine bestimmte Erzeugnismenge im Verhältnis zum Bedarf beachtet wird. Zum Beispiel erfordert ein bestimmter Umfang der Produktion (zum Beispiel der Pflanzenproduktion in der Landwirtschaft) einen bestimmten Umfang an Weiterverarbeitungskapazitäten (Mühlen, Zucker- und Marmeladenfabriken), an Lagermöglichkeiten (Lagerhallen, Silos) und an Transportanlagen (Waggons, LKWs).

Von großer Bedeutung ist gegenwärtig die elektronische und elektrotechnische Industrie, besonders die Mikroelektronik. Von der Menge und der Qualität ihrer Erzeugnisse hängt die Verwirklichung des wissenschaftlich-technischen Fortschritts ab, wird die Exportfähigkeit vieler Erzeugnisse bestimmt.

Die gesellschaftlichen Bedürfnisse in ihrer ständigen Veränderung erfordern eine bestimmte, sich diesen Veränderungen anpassende Wirtschaftsstruktur. Denken wir nur an die Austauschbarkeit von Erdöl, Erdgas, Stein- und Braunkohle, an den wissenschaftlich-technischen Fortschritt (Umstellung auf Mikroelektronik, breite Anwendung der Industrieroboter usw.) oder auch einfach an Einflüsse der Mode, der Witterung usw.

Die Wirtschaftsstruktur muß folglich immer wieder planmäßig vervollkommnet und verändert werden. Das Wachstum eines Zweiges oder einer Erzeugnisgruppe setzt das dafür notwendige Wachstum anderer Bereiche und Zweige voraus, wobei die erforderlichen Wachstumstempi der einzelnen Bereiche und Zweige differenziert sind.

Hierzu ein Beispiel: Die Produktion von Produktionsmitteln ist die Voraussetzung für die Produktion von Konsumtionsmitteln. Doch die Produktion von Produktionsmitteln ist kein Selbstzweck. Wichtig ist daher die Orientierung auf das Endprodukt. Pro Einheit Endprodukt sollen bei steigender

Qualität immer weniger Produktionsmittel und Arbeitszeit aufgewendet werden. Darauf zielt die ökonomische Strategie der Partei ab. Dazu sind hohe Leistungen in Wissenschaft und Technik erforderlich, die sich über den Einsatz der Mikroelektronik, der Robotertechnik, neuer Technologien usw. in mehr, besseren und billigeren Endprodukten zeigen.

Die Vielzahl der Proportionen macht eine Gliederung notwendig, die das Gewicht der einzelnen Proportionen innerhalb der Volkswirtschaft deutlich werden läßt. Deshalb werden die wichtigsten Proportionen (das sind insbesondere die Proportionen zwischen dem Endprodukt – Güter für den Export, für Investitionen und für die Versorgung der Bevölkerung – und dem Einsatz an Roh- und Brennstoffen; zwischen industrieller, landwirtschaftlicher sowie Bauproduktion; zwischen Finalproduzenten und Zulieferbetrieben; zwischen Export und Import; zwischen Akkumulation und Konsumtion; zwischen Geldeinnahmen der Bevölkerung und Warenfonds) im Gesetz über den Fünfjahrplan für die Entwicklung der Volkswirtschaft der DDR festgelegt.

Bei der Bilanzierung dieser Proportionen geht es um solche Fragen: Wieviel Bauproduktion erfordert eine Kapazitätserweiterung in anderen Bereichen der Volkswirtschaft? Wieviel Ausrüstungen kann die Industrie den anderen Zweigen zur Verfügung stellen, ohne die Versorgung der Bevölkerung mit Konsumgütern oder die Erfüllung der Exportaufgaben zu gefährden? Wieviel Rohstoffe stellt die Landwirtschaft der Industrie zur Verfügung? Welche Exportsteigerung an weltmarktfähigen, devisenrentablen Erzeugnissen ist erforderlich, um alle notwendigen Importe und Auslandsverpflichtungen zu finanzieren?

Zu den materiellen Proportionen zählen die Beziehungen zwischen Industrie, Bauwesen, Landwirtschaft und Verkehrswesen. Die wichtigsten Veränderungen zwischen diesen Zweigen in den letzten drei Jahrzehnten bestehen darin, daß der Anteil der Industrie und des produzierenden Handwerks am Nationaleinkommen gestiegen ist (sie produzierten 1985 zusammen etwa 70 Prozent des Nationaleinkommens), der Anteil der Land- und Forstwirtschaft zurückging.

Die Struktur der Volkswirtschaft der DDR entspricht der Struktur eines sozialistischen Industriestaates mit entwickelter Landwirtschaft. Die volkswirtschaftliche Struktur der DDR weisen die Abbildungen 36 und 37 aus. Interessant ist ein Vergleich dieser Strukturen mit anderen RGW-Ländern (Tabelle 13).

Die Bedeutung der Volkswirtschaftszweige und -bereiche kann nicht von ihren Anteilen am produzierten Nationaleinkommen abgeleitet werden.

**Tabelle 13**
**Anteil der Land- und Forstwirtschaft am produzierten Nationaleinkommen in RGW-Ländern 1950 bis 1984 (Prozent)**

| Land | 1950 | 1970 | 1980 | 1984 |
|---|---|---|---|---|
| VR Bulgarien | 42,5 | 22,8 | 17,0 | 18,5 |
| DDR | 29,2 | 12,0 | 8,4 | 12,7 |
| Mongolische VR | 59,4 | 25,3 | 15,0 | 17,7 |
| VR Polen | 51,7 | 17,3 | 15,8 | 17,5 |
| SR Rumänien | 27,6 | 19,5 | 15,2 | 16,4 |
| ČSSR | 16,7 | 10,5 | 7,5 | 8,8 |
| UdSSR | 22,2 | 22,0 | 15,1 | 19,9 |
| Ungarische VR | 47,7 | 22,8 | 18,6 | 18,1 |

Statistisches Jahrbuch der DDR 1985, S. 4*. – Statistisches Jahrbuch der Mitgliedsländer des RGW 1985, Moskau 1985, S. 57 (russ.).

Im Programm der SED, in den Dokumenten des XI. Parteitages der SED und des XII. Bauernkongresses wird die große Bedeutung der Landwirtschaft hervorgehoben, werden die Leistungen der Genossenschaftsbäuerinnen und -bauern, der Landarbeiter und der in der Land- und Forstwirtschaft tätigen Intelligenz hoch gewürdigt. Auch das Interesse der Jugend für die Entwicklung der Landwirtschaft wird gefördert, denn die LPG, VEG usw. müssen heute, morgen und immer das Brot des Volkes produzieren.

Die Leistungssteigerung in der Landwirtschaft ist eine politische und ökonomische Aufgabe ersten Ranges. Von ihrer Lösung hängt die Erfüllung der Hauptaufgabe bei der Gestaltung der entwickelten sozialistischen Gesellschaft ab. Deshalb hob Erich Honecker auf dem XI. Parteitag hervor: »In der Agrarpolitik verfolgen wir das Ziel, unsere Landwirtschaft als leistungsfähigen Teil der Volkswirtschaft weiter zu entwickeln. ... So sieht der Fünfjahrplan 1986 bis 1990 vor, die Hektarerträge durchschnittlich jährlich um 1,7 Prozent und die tierische Produktion um 1,4 Prozent zu erhöhen. Die Erträge sind zu stabilisieren und auszubauen.«[27] Dabei geht es um die sichere Versorgung der Bevölkerung, um wichtige Rohstoffe für die Industrie und um die weitere Reduzierung von Getreideimporten.

Wie in allen Zweigen der Volkswirtschaft, so gilt es auch in der Landwirtschaft, Leistungsreserven zu erschließen, hohen Leistungszuwachs und höchste Effektivität zu erreichen. Das heißt, durch umfassende Intensivierung sind die Erträge auf den Feldern und in den Ställen zu erhöhen, ist

## Anteil der Wirtschaftsbereiche der DDR am Nettoprodukt 1950 und 1985 (Prozent) 36

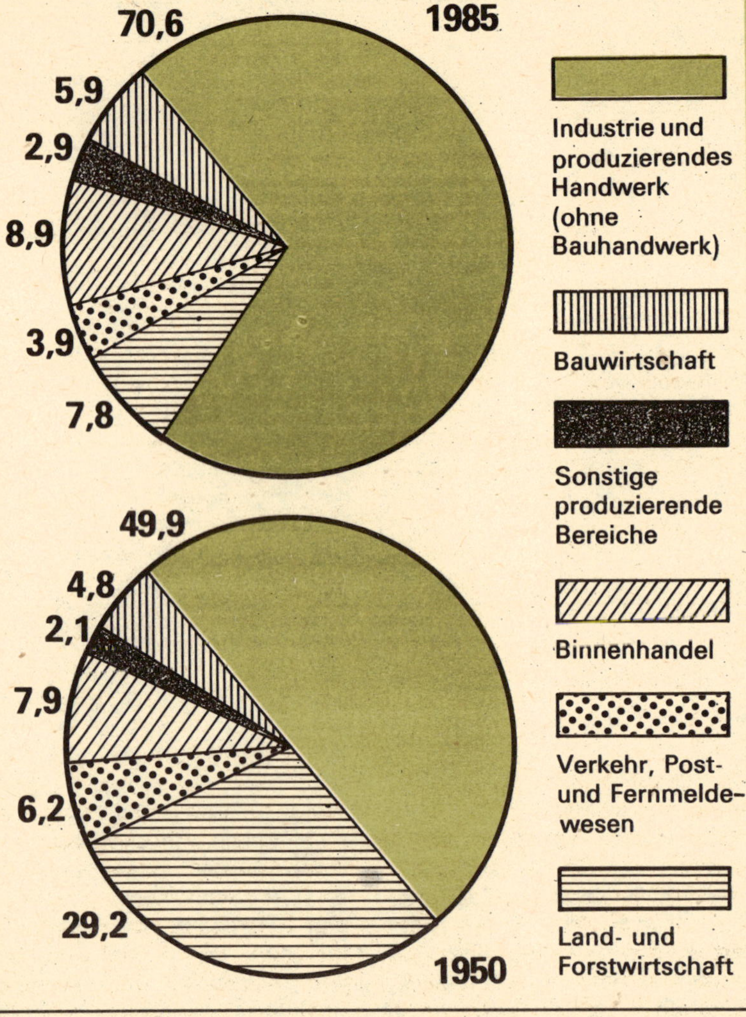


Statistisches Taschenbuch der DDR 1986, S. 26.

## Anteil der Wirtschaftsbereiche der DDR an den Berufstätigen 1985 (Prozent)

37

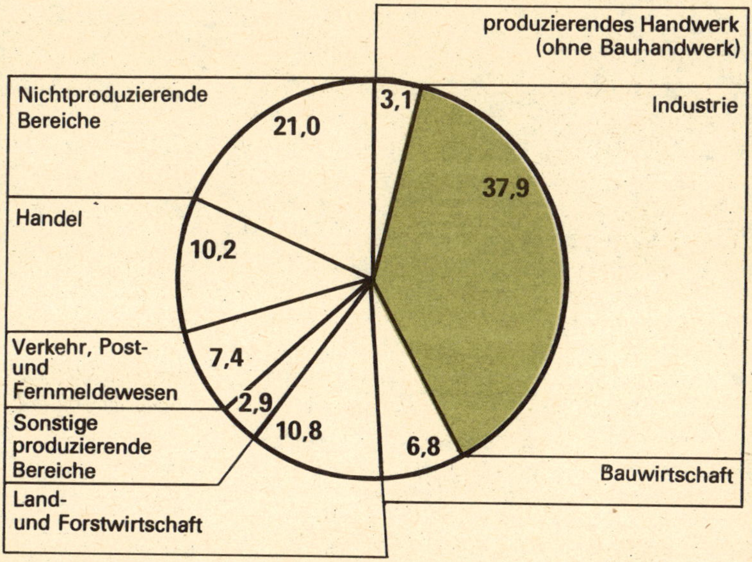


Statistisches Taschenbuch der DDR 1986, S. 34.

das Verhältnis von Aufwand und Ergebnis zu verbessern.

Das Gesetz der planmäßigen proportionalen Entwicklung erfordert, daß die veränderten Proportionen in jeder Planperiode bilanziert werden. Die Verteilung muß immer mit dem entsprechenden Aufkommen übereinstimmen, die Ausgaben müssen durch erwirtschaftete Einnahmen gedeckt werden. Es wäre sinnlos, eine Produktionskapazität aufzubauen, für deren Betrieb weder Rohstoffe noch Arbeitskräfte beschafft werden können. Es wäre schädlich, Investitionen zu beginnen, ohne ihre materielle und finanzielle Realisierung gesichert zu haben. Das zeigt, daß es in der Volkswirt-

Die Landjugend hat großen Anteil an den Erfolgen unserer Volkswirtschaft. Unser Foto zeigt Mitglieder eines Jugendkomplexes bei der Roggenernte in der LPG Drebkau

schaft viele Proportionen gibt, die bei der Leitung, Planung und ökonomischen Stimulierung der gesellschaftlichen Produktion zu beachten sind. Zu ihnen gehören zum Beispiel die Beziehungen zwischen Staatseinnahmen und Staatsausgaben, zwischen Waren- und Kauffonds. Dabei geht es darum, die bedarfsgerechte Produktion zu gewährleisten, um die Wünsche der Bevölkerung nach Konsumgütern in Sortiment und Qualität und zum gewünschten Termin zu erfüllen.

Bei den Investitionen geht es vor allem um solche Fragen: Wie werden durch die Anwendung des wissenschaftlich-technischen Fortschritts weitere Arbeitsplätze eingespart? Wo und wie erfolgt der Einsatz der durch Rationalisierung gewonnenen Arbeitskräfte? Und wenn neue Arbeitsplätze notwendig sind, wie wird ihre Besetzung, wie wird die mehrschichtige Auslastung der neuen Anlagen gesichert? Wie können die notwendigen Ausrüstungen beschafft werden? Was kann der eigene Rationalisierungsmittelbau herstellen? Wie kann die Finanzierung der Investitionen aus eigenen Mitteln (zum Beispiel aus dem Amortisationsfonds) gesichert werden?

**Die ständige Wahrung ausgewogener Proportionen ist eine entscheidende Bedingung zur Sicherung höchster Effektivität in der Volkswirtschaft.**

## Planung als ökonomische Funktion des Staates

Ausgehend von den konkreten Reproduktionsbedingungen, insbesondere unter Berücksichtigung des wissenschaftlich-technischen Fortschritts, und von der Notwendigkeit, die Effektivität der Produktion und das materielle und geistig-kulturelle Lebensniveau zu erhöhen, wird das ökonomische Wachstum im Sozialismus planmäßig gestaltet und stimuliert. Dazu dient das System der Leitung, Planung und ökonomischen Stimulierung. Das Herzstück dieses Systems ist die Planung.

**Unter Planung verstehen wir die bewußte Gestaltung der gesellschaftlichen, insbesondere der ökonomischen Prozesse durch die staatlichen Organe und die Wirtschaftseinheiten auf der Grundlage von Prognosen, Zielprogrammen, Analysen und Direktiven.**

Prognosen, Zielprogramme, Analysen und Direktiven sind Arbeitsinstrumente und Dokumente, die der eigentlichen Planung und Bilanzierung vorausgehen. **Prognosen** gibt es für wichtige Roh- und Brennstoffe; sie umfassen solche Fragen: Wie entwickelt sich der Roh- und Brennstoffbedarf in den nächsten Jahrfünften? Wie kann er gedeckt werden, mit welchen Kosten? Wie entwickeln sich die Preise bei alternativen Roh- und Brennstoffarten? **Zielprogramme** enthalten, ausgehend von den Prognosen, Richtungen für Schritte zur Erreichung der angesteuerten Ziele, zum Beispiel, wie der Zuwachs an installierter Leistung in den Kraftwerken der DDR gewährleistet werden kann. **Direktiven** von Partei und Regierung enthalten konkrete Aufträge und Entscheidungen; sie liegen der Planung und Bilanzierung unmittelbar zugrunde.

Die Planung ist ein entscheidender Vorzug der sozialistischen Produktionsweise. Die Planung der wirtschaftlichen Aufgaben, der Tätigkeit der Kombinate, Betriebe, Genossenschaften und Institutionen dient dem Ziel, durch die effektive Nutzung der konkreten Reproduktionsbedingungen eine hohe Effektivität des Reproduktionsprozesses zu gewährleisten.

**Die Planung ist Bestandteil der sozialistischen Leitung. Sie ist**

**ein wichtiges Instrument der Leitung der Volkswirtschaft, um ein möglichst hohes, effektives, kontinuierliches und stabiles ökonomisches Wachstum zu erreichen und damit das Ziel der sozialistischen Produktion zu verwirklichen.**

Das ökonomische Wachstum wird bestimmt durch die Anzahl und Qualifikation der Arbeitskräfte, den Umfang und die Struktur der zur Verfügung stehenden Roh- und Brennstoffe sowie der Produktionskapazitäten, den wissenschaftlich-technischen Vorlauf und die Investitionskraft. Es geht um die beste, um die effektivste Nutzung dieser Produktionsbedingungen. Dazu sind die Vorschläge der Millionen Werktätigen in Stadt und Land ebenso notwendig wie die wissenschaftlich fundierte Planung und Bilanzierung der ökonomischen Aufgaben.

Unverzichtbar für die sozialistische Planwirtschaft ist die zentrale staatliche Leitung und Planung. Sie ist in erster Linie notwendig, um die Ziele der gesellschaftlichen Entwicklung, vor allem die Einheit von Wirtschafts- und Sozialpolitik, durchzusetzen, um den wissenschaftlich-technischen Fortschritt mit höchster ökonomischer Effektivität zu beschleunigen und auf Schwerpunkte zu konzentrieren, um die Volkswirtschaft insgesamt planmäßig und proportional zu entwickeln.

Eine große Verantwortung tragen die zentralen Staatsorgane. Ausgehend vom Bedarf der Bevölkerung, von den Anforderungen der gesamtgesellschaftlichen Entwicklung, einschließlich der ökonomischen Sicherstellung der Landesverteidigung, sowie den zur Verfügung stehenden Arbeitskräften, materiellen und finanziellen Fonds, erarbeiten sie Vorschläge für die Aufstellung der Pläne (Fünfjahrplan, Volkswirtschaftsplan, Staatshaushaltsplan).

Die grundlegenden Regelungen für Inhalt und Ablauf der Planung auf allen Ebenen werden in einer Planungsordnung festgelegt, die im allgemeinen für fünf Jahre gilt. Sie enthält grundsätzliche Bestimmungen, die die umfassende Einbeziehung der Werktätigen und die Mitwirkung der Gewerkschaften garantieren. Die Erarbeitung, Diskussion, Beschlußfassung und schließlich die Verwirklichung der Pläne ist ein umfassender demokratischer Prozeß, der die zentrale staatliche Leitung und Planung sowie die breite aktive Mitarbeit der Werktätigen einschließt.

Das zentrale Planungsorgan des Ministerrates der DDR, das die Aufgaben der gesamtvolkswirtschaftlichen Planung und Bilanzierung wahrnimmt, ist die Staatliche Plankommission. Sie führt die erforderlichen Berechnungen zur Sicherung der volkswirtschaftlichen Proportionalität und zur Erhöhung der Effektivität des Reproduktionsprozesses durch und erarbeitet dazu die entsprechenden Vorschläge. Sie muß, bevor ein Volkswirtschaftsplan von der Volkskammer beschlossen werden kann, Hunderttausende ökonomische Positionen ermitteln und bilanzieren.

Bei den Ministerien, den Kombinaten, Betrieben und staatlichen Einrichtungen gibt es entsprechende Abteilungen, in den Territorien bestehen Bezirks- bzw. Kreisplankommissionen, die ebenso wie die zentralen staatlichen Organe und die Wirtschaftseinheiten dafür verantwortlich sind, daß die volkswirtschaftlichen Aufgaben in ihrem Verantwortungsbereich in die Tat umgesetzt werden.

Die Pläne beziehen nicht nur Industrie, Landwirtschaft und andere Zweige der Produktion ein, sie erfassen vielmehr alle Bereiche vom Handel über die Volksbildung, Berufsausbildung bis zum Gesundheitswesen. Die Planung verbindet die industrielle Entwicklung mit den Anforderungen an Verkehrsträger, Bauwirtschaft und Städtebau, die notwendigen Fortschritte der Landwirtschaft mit den Lieferungen der Industrie (Maschinen, Düngemittel) und mit den Bedürfnissen des Binnenhandels. Ein wichtiger Planteil enthält die Aufgaben auf dem Gebiet der sozialistischen ökonomischen Integration, des Exports und Imports.

Schulabgänger und Eltern beispielsweise können mit Recht sagen: Der Plan unserer Republik sichert jedem Schüler eine Berufsausbildung und danach einen Arbeitsplatz! Von 1986 bis 1990 werden fast eine Million Jugendliche ihre Tätigkeit in der Wirtschaft aufnehmen. Jeder Jugendliche wird nach einer gesicherten Berufsausbildung einen Arbeitsplatz erhalten, wobei Neigung, Eignung und gesellschaftliche Erfordernisse weitgehend in Übereinstimmung gebracht werden, speziell durch eine rechtzeitige Berufsberatung.

**Bei der Planung der Volkswirtschaft wird das Prinzip des demokratischen Zentralismus konsequent durchgesetzt. Das bedeutet, daß die grundlegenden ökonomischen Prozesse fest in der Hand des Staates liegen, die umfassende Teilnahme der Werktätigen an der Plandiskussion gesichert ist und die Planaufgaben nach ihrer Bestätigung durch die Volksvertretungen unumstößliches Gesetz sind.**

Am Jahresplan soll dieser Ablauf einmal etwas vereinfacht dargestellt werden (Abbildung 38): Die Plankommission ermittelt für die einzelnen Wirtschaftsbereiche staatliche Aufgaben in Zusammenarbeit mit den für die Industriebereiche zuständigen Ministerien. Wesentlich hierfür sind der volkswirtschaftliche Bedarf und die verfügbaren Ressourcen (Arbeitskräfte, Kapazitäten und

## Ablauf der Ausarbeitung der Pläne in der zentralgeleiteten Industrie

38

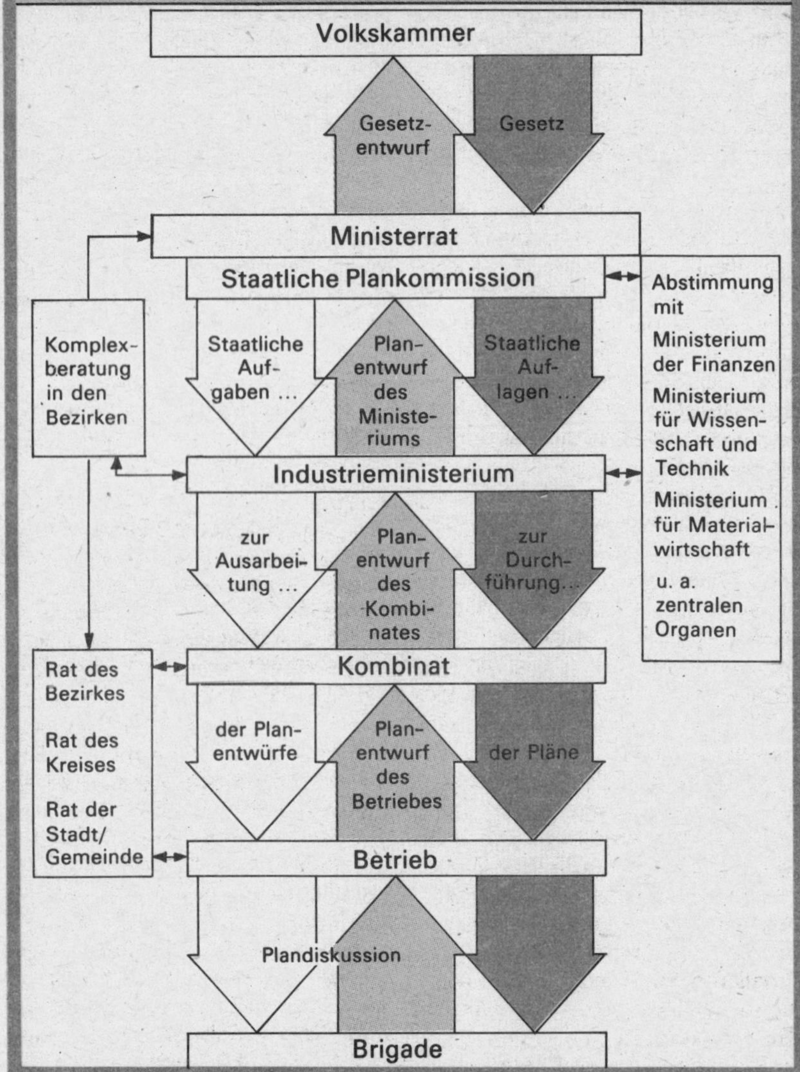

Rohstoffe). Diese Kennziffern nennen wir Vorgaben. Sie werden von den Ministerien, den Kombinaten und Betrieben unter aktiver Beteiligung der Werktätigen beraten.

Praktisch sieht das so aus: Das Kombinat und die anderen Wirtschaftseinheiten erhalten, ausgehend vom gültigen Fünfjahrplan, etwa Mitte Mai eines jeden Jahres die staatlichen Planvorgaben für das kommende Jahr. Diese Vorgaben umfassen vor allem die Kennziffern Warenproduktion, Nettoproduktion, Qualität der Erzeugnisse, Umfang der Konsumgüterproduktion, Exportvolumen und Exportrentabilität, Kostensenkung und Gewinn. Aus dieser Zielstellung erarbeiten die Planungsfachleute die für den Betrieb und die Volkswirtschaft günstigste Variante. Dabei stützen sie sich auf die Vorschläge der Werktätigen, die in den Gewerkschaftsgruppen beraten werden. In Plandiskussionen werden natürlich keine Zahlenkolonnen verlesen. Die staatlichen Leiter, die Abteilungsleiter und Meister sind verpflichtet, ihren Kollektiven den Plan des nächsten Jahres zu erläutern, das heißt, sie konzentrieren sich auf die wichtigsten Aufgaben und Probleme. Sie stellen dabei die speziellen Aufgaben für das jeweilige Kollektiv in den Mittelpunkt, so daß am Ende jeder weiß, was er im nächsten Jahr leisten muß. Gesprochen wird aber auch darüber, wie diese Ziele zu realisieren sind. Und es wird offen gesprochen, keiner hält mit seiner Kritik zurück, gilt es doch, Unzulänglichkeiten rechtzeitig aufzudecken und Reserven aufzuspüren. Je mehr und je besser produziert wird, um so reicher werden die Werktätigen sein, die ja die Eigentümer der Betriebe sind.

Gründliche Plandiskussionen sind längst eine gute Tradition, ein Kennzeichen sozialistischer Demokratie im Betrieb. Die Gewerkschaft, die FDJ und andere Organisationen der Werktätigen (zum Beispiel Kammer der Technik) beteiligen sich aktiv daran. In den letzten Jahren haben bei insgesamt steigender Tendenz jeweils mehr als 6 Millionen Bürger aktiv an der Plandiskussion teilgenommen, das sind mehr als 85 Prozent aller Werktätigen. Allein in den Zehntausenden Beratungen für den Plan des Jahres 1986 wurden annähernd 700 000 Vorschläge zur Verbesserung, Konkretisierung und Veränderung der Vorgaben gemacht.

Die Generaldirektoren der Kombinate, die Leiter der Betriebe und Einrichtungen werten alle Vorschläge und Hinweise sorgfältig aus. In Versammlungen sprechen sie darüber. Die Gewerkschaftsleitung eines jeden Betriebes erarbeitet eine Stellungnahme zum Plan, die gemeinsam mit dem Wettbewerbsprogramm auf einer Vertrauensleutevollversammlung beschlossen wird. Ohne die Zustimmung der Gewerkschaften und ihre Stellungnahme darf der Planvorschlag vom Betriebsleiter nicht an das Kombinat oder an die zuständigen Organe weitergereicht werden.

Großen Anteil an der Planerfüllung der Betriebe hat die FDJ. Auf dem XII. Parlament der Jugend bekräftigte Eberhard Aurich, daß es heute nahezu keinen Betrieb, keine Einrichtung mehr gibt, wo die FDJ nicht ihren wägbaren Anteil an der Erfüllung des Planes hat, wo FDJ-Mitglieder nicht in vorderster Front stehen, wenn es gilt, die Aufgaben des Fünfjahrplanes zu meistern. Damit bringt der Jugendverband an der Seite der Gewerkschaften einen wachsenden Beitrag in den sozialistischen Wettbewerb der Werktätigen ein.

Zur Tradition hat sich die jährlich im Januar stattfindende thematische Mitgliederversammlung der FDJ entwickelt, in der die werktätige Jugend, jeder Jugendfreund seinen Beitrag zum Volkswirtschaftsplan zur Diskussion stellt. Diese thematischen Mitgliederversammlungen sowie Veranstaltungen zur »Woche der Jugend und Sportler« nutzen die staatlichen Leiter, um vor den Jugendlichen Rechenschaft über die Realisierung der Jugendförderungspläne abzulegen.

Eine interessante und komplizierte Aufgabe der Planungsorgane (insbesondere der Staatlichen Plankommission, der Ministerien, der Räte der Bezirke, Kreise und Städte) besteht nun darin, den Bedarf an Erzeugnissen und Leistungen mit den materiellen Fonds (Produktionskapazitäten, Roh- und Brennstoffen) und den finanziellen Fonds (Einnahmen des Staatshaushaltes, der Banken) sowie den vorhandenen Arbeitskräften so in Übereinstimmung zu bringen (zu bilanzieren), daß kontinuierlich mit hoher Effektivität produziert und damit der Lebensstandard weiter erhöht werden kann.

**Die Bilanzierung ist die Hauptmethode der sozialistischen Planung. Mit den Bilanzen werden wichtige Voraussetzungen dafür geschaffen, daß die für das Wachstum der Volkswirtschaft, den Export und die Versorgung der Bevölkerung bestimmten Erzeugnisse in entsprechender Qualität und Quantität bereitgestellt werden und daß sich die Verwendung dieser Produkte im Einklang mit den Erfordernissen der Intensivierung, vor allem der Senkung des Aufwandes, befindet.**

Nach der Beschlußfassung durch die Volkskammer beziehungsweise durch den Ministerrat der DDR erhalten die in den Belegschaften der Betriebe und in den Genossenschaften, in den zuständigen Gremien der Kombinate und örtlichen Staatsorgane diskutierten, in der Staatlichen Plankommission und im Ministerium der Finanzen bilanzierten Planaufgaben Gesetzeskraft.

Ausgehend von den neuen Anforderungen der wissenschaftlich-technischen Revolution, insbesondere der breiten Anwendung der Schlüsseltechnologien und ihrer Bedeutung für die Steigerung der Effektivität, legte der XI. Parteitag der SED weitere Schritte zur Qualifizierung der Leitung, Planung und wirtschaftlichen Rechnungsführung fest.[28] Dabei gilt es, die qualitativen Faktoren des Wirtschaftswachstums noch ergiebiger zu erschließen und die intensiv erweiterte Reproduktion umfassend in allen Bereichen und Phasen des volkswirtschaftlichen Reproduktionsprozesses zu verwirklichen.

**Welche Schwerpunkte bestehen für die Vervollkommnung der Leitung, Planung und wirtschaftlichen Rechnungsführung?**

- Der demokratische Zentralismus wird weiter so ausgestaltet, daß bei der Lösung komplexer volkswirtschaftlicher Aufgaben des Planes die demokratische Teilnahme der Werktätigen an der Leitung, Planung und Durchführung der Produktion im sozialistischen Wettbewerb in vollem Umfang gewährleistet wird. Durch Leistungsvergleich, Qualifizierung der ökonomischen Analyse und umfassende Anwendung der bewährten Methoden der sozialistischen Betriebswirtschaft sind die eigenen Leistungsreserven wirksam zu mobilisieren und alle Betriebe zielstrebig an das Niveau der Besten heranzuführen.
- Die zentrale staatliche Planung als Hauptinstrument des sozialistischen Staates für die planmäßig proportionale Entwicklung und die Sicherung eines dynamischen, von hoher Effektivität getragenen Wachstums der Volkswirtschaft ist weiter zu festigen. Da über den Plan die gesamtstaatlichen Interessen durchgesetzt werden, ist seine Autorität und Bilanziertheit auf allen Leitungsebenen und in allen Bereichen der Volkswirtschaft weiter zu erhöhen.
- Die Bilanzierung als Hauptmethode der sozialistischen Planung ist weiter so auszugestalten, daß die wachsenden Verflechtungen in unserer hochentwickelten Volkswirtschaft immer besser beherrscht, neue Leistungsreserven erschlossen und die zur Verfügung stehenden materiellen und finanziellen Fonds aufs effektivste eingesetzt werden. In diesem Sinne ist bei allen Bilanzen die Einheit von Wert und Gebrauchswert zu gewährleisten. Über die Bilanzierung sind so Voraussetzungen zu schaffen, die volkswirtschaftlichen Erfordernisse flexibel und effektiv durchzusetzen und die ökonomische Verantwortung der Kombinate und Betriebe weiter zu erhöhen.

- Weiter zu festigen ist auch die Einheit von materieller und finanzieller Planung. Die Kategorien Gewinn, Kosten, Preis, Kredit und Zins müssen das ökonomische Interesse der Kombinate und Betriebe noch stärker auf bedarfsgerechte Produktion in hoher Qualität, Produktivität und Effektivität richten. Es wächst die Bedeutung des Staatshaushaltes, des Geld- und Kreditwesens sowie des Preissystems für die Effektivität der Produktion sowie für die Verteilung und Verwendung des Nationaleinkommens, die der Politik unserer Partei entsprechen. Verstärkt gilt es, den Haushalt in den Gemeinden, Kreisen, Bezirken und in der Volkskammer zu behandeln, damit die Wähler – so wie es ihnen zukommt – durch ihre Abgeordneten einen größeren Einfluß auf die Verteilung des von ihnen erwirtschafteten Nationaleinkommens nehmen können.
- Die moderne Rechentechnik bietet neue Möglichkeiten für die Vervollkommnung der Leitung, Planung und wirtschaftlichen Rechnungsführung. Ihr Einsatz ist auf allen Ebenen zu verstärken. Vor allem geht es darum, die rechnergestützte Bilanzierung durchgängig von der Staatlichen Plankommission über die Ministerien bis in die Kombinate anzuwenden.

# Der sozialistische Reproduktionsprozeß

Vor der entwickelten sozialistischen Gesellschaft stehen geschichtliche Aufgaben, die nur mit wachsender ökonomischer Kraft, durch steigende Arbeitsproduktivität, wirksamen wissenschaftlich-technischen Fortschritt und eine hohe Effektivität der gesellschaftlichen Arbeit gelöst werden können.

★

## Warum braucht die sozialistische Gesellschaft Wachstum und Stabilität?

★

Der Sozialismus braucht das ökonomische Wachstum, um

- das materielle und geistig-kulturelle Lebensniveau der Werktätigen zu erhöhen;
- alle Bereiche der Gesellschaft – produzierende und nichtproduzierende – nach einem abgestimmten Plan zu entwickeln, die Anstrengungen für den Schutz und die Erhaltung der natürlichen Umwelt zu verstärken;
- den Anforderungen des proletarischen Internationalismus und der antiimperialistischen Solidarität auch materiell immer besser zu entsprechen und den Beitrag zur Lösung der globalen Probleme zu erhöhen;
- die Klassenauseinandersetzung mit dem Imperialismus erfolgreich zu führen und insbesondere die ökonomische Sicherstellung

der Landesverteidigung zu gewährleisten.

Auf dem XI. Parteitag der SED wurde herausgestellt, daß das ökonomische Wachstum mit neuen Ansprüchen verbunden ist. Dazu gehören einerseits das hohe Tempo des wissenschaftlich-technischen Fortschritts mit seinen gewaltigen Herausforderungen und zugleich Chancen, die Produktion rasch zu erneuern, ihre Qualität zu erhöhen und den Aufwand in einem Maße zu senken, wie das bisher nicht möglich war. Andererseits wirken sich die ökonomischen Folgen der aggressiven Politik der USA-Administration und ihrer engsten NATO-Verbündeten, der sich verschärfende Konkurrenzkampf und den Welthandel gefährdende protektionistische Maßnahmen kapitalistischer Länder negativ auf die Zahlungs- und Finanzbilanzen aus. Unter diesen Bedingungen dürfen wir nicht übersehen, daß die konsequente Fortführung der Einheit von Wirtschafts- und Sozialpolitik, wie sie vom XI. Parteitag der SED beschlossen wurde, an das Leistungswachstum hohe Anforderungen stellt. Die Sicherung des Friedens und der sozialistischen Errungenschaften, die ökonomische Sicherstellung der Landesverteidigung erfordern ein starkes und beständiges Wachstum des Nationaleinkommens.

Den Beitrag der sozialistischen Länder zur Lösung der sogenannten globalen Probleme zu erhöhen verlangt ebenfalls ökonomisches Wachstum. Globale Probleme sind Menschheitsprobleme, die in absehbarer Zeit von einer Gesellschaftsordnung allein nicht gelöst werden können. Dazu zählen

- die Anstrengungen zur Erhaltung des Friedens, zur Fortsetzung des Entspannungsprozesses, zur Zügelung des von den USA-Imperialisten forcierten Wettrüstens usw.;
- der wissenschaftlich-technische Fortschritt mit seinen ökonomischen, sozialen und ideologischen Konsequenzen;
- die Sicherung der Roh- und Brennstoffversorgung auf eine längere Perspektive;
- der Schutz und die Reproduktion der natürlichen Umwelt der Menschen;
- das Bevölkerungswachstum und die Sicherung der Nahrungsmittelversorgung;
- die Verbesserung des Gesundheitsschutzes für die Bevölkerung;
- die Beseitigung von Armut und Unterernährung;
- die Überwindung der Unterentwicklung;
- die demokratische Umgestaltung der weltwirtschaftlichen Beziehungen.

Bei den Veränderungen der inneren und äußeren Reproduktionsbedingungen für das ökonomische Wachstum sind immer alle Bedingungen und Einflüsse zu beachten. Das Wachstumstempo des Nationaleinkommens, der Industrieproduktion und der Arbeitsproduktivität von 1986 bis 1990 um jährlich rund 5 Prozent zeugt von den gewachsenen Möglichkeiten der Volkswirtschaft der DDR, wie sie sich vor allem aus dem größeren geistig-schöpferischen Potential, aus den in den siebziger Jahren geschaffenen und immer besser genutzten Möglichkeiten zur Modernisierung und zur Stärkung der materiell-technischen Basis, aus dem wissenschaftlich-technischen Fortschritt und aus der sozialistischen ökonomischen Integration mit der UdSSR und den anderen Mitgliedsländern des RGW ergeben. Darauf zielt die ökonomische Strategie, die auf dem XI. Parteitag der SED mit dem Blick auf das Jahr 2000 weiterentwickelt wurde.

Die auf Wachstum, Volkswohlstand und Stabilität gerichtete Wirtschafts- und Sozialpolitik der SED basiert darauf, alle Vorzüge und Triebkräfte der sozialistischen Ordnung zu nutzen, alle Seiten und Bereiche des gesellschaftlichen Lebens – die Produktivkräfte und Produktionsverhältnisse, die sozialen und politischen Beziehungen, die Wissenschaft und das Bildungswesen, die sozialistische Ideologie und Kultur, die Gesamtheit der Arbeits- und Lebensbedingungen – planmäßig und auf hohem Niveau zu entwikkeln.

Die Erfahrungen der UdSSR, der DDR und anderer sozialistischer Länder zeigen, daß ein möglichst hohes ökonomisches Wachstum eine der wichtigsten Voraussetzungen für die Lösung aller Aufgaben und Probleme bei der Gestaltung und Vervollkommnung der entwickelten sozialistischen Gesellschaft ist. Alle Fragen und Tendenzen, die mit dem Wachstum der Wirtschaft, der periodischen Wiederholung des Produktionsprozesses und der Schaffung von Voraussetzungen für die gesellschaftliche Entwicklung verbunden sind, werden durch die Reproduktionstheorie untersucht und in ihren Kategorien zum Ausdruck gebracht.

Die sozialistische Gesellschaft muß, wie jede Gesellschaft, ununterbrochen produzieren und konsumieren.

»

**»Welches immer die gesellschaftliche Form des Produktionsprozesses, er muß kontinuierlich sein oder periodisch stets von neuem dieselben Stadien durchlaufen. So wenig eine Gesellschaft aufhören kann zu konsumieren, so wenig kann sie aufhören zu produzieren. In einem stetigen Zusammenhang und dem beständigen Fluß seiner Erneuerung betrachtet, ist jeder gesellschaftliche Produktionsprozeß daher zugleich Reproduktionsprozeß.«**[29]

«

★

**Was verstehen wir unter sozialistischer Reproduktion?**

★

**Reproduktion ist ein sich ununterbrochen wiederholender Prozeß, in dem die gegenständlichen Faktoren des Reproduktionsprozesses (Arbeitsmittel, Arbeitsgegenstände) wiederhergestellt werden und die Hauptproduktivkraft, der Mensch mit seinen Arbeitserfahrungen und Kenntnissen, sich ständig weiterentwickelt. Indem die Gesellschaft alle Elemente des Reproduktionsprozesses ersetzt, reproduziert sie zugleich die Beziehungen zwischen den Menschen, die Produktionsverhältnisse.**

Der sozialistische Reproduktionsprozeß umfaßt:

- die Reproduktion der Arbeitskräfte und der Bevölkerung;
- die Reproduktion der Produktionsmittel;
- die Reproduktion des gesellschaftlichen Gesamtprodukts;
- die Reproduktion des Volksvermögens;
- die Reproduktion der natürlichen Umwelt;
- die Reproduktion der sozialistischen Produktionsverhältnisse.

**Das Volksvermögen ist ein Teil des Nationalreichtums, das heißt der Gesamtheit der materiellen und geistigen Güter, über die eine Gesellschaft zu einem bestimmten Zeitpunkt verfügt.**

**Der Nationalreichtum ist Eigentum der gesamten Gesellschaft oder einzelner Klassen, Gruppen oder Personen, je nachdem, welche Produktionsverhältnisse herrschen. Er spiegelt die Ergebnisse der gesamten vorhergehenden Entwicklung der Gesellschaft wider. Zum Nationalreichtum gehören das Volksvermögen, alle erschließbaren natürlichen Ressourcen wie Bodenschätze, Wälder, Wasserkräfte, bearbeitete und zur Bearbeitung geeignete Böden, aber auch die Produktionserfahrungen, die Kenntnisse und die Qualifikation der Arbeitskräfte, die Entwicklungsstufe der Wissenschaft und die Werke der Kunst.**

Gegenstand der marxistisch-leninistischen Reproduktionstheorie sind die Gesetzmäßigkeiten des Reproduktionsprozesses. Dazu gehören vor allem die Wechselbeziehungen zwischen den Abteilungen der gesellschaftlichen Produktion (Abteilung I – Produktion von Produktionsmitteln; Abteilung II – Produktion von Konsumtionsmitteln), zwischen Produktionsverbrauch und Nettoproduktion, zwischen Produktion, Akkumulation und Konsumtion, zwischen den Zweigen und Territorien, zwischen materiellen und finanziellen Proportionen des Reproduktionsprozesses. Von dem reibungslosen Ablauf aller Phasen des Reproduktionsprozesses und der wirksamen Gestaltung dieser dialektischen Wechselbeziehungen wird das ökonomische Wachstum maßgeblich bestimmt.

Bei der Analyse und Gestaltung des Reproduktionsprozesses ist stets zu beachten, daß die sozialistische Reproduktion in mehrfacher Hinsicht ein einheitlicher Prozeß ist, und zwar in bezug auf den Arbeits- und Wertbildungsprozeß, auf die extensive und intensive Reproduktion, auf die einfache und erweiterte Reproduktion, auf die Phasen der Reproduktion (Produktion, Distribution, Zirkulation und Konsumtion).

Zunächst wollen wir den **Arbeits- und Wertbildungsprozeß** betrachten. Die Arbeit des Menschen ist das wichtigste Element der gesellschaftlichen Reproduktion, das »belebende Feuer«. Sie schafft den materiellen Reichtum.

**Die produktive Arbeit ist eine grundlegende ökonomische Kategorie. Sie umfaßt alle Verrichtungen körperlicher und geistiger Art, die zur Produktion von Gebrauchswerten (Produktionsmittel, Konsumtionsmittel, Leistungen) erforderlich sind.**

Die produktive Arbeit ist im Sozialismus aufgrund des sozialistischen Eigentums an den Produktionsmitteln unmittelbar gesellschaftliche Arbeit.

Sie wird mittels der Leitung, Planung und ökonomischen Stimulierung von vornherein für gesellschaftlich notwendige Zwecke eingesetzt. Im Produktionsprozeß schafft die konkrete Arbeit einen Gebrauchswert, die Verausgabung von abstrakter Arbeit einen Wert. Durch die produktive Arbeit entstehen Gebrauchswerte, die zugleich einen gesellschaftlichen Aufwand, die Wertgröße, verkörpern. Das Resultat der Arbeit des produktiven Gesamtarbeiters ist das gesellschaftliche Gesamtprodukt.

**Das gesellschaftliche Gesamtprodukt ist die Gesamtheit der von der Gesellschaft im Verlauf eines bestimmten Zeitabschnittes erzeugten materiellen Güter und produktiven Leistungen. Es ist das Ergebnis der produktiven Arbeit der Werktätigen.**

Im Arbeits- und Wertbildungsprozeß entsteht sowohl die stoffliche als auch die Wertstruktur des Gesamtprodukts. Dabei unterscheiden wir bei der stofflichen Struktur nach Produktionsverbrauch und Nettoprodukt, bei der Wertstruktur nach Ersatzfonds und Nationaleinkommen.

**Der Produktionsverbrauch erfaßt den Aufwand an materiellen Gütern (Arbeitsgegenstände und Arbeitsmittel), der bei der Produktion aufgezehrt wurde. Dieser Teil muß für die kontinuierliche Fortführung der Produktion ersetzt werden. Ein Teil des gesellschaftlichen Gesamtprodukts ist damit von seiner Stellung im Reproduktionsprozeß her Ersatzprodukt.**

**Das Nettoprodukt ist der über den materiellen Produktionsverbrauch hinaus produzierte Teil des gesellschaftlichen Gesamtprodukts, der für Akkumulation und Konsumtion verwendet werden kann. Damit stellt es für die Gesellschaft Einkommen dar, das wir volkswirtschaftlich als Nationaleinkommen bezeichnen.**

Diese Komplexität erfordert, stets beide Seiten zu beachten. Wird dieses komplexe Herangehen verletzt, so zeigt sich das in der Nichterfüllung qualitativer Kennziffern (zum Beispiel Arbeitsproduktivität, Kostensenkung, Senkung des spezifischen Materialverbrauchs, Grundfondsquote, Gewinn). Auch in solchen Behauptungen wie »die Produktionsplanerfüllung ist wichtig, Kosten spielen keine Rolle« oder »am fehlenden Geld darf nichts scheitern« kommt die Ignorierung der Wertstruktur des Gesamtprodukts, die objektiver Natur ist, zum Ausdruck. Die richtige Auffassung lautet: Die Produktionsplanerfüllung in Sortiment und Qualität ist sehr wichtig bei Erfüllung der qualitativen Kennziffern (zum Beispiel Senkung des Material- und Energieeinsatzes und der Kosten je Erzeugnis), und am fehlenden Geld muß alles scheitern, was uneffektiv und planwidrig ist.

Deshalb erfordert der rationelle Ablauf des Reproduktionsprozesses die Einheit von Gebrauchswert- und Wertplanung. Es sind alle stofflichen und finanziellen Prozesse der intensiv erweiterten Reproduktion zu erfassen. Wertgesetz und Wertkategorien müssen wirksam dazu beitragen, alle Produktionsressourcen zu mobilisieren und die Werktätigen auf den höchsten volkswirtschaftlichen Nutzen zu orientieren. Qualitative Kennziffern, die zum Beispiel die Entwicklung der Produktivität, der Qualität, der Rentabilität, des Sortiments widerspiegeln, sind der Planung und Abrechnung, der Leistungsbewertung der Werktätigen, ihrer Kollektive, der Betriebe und Kombinate usw. stärker zugrunde zu legen.

## Intensiv erweiterte Reproduktion

Typisch für den entwickelten Sozialismus ist die intensiv erweiterte Reproduktion, die ständig vertieft werden muß und ein hohes Tempo des wissenschaftlich-technischen Fortschritts voraussetzt. Es ist nicht übertrieben, wenn man davon ausgeht, daß die Entwicklung einer Volkswirtschaft, die Reife der Produktionsverhältnisse und die Wirksamkeit der gesellschaftlichen Produktivkräfte im Niveau der Intensivierung des volkswirtschaftlichen Reproduktionsprozesses zum Ausdruck kommen.

»In kürzren oder längren Abschnitten findet so Reproduktion statt, und zwar – vom Standpunkt der Gesellschaft betrachtet – Reproduktion auf erweiterter Stufenleiter; extensiv, wenn das Produktionsfeld ausgedehnt; intensiv, wenn das Produktionsmittel wirksamer gemacht.«[30]

Intensiv erweiterte Reproduktion erfordert vor allem, daß im Maßstab der Volkswirtschaft die Produktionsergebnisse, die Ergebnisse der Wirtschaftstätigkeit überhaupt, schneller wachsen als der dafür eingesetzte Aufwand. Extensive Erweiterung bedeutet, daß im Prinzip der Aufwand im gleichen Tempo oder schneller wächst als das Ergebnis.

Intensiv erweiterte Reproduktion heißt also Erhöhung des Produktionsausstoßes durch rationellere Nutzung der vorhandenen Ressourcen: Die Kenntnisse, Fähigkeiten und Erfahrungen der Werktätigen in der Produktion werden wirksamer genutzt, die vorhandenen Produktionsmittel besser ausgelastet sowie das technische Niveau auf der Grund-

Die neuen Kreuzspulautomaten im VEB Feinspinnerei Venusberg, an denen Kerstin Krause in rollender Woche arbeitet, erreichen die doppelte Produktivität der früher verwendeten Maschinen

lage der neuesten Erkenntnisse von Wissenschaft und Technik verbessert – das Produktionspotential wird qualitativ entwickelt und die Arbeitsproduktivität und Effektivität vor allem auf der Grundlage des wissenschaftlich-technischen Fortschritts gesteigert. Im Unterschied zur extensiven Reproduktion beruht daher die intensive Reproduktion auf der »größre(n) Fruchtbarkeit der Bedingungen«[31].

Für die sozialistische Gesellschaft kann auf die Dauer nur die intensiv erweiterte Reproduktion die bestimmende Form des Wachstums sein. Die Notwendigkeit dafür leitet sich aus den objektiven Entwicklungsgesetzen des Sozialismus ab. So wichtig und unbedingt notwendig die extensive Form des Wachstums im Verlauf der sozialistischen Revolution auch ist, auf diesem Weg können prinzipiell nicht jene materiellen Potenzen erwirtschaftet werden, die auf lange Sicht für eine kontinuierliche Erhöhung des materiellen und kulturellen Lebensniveaus der Bevölkerung benötigt werden.

Die intensiv erweiterte Reproduktion ist der für unsere Gesellschaft adäquate Reproduktionstyp, der nur über den Weg der umfassenden Intensivierung verwirklicht werden kann. In allen Wirtschaftszweigen, insbesondere in den Kombinaten und Betrieben der Industrie und des Bauwesens sowie den landwirtschaftlichen Produktionsgenossenschaften und volkseigenen Gütern, geht es darum, mit den vorhandenen Produktionsanlagen, mit der gleichen oder einer geringeren Zahl von Arbeitskräften mehr und bessere Produktionsmittel und Konsumgüter herzustellen und die Kosten je Erzeugniseinheit zu senken. Dafür sind vor allem die moderne Wissenschaft und Technik, die Schlüsseltechnologien breit zu nutzen. Sie ermöglichen, der intensiv erweiterten Reproduktion umfassenden und dauerhaften Charakter zu verleihen.

Wichtig ist auch das Verhältnis von einfacher und erweiterter Reproduktion. Es berührt die Beziehungen zwischen den Abteilungen der gesellschaftlichen Produktion, zwischen den Zweigen der Volkswirtschaft und vor allem auch zwischen Produktionsverbrauch und Nettoproduktion (Nationaleinkommen). Oft wird es nur als methodologisches Problem der politischen Ökonomie betrachtet. Hier handelt es sich jedoch um ein wichtiges Problem der Wirtschaftspraxis. Es gilt, den Produktionsverbrauch zu senken und insbesondere die Fonds für Amortisationen, Generalreparaturen sowie für die Instandhaltung der Grundfonds stärker für die Modernisierung der vorhandenen Produktionsfonds zu nutzen.

Einfache Reproduktion bedeutet Erneuerung und periodische Wiederholung des Produktionsprozesses in unverändertem Umfang, auf gleicher Stufe. Das resultiert daraus, daß das gesamte geschaffene Mehrprodukt verzehrt, konsumiert wird. Es findet also keine Akkumulation statt.[32]

In Wirklichkeit würde das jedoch Stagnation jeder gesellschaftlichen Entwicklung bedeuten. Selbst in den Entwicklungsabschnitten vorkapitalistischer Gesellschaftsordnungen, in denen die erweiterte Reproduktion nur über größere Zeiträume hinweg sichtbar wurde, ist erweitert reproduziert worden.

Für die erweiterte Reproduktion gilt, daß das Wachstum der Produktion davon abhängt, mehr, bessere und effektivere Produktionsmittel zu produzieren, als zum Ersatz der verbrauchten notwendig sind.[33]

Die erweiterte Reproduktion ist unerläßliche Voraussetzung für die allseitige Entwicklung der Gesellschaft. Sie ist unerläßlich, um die Wirksamkeit der gesellschaftlichen Produktion für die Befriedigung der Bedürfnisse der sozialistischen Gesellschaft zu erhöhen.

Die sozialistische erweiterte Reproduktion – im Sinne der qualitativen und quantitativen Höherentwicklung des sozialistischen Reproduktionsprozesses – schließt die einfache Reproduktion als untrennbares Moment ein. Zum einen bedeutet einfache Reproduktion die ständige Wiederherstellung der gesellschaftlichen und sachlichen Voraussetzungen sowie der Ergebnisse des sozialistischen Reproduktionsprozesses. Zum anderen schafft der wissenschaftlich-technische Fortschritt über Veränderungen im Niveau und in der Wirksamkeit der Arbeitsgegenstände und Arbeitsmittel neue Möglichkeiten zur Steigerung der Arbeitsproduktivität. Daher bedeutet ein gleicher Umfang der Produktionsmittel innerhalb des Gesamtprodukts nicht nur einfache Reproduktion, sondern zu einem bestimmten Teil bereits erweiterte Reproduktion. Dieser qualitative Umschlag von Teilen der einfachen Reproduktion in Momente der erweiterten Reproduktion erlangt mit der Intensivierung in der Wirtschaftsstrategie wachsendes Gewicht. Deshalb wurde auf dem XI. Parteitag hervorgehoben, daß der wesentliche Anteil der Investitionen der Modernisierung der Grundfonds dient, wobei vorhandene Baulichkeiten genutzt werden. Der Anteil der Rationalisierungsinvestitionen wird weiter vergrößert.

## Welchen Einfluß üben die Außenwirtschaftsbeziehungen aus?

Wir behandeln die von den Weltmärkten auf unsere Volkswirtschaft wirkenden Faktoren und die damit verbundenen Fragen mit großer Aufmerksamkeit.[34] Allgemein wird wohl von allen verstanden, daß wir unseren Platz

**Struktur der Ausfuhr und Einfuhr der DDR nach Erzeugnishauptgruppen 1985** (Prozent) **39**

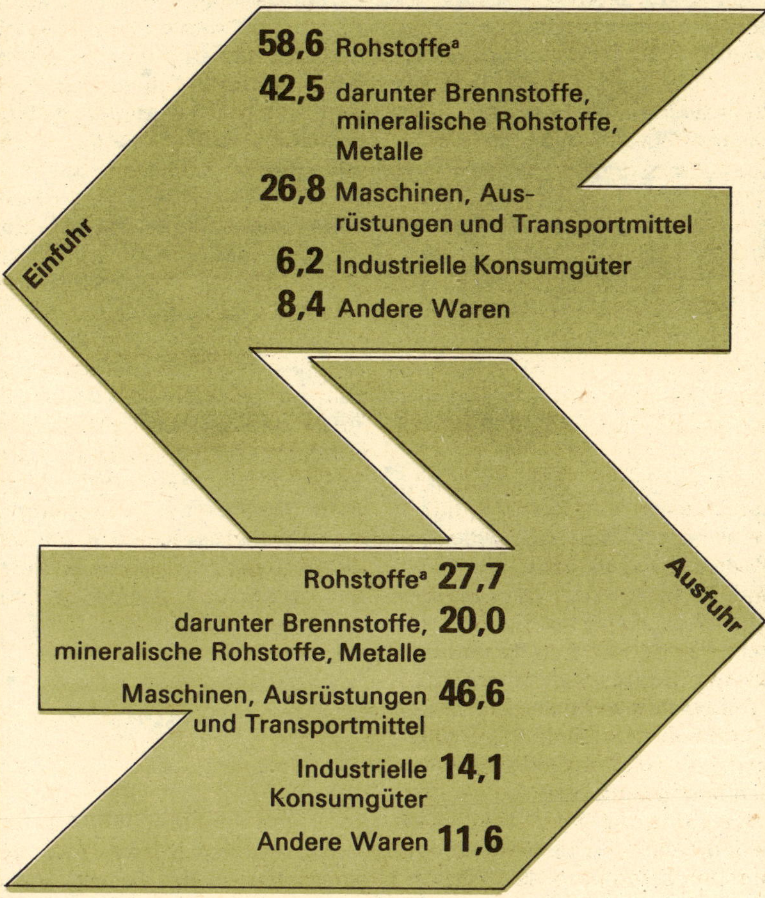


a Einschließlich Produkte der Nahrungsmittelindustrie

Statistisches Taschenbuch der DDR 1986, S. 101.

unter den führenden Industriestaaten nur behaupten können, wenn die Qualität, die Struktur und das Sortiment unserer Erzeugnisse den Anforderungen der Weltmärkte entsprechen und mit Gewinn verkauft werden. Also höhere Produktivität, sinkende Kosten, Erhöhung der Qualität der Erzeugnisse – das sind die unmittelbaren Zielsetzungen für die außenwirtschaftliche Tätigkeit (Abbildung 39).

★

Woraus ergibt sich die Differenz zwischen dem produzierten und dem im Inland verwendeten Nationaleinkommen?

★

Die Differenz zwischen dem produzierten und dem im Inland verwendeten Nationaleinkommen wird von vielen Faktoren bestimmt (Abbildung 40). Die wesentlichen Einflüsse gehen von den Außenwirtschaftsbeziehungen aus. Exportüberschüsse vermindern das im Inland verfügbare Nationaleinkommen, Importüberschüsse erhöhen die Verwendungsmöglichkeiten für Produktionsmittel und Konsumgüter im Inland. Doch Importüberschüsse müssen durch Kredite finanziert werden. Die Aufnahme von Krediten ist nicht immer rentabel; deshalb wollen wir unnötige Zinszahlungen vermeiden. Die sich aus diesen Zusammenhängen ergebenden Bilanzierungsfragen der Volkswirtschaft berühren nicht nur die Produktion, sondern auch die Verteilung des Nationaleinkommens.

Damit kommen wir zu der Phase des Reproduktionsprozesses, die als Distribution (Verteilung) bezeichnet wird. Die Verteilung ist ein untrennbarer Bestandteil des volkswirtschaftlichen Reproduktionsprozesses, gewissermaßen das Bindeglied zwischen Produktion, Zirkulation und Konsumtion. Verteilung – das ist die Verteilung der Arbeitskräfte und der Produktionsmittel auf die verschiedenen Bereiche und Zweige der gesellschaftlichen Produktion (davon werden auch die Ergebnisse und Leistungen der Bereiche und Zweige bestimmt) und die Verteilung der Ergebnisse der Arbeit, insbesondere der Konsumtionsmittel, auf die Klassen und Schichten der Bevölkerung (Verteilung nach der Arbeitsleistung).

## Verteilung des Nationaleinkommens

Die Verteilung des Nationaleinkommens erfolgt planmäßig im Interesse der stetigen Steigerung der Produktion und des Lebensniveaus aller Mitglieder der sozialistischen Gesellschaft. Sie ist von der Produktion abhängig. Denn es kann nur verteilt werden, was vorher produziert wurde. Die Verteilungsverhältnisse entspringen

**Schematische Darstellung der Differenz zwischen produziertem und verwendetem Nationaleinkommen** **40**

Arbeitseinkommen der produktiv Tätigen
+ Reineinkommen der Gesellschaft
= produziertes Nationaleinkommen
./. Exporte
./. Ausgaben für grenzüberschreitende Dienstleistungen (Transporte, Tourismus u sw.)
./. Kreditrückzahlungen an das Ausland
./. Zinszahlungen für im Ausland aufgenommene Kredite
+ Importe
+ Einnahmen aus Dienstleistungen (Transporte, Tourismus usw.)
+ Rückflüsse aus dem Ausland gewährten Krediten
+ Zinszahlungen für solche Kredite
= im Inland zur Verfügung stehendes Nationaleinkommen
./. Schaden durch Naturkatastrophen usw.
= im Inland verwendetes Nationaleinkommen

den historisch bestimmten Formen der Produktionsprozesse und den Verhältnissen, die die Menschen im Reproduktionsprozeß ihres materiellen Lebensunterhalts untereinander eingehen.

Die Verteilungsweise im Sozialismus, die auf der sozial gleichen Stellung der Werktätigen zu den Produktionsmitteln beruht, stimmt mit dem Charakter und dem Entwicklungsniveau der Produktivkräfte überein und ergibt sich aus dem ökonomischen Grundgesetz des Sozialismus. Die Grundzüge der Verteilung des gesellschaftlichen Produkts hat bereits Marx dargelegt.[35]

Wir wollen diese Grundzüge anhand des Reproduktionsprozesses der DDR erläutern. Abbildung 41 zeigt uns die Bildung, Verteilung und Verwendung des gesellschaftlichen Gesamtproduktes. Es betrug 1985 etwa 622 Milliarden Mark, davon entfielen auf den Ersatzfonds 389 Milliarden Mark und auf das Nationaleinkommen 233 Milliarden Mark. Der Produktionsverbrauch (Abschreibungen auf Grundmittel, Roh- und Brennstoffverbrauch, Materialeinsatz usw.) ist mit 62,5 Prozent sehr hoch; seine Verringerung ist deshalb ein wichtiger Punkt in der ökonomischen Strategie. Ein Prozent Senkung des Produktionsverbrauchs – das sind immerhin fast vier Milliarden Mark, die für die Erhöhung des Nationaleinkommens eingesetzt werden können.

Die Verteilung und die Umverteilung des Nationaleinkommens ergeben sich vor allem aus der Existenz verschiedener Klassen und aus der Notwendigkeit, gesamtstaatliche Ausgaben wie die Aufwendungen für die Akkumulation, für das Gesundheits- und Sozialwesen, das Bildungswesen, den Staatsapparat, die Landesverteidigung und für den territorialen Ausgleich zu sichern.

★

**Wie werden die Fonds für die Finanzierung gesellschaftlicher Aufgaben gebildet?**

★

Das Nationaleinkommen wird im Produktionsprozeß in das Produkt für sich (Löhne, Prämien usw. der produktiv Tätigen) und in das Reineinkommen der Gesellschaft aufgeteilt. Diese Aufteilung wird als ursprüngliche oder **Primärverteilung des Nationaleinkommens** bezeichnet.

In der ersten Phase der Umverteilung müssen aus dem Reineinkommen alle nichtproduktiv tätigen Mitglieder der Gesellschaft (Beschäftigte im nichtproduzierenden Bereich der Volkswirtschaft wie Lehrer, Ärzte, Mitarbeiter des Staatsapparates) sowie die Rentner, Studenten, Schüler usw. versorgt werden. Dafür werden aus dem Lohnfonds der Gesellschaft bzw. aus dem Staatshaushalt viele Milliarden Mark bereitgestellt.

Das Verhältnis der Einnahmen der produktiv Tätigen zu den übrigen Geldeinnahmen der Bevölkerung beträgt etwa 55:45. Das Nationaleinkommen gliedert sich in die Bruttogeldeinnahmen der Bevölkerung mit 78 Prozent und in Reineinnahmen des Staates mit 22 Prozent.

Die Reineinnahmen des sozialistischen Staates reichen für die Erfüllung der gesellschaftlichen

## Bildung, Verteilung und Verwendung des gesellschaftlichen Gesamtprodukts (vereinfachtes Schema) 41

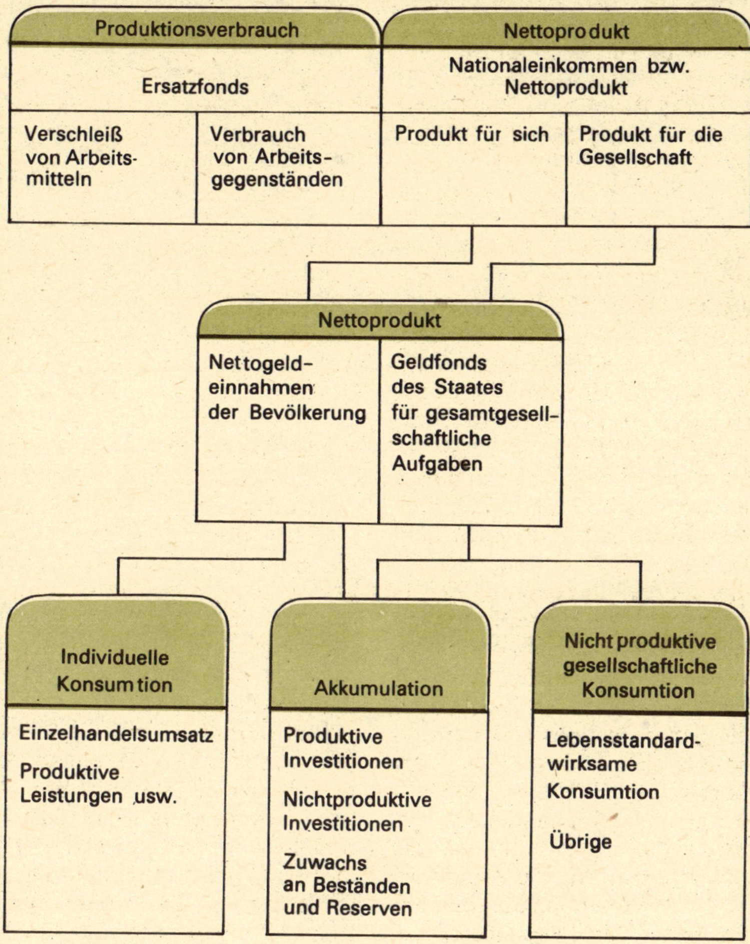

Aufgaben auf den Gebieten der Akkumulation und der Konsumtion nicht aus. Deshalb beteiligen sich die Werktätigen in historisch entstandenen Formen an der Finanzierung dieser Aufgaben, indem sie von ihren Bruttogeldeinnahmen rund 40 Milliarden Mark als Steuern auf Arbeitseinkommen, als Sozialversicherungsbeiträge usw. abführen.

Die Nettogeldeinnahmen der Bevölkerung betrugen nach diesen Phasen der Umverteilung rund 142 Milliarden Mark. Davon wird ein Teil gespart. 1985 waren es rund 7 Milliarden Mark (das sind etwa 5 Prozent der Nettogeldeinnahmen). Für die individuelle Konsumtion standen somit rund 135 Milliarden Mark zur Verfügung, wovon 113 Milliarden Mark über den Einzelhandel, der Rest über Dienstleistungen usw. realisiert wurden.

Die Einnahmen des sozialistischen Staates setzen sich aus Einnahmen des Staatshaushaltes und Einnahmen des staatlichen Kreditsystems zusammen. Sie werden vor allem für die Akkumulation und die materiellen Aufwendungen in der nichtproduktiven gesellschaftlichen Konsumtion (Verbrauch von Material, Medikamenten, Büchern in der Verwaltung, in den Schulen usw.) verbraucht.

Das gesellschaftliche Gesamtprodukt wird also verwendet für den Ersatz der verbrauchten Produktionsmittel, für die Ausdehnung der Produktion (Akkumulation), für die Bildung von Reservefonds zum Schutz gegen Unglücksfälle, Störungen usw., für die Deckung der nicht zur Produktion gehörenden Verwaltungskosten, für die Befriedigung individueller und gesellschaftlicher Bedürfnisse der Werktätigen.

Viele Milliarden Mark werden also in dieser oder jener Form durch das Finanzsystem im Interesse der Gesellschaft und jedes einzelnen Bürgers umverteilt. Das allein unterstreicht die objektive Rolle der Umverteilung. Heute wie vor 100 Jahren, als Marx Lassalle und das Gothaer Programm kritisierte, ist die ökonomische, soziale und politische Bedeutung der planmäßigen Umverteilung großer Teile des Nationaleinkommens für die Gestaltung der sozialistischen Gesellschaft und die Sicherung ihrer Errungenschaften hervorzuheben.

In der Auseinandersetzung mit kleinbürgerlichen Auffassungen von der »gerechten Verteilung des unverkürzten Arbeitsertrags« begründete Marx die Notwendigkeit, im Interesse der Entwicklung der Gesellschaft und des einzelnen aus dem gesellschaftlichen Gesamtprodukt zunächst den Ersatzfonds und die Mittel für die Akkumulation abzusetzen. Vor der individuellen Verteilung des verbleibenden aus Konsumgütern bestehenden Teils des gesellschaftlichen Gesamtproduktes werden die gesellschaftlichen Konsumtionsfonds gebildet. Die eigentlichen Konsumtionsmittel werden entsprechend der Quantität und Qualität der geleisteten Arbeit – der Arbeitsleistung – unter Berücksichtigung der notwendigen Zuführungen an die gesellschaftlichen Fonds an die Werktätigen verteilt.

In seiner Kritik des Gothaer Programms begründete Marx, daß erst in der zweiten, der höheren Phase der kommunistischen Gesellschaftsformation, im Kommunismus, nachdem die wesentlichen Unterschiede zwischen körperlicher und geistiger Arbeit verschwunden und die Arbeit das erste Lebensbedürfnis für alle sein wird, nachdem durch die allseitige Entwicklung der Menschen alle Springquellen des Reichtums voller fließen werden, die Gesellschaft auf ihre Fahne schreiben kann: Jeder nach seinen Fähigkeiten, jedem nach seinen Bedürfnissen!

## Welche Faktoren beeinflussen das Verhältnis von Konsumtion und Akkumulation?

Zwischen Akkumulation und Konsumtion besteht ein Wechselverhältnis. Die Konsumtion spiegelt den Stand der Befriedigung der materiellen und geistigen Bedürfnisse der Gesellschaft wider. Sie ist das Ziel der Produktion. Die Akkumulation ist eine unerläßliche Bedingung für das qualitative und quantitative Wachstum der Produktion.

**Ohne Akkumulation können sich die Produktivkräfte nicht entwikkeln. Sie ist die Quelle für die ständige Erweiterung der gesellschaftlichen Reproduktion und damit des gesellschaftlichen Fortschritts. Sie ist das Ergebnis der Produktion und zugleich die Voraussetzung ihres ununterbrochenen Wachstums, die »wichtigste progressive Funktion der Gesellschaft«[36].**

Weder Produktion noch Akkumulation sind Selbstzweck. Beide gewährleisten die ständige Erhöhung des materiellen und geistig-kulturellen Lebensniveaus des Volkes.

Marx schrieb, »daß die Gesellschaft im voraus berechnen muß, wieviel Arbeit, Produktionsmittel und Lebensmittel sie ohne irgendwelchen Abbruch auf Geschäftszweige verwenden kann, die, wie Bau von Eisenbahnen z. B. für längre Zeit, ein Jahr oder mehr, weder Produktionsmittel noch Lebensmittel, noch irgendeinen Nutzeffekt liefern, aber wohl Arbeit, Produktionsmittel und Lebensmittel der jährlichen Gesamtproduktion entziehn«[37].

Bei der Verwendung des Nationaleinkommens für Akkumulationszwecke (Investitionen für die Modernisierung der Produktionsanlagen, für den Wohnungsbau usw.) und für Konsumtionszwecke (individuelle und gesellschaftliche Konsumtion) müssen stets die Gegenwarts- und die Zukunftsaufgaben der sozialistischen Gesellschaft beachtet werden. Sowohl Akkumulation als auch Konsumtion dienen der Befriedigung der Bedürfnisse der Gesellschaft und ihrer Mitglieder. Die sozialistische Gesellschaft ist bestrebt, die gegenwärtigen und die künftigen Bedürfnisse der Werktätigen möglichst vollständig zu befriedigen. Doch mit jedem Plan muß die Frage erneut entschieden werden, wieviel Nationaleinkommen verbraucht (Konsumtion) und wieviel zur Erweiterung der Produktion und des Volksvermögens (Akkumulation) verwendet werden soll.

Wie auf alle Proportionen des volkswirtschaftlichen Reproduktionsprozesses wirken auch auf das Verhältnis von Akkumulation und Konsumtion die vielfältigsten Faktoren ein. Außerökonomische Faktoren sind zum Beispiel die politische Lage, das militärstrategische Kräfteverhältnis und das kulturelle Niveau der Werktätigen.

Zu den ökonomischen Faktoren, deren Einfluß mit der Festigung der sozialistischen Produktionsverhältnisse immer größer wird, gehören das Produktionsniveau, die Ausnutzung der vorhandenen Produktionsfonds, der Nutzeffekt der Akkumulation, der Naturreichtum, die neuesten Erkenntnisse von Wissenschaft und Technik, die Arbeitsteilung zwischen den sozialistischen Ländern und nicht zuletzt das sozialistische Bewußtsein der Werktätigen.

Aus all dem wird deutlich, daß die Festlegung der notwendigen und möglichen Akkumulationsrate, die wie folgt berechnet wird,

$$\frac{\text{Akkumulationsfonds}}{\text{Nationaleinkommen}} \cdot 100$$

eine verantwortungsvolle Aufgabe ist. Viele Einflüsse sind zu berücksichtigen, verschiedene Varianten zu prüfen und die beste davon auszuwählen.

★

**Welche grundlegenden Anforderungen ergeben sich aus den Beschlüssen des XI. Parteitages für die weitere Entwicklung des Verhältnisses zwischen Akkumulation und Konsumtion?**

★

In der sozialistischen Gesellschaft kommt es darauf an, mit den eingesetzten Produktionsmitteln, mit dem geringsten Aufwand an lebendiger und vergegenständlichter Arbeit ein möglichst großes Wachstum des Nationaleinkommens zu erreichen.

Wie es dem Sinn des Sozialismus entspricht, wird die beträchtlich gewachsene Leistungskraft unserer Volkswirtschaft dafür genutzt, das materielle und kulturelle Lebensniveau des Volkes zu sichern und weiter zu erhöhen.

Deshalb werden mit wachsendem Nationaleinkommen von 1986 bis 1990 die Nettogeldeinnahmen der Bevölkerung um 21 bis 22 Prozent gesteigert.

Zur Stärkung der materiell-technischen Basis des Sozialismus und zur breiten volkswirtschaftlichen Anwendung der Schlüsseltechnologien ist vorgesehen, die Akkumulation zu erhöhen. Entscheidend dabei ist die Erhöhung des wissenschaftlich-technischen Niveaus und der Qualität der Investitionsausrüstungen und -anlagen. Instandhaltung, Modernisierung und Rekonstruktion vorhandener Grundfonds sind organisch mit einer effektiven Investitionspolitik und ökonomischem Bauen zu verbinden. Erst im Zusammenhang damit führen die Vorhaben der Spitzentechnik zur notwendigen Stärkung unserer materiell-technischen Basis. Wesentlich ist die effektive Nutzung der vorhandenen Produktionsanlagen und die Erhöhung der Effektivität der Investitionen. Der wissenschaftlich-technische Fortschritt ist bei der Modernisierung der vorhandenen Maschinen und Anlagen stärker zu berücksichtigen. Durch die Senkung der Kosten in allen Zweigen der Volkswirtschaft, durch den sparsamen Umgang mit den materiellen und finanziellen Fonds sind die Ziele des Fünfjahrplanes in einem ausgewogenen Verhältnis von Leistung und Verbrauch, von Akkumulation und Konsumtion zu erreichen.

## Ware-Geld-Beziehungen

Der Reproduktionsprozeß hat eine gebrauchswertmäßige und eine wertmäßige Seite. Die gebrauchswertmäßige Seite wurde anhand einiger wichtiger Probleme der Planung behandelt. Hier sollen nun einige Fragen der wertmäßigen, der finanziellen Seite der Produktion dargelegt werden.

Die sozialistische Wirtschaft ist ihrem Typ nach eine Planwirtschaft, die auf dem gesellschaftlichen Eigentum an den Produktionsmitteln beruht und durch die planmäßige Ausnutzung der Ware-Geld-Beziehungen gekennzeichnet ist. Warenproduktion und Ware-Geld-Beziehungen im Sozialismus sind sozialistische Produktionsverhältnisse, die sich von der einfachen und der kapitalistischen Warenproduktion prinzipiell unterscheiden.

Die objektive Notwendigkeit der Ware-Geld-Beziehungen im Sozialismus ergibt sich erstens aus dem Entwicklungsstand der Produktivkräfte (Arbeitsteilung, Arbeitsproduktivität) und zweitens aus der Existenz sozialistischer Produktionsverhältnisse (relative ökonomische Selbständigkeit der Wirtschaftseinheiten, zwei Formen des sozialistischen Eigentums an den Produktionsmitteln).

Der gesellschaftliche Charakter der Arbeit wird auf der Grundlage des sozialistischen Eigentums an den Produktionsmitteln und der Ware-Geld-Beziehungen realisiert. Die unterschiedlichen Produktionsbedingungen, die Unterschiede zwischen Stadt und Land, zwischen qualifizierter und weniger qualifizierter, zwischen körperlicher und geistiger Arbeit machen es notwendig, die unterschiedlichen Tätigkeiten und Arbeitsergebnisse, die unterschiedlichen Waren (Kraftwerke und Personenkraftwagen) und Leistungen (Touristik, Verkehr, Handwerk) miteinander zu vergleichen, zu bewerten, zu messen, zu tauschen, zu verteilen und zu konsumieren.

Die Grundlage dafür ist der gesellschaftlich notwendige Arbeitsaufwand, die Wertgröße.

**Der gesellschaftlich notwendige Arbeitsaufwand ist eine objektive Kategorie. Er umfaßt die gesamte lebendige und vergegenständlichte Arbeit, die notwendig ist, um die Waren zu produzieren, mit denen die Bedürfnisse der Gesellschaft und ihrer Mitglieder befriedigt werden können.**

Mit einer spürbar höheren volkswirtschaftlichen Arbeitsproduktivität (der Produktivität der lebendigen und der vergegenständlichten Arbeit) durch umfassende Intensivierung der Produktion wird der gesellschaftlich notwendige Arbeitsaufwand je Erzeugnis gesenkt. Der daraus resultierende Nutzen kann vom Staat planmäßig für die Verbesserung der Arbeits- und Lebensbedingungen sowie für Akkumulationszwecke eingesetzt werden. Gesellschaftlich notwendiger Arbeitsaufwand wird in Zeiteinheiten und in Geld ausgedrückt; als »Wertgröße« ist er die Grundlage der Preisbildung (Abbildung 42).

Der gesellschaftlich notwendige Arbeitsaufwand ist der Ausgangspunkt für alle anderen Wertkategorien (Geld, Kosten, Gewinn, Kredit, Zins usw.). Schon Anfang der zwanziger Jahre, gestützt auf die Werttheorie von Marx, begründete Lenin, wie die Ware-Geld-Beziehungen und die materielle Interessiertheit beim sozialistischen und kommunistischen Aufbau auszunutzen sind. »Nicht auf Grund des Enthusiasmus unmittelbar, sondern mit Hilfe des aus der großen Revolution geborenen Enthusiasmus, auf Grund des persönlichen Interesses, der persönlichen Interessiertheit, der wirtschaftlichen Rechnungsführung bemüht euch, zuerst feste Stege zu bauen ..., sonst werdet ihr nicht zum Kommunismus gelangen, sonst werdet ihr die Millionen und aber Millionen Menschen nicht zum Kommunismus führen.«[38]

**Das Wertgesetz, allgemeines Gesetz der Warenproduktion, ist auch ein objektives ökonomisches Gesetz des Sozialismus. Es drückt die Notwendigkeit aus, die lebendige und vergegenständlichte Arbeit nach gesellschaftli-**

## Wertstruktur der Ware im Sozialismus

**42**

<table>
<tr><th colspan="5">Wert = gesellschaftlich notwendiger Arbeitsaufwand</th></tr>
<tr><td colspan="2">übertragener Wert</td><td colspan="3">Neuwert</td></tr>
<tr><td colspan="2">Wert der verbrauchten Produktionsmittel (Arbeitsmittel, Arbeitsgegenstände)</td><td>Wert des notwendigen Produkts</td><td colspan="2">Wert des Mehrprodukts</td></tr>
<tr><td colspan="3">gesellschaftlich notwendige Selbstkosten</td><td colspan="2">gesellschaftliches Reineinkommen</td></tr>
<tr><td>Abschreibungen</td><td>Energie- und Materialkosten</td><td>Lohnkosten/ Beitrag für gesellschaftliche Fonds</td><td>Gewinn/ Extragewinn 1 2 3</td><td rowspan="2">Produktgebundene Abgabe/ Stützung</td></tr>
<tr><td colspan="4">Betriebspreis</td></tr>
<tr><td colspan="5">Industrieabgabepreis</td></tr>
</table>

1 Produktionsfondsabgabe

2 Nettogewinnabführung an den Staat

3 Zuführungen zu den eigenen Fonds der Betriebe (Investitionsfonds, Umlaufmittelerhöhung, Prämienfonds, Leistungsfonds)

Industriepreise fördern effektive Erzeugniserneuerung, Berlin 1986, S. 23.

**chen Normen zu verausgaben sowie die gesellschaftliche Arbeit mit Hilfe ökonomisch begründeter Preise zu berechnen, zu verteilen, auszutauschen und zu konsumieren.**

Das Wertgesetz wirkt auf der Grundlage der sozialistischen Produktionsverhältnisse im Einklang mit den Erfordernissen des ökonomischen Grundgesetzes. Seine planmäßige Ausnutzung hilft dem sozialistischen Staat, den sozialistischen Kombinaten, Betrieben und anderen Wirtschaftseinheiten zu entscheiden, was für die Gesellschaft gut und vorteilhaft ist.

Solche Wertkategorien wie Geld, Preis, Kosten, Gewinn, Kredit und Zins spielen eine große

Rolle in der Ökonomie. Mit ihnen wird der Aufwand an lebendiger und vergegenständlichter Arbeit und der damit erreichte Nutzen auf einen gemeinsamen Nenner gebracht, der in Geld ausgedrückt wird. Das Geld, schrieb Lenin, verknüpft das gesamte wirtschaftliche Leben der Produzenten zu einem Ganzen.[39]

Das Geld und die Finanzen haben aktive Funktionen in der sozialistischen Planwirtschaft. Ihre Aufgabe ist es, den volkswirtschaftlichen Reproduktionsprozeß zu finanzieren, große Teile des Gesamtprodukts und des Nationaleinkommens umzuverteilen, höchste Effektivität zu stimulieren und die Einhaltung der Normen für Produktion und Konsumtion zu kontrollieren.

»Bei der weiteren Vervollkommnung der Leitung, Planung und ökonomischen Stimulierung spielt die bewußte Ausnutzung der Ware-Geld-Beziehungen eine große Rolle. Die Bedeutung des Staatshaushaltes, des Geld- und Kreditwesens sowie des Preissystems für die effektive Produktion und die rationelle Verteilung und Verwendung des gesellschaftlichen Produkts und des Nationaleinkommens nimmt zu. Die strikte Verwirklichung des sozialistischen Sparsamkeitsprinzips ist eine wesentliche Bedingung für den wachsenden Reichtum des Volkes. Das erfordert eine strenge Rechnungslegung und Kontrolle.«[40]

Die Wertkategorien dienen der planmäßigen Leitung der Wirtschaft. Alle Produktionsmittel (Gebäude, Maschinen und Anlagen, Werkzeuge, Material, Energie usw.) haben eine Wertgröße, die in Geld ausgedrückt wird. Ihr Verbrauch und die im Produktionsprozeß verausgabte lebendige Arbeit schlagen sich in Kosten nieder. Mit Hilfe der Kosten, der Preise und des Gewinns werden Aufwand und Ergebnis gegenübergestellt, wird die Effektivität sichtbar gemacht. Die Effektivität wird über die Geldeinnahmen der Betriebe und Genossenschaften, die sie aus dem Verkauf ihrer Waren erzielen, realisiert. Das aus dem Verkauf realisierte Geld setzen die Betriebe für die planmäßige Fortsetzung der Produktion ein, also zur Bezahlung der Aufwendungen für Forschung und Entwicklung, für die Finanzierung von Investitionen, für den Kauf von Material, für die Lohnzahlung an die Werktätigen. Ein Teil der im Betrieb erwirtschafteten Mittel wird zur Finanzierung gesellschaftlicher Bedürfnisse umverteilt. Dazu führen die Wirtschaftseinheiten von ihren Geldeinnahmen eine bestimmte Summe (Gewinnabführung, produktgebundene Abgaben, Produktionsfondsabgabe, Beitrag für gesellschaftliche Fonds) an den Staatshaushalt ab. Zeitweilig freie Geldfonds der Volkswirtschaft und der Bevölkerung werden bei den Banken und

Sparkassen angesammelt und als Kredite ausgereicht.

Es ist verständlich, wenn von den finanziellen Fragen des Produktionsprozesses besonders die Preise interessieren. Im Preis kreuzen sich vielfältige ökonomische Interessen – die der Gesellschaft als Ganzes, die der Betriebe als Hersteller und Abnehmer von Waren, die jedes einzelnen Werktätigen als Produzent, als Verbraucher, als Eigentümer und Staatsbürger.

Der Preis ist der Geldausdruck für die Wertgröße einer Ware. Das heißt, der gesellschaftlich notwendige Arbeitsaufwand ist die Grundlage des Preises. Deshalb ist es wichtig, daß jeder Werktätige, der möglichst gute Waren preiswert kaufen will, an jedem Arbeitsplatz und bei jedem Arbeitsgang daran denkt, daß von der Qualität und Effektivität seiner Arbeit die Höhe der Kosten und damit auch die der Preise abhängt. Natürlich gibt es auch noch andere Einflüsse auf die Preise, zum Beispiel Angebot und Nachfrage.

Preisbildung und Preispolitik sind mit anspruchsvollen Aufgaben verbunden. Deshalb ist es gut, wenn man sich mit dem Preissystem ein wenig vertraut macht. Wir unterscheiden in der Wirtschaftspraxis zwischen den Industrie- und Agrarpreisen (Erzeugerpreisen), die in den produzierenden Zweigen wirksam sind, den Verbraucherpreisen für die Bevölkerung (Einzelhandelsverkaufspreisen) und schließlich den Weltmarkt- beziehungsweise Valutapreisen in der Außenwirtschaft.

★

**Welche Funktionen erfüllen die Industriepreise?**

★

**Industriepreise sind Preise, die zwischen Wirtschaftseinheiten, also für Produktionsmittel und produktive Leistungen, angewandt werden. Sie sollen die bedarfsgerechte Produktion, den wissenschaftlich-technischen Fortschritt sowie die Produktion und die Anwendung neuer Technik fördern. Weiterhin sollen sie den Kampf für die Steigerung der Arbeitsproduktivität, die Senkung des Produktionsverbrauchs und aller anderen Kosten sowie die Erhöhung der Effektivität unterstützen.**

Die Industriepreise haben im Rahmen der zentralen staatlichen Leitung und Planung eine Schlüsselstellung. Sie gewährleisten die enge Verknüpfung der Interessen der Volkswirtschaft mit denen der Wirtschaftseinheiten. In Verbindung mit den Kosten und Gewinnen fördern sie die zielstrebige Verwirklichung der ökonomischen Strategie. Am Industriepreis messen sich die Nettoproduktion, die Exportrentabilität und viele andere qualitative und quantitative Kennziffern zur Bewertung des Beitrages der Kombinate und Betriebe am Wachstum des Nationaleinkommens.

Die wichtigste Funktion des Preises ist seine Meßfunktion. Unterschiedliche Gebrauchswerte (1 Paar Schuhe, 1 kg Äpfel, ein Kraftwerk, eine Wohnung usw.) lassen sich mit Hilfe des Preises vergleichen, weil der gesellschaftlich notwendige Arbeitsaufwand, die Wertgröße, in Geld ausgedrückt wird.

Um die Produktion und den Verbrauch bestimmter Erzeugnisse besonders zu fördern oder zu beschränken, um richtige Preisrelationen zwischen austauschbaren Materialien, zwischen Arbeitsmitteln, zwischen Zuliefer- und Finalerzeugnissen sowie zwischen Konsumgütern (Qualitätsunterschiede) herzustellen, kann der Preis auch über oder unter dem Aufwand festgesetzt werden. So wird zum Beispiel durch zeitweilige Preiszuschläge oder höhere Preise die Produktion veredelter Stähle und anderer Erzeugnisse der metallverarbeitenden Industrie gefördert. Die Einführung der Mikroelektronik wird durch zeitweilige Subventionen finanziell unterstützt, weil für eine gewisse Einführungszeit die Kosten noch über dem Weltstand liegen, die Anwender aber nicht mit diesem zeitweiligen Mehraufwand belastet werden sollen.

Richtige Preisrelationen sollen den effektiven Einsatz von Roh- und Brennstoffen sowie moderner Produktionsinstrumente fördern, Verbraucher und Produzenten zu hoher Effektivität anreizen und helfen, die Importe zu reduzieren.

Der Industriepreis kann seine Funktion um so besser erfüllen, je näher er dem gesellschaftlich notwendigen Arbeitsaufwand kommt. Dann wirkt er als eine wichtige gesellschaftliche Norm für die Planung und Leistungsbewertung; dann erhöht sich auch seine Wirkung als ökonomischer Hebel zur Senkung des Aufwandes in der Produktion.

Die Voraussetzung für die planmäßig und gezielt stimulierende Rolle des Preises ist seine Bestimmung auf der Grundlage des gesellschaftlich notwendigen Arbeitsaufwandes. Damit der Industriepreis den gesellschaftlich notwendigen Arbeitsaufwand ausdrückt, dürfen der Preisbildung nicht die betriebsindividuellen, sondern müssen die gesellschaftlich notwendigen Kosten zugrunde gelegt werden.

»

**»In den kommenden Jahren werden wir den bewährten Weg fortsetzen, in den Industrie-, Agrar- und Baupreisen sowie in den Transporttarifen den realen volkswirtschaftlichen Aufwand widerzuspiegeln. Damit wird er vor allem dort sichtbar, wo die Werktätigen ihn am besten beeinflussen können.«[41]**

«

**Gesellschaftlich notwendige Kosten sind der Geldausdruck jener Aufwendungen an Material, Energie, Zeit usw., die den normalen Produktionsbedingungen des betreffenden Produktionszweiges und dem real erreichbaren Leistungsvermögen der an der Produktion der Erzeugnisse beteiligten Betriebe entsprechen.**

Veränderungen der Produktionsbedingungen und damit des gesellschaftlich notwendigen Arbeitsaufwandes resultieren vor allem aus der Steigerung der gesellschaftlichen Arbeitsproduktivität. Neue Technik und neue Werkstoffe werden angewandt, neue Technologien eingeführt, und die Qualifikation der Werktätigen erhöht sich. Aber auch die Naturbedingungen, zum Beispiel die geologischen Bedingungen für die Förderung der Rohstoffe, die Beschaffungskosten für Rohstoffe und andere Importe, haben Einfluß auf den Arbeitsaufwand und damit auf die Wertgröße der Waren.

Bei der Preisfestlegung ist zu berücksichtigen, daß es nicht nur aufwand- und kostensenkende, sondern auch kostenerhöhende Faktoren gibt. Zu den kostenerhöhenden Faktoren gehören zum Beispiel die sich verschlechternden geologischen Bedingungen für die Förderung von Roh- und Brennstoffen und die Erhöhung der notwendigen Vorleistungen für ihre Erschließung und Förderung, steigende Preise auf den Weltmärkten, steigende Aufwendungen in der Produktion für den Umweltschutz und die Verbesserung der Arbeitsbedingungen der Werktätigen.

Das sind einige Faktoren, die der Tendenz eines sinkenden Aufwandes entgegenwirken. Sie erfordern zum Teil sogar Erhöhungen der Industriepreise, denn diese sollen den tatsächlichen volkswirtschaftlichen Aufwand decken.[42]

Die Preise der Industrie und des Bauwesens, der Landwirtschaft und des Transportwesens müssen dazu beitragen, die ökonomische Strategie zu verwirklichen. Sie dienen dem Grundsatz: Was der Volkswirtschaft nutzt, das muß auch für die Kombinate und Betriebe vorteilhaft sein. Deshalb werden diese Preise auf der Grundlage des gesellschaftlich notwendigen Aufwandes und der Deckung der volkswirtschaftlichen Rechnungen so weiterentwickelt, daß sie wirksamer helfen,

- den wissenschaftlich-technischen Fortschritt zu beschleunigen, seine höchstmögliche ökonomische Verwertung zu stimulieren,
- die Qualität der Erzeugnisse zu verbessern,
- die Roh- und Brennstoffe effektiver zu produzieren und zu verwerten,
- die umfassende sozialistische Rationalisierung durchzusetzen und zu diesem Zweck den Einsatz

der Mikroelektronik und der Industrieroboter zu fördern,

- die Selbstkosten und insbesondere den Produktionsverbrauch zu senken,
- alle Anstrengungen zur Effektivitätssteigerung zu fördern.

Zu Beginn des Fünfjahrplanzeitraumes 1986 bis 1990 sind neue Rechtsvorschriften zur Industriepreisbildung in Kraft getreten. Sie schaffen für die Kombinate einen kräftigen ökonomischen Anreiz, das Verhältnis von Aufwand und Ergebnis auf Dauer zu verbessern, und zwar durch ständige Erneuerung der Erzeugnisse, Verfahren und Technologien.[43] Die Industriepreisbildung für neue Erzeugnisse wurde so weiterentwickelt, daß sie den gesamten Erneuerungsprozeß von der Forschung und Entwicklung über die Produktionsaufnahme und Serienproduktion bis zur Einstellung der Produktion erfaßt und wirksam stimuliert. Praktisch wird zu einer stufenweisen Industriepreisbildung übergegangen.

**Erstens** werden für die Phase von Forschung und Entwicklung Kosten- und Preisobergrenzen ausgearbeitet und als ökonomische Zielstellung verbindlich vorgegeben. So wird gesichert, daß neue Erzeugnisse wirklich Kosten sparen und die Exportrentabilität verbessern.

**Zweitens** werden in den ersten beiden Jahren der Produktion des neuen Erzeugnisses Preiszuschläge gewährt, die als Extragewinn beim Hersteller wirken. Dadurch realisiert der Betrieb die höchsten Gewinne, der sehr rasch zu hohen Produktionsstückzahlen kommt und bereits während der Produktionsvorbereitung die Kosten senkt.

**Drittens** werden ab dem dritten Produktionsjahr die Preiszuschläge aufgehoben. Es wirkt dann der Industriepreis, der sich aus der Kalkulation des Aufwandes und der wissenschaftlich-technischen Aufgabenstellung zur Verbilligung des neuen Erzeugnisses ergibt.

Nach Ablauf der normativen Produktionsdauer werden Preisabschläge für veraltete Erzeugnisse wirksam. Die Fristen der normativen Produktionsdauer werden aus den geplanten Erneuerungsraten des jeweiligen Industrie- oder Erzeugnisbereiches abgeleitet. Preisabschläge schmälern den Gewinn des Betriebes und signalisieren, daß neue, effektivere Erzeugnisse entwickelt werden müssen.

Die Industriepreisbildung wirkt so, daß sich Spitzenqualität, gestalterische Spitzenleistung und gutes Design für jeden Betrieb in Zuwachs an Nettoproduktion und Gewinn auszahlen. Wer sich erfolgreich an diesen Maßstäben orientiert, kann über die Realisierung von befristeten Preiszuschlägen für neue, effektivere Erzeugnisse hinaus mit zusätzlichen Erlösen aus Preiszuschlägen für hohe Erzeugnisqualität rechnen.

**Welche Bedeutung haben die Einzelhandelsverkaufspreise?**

**Verbraucherpreise (EVP) unterliegen ebenfalls ökonomischen Gesetzen. Sie müssen den Aufwand für die Produktion und den Absatz der Waren und den geplanten Ertrag für die volkswirtschaftlichen Rechnungen decken.**

Auch hier sind Preisfragen vor allen Dingen Kostenfragen. Zugleich ist unbedingt den sozialen Anforderungen Rechnung zu tragen, die sich aus dem Wirken des ökonomischen Grundgesetzes des Sozialismus und aus außerökonomischen Einflüssen ergeben.

Auf dem XI. Parteitag der SED wurde dazu eindeutig festgestellt:

»Auch künftig werden wir die Politik stabiler Verbraucherpreise für Waren des Grundbedarfs sowie für Mieten, Tarife und Dienstleistungen fortführen. Wie bisher sollen die Verbraucherpreise für neue und hochwertige Erzeugnisse so festgelegt werden, daß sie in der Regel die Kosten dekken und für den Betrieb und die Gesellschaft den erforderlichen Gewinn bringen.«[44]

Die Preispolitik für Konsumgüter liegt fest in der Hand des sozialistischen Staates, der durch differenzierte Maßnahmen stabile Preise für Waren des Grundbedarfs, niedrige Mieten, Tarife und Dienstleistungen gewährleistet.

Bei der Betrachtung der finanziellen Seite des Reproduktionsprozesses müssen wir beachten: Es geht um Waren, die mit hoher Effektivität produziert werden, die dem Bedarf entsprechen und auch gekauft werden. Durch höhere Produktivität, sinkende Kosten, durch die Erfüllung der Kosten- und Gewinnpläne in jedem Kombinat und in jedem Betrieb sind die Einnahmen des sozialistischen Staates aus der Wirtschaftstätigkeit so zu erhöhen, daß damit notwendige, unvermeidliche Kostenerhöhungen ausgeglichen und zugleich die gesamtgesellschaftlichen Fonds für Investitionen, gesellschaftliche Konsumtion, Verteidigung usw. gebildet werden können.

Es gibt häufig sehr einseitige Betrachtungen über den Zusammenhang von Kosten und Preisen. Sie basieren auf dem Trugschluß, daß mit steigender Produktivität der lebendigen Arbeit (einem Teil des gesellschaftlich notwendigen Aufwands) der Preis der Waren ständig sinken müsse. Doch der Preis wird stets vom gesamten gesellschaftlich notwendigen Aufwand und dessen Entwicklung bestimmt. Das Wertgesetz ist auch im Sozialismus ein objektives ökonomisches Gesetz. Dieses Gesetz erfordert, den gesellschaftlich notwendigen Aufwand als Grundlage der Preise zu nehmen und bei der Bilanzierung der materiellen und finanziellen Aufgaben der Volkswirtschaft neben den kostensenkenden auch die kostenerhöhenden Faktoren zu berücksichtigen.

Preise (Industrie-, Aufkauf- und Verbraucherpreise, Weltmarkt- und Inlandpreise) sind eine für die effektive Gestaltung der intensiv erweiterten Reproduktion unerläßliche und äußerst wichtige Kategorie. Sie richtig anzuwenden ist eine Aufgabe in allen Reproduktionsphasen und damit auch bei der Verteilung und Umverteilung des Nationaleinkommens.

»Die Deutsche Demokratische Republik verfügt über eine gut funktionierende sozialistische Planwirtschaft. Sie ist leistungsfähig, dynamisch und flexibel. Ihre Bestandteile und Instrumente – vor allem die zentrale Planung und Bilanzierung, die Leistungsbewertung nach vier Hauptkennziffern, die wirtschaftliche Rechnungsführung, die leistungsorientierte Lohnpolitik, das Vertragssystem – sind auf die Verwirklichung der ökonomischen Strategie der SED gerichtet. Sie fördern die bedarfsgerechte Produktion in hoher Qualität, mit niedrigen Kosten.«[45]

# Die Intensivierung der gesellschaftlichen Produktion

**Intensivierung der Produktion bedeutet Steigerung der bedarfsgerechten Produktion, ihrer Qualität und Effektivität, indem die vorhandenen Anlagen, Maschinen und Gebäude besser genutzt und modernisiert werden, mit der gleichen oder einer geringeren Anzahl von Arbeitskräften bei gleichbleibendem oder geringerem Material- und Energieeinsatz je Erzeugniseinheit mehr produziert wird.**

Die Orientierung auf den Weg der Intensivierung erwächst gesetzmäßig aus der sozialistischen Entwicklung, aus der Reife sozialistischer gesellschaftlicher Beziehungen, aus dem wachsenden Bedürfnisreichtum des einzelnen und der ganzen Gesellschaft sowie der gestiegenen wirtschaftlichen Kraft des Sozialismus. Darüber hinaus ergibt sich ihre Notwendigkeit aus den veränderten internationalen Bedingungen.

Die Wirtschaft des entwickelten Sozialismus ist durch umfassende Intensivierung charakterisiert. Es ist nicht übertrieben, wenn gesagt wird, daß die Reife der sozialistischen Wirtschaft in erster Linie im Niveau der Intensivierung des volkswirtschaftlichen Reproduktionsprozesses zum Ausdruck kommt.

★

**Warum ist der Übergang zur Intensivierung ein gesetzmäßiger Prozeß?**

★

Die Notwendigkeit dieses Übergangs erwächst **erstens** unmittelbar aus dem Grundanliegen des Sozialismus, aus den entscheidenden Zielen und Idealen der Arbeiterklasse.

Der Sozialismus ist eine auf kontinuierlichem ökonomischem Wachstum basierende Gesellschaft. Ohne dieses Wachstum kann sich der entwickelte Sozialismus weder herausbilden, erfolgreich existieren noch weiterentwickeln. Ohne dieses Wachstum ist es nicht möglich, die Vorzüge des Sozialismus zur Geltung zu bringen, das materielle und kulturelle Lebensniveau der Werktätigen zu erhöhen oder andere Aufgaben zu lösen.

Der Sinn des Sozialismus, die Politik der Hauptaufgabe, kann auf die Dauer nur durch ein Wirtschaftswachstum verwirklicht werden, das mit sinkendem Aufwand erreicht wird. Intensiv erweiterte Reproduktion erfordert, daß im Maßstab der Volkswirtschaft die wirtschaftlichen Ergebnisse deutlich schneller wachsen als der dafür eingesetzte Aufwand.

**Zweitens** hängt angesichts des gewachsenen wirtschaftlichen, wissenschaftlich-technischen und geistig-kulturellen Potentials die weitere erfolgreiche Entwicklung der sozialistischen Gesellschaft in immer größerem Maße davon ab, daß das vorhandene Vermögen an lebendiger und vergegenständlichter Arbeit qualitativ vervollkommnet und effektiver genutzt wird. So verfügte unsere Volkswirtschaft 1985 über Grundfonds im Werte von 1259 Milliarden Mark (Abbildung 43, Tabelle 14). Von 1981 bis 1985 wurden insgesamt Investitionen in Höhe von 319 Milliarden Mark realisiert (Abbildung 44). Hätten wir diese Investitionen jährlich extensiv einge-

**Tabelle 14**
**Durchschnittlicher Grundmittelbestand je Berufstätiger in ausgewählten produzierenden Bereichen der Volkswirtschaft in der DDR 1960 bis 1984 (1000 Mark)**

| | 1960 | 1970 | 1980 | 1985 |
|---|---|---|---|---|
| Industrie | 46,2 | 78,7 | 128,5 | 162,0 |
| Bauwirtschaft | 6,9 | 15,4 | 29,3 | 35,2 |
| Land- und Forstwirtschaft | 23,4 | 55,7 | 104,6 | 125,5 |
| Verkehr, Post- und Fernmeldewesen | 78,9 | 110,1 | 157,8 | 182,0 |
| Binnenhandel | 10,4 | 17,6 | 31,9 | 49,5 |
| Insgesamt | 33,5 | 58,6 | 99,5 | 123,0 |

Statistisches Taschenbuch der DDR 1986, S. 32.

**Durchschnittlicher Grundmittelbestand in den produzierenden Bereichen der Wirtschaft der DDR 1955 bis 1985** **43**

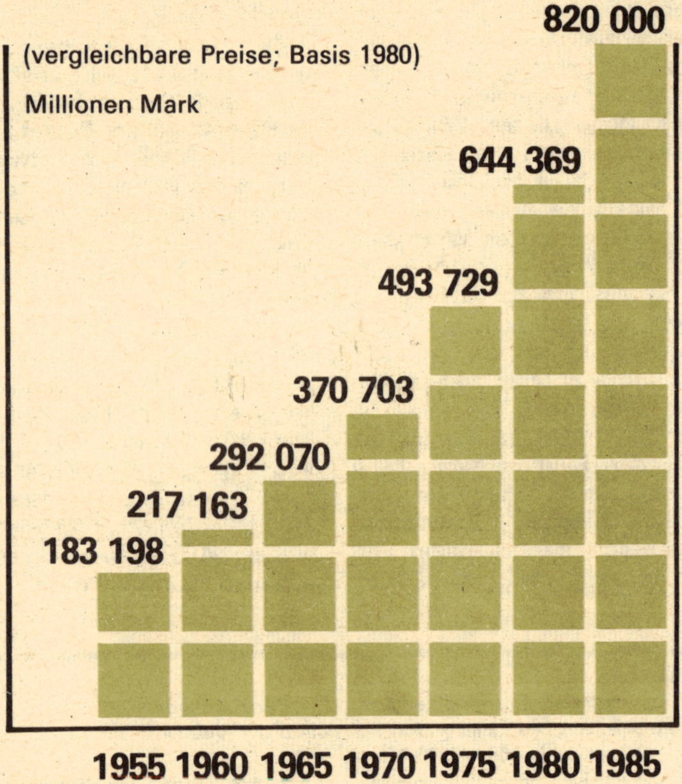


Statistisches Taschenbuch der DDR 1986, S. 31.

setzt, dann wäre nur eine geringe Erhöhung des Produktionsniveaus der Volkswirtschaft erreicht worden. Die bei weitem überwiegende Masse der vorhandenen Grundfonds könnte nicht oder nur sehr unzureichend verbessert werden.

**Investitionen der DDR 1971 bis 1990**
(Milliarden Mark; zu Preisen des Jahres 1985)

**44**

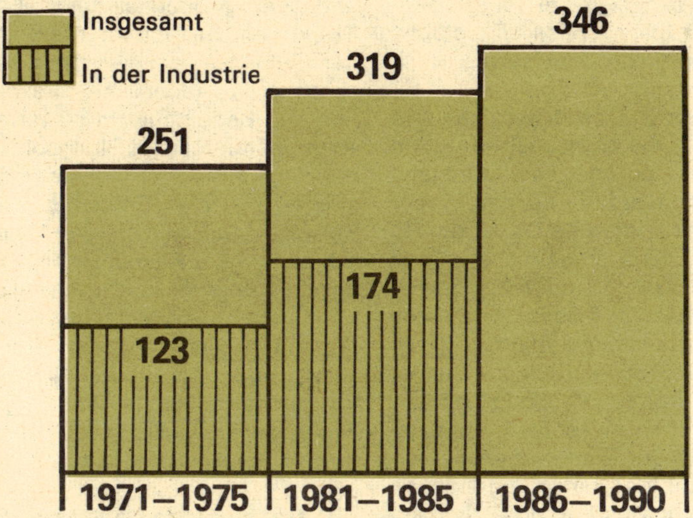


**Anteil der Rationalisierungsinvestitionen an den Gesamtinvestitionen in der verarbeitenden Industrie der DDR 1976 bis 1990** (Prozent)

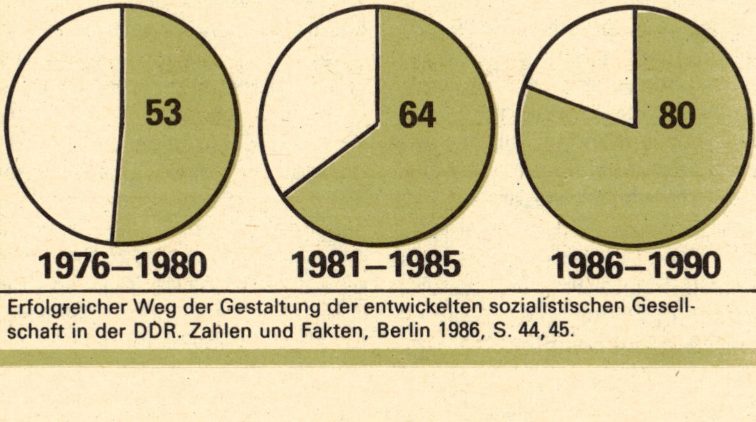


Erfolgreicher Weg der Gestaltung der entwickelten sozialistischen Gesellschaft in der DDR. Zahlen und Fakten, Berlin 1986, S. 44, 45.

Indem die Investitionen zunehmend zur Modernisierung der Grundfonds genutzt werden, helfen sie, die Leistungsfähigkeit des vorhandenen Wirtschaftspotentials wesentlich zu vergrößern und auf diese Weise eine stabile wirtschaftliche Entwicklung zu sichern.

So gibt es viele Maschinen und Anlagen, die zwar noch in gutem Zustand sind oder wieder instand gesetzt werden können, aber nicht mehr dem neuesten technischen Stand entsprechen, zum Beispiel keine moderne Steuerung besitzen. Bisher wurden solche Arbeitsmittel häufig durch moderne Technik ersetzt. Das ist in der Regel mit einem großen Aufwand an Investitionen verbunden. Mit der Modernisierung vorhandener Maschinen und Anlagen gehen wir einen grundsätzlich anderen Weg, um ständig die materiell-technische Basis der Volkswirtschaft auf dem neuesten Stand zu halten: Vorhandene Technik wird (soweit dies technisch machbar ist) mit neuen Baugruppen ausgerüstet (Antrieben, Steuerungen usw.). Auf diese Weise können mit verhältnismäßig weniger Investitionen aus dem vorhandenen Technikpark neue, leistungsfähigere Arbeitsmittel geschaffen werden.

Mit anderen Worten: Weil die DDR über ein leistungsstarkes Wirtschaftspotential verfügt, wird die intensive Nutzung des Vorhandenen zur unbedingten Notwendigkeit, zum Gebot wirtschaftlicher Vernunft.

**Drittens** fördert die Intensivierung der Produktion den qualitativen Wandel der Volkswirtschaft und die Modernisierung ihrer Strukturen. Das ist vor allem aus der Sicht der gegenwärtigen wissenschaftlich-technischen Revolution von Bedeutung. In dieser revolutionären Entwicklungsphase der modernen Produktivkräfte steigen in vielen Bereichen zum Beispiel durch Einsatz der Mikroelektronik oder Rechentechnik nahezu sprunghaft die Möglichkeiten für ein hohes Leistungswachstum und für eine spürbare Verbesserung der Arbeitsbedingungen für Hunderttausende Werktätige. Für diese Entwicklung ist der intensive Reproduktionstyp unerläßlich.

Die überwiegend extensive Erweiterung der Volkswirtschaft setzt ihrer umfassenden Modernisierung sehr enge Grenzen. Wenn die gesamte Investitionssumme eines Jahres höchstens fünf Prozent des Wertes aller Grundfonds ausmacht und vollständig für neue Grundfonds eingesetzt würde, kann sich jeder ausrechnen, daß es 20 Jahre dauern würde, bis auf diesem Weg der größte Teil der Volkswirtschaft auf den neuesten Stand von Wissenschaft, Technik und Technologie gebracht würde. Praktisch ist es auf diese Weise aber nie möglich, eine moderne Volkswirtschaft zu entwickeln, weil – bedingt durch das hohe Tempo des wissenschaftlich-technischen Fortschritts – das heute Moderne bereits nach wenigen Jahren wieder veraltet ist.

**Mit anderen Worten: Die mit der Entwicklung der Produktivkräfte zusammenhängende objektive Aufgabe zur ständigen Modernisierung des Vorhandenen bekräftigt nachhaltig den Übergang zur Intensivierung.**

**Viertens** verlangt auch die begrenzte Menge an verfügbaren Roh- und Brennstoffen sowie an lebendiger Arbeit eine Senkung des Aufwands. Kein Land kann den Einsatz dieser entscheidenden Wirtschaftsressourcen beliebig steigern. Selbst wenn wir annähmen, daß wesentlich mehr Roh- und Brennstoffe zur Verfügung ständen, würde das nur die Bedingungen verändern, einiges erleichtern, nicht aber die grundsätzliche Notwendigkeit des Übergangs zur umfassenden Intensivierung aufheben.

Wie die Erfahrungen in den sozialistischen Ländern zeigen, kann in einer hochentwickelten Wirtschaft die Zahl der Arbeitskräfte, der Aufwand an Grundfonds, an Transportleistungen, kann der Bau neuer Betriebe nicht endlos ausgedehnt werden, ohne daß über eine bestimmte Grenze hinaus die Kosten rasch ansteigen und die volkswirtschaftliche Effektivität sinkt.

Wenn wir, um mehr Energie zu gewinnen, immer mehr Braunkohle verfeuern müßten, so würden der Aufwand für die Erschließung neuer Tagebaue genauso wie die Transportkosten für Rohbraunkohle immer stärker anwachsen. Viel günstiger ist es, aus den vorhandenen Brennstoffen mehr Energie zu gewinnen, indem zum Beispiel der Wirkungsgrad von Kraftwerken verbessert wird oder energetische Verluste eingedämmt werden.

Hinzu kommt, daß die Quellen der extensiven Entwicklung in der Wirtschaft, vor allem, was das gesellschaftliche Arbeitsvermögen, die Anzahl der Berufstätigen, betrifft, nahezu vollständig ausgeschöpft sind. Das betrifft vor allem den Zuwachs an Arbeitskräften für die Industrie. Dies ist ein wichtiges, die Notwendigkeit der Intensivierung verschärfendes Moment. Die Ursache dafür liegt aber nicht ausschließlich und nicht einmal in erster Linie im geringen Bevölkerungswachstum. Wichtiger ist, daß die Anforderungen der entwickelten sozialistischen Gesellschaft an die Entwicklung aller Bereiche des gesellschaftlichen Lebens eine weitere Zunahme der Zahl der Arbeitskräfte in der Industrie überhaupt beschränken werden. Das wachsende Gewicht des Bauwesens, der nichtproduzierenden Bereiche der Volkswirtschaft, der Dienstleistungen, des Handels verringern deutlich die Möglichkeiten, mehr Arbeitskräfte für die Industrie zu gewinnen. In dem Maße, wie die Bedeutung dieser Bereiche für die allseitige Bedürfnisbefriedigung der Menschen wächst, benötigen sie mehr Arbeitskräfte, die letztlich nur durch sozialistische Rationalisierung gewonnen werden können. Auch hier zeigt sich der enge Zusammenhang zwischen der Verbesserung des materiellen und kulturellen Lebensniveaus der Menschen und den Grundprozessen der Intensivierung im Sozialismus.

Zusammengenommen bedeutet all dies: Wenn die vorwiegend intensiv erweiterte Reproduktion dem Wesen des Sozialismus entspricht, so war die extensive Entwicklung der sozialistischen Wirtschaft in den fünfziger und sechziger Jahren gewissermaßen eine Vorstufe auf dem Weg dahin. Sie schuf entscheidende Voraussetzungen für den neuen Typ der erweiterten Reproduktion. Erst mit der Gestaltung der entwickelten sozialistischen Gesellschaft auf der ihr eigenen Basis wird jene Wirtschaft in der Gegenwart geschaffen, die tatsächlich dem Wesen des Sozialismus entspricht.

Der Übergang zur intensiv erweiterten Reproduktion ist keine leichte Angelegenheit, die »von oben« angeordnet werden könnte, sondern gehört zu jenen tiefgreifenden Wandlungsprozessen, auf die das Programm der SED hinweist. Er berührt alle wesentlichen Bereiche des gesellschaftlichen Lebens – die sozialen Beziehungen ebenso wie das Verhältnis von geistiger und körperlicher Arbeit, das Bildungswesen ebenso wie die geistige Haltung eines jeden Werktätigen.

## Umfassende Intensivierung – Schlüssel für die neue Etappe in der Verwirklichung der ökonomischen Strategie

Der X. Parteitag der SED hat in zehn Punkten eine umfassende Strategie des Übergangs der Volkswirtschaft zur intensiv erweiterten Reproduktion formuliert. Bei ihrer Durchsetzung wurden seither beachtliche Ergebnisse erzielt. Von ihnen gehen wir aus, wenn wir die neuen, höheren Aufgaben in Angriff nehmen, deren Lösung direkt die weitere Entwicklung des Sozialismus in der DDR bestimmt. Auf dem XI. Parteitag wurde hervorgehoben, daß es mit Hilfe unserer Wirtschaftsstrategie gelungen ist, die Wende zur umfassenden Intensivierung der Produktion zu vollziehen und einen tiefgreifenden Erneuerungprozeß der Produktion einzuleiten.

## Wodurch ist die Wende zur umfassenden Intensivierung charakterisiert?

- Im zurückliegenden Zeitraum gelang es, den wissenschaftlich-technischen Fortschritt systematisch zu beschleunigen, seine ökonomische und soziale Wirksamkeit deutlich zu erhöhen, ihn zielstrebig für die Intensivierung der Produktion zu nutzen. Davon zeugt beispielsweise, daß die Steigerung der Arbeitsproduktivität nahezu vollständig aus der technologischen Verwertung von wissenschaftlich-technischen Ergebnissen erfolgt – in den siebziger Jahren waren es nur etwa 55 Prozent. Zugleich gelang es, durch sozialistische Rationalisierung für Hunderttausende Werktätige die Arbeitsbedingungen zu verbessern, Arbeitserschwernisse abzubauen, den Anteil gesundheitsgefährdender Tätigkeiten zu reduzieren und die Arbeit für viele Werktätige abwechslungsreicher, interessanter und auch leichter zu gestalten.
- Große Fortschritte im Wachstum des Nationaleinkommens wurden durch sinkenden Produktionsverbrauch erzielt. Rund 40 Prozent des Zuwachses an Nationaleinkommen resultierten in den Jahren 1981 bis 1985 aus der Senkung des spezifischen Produktionsverbrauchs. Das belegt, daß der volkswirtschaftliche Leistungsanstieg auf prinzipiell neuer Grundlage organisiert wurde.

Zielgerichtet wurde der spezifische Verbrauch volkswirtschaftlich wichtiger Rohstoffe und Energieträger verringert. Während er von 1971 bis 1975 jährlich um etwa 2,8 Prozent sank, waren es von 1981 bis 1985 jährlich 5,3 Prozent.

Auch künftig gilt es, den Produktionsverbrauch zu reduzieren. Wie wichtig das ist, wird daran deutlich, daß eine Senkung des Produktionsverbrauchs um ein Prozent im Jahre 1985 einer Erhöhung des Nationaleinkommens um 5,3 Milliarden Mark entsprach.

Heute geht es darum, die höhere Qualität des sozialistischen Wirtschaftens zu bewahren, über einen langen Zeitraum hinweg zu gewährleisten. Es gilt, die Intensivierung umfassend zu gestalten und dauerhaft zu machen. Wie diese Aufgabe gelöst wird, entscheidet nicht nur über den ökonomischen Nutzen, sondern vor allem über den realen Spielraum zur Fortführung der bewährten Politik der Hauptaufgabe.

## Was kennzeichnet die qualitativ neue Etappe der Intensivierung entsprechend den 10 Schwerpunkten unserer ökonomischen Strategie nach dem XI. Parteitag?

Sie schaffen mit ihrer Qualitätsarbeit wichtige Grundlagen für die umfassende Intensivierung unserer Wirtschaft: Mitglieder des Jugendkollektivs „X. Parteitag“ in der Endmontage der Personalcomputer PC 1715 im Büromaschinenwerk Sömmerda

**Erstens:** Alle Bereiche der Volkswirtschaft und alle Phasen der Reproduktion – von der Forschung und Entwicklung bis zum Absatz der Betriebe und Kombinate – sind in die Intensivierung einzubeziehen.

Neben der Industrie betrifft das die Landwirtschaft ebenso wie den Handel, das Transportwesen oder den Dienstleistungsbereich. Überall geht es darum, so sparsam wie möglich mit den gesellschaftlichen Mitteln umzugehen, das Verhältnis von Aufwand und Ergebnis ständig zu verbessern. Die Intensivierung macht um keinen Bereich der Wirtschaft einen Bogen, und so gesehen, ist der Begriff »umfassende Intensivierung« durchaus wörtlich zu nehmen.

Dies gilt ebenso für die von Marx begründeten vier Phasen des Reproduktionsprozesses: Produktion, Distribution (Verteilung), Zirkulation, Konsumtion. Alle diese Phasen sind unbedingt notwendige Abschnitte der gesellschaftlichen Reproduktion. So wichtig die Produktion auch immer ist und natürlich auch bleibt, das Verhältnis von Aufwand und Ergebnis – die Effektivität – wird von der rationellen Gestaltung aller Phasen bestimmt. Es hat zum Beispiel wenig Sinn, mit höchster Effektivität Waren herzustellen, die überhaupt nicht oder nur mit geringem Nutzen verkauft werden können. Je weiter die Arbeitsteilung in einem Betrieb und zwischen den Betrieben vorangeschritten ist, desto wichtiger wird es, daß alle Beteiligten die Effektivität der Arbeit steigern, daß gute Leistungen in den Vorstufen der Produktion nicht durch mangelhafte Arbeit in späteren Arbeitsstadien aufgezehrt werden. Bei diesem »Hand-in-Hand-Arbeiten« in einem modernen Kombinat bestimmt das schwächste Glied die Leistungsfähigkeit der ganzen Kette.

Besonders deutlich wird dies in den Beziehungen zwischen Forschung und Produktion: Gute Forschungsleistungen können in der Produktion in der Regel durch nichts ersetzt werden und tragen maßgeblich zur Effektivitätssteigerung bei.

**Der Intensivierung umfassenden Charakter zu verleihen heißt also, alle Arbeitsprozesse in allen Bereichen der sozialistischen Gesellschaft nach höchsten Effektivitätsmaßstäben zu gestalten.**

Ausgeschlossen ist es, mit einem Schlag den gesamten Reproduktionsprozeß mit all seinen Phasen, alle gesellschaftlichen Bereiche nach den Maßstäben und Möglichkeiten der neuesten Wissenschaft und Technik umzugestalten. Die Lösung dieser Aufgabe wird längere Zeit dauern. Um so wichtiger ist es, überall zielstrebig nach Wegen zu suchen, die Effektivität der Arbeit zu verbessern. Auf diese Weise wird systematisch der Boden dafür vorbereitet, die völlig neuen Möglichkeiten der Schlüsseltechnologien, vor allem der Mikroelektronik, Rechentechnik und Informationstechnik, für die Beschleunigung der Intensivierungsprozesse in breitem Maße zu nutzen.

**Zweitens:** Umfassende Intensivierung verlangt die Nutzung aller Intensivierungsquellen und -faktoren.

**Kernstück ist und bleibt dabei die Steigerung der Arbeitsproduktivität.**

Die Arbeitsproduktivität steigt, wenn der Gesamtaufwand an Arbeit, der für die Produktion eines bestimmten Erzeugnisses benötigt wird, sinkt. Dieser Gesamtaufwand enthält neben der lebendigen Arbeit auch die vergegenständlichte Arbeit, den Produktionsverbrauch. Diese vergegenständlichte Arbeit ist »geronnene« lebendige Arbeit aus früheren Reproduktionsperioden.

Die Senkung dieses Produktionsverbrauchs, insbesondere des Aufwands an Roh- und Brennstoffen, ist eine der wichtig-

**Anteil der Schulabgänger in der DDR mit Zehnklassenabschluß an den Neuaufnahmen in die Berufsausbildung 1970 bis 1985**

**45**

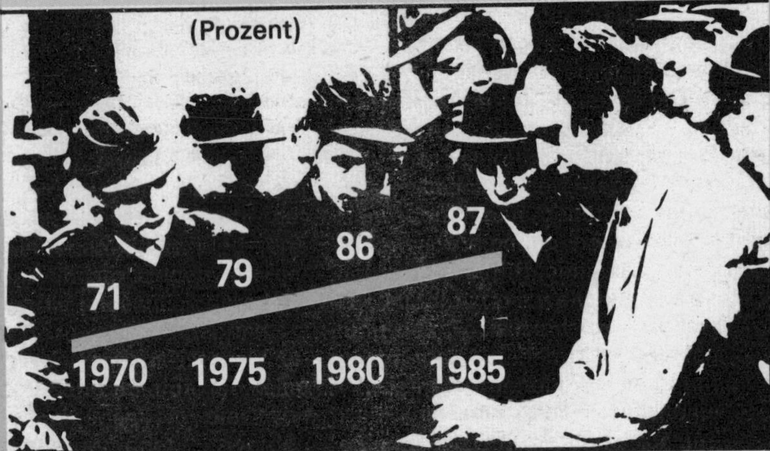


Statistisches Jahrbuch der DDR 1985, S. 297. – Erfolgreicher Weg der Gestaltung der entwickelten sozialistischen Gesellschaft in der DDR. Zahlen und Fakten, Berlin 1986, S. 56.

**Arbeitsaufwand je 1000 Mark industrieller Bruttoproduktion in der DDR 1970 bis 1985** (Stunden) **46**

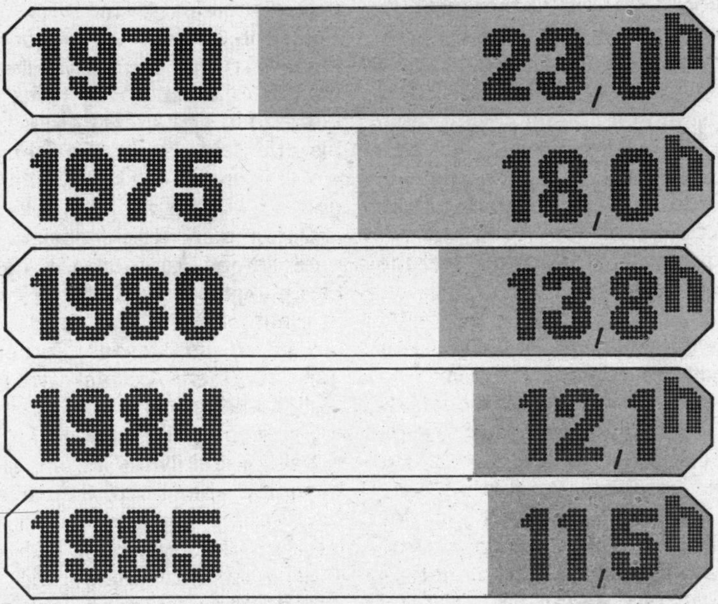


Statistisches Taschenbuch der DDR 1986, S. 49.

sten Quellen für die umfassende Intensivierung; denn der Produktionsverbrauch macht den größten Teil des Gesamtaufwands aus.

Steigerung der Arbeitsproduktivität unter den heutigen Bedingungen schließt zugleich ein, den Aufwand an lebendiger Arbeit je Produkt weiter zu senken und im Zusammenhang mit der sozialistischen Rationalisierung Werktätige für andere Arbeitsaufgaben zu gewinnen. Seit 1981 wurden in der Industrie, im Bauwesen und im Verkehrswesen durch Rationalisierung 370 000 Arbeitskräfte für andere volkswirtschaftlich wichtige Aufgaben gewonnen. Etwa 88 Prozent dieser Arbeitskräfte wurden im gleichen Betrieb wieder eingesetzt, vor allem für die Steigerung der Konsumgüterproduktion, die Erweiterung des Rationalisierungsmittelbaus sowie für die effektivere Auslastung der Grundfonds durch Mehrschichtarbeit. Eine solche Umverteilung ist allerdings nicht nur eine ökonomische, sondern auch eine soziale Aufgabe, die es zu lösen gilt. Hier vor allem bewähren sich die Vorzüge des Sozialismus.

Das Petrolchemische Kombinat Schwedt hat hinsichtlich dieser Einheit von ökonomischem und sozialem Effekt der Rationalisierung verallgemeinerungswürdige Maßstäbe gesetzt: Mit dem Bau neuer großer Produktionskomplexe zur tieferen Spaltung des Erdöls und zur Produktion von Futterhefe entstand im Kombinat ein zusätzlicher Bedarf an 2400 Arbeitskräften. Da auch aus den ländlichen Gegenden um Schwedt keine zusätzlichen Arbeitskräfte gewonnen werden konnten, blieb dem Kombinat kein anderer Weg, als im eigenen Werk die notwendige Zahl von Arbeitsplätzen mit Rationalisierungsmaßnahmen einzusparen und auf diese Weise Arbeitskräfte für die neuen Werkteile zu gewinnen. Dies geschah auf der Grundlage eines sorgfältig durchdachten Programms, das mit den Werktätigen gründlich beraten und mit ihrer aktiven Teilnahme verwirklicht wurde.

Für die meisten der daran beteiligten Produktionsarbeiter und Angestellten enthielt das Programm weitreichende Qualifizierungsmaßnahmen für den neuen Arbeitsplatz und andere Festlegungen, zum Beispiel zur Höhe der Löhne und Gehälter. Bereits zwei bis drei Jahre vorher wußten sie, wo und unter welchen Bedingungen sie künftig arbeiten werden.

Durch diese Rationalisierungsmaßnahmen konnten die neuen Fertigungskomplexe die Produktion aufnehmen, ohne an die Gesellschaft als Ganzes Forderungen nach mehr Arbeitskräften gestellt zu haben.

So wichtig die Steigerung der Arbeitsproduktivität ist, sie allein bestimmt aber noch nicht die Intensivierung insgesamt. Wichtig ist auch, mit welchem Aufwand eine bestimmte Steigerung der Arbeitsproduktivität erreicht wird; wieviel Grundfonds, wieviel Investitionen dafür notwendig sind. Hier muß sehr sorgsam zwischen dem Nutzen aus der Steigerung der Arbeitsproduktivität für die Gesellschaft und den dadurch entstehenden Kosten abgewogen werden. Eine Steigerung der Arbeitsproduktivität »um jeden Preis« nutzt niemandem. Wird die Arbeitsproduktivität mit einem zu hohen Aufwand an Grundfonds und Investitionen gesteigert, so besteht die Möglichkeit, daß die

**Qualifikationsstruktur der Berufstätigen in der sozialistischen Wirtschaft der DDR 1980 bis 1990** (Prozent) **47**

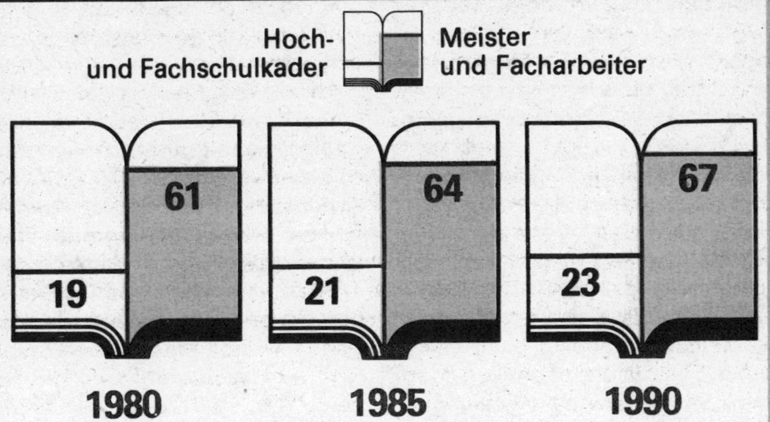


Erfolgreicher Weg der Gestaltung der entwickelten sozialistischen Gesellschaft in der DDR. Zahlen und Fakten, Berlin 1986, S. 58.

ökonomische Effektivität insgesamt sinkt, daß also der gesamte Aufwand schneller wächst als die Ergebnisse. Und umgekehrt: Je weniger Investitionen erforderlich sind, um die nötige Steigerung in der Produktivität zu erreichen, je rationeller das Produktivitätswachstum gehalten werden kann, desto größer sind die Intensivierungseffekte, desto direkter können ökonomische Fortschritte in soziale Verbesserungen umgesetzt werden.

Was hier für den Zusammenhang von Arbeitsproduktivität und Grundfonds dargestellt wurde, gilt sinngemäß für alle anderen Intensivierungsquellen: Es entspricht dem Anliegen der umfassenden Intensivierung, alle Quellen gleichzeitig zu nutzen, zum Beispiel Kosten einzusparen und dabei die Erzeugnisqualität zu verbessern oder Investitionen, aber auch Energie und Rohstoffe einzusparen.

**Drittens:** Der umfassenden Intensivierung ist dauerhafter Charakter zu verleihen.

Seit 1981 ist Jahr für Jahr der Aufwand an lebendiger Arbeit, an Rohstoffen und Energie zur Produktion einer bestimmten Erzeugnismenge gesunken; die Senkung des Produktionsverbrauchs wurde zu einer entscheidenden Quelle des ökonomischen Wachstums.

Kann man den Produktionsverbrauch aber auch über einen langen Zeitraum ständig senken? Kann auch in den Folgejahren intensiviert werden, wenn bereits in den Vorjahren energisch um hohe Effektivität der Produktion gerungen wurde?

Wenn man nur überflüssigen Aufwand, das heißt, Aufwand, der über den gesellschaftlich notwendigen hinausgeht, streicht – so wichtig das auch immer für die Volkswirtschaft ist –, dann ist das selbstverständlich nicht machbar. Denn diesen Aufwand kann man nur einmal beseitigen; diese konkrete Einsparungsmaßnahme ist nicht wiederholbar. Dazu gehören zum Beispiel die direkten Einsparungen – Verminderung des Metalleinsatzes für die Herstellung der gleichen Maschine usw. – oder die bessere Ausnutzung der Arbeitszeit.

Ist bisher für eine Maschine oder ein technisches Konsumgut mehr Material verwendet worden, als erforderlich ist, dann kann Material eingespart werden, indem die Maschine oder das Erzeugnis leichter gebaut wird. Eine solche »Abmagerungskur« kann oft mehrmals durchgeführt werden. Doch jedesmal werden die Möglichkeiten für weitere Einsparungen geringer. Früher oder später kommt der Zeitpunkt, wo eine weitere Materialeinsparung auf Kosten der Qualität der Erzeugnisse gehen oder ihre Lebensdauer verkürzen würde. Weitere Einsparungen dieser Art wären dann unökonomisch. Natürlich können auch diese »einfachen« Einsparungen niemals restlos erschlossen werden.

Immer wird die Aufgabe stehen, den Grundsätzen sozialistischer Sparsamkeit größtes Augenmerk zu schenken, die volle Nutzung der Arbeitszeit, den sparsamen Umgang mit Geld und Material überall durchzusetzen. Auch angesichts der neuen Möglichkeiten von Wissenschaft und Technik dürfen wir mit diesen »einfachen« Reserven nicht großzügig umgehen. Das Gebot sozialistischer Sparsamkeit wird ökonomisch um so wichtiger, je mehr Gebrauchswerte in einer Arbeitsstunde oder mit einem Kilogramm Material hergestellt werden.

Um die Senkung des Produktionsverbrauchs dauerhaft zu machen, ist also ein anderer Weg zu gehen als bisher beschrieben. Dieser Weg ist die Nutzung des wissenschaftlich-technischen Fortschritts. Gerade hierbei sind neue Ideen sehr gefragt. Selbst bislang als traditionell, als kaum noch verbesserungsfähig angesehene Erzeugnisse können mit Gewinn für den Verbraucher und für die Volkswirtschaft immer wieder verbessert werden. So wurde es durch Wissenschaft und Technik möglich, Gasherde herzustellen, deren Seiten nicht mehr, wie bisher üblich, aus Stahlblech, son-

Rohre aus Glas aus dem Kombinat Technisches Glas Ilmenau haben sich im Chemieanlagenbau und im Bauwesen schon vielfach bewährt. Sie sparen eine beträchtliche Menge an Stahl ein und haben eine drei- bis fünffach höhere Lebensdauer im Vergleich zu Stahl. Erste Anwender in der Landwirtschaft sind die Bauern der LPG Pflanzenproduktion Gräfinau. Sie haben die gläsernen Rohre beim Bau eines Beregnungssystems verwendet

dern aus wärmebeständigem Glas gefertigt werden. Diese neuen Herde sehen nicht nur gut aus, sondern ihre Herstellung ermöglicht auch, teuren Walzstahl einzusparen und durch einheimische Rohstoffe zu ersetzen.

Die wissenschaftlich-technische Revolution, Wissenschaft und Technologie nehmen bereits heute einen zentralen Platz in den Intensivierungsstrategien ein und werden künftig noch weiter an Gewicht für das Leistungswachstum der Wirtschaft gewinnen. Einsparungen, vor allem durch neue, bessere Erzeugnisse, verlangen die Anwendung der neuesten wissenschaftlich-technischen Erkenntnisse, verlangen ein hohes Tempo in der Erneuerung der Produktion und der Erzeugnispalette. Dabei geht es jedoch nicht um neue Erzeugnisse oder Technologien schlechthin, nicht um Erneuerung der Neuheit wegen. Entscheidend ist, daß Lösungen gefunden werden, die im Vergleich zu älteren Erzeugnissen zu wesentlich höheren Gebrauchseigenschaften führen, eine höhere Qualität gewährleisten und weniger Material, Energie, Fonds und Arbeitszeit zur Produktion benötigen. Im Verhältnis von technischer Neuheit und Ökonomie hat stets die Ökonomie das Primat: Was am technischen Fortschritt, an neuen Technologien tatsächlich fortschrittlich und nützlich ist, wird durch die Ökonomie entschieden. Nur was sich als ökonomisch vorteilhaft bewährt, kann tatsächlich als Neuheit bezeichnet werden. In der Volkswirtschaft gibt es viele Beispiele, die die Möglichkeiten von Wissenschaft und Technik sichtbar machen: Die Anwendung des Lichtleiterkabels ermöglicht es beispielsweise, 1000 Kilogramm Kupfer durch 1 Kilogramm Glas zu ersetzen und zugleich die Leistungsfähigkeit und Übertragungsbreite wesentlich zu erhöhen.

Eine Rechenanlage, für deren Unterbringung noch vor drei Jahrzehnten mehrere Räume benötigt wurden, kann man heute bequem in eine Armbanduhr einbauen. Dabei leistet sie erheblich mehr, ist viel zuverlässiger und zeichnet sich durch minimalen Energieverbrauch aus.

Durch höhere Veredlung von Stahl können leistungsfähigere Maschinen und Anlagen mit weniger Material gebaut werden, da aufgrund der höheren Festigkeit veredelter Stähle die Bleche zum Beispiel dünnwandiger sein können und trotzdem gleiche Belastbarkeit aufweisen.

**Der durch den XI. Parteitag der SED eingeleitete neue Abschnitt in der Intensivierung zeichnet sich vor allem dadurch aus, daß ein neuer Typ der intensiv erweiterten sozialistischen Reproduktion herausgebildet wird. Das Wachstum der Produktion wird bei einer sinkenden Tendenz des Aufwandes je Einheit Produk-**

**tionsergebnis bei allen Aufwandsarten und der ständigen Verbesserung der Arbeits- und Lebensbedingungen der Werktätigen erreicht.**

## Neue Möglichkeiten zum dauerhaften Effektivitätswachstum durch wissenschaftlich-technischen Fortschritt

In mehrfacher Hinsicht macht die gegenwärtige wissenschaftlich-technische Revolution den Übergang zur umfassenden Intensivierung überhaupt erst möglich. Nur die rasche Verwertung ihrer Errungenschaften gewährleistet, nicht nur für kurze Zeit, sondern über eine lange Periode hinweg eine wachsende Produktion und Leistungskraft der Volkswirtschaft mit sinkendem Aufwand zu erreichen. Wenn die DDR ihre internationale Position behaupten will, so muß sie sich dem Tempo der weltweiten wissenschaftlich-technischen Revolution stellen, mithalten und sogar an Boden gewinnen. Dabei geht es nicht um ein Mithalten der wissenschaftlich-technischen Revolution wegen, sondern es geht stets um die ökonomischen Potenzen und sozialen Möglichkeiten der technischen Neuerungen. Wer über diese Neuerungen verfügt, hat günstige Positionen in der internationalen Konkurrenz, kann seine Wirtschaft kräftig fördern und vermag unter sozialistischen Produktionsverhältnissen, Arbeits- und Lebensbedingungen der werktätigen Menschen dauerhaft zu verbessern.

★

**Welche Momente treten bei der Entwicklung des wissenschaftlich-technischen Fortschritts in den Vordergrund?**

★

**Erstens** hat sich das Tempo beträchtlich erhöht, in dem neue Erkenntnisse, Verfahren und Technologien entwickelt und praktisch angewendet werden. Insbesondere jene technischen Entwicklungen – Schlüsseltechnologien –, die gewissermaßen im Zentrum der wissenschaftlich-technischen Revolution stehen, wie die Automatisierungstechnik, die informationsverarbeitende Technik, haben sich seit Mitte der siebziger Jahre wesentlich beschleunigt. Dies betrifft die Leistungsparameter der Technik (Miniaturisierung, hohe Arbeitsgeschwindigkeiten, geringe Masse) sowie die ökonomischen Parameter (Kosten ihrer Herstellung usw.).

In der DDR arbeitete zum Beispiel 1970 noch kein Industrieroboter. 1985 verfügten wir bereits über 56 600. Bis zum Jahre 1990 werden weitere 75 000 bis 80 000

Roboter hinzukommen. Ebenso werden bis 1990 etwa 85 000 bis 90 000 CAD/CAM-Arbeitsplätze für die rechnergestützte Produktionsvorbereitung und -durchführung errichtet. Damit sollen Produktivitätssteigerungen bis zu 500 Prozent erreicht werden.

**Zweitens** unterscheiden sich die revolutionierenden technischen Veränderungen der Gegenwart in einem wichtigen Punkt von den sprunghaften Entwicklungen der Produktivkräfte in der Vergangenheit. Es handelt sich bei ihnen um Entwicklungen, die viel tiefer und verzweigter im allgemeinen technischen und ökonomischen Leistungsniveau der Produktion wurzeln: Sie erfordern wissenschaftlich-technische Höchstleistungen in scheinbar weit voneinander entfernten Zweigen der Industrie (die Entwicklung der Mikroelektronik beispielsweise beruht auf erheblichen Fortschritten in der Reinstmetallurgie, in der Fotochemie, im Gerätebau und in anderen Bereichen). Es ist daher berechtigt, Fortschritte auf solchen Gebieten als Spiegelbild der Leistungsfähigkeit der ganzen Volkswirtschaft anzusehen. Aus dieser Sicht fordern die neuen Technologien geradezu die umfassende Intensivierung, die stabile Leistungsentwicklung der Volkswirtschaft.

Zugleich verfügen diese Technologien im Vergleich zu früheren technischen Entwicklungen über eine wesentlich größere Anwendungsbreite, über eine größere Ausstrahlung auf die Bereiche menschlicher Tätigkeit. Es gibt in der Geschichte der Produktivkräfte wohl kaum ein zweites Beispiel für eine solch breite und vielfältige Anwendungsmöglichkeit einer neuen Technik, wie sie für die Mikroelektronik und die moderne Rechentechnik charakteristisch ist. Ohne Zweifel haben wir es hier mit einer neuen Etappe der wissenschaftlich-technischen Revolution zu tun, die dem ökonomischen Fortschritt neue Quellen erschließt. Beschränkte sich die wissenschaftlich-technische Revolution früher auf einige Produktionszweige, so läßt sie jetzt keinen Zweig aus und durchdringt die gesamte Ökonomie eines Landes. Wie wir es verstehen, diese neuen Produktivkräfte in der Volkswirtschaft zu nutzen, das entscheidet letztlich über den Gewinn an Effektivität.

Die große Anwendungsbreite von Wissenschaft und Technik begünstigt die hohe Ausbreitungsgeschwindigkeit neuer Verfahren und Technologien. 1972 wurden zum Beispiel zum erstenmal im nichtmilitärischen Bereich Mikroprozessoren zum Verkauf angeboten. Innerhalb kürzester Zeit wurden sie in fast allen Wirtschaftsbereichen eingesetzt.

Große Anwendungsbreite und hohe Ausbreitungsgeschwindigkeit bedeuten gewissermaßen eine Potenzierung der ökonomischen Effekte, die nicht mehr nur in einzelnen Betrieben eintreten, sondern mehr und mehr in allen Kombinaten und Betrieben. Wie hoch die ökonomischen Gesamteffekte sind, hängt weitgehend von der Fähigkeit der Gesellschaft ab, so rasch wie möglich die breite Nutzung neuer Technologien zu organisieren und möglichst noch vor der Konkurrenz mit neuen Produkten auf dem Weltmarkt zu erscheinen.

**Drittens** schließlich kommen die modernen Technologien den gegenwärtigen und absehbaren Effektivitätserfordernissen der Wirtschaft auch insofern entgegen, als sie günstige Voraussetzungen schaffen, um einen stabilen ökonomischen Fortschritt in allen wesentlichen Richtungen **gleichzeitig** zu ermöglichen: Energie- und Materialeinsparung, Einsparung an lebendiger Arbeit und von Arbeitsplätzen, wachsende Effektivität von Grundfonds sowie bedeutende Fortschritte bei der Erhöhung der Gebrauchseigenschaften der Erzeugnisse oder bei der Schaffung völlig neuartiger Gebrauchseigenschaften. Diese Eigenschaft moderner Technologien trifft sich mit der Forderung der umfassenden Intensivierung nach Nutzung aller Effektivitätsquellen.

Ein Beispiel dafür wurde mit der Inbetriebnahme des Konverterstahlwerks im Bandstahlkombinat geschaffen: Der Anteil des hochwertigen Konverterstahls an der gesamten Stahlproduktion konnte dadurch mehr als verdreifacht werden. Im Vergleich zum bisherigen Siemens-Martin-Verfahren sank der Materialverbrauch um 13 Prozent, der Energieverbrauch um 28 Prozent, und die Arbeitsproduktivität stieg auf das Siebenfache.

Diese komplexen Intensivierungswirkungen treten aber nicht automatisch ein, ohne unser Zutun. Die Schlüsseltechnologien stellen besonders hohe Ansprüche an die aktive Beteiligung der Werktätigen, an die Qualität der sozialistischen Leitungstätigkeit, an das Niveau der Leitung und Planung der Volkswirtschaft sowie der Kombinate und Betriebe.

Die Beschlüsse des XI. Parteitages, das kann ohne Übertreibung gesagt werden, sind ein energischer Aufruf besonders an die junge Generation, sich mit aller Kraft dafür einzusetzen, Wissenschaft und Technik in höchstem Tempo voranzubringen. Den Inhalt des Parteitages erschließen heißt deshalb, sich Klarheit darüber zu verschaffen, daß Wissenschaft und Technik, Schlüsseltechnologien, CAD/CAM-Lösungen und Mikroelektronik Angelegenheiten der gesamten Jugend sind. Auf dem Parteitag wurde der Begriff »FDJ-Technik« geprägt. Das heißt nichts anderes, als die bis 1990 zu schaffenden 90 000 CAD/CAM-Arbeitsstationen zu Objekten der Jugend zu machen.

Noch mehr Initiativen sind notwendig, damit Jugend für Jugend bedarfsgerechte Konsumgüter produzieren kann. Besonders in der Jugendmode, deren Erneuerungsrate 70 Prozent betragen soll, bei der Unterhaltungselektronik, bei Zweiradfahrzeugen, Spielzeug und den 1000 kleinen Dingen sind noch viele Ideen gefragt und Reserven zu erschließen.

Die konkreten Wege zur umfassenden Intensivierung sind überaus mannigfaltig: Steigerung der Arbeitsproduktivität und Senkung des Produktionsverbrauchs gehören ebenso dazu wie die Erhöhung der Erzeugnisqualität oder die Verminderung von Transportkosten. Allen diesen verschiedenartigen Maßnahmen und Effekten ist eins gemeinsam: Sie treffen sich in der Ökonomie der Zeit, sie bewirken, daß die Gesellschaft mit weniger Zeit Erzeugnisse und Dienstleistungen bereitstellen kann. Effektivitätsgewinn ist letztlich immer ein Zeitgewinn.

Die Bedeutung der Zeit für die Ökonomie hat Marx im Gesetz der Ökonomie der Zeit formuliert, einem Gesetz, das besonders eng mit den Grundprozessen der umfassenden Intensivierung verbunden ist.

## Gesetz der Ökonomie der Zeit

Was wir mit der uns zur Verfügung stehenden Zeit anfangen, wie wir die Zeit nutzen – das ist ein wichtiges Kriterium dafür, ob wir die Gesetze der gesellschaftlichen Entwicklung verstanden haben und uns ihren Erfordernissen entsprechend verhalten.

»

»Gemeinschaftliche Produktion vorausgesetzt, bleibt die Zeitbestimmung natürlich wesentlich. Je weniger Zeit die Gesellschaft bedarf, um Weizen, Vieh etc. zu produzieren, desto mehr Zeit gewinnt sie zu andrer Produktion, materieller oder geistiger. Wie bei einem einzelnen Individuum hängt die Allseitigkeit ihrer Entwicklung, ihres Genusses und ihrer Tätigkeit von Zeitersparung ab ... Ebenso muß die Gesellschaft ihre Zeit zweckmäßig einteilen, um eine ihren Gesamtbedürfnissen gemäße Produktion zu erzielen; wie der einzelne seine Zeit richtig einteilen muß, um sich Kenntnisse in angemeßnen Proportionen zu erwerben oder um den verschiednen Anforderungen an seine Tätigkeit Genüge zu leisten. Ökonomie der Zeit sowohl wie planmäßige Verteilung der Arbeitszeit auf die verschiednen Zweige der Produktion bleibt also erstes ökonomisches Gesetz auf Grundlage der gemeinschaftlichen Produktion. Es wird sogar in viel höherem Grade Gesetz.«[46]

«

**Das Gesetz der Ökonomie der Zeit ist im Sozialismus darauf gerichtet, den Zusammenhang zwischen ökonomischer Effektivität, Persönlichkeitsentwicklung und gesellschaftlichem Fortschritt zu verwirklichen.**

Die sozialistische Gesellschaft ist in der Lage, eine höhere ökonomische Rationalität gegenüber allen vorangegangenen Produktionsweisen zu erreichen, weil sie auf der Grundlage des gesellschaftlichen Eigentums an den Produktionsmitteln alle Bereiche und Zweige der Volkswirtschaft zu einem einheitlichen Ganzen vereinigt, die Ökonomie der Zeit zum Angelpunkt der sozialistischen Rationalisierung sowohl in den produzierenden als auch in den nichtproduzierenden Bereichen der Volkswirtschaft wird.

Höhere Rationalität in der gesamten sozialistischen Gesellschaft durchzusetzen verlangt, die zur Verfügung stehende gesellschaftliche Arbeit planmäßig und proportional auf die einzelnen Produktionssphären und gesellschaftlichen Lebensbereiche so zu verteilen, daß sowohl den gegenwärtigen als auch den künftigen Bedürfnissen der Werktätigen entsprochen wird und die einzelnen Produkte und Arbeitsresultate mit geringstmöglichem Aufwand hergestellt werden können. Das Gesetz der Ökonomie der Zeit erfordert die Herausbildung optimaler volkswirtschaftlicher Strukturen ebenso wie die rationelle Gestaltung jedes einzelnen Arbeitsvorganges.

Für die wirksame Ausnutzung des Gesetzes der Ökonomie der Zeit wird der Zeitfaktor (Zeitpunkt, Zeitraum für die Verwirklichung ökonomischer Prozesse) immer bedeutungsvoller, er wird zur ökonomischen Potenz. Entscheidende Ursache hierfür ist der sich beschleunigende wissenschaftlich-technische Fortschritt, in dessen Ergebnis die Erzeugnisse und Verfahren schnell veralten und der moralische Verschleiß wächst. So ist zum Beispiel das ökonomische Ergebnis bei der Produktion eines Erzeugnisses mit gleichen technisch-ökonomischen Parametern unterschiedlich, je nachdem, zu welchem Zeitpunkt dieses Erzeugnis auf den Markt kommt. Rechtzeitige Produktion führt zu Vorteilen auf den Außenmärkten, zu längerfristigen Absatzperspektiven, größeren Stückzahlen usw. Umgekehrt führt Tempoverlust zu Markt- und Preiseinbußen auf den Weltmärkten.

Die materiellen und kulturellen Bedürfnisse der Menschen können besser befriedigt werden, je mehr den Erfordernissen des Gesetzes der Ökonomie der Zeit entsprochen wird. Im einzelnen gilt es,

- den Aufwand an lebendiger und vergegenständlichter Arbeit je Erzeugnis in jedem Betrieb ständig zu verringern und damit die Produktionskosten zu senken sowie in allen Bereichen der Volkswirtschaft, in allen Phasen des Reproduktionsprozesses die Arbeitszeit voll auszunutzen;
- die Arbeitskräfte entsprechend ihrem Qualifikationsniveau richtig einzusetzen, durch sozialistische

Rationalisierung Arbeitsplätze einzusparen;

- die Qualität und die Funktionsfähigkeit der Erzeugnisse zu erhöhen;
- Forschungs- und Entwicklungsaufwendungen auf die gesellschaftlich wichtigsten Aufgaben zu konzentrieren, die Ergebnisse der wissenschaftlichen Arbeit kurzfristig in die Produktion zu überführen, damit die Erzeugnisse rechtzeitig auf den Markt erscheinen;
- den Arbeits- und Zeitaufwand für die Produktionsvorbereitung (Forschung, Entwicklung, Konstruktion, Technologie, Projektierung und Überleitung) zu verkürzen;
- die hochleistungsfähigen Maschinen und Anlagen mehrschichtig auszulasten, die Grundfonds umfassend zu nutzen;
- die Zeiten für den Bau neuer und für die Erweiterung vorhandener Betriebe wesentlich zu verringern, begonnene Bauten für die Produktion rasch fertigzustellen;
- die Erzeugnisse für die Wirtschaft und für die Bevölkerung in hoher Qualität bei geringstem Aufwand der Absatz- und Handelsorgane bereitzustellen;
- Proportionalität, Kontinuität und Stabilität der Volkswirtschaft zu wahren und eine optimale Volkswirtschaftsstruktur zu schaffen;
- Arbeitsteilung, Spezialisierung und Konzentration der Produktion weiter zu entwickeln, Produktion und Wissenschaft organisch zu verbinden sowie die Leitung, Planung und Stimulierung der Volkswirtschaft qualitativ zu vervollkommnen.

Für die bewußte Ausnutzung des Gesetzes der Ökonomie der Zeit gelten einige Grunderkenntnisse: Die materielle Produktion ist die entscheidende Sphäre für die Existenz und die Entwicklung der Gesellschaft. In diesem Bereich wird das Nationaleinkommen geschaffen. Die Erhöhung der Effektivität vollzieht sich in der Produktion in erster Linie über die Steigerung der Arbeitsproduktivität, die Senkung der Selbstkosten, den rationellen Einsatz und die ökonomische Ausnutzung der Grund- und Umlauffonds sowie über die bedarfsgerechte Produktion. In allen anderen Bereichen, in denen gesellschaftlich notwendige und nützliche, jedoch nichtproduktive Arbeit geleistet wird, ist das Verhältnis von Aufwand und Ergebnis durch umfassende sozialistische Rationalisierung ebenfalls wesentlich zu verbessern.

# Die Kombinate – Rückgrat der Planwirtschaft

Die zielgerichtete Verwirklichung der Wirtschaftsstrategie der SED bei der weiteren Gestaltung der entwickelten sozialistischen Gesellschaft schließt die planmäßige, langfristig orientierte Vergesellschaftung von Produktion und Arbeit ein. Von grundlegender Bedeutung ist dabei die Herausbildung leistungsfähiger Wirtschaftseinheiten in den materiellen Bereichen der Volkswirtschaft, die mit dem erreichten Niveau der Produktivkräfte und dem Reifegrad der sozialistischen Produktionsverhältnisse übereinstimmen und die über alle Voraussetzungen verfügen, um weiterhin ein dynamisches Wirtschaftswachstum zu gewährleisten. Diesen Erfordernissen der Vergesellschaftung wurde mit der Bildung und Entwicklung der Kombinate entsprochen. Wie die praktischen Erfahrungen zeigen, handelt es sich hierbei um einen weitreichenden gesellschaftlichen Prozeß, mit dem wir die dem Sozialismus eigenen Möglichkeiten und Vorzüge für ein starkes und beständiges Wirtschaftswachstum auf dem Wege der Vertiefung der intensiv erweiterten Reproduktion dauerhaft zur Geltung bringen. Die Kombinate, in denen Betriebe mit großen, erfahrenen Kollektiven von Arbeiterinnen und Arbeitern, Wissenschaftlern, Forschern, Ingenieuren, Ökonomen, fähigen Organisatoren der Produktion und guten Kaufleuten vereint sind, bilden das Rückgrat der sozialistischen Planwirtschaft in der DDR. In Industrie und Bauwesen, im Transport- und Nachrichtenwesen sowie in der bezirksgeleiteten Industrie haben sich die Kombinate mit ihren Betrieben „als moderne Form der Leitung der sozialistischen Großproduktion unter den Bedingungen der Intensivierung sehr gut bewährt. Ganz entscheidend entspringt die Effektivität der Kombinate der einheitlichen Leitung aller wichtigen Phasen des Reproduktionsprozesses. Vor allem wurde die organische Verbindung von Produktion und Wissenschaft auf ökonomischer Grundlage hergestellt. Mehr und mehr werden so die Kombinate zu Katalysatoren einer hohen Dynamik in Wissenschaft und Technik und der wirtschaftlichen Verwertung ihrer Ergebnisse.

Positiv wirkt sich aus, daß die zentralgeleiteten Kombinate direkt den Ministern unterstellt sind, die im Auftrag von Partei und Regierung die gesamtgesellschaftliche Verantwortung für die Leistungsentwicklung im jeweiligen Bereich wahrnehmen. Diese Verantwortung wird nicht durch Zwischenorgane geschwächt, sondern weiter ausgebaut.

Die Kombinate mit ihren Betrieben besitzen bereits eine ausgeprägte volkswirtschaftliche Eigenverantwortung. Dieser hohen gesellschaftlichen Verpflichtung, für deren Erfüllung der Plan stets Maßstab ist und bleibt, werden sie zunehmend besser gerecht. Dabei entwickeln sie in großem Maße eigene Initiativen, um die volkswirtschaftlichen Leistungsziele zu begründen und zu überbieten.«[47]

Das betrifft nicht nur die quantitativen Ziele, sondern vor allem auch entscheidende qualitative Größen und Kennziffern, die Produktion neuer Erzeugnisse entsprechend höchsten internationalen Maßstäben, die Senkung der Kosten und die Steigerung der Arbeitsproduktivität.

## Kombinate – sozialistische Form der Organisation

Kombinate verkörpern die moderne sozialistische Form der Organisation der gesellschaftlichen Arbeit unter den Bedingungen der wissenschaftlich-technischen Revolution und ermöglichen eine enge Verbindung von Wissenschaft, Technik, Produktion und Absatz. In ihnen sind alle für einen einheitlichen hocheffektiven Reproduktionsprozeß erforderlichen Kapazitäten von der Forschung über die Produktion bis zum Absatz vereinigt (Tabelle 15).

Zu Beginn des Jahres 1986 gab es in der DDR 153 zentralgeleitete Kombinate in der Industrie, im Bau-, Verkehrs- und Nachrichtenwesen und 95 bezirksgeleitete Kombinate der Industrie. Im Be-

**Tabelle 15**
**Entwicklung der zentralgeleiteten Kombinate im Bereich der Industrieministerien der DDR 1970 bis 1985 (Prozent)**

| | 1970 | 1975 | 1980 | 1985 |
|---|---|---|---|---|
| Anteil der Kombinate | | | | |
| an der industriellen Warenproduktion | 33 | 43 | 99 | 100 |
| an den Arbeitern und Angestellten | 33 | 36 | 98 | 98 |
| am Export | 38 | 45 | 99 | 100 |

Statistisches Taschenbuch der DDR 1986, S. 45.

reich der Industrieministerien erzeugen die Kombinate 100 Prozent und im Bereich der Wirtschaftsräte der Bezirke 95 Prozent der industriellen Warenproduktion. Der Produktionsumfang eines Kombinates der Industrie beträgt durchschnittlich mehrere Milliarden Mark Warenproduktion im Jahr, dabei sind Produktionsgrößen von 4 bis 10 Milliarden Mark keine Ausnahme. Das Produktionsvolumen dieser volkseigenen Kombinate ist mit dem großer international bekannter kapitalistischer Industrieunternehmen vergleichbar.

In der Entwicklung und der Arbeit der Kombinate vollziehen sich wesentliche Schritte der weiteren Vervollkommnung der sozialistischen Produktionsverhältnisse, wie sie erforderlich sind, um der Dynamik der Produktivkräfte im Interesse der Stärkung des Sozialismus weiten Raum zu geben und die wissenschaftlich-technische Revolution noch wirksamer mit den Vorzügen des Sozialismus zu verbinden. Als grundlegende Wirtschaftseinheiten der materiellen Produktion sind die Kombinate Ergebnis der Höherentwicklung der Produktivkräfte und der sozialistischen Produktionsverhältnisse.

Die Herausbildung und Entwicklung dieser leistungsstarken sozialistischen Wirtschaftseinheiten beruht auf den gesetzmäßigen Prozessen der Konzentration und Kombination der Arbeit, die bereits von Marx und Lenin begründet wurden, und stellt eine schöpferische Anwendung der marxistisch-leninistischen Reproduktionstheorie dar.

Die Bildung der Kombinate ist daher keine bloße organisatorische Veränderung der Leitungsstufen, sie ergibt sich auch nicht nur aus der höheren Konzentration der Produktion und den wachsenden Maßstäben der Arbeitsteilung und Kooperation, obwohl das alles auch wichtige Gründe sind. Durch die Kombinate wird vor allem die wirksamste Verbindung von Wissenschaft und Produktion gewährleistet, wie sie für die verstärkte Entwicklung und Anwendung der Schlüsseltechnologien unerläßlich ist. Auf diesem Wege wird der Neuheitsgehalt der Erzeugnisse bedeutend vergrößert und die breitenwirksame Einführung modernster Technologien in den Kreislauf der intensiv erweiterten Reproduktion der Kombinate weiter beschleunigt. Die Kombinate verfügen dazu über große materielle und geistige Potenzen. Das betrifft die Kapazitäten für Forschung und Entwicklung, Konstruktion und Projektierung, technologische Weiterentwicklung, den Bau von Rationalisierungsmitteln genauso wie die für die Überleitung von Forschungs- und Entwicklungsergebnissen in die Produktion bis hin zu den Zulieferungen. In den Kombinaten sind solche Betriebe zusammengeschlossen und werden einheitlich geleitet, die durch Gemeinsamkeiten der Erzeugnisse und des Fertigungsprozesses oder durch eine technologisch bedingte Abhängigkeit der Produktionsstufen eng miteinander verbunden sind. Sie umfassen zusammenhängende Abschnitte der Volkswirtschaft; damit können die Vorteile großer Produktionsmaßstäbe besser genutzt werden.

Die materielle Struktur der Kombinate – die wissenschaftlich-technischen, die produktionsvorbereitenden Bereiche, die Kapazitäten der Haupt-, Hilfs- und Nebenprozesse der Produktion einschließlich des Absatzes und der Versorgung – ermöglicht ihnen, komplexe Prozesse des wissenschaftlich-technischen Fortschritts, gestützt auf das eigene Potential, so zu gestalten, daß die volkswirtschaftlichen Aufgaben mit hoher Effektivität erfüllt werden.

Das Kombinat ist ein sozialökonomischer Organismus. In ihm wird der Kreislauf der Reproduktion auf der Ebene des Kombinats geschlossen. Es verfügt über Fonds und arbeitet nach den Prinzipien der wirtschaftlichen Rechnungsführung.

In den Kombinaten sind die Forschung und Entwicklung, die Projektierung, der Bau von Rationalisierungsmitteln, die eigentliche Produktion einschließlich Zulieferungen für Partnerbetriebe und der Absatz der Erzeugnisse vereint. Das führt zu einer bedeutenden Beschleunigung des wissenschaftlich-technischen Fortschritts und zu einer wesentlich besseren ökonomischen Verwertung seiner Ergebnisse (Abbildung 48). Deutlich zeigt sich das im höheren Tempo der Erneuerungsprozesse (Innovation).

Im Jahre 1985 gelang es, einen durchschnittlichen Erneuerungsgrad der Industrieproduktion von 27,6 Prozent zu erzielen. Dahinter steht eine große, erfolgreiche Arbeit, die um so deutlicher wird, wenn man bedenkt, daß im Jahre 1983 dieser Erneuerungsgrad der

**Produktionsvolumen neuentwickelter Erzeugnisse** (zu Preisen des Jahres 1985; Milliarden Mark)

**48**

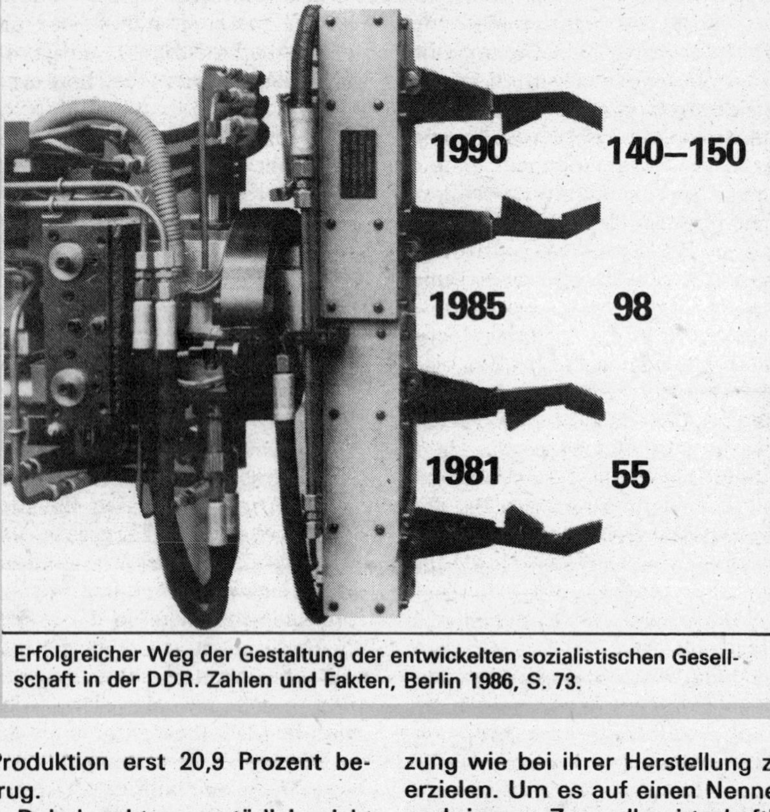


Erfolgreicher Weg der Gestaltung der entwickelten sozialistischen Gesellschaft in der DDR. Zahlen und Fakten, Berlin 1986, S. 73.

Produktion erst 20,9 Prozent betrug.

Dabei geht es natürlich nicht nur um die Anzahl neuer Erzeugnisse, sondern vor allem darum, mit einem hohen Tempo der Erneuerung höhere Qualität der Erzeugnisse, höhere Veredlung, sinkende Kosten und steigende Arbeitsproduktivität bei ihrer Nutzung wie bei ihrer Herstellung zu erzielen. Um es auf einen Nenner zu bringen: Zur volkswirtschaftlichen Verantwortung der Kombinate gehört, daß das ökonomische Ergebnis aus der Erneuerung der Produktion noch schneller wächst als das Tempo der Erneuerung selbst.[48]

Um Wissenschaft und Produktion noch wirkungsvoller miteinander zu verbinden, bilden die Kombinate große leistungsfähige wissenschaftlich-technische Zentren. Dort werden weltmarktfähige Spitzenleistungen bei Erzeugnissen, Verfahren und Technologien projektiert, ebenso der dafür erforderliche wissenschaftliche Vorlauf. Damit werden die grundlegenden Voraussetzungen für eine langfristige stabile Leistungsentwicklung der Kombinate geschaffen.

Die Beschleunigung des wissenschaftlich-technischen Fortschritts, die Erringung von Spitzenleistungen ist keineswegs nur eine technische oder organisatorische Angelegenheit. Sie hat nicht nur von ihrem Ergebnis her – die Stärkung des Sozialismus – einen hohen politischen Stellenwert, sondern sie muß auch als politische Aufgabe der Entfaltung des Schöpfertums, insbesondere der Jugend, organisiert werden. Die Leitungen der Kombinate müssen dafür sorgen, daß die Entwicklung und Anwendung der Schlüsseltechnologien ein vorrangiges Kampffeld der Jugend, vor allem der Jugendforscherkollektive, wird. Dazu gehört auch, das Vorhaben der FDJ allseitig zu unterstützen, ihren Mitgliedern das ganze Jahr über anspruchsvolle MMM-Aufgaben zu übertragen und das Schöpfertum der über 45 000 Jugendkollektive systematisch zu fördern.

Die Bildung der Kombinate hat auch die Forschungskooperation und Zusammenarbeit mit den Universitäten und Hochschulen vertieft und neue Wege zur Konzentration des Industrie- und Wissenschaftspotentials eröffnet. Um den Einsatz von Industrierobotern zu beschleunigen und eine höhere Effektivität bei gleichzeitiger Reduzierung schwerer oder gesundheitsgefährdender Arbeit zu erreichen, wurde beispielsweise in Karl-Marx-Stadt eine Wissenschafts-Produktions-Gemeinschaft „Industrieroboter" gebildet, der fünf Kombinate und drei Hochschulen angehören.

Mit dem Ziel, so entscheidende Richtungen in der Entwicklung der Produktivkräfte wie die Mikroelektronik beschleunigt voranzubringen, ist unter anderem das Kombinat Mikroelektronik gebildet worden. Es umfaßt 22 Betriebe und Einrichtungen mit insgesamt 52 000 Beschäftigten und einem jährlichen Produktionsvolumen von gegenwärtig etwa drei Milliarden Mark. Mit einem Potential an Hoch- und Fachschulabsolventen, das fast ein Viertel der Gesamtbeschäftigten ausmacht, leistet es einen wesentlichen Beitrag zur beschleunigten Anwendung der Mikroelektronik in der DDR.

In wachsendem Maße werden in den Kombinaten eigene Kapazitäten geschaffen, um erzeugnis- und kundenspezifische Aufgaben zur Entwicklung und Anwendung der Mikroelektronik selbst zu lösen und den eigenen Rationalisierungsmittelbau qualitativ zu stärken.

Schlüsseltechnologien, hohe Erneuerungsraten der Produktion und Modernisierung der Grundfonds in Verbindung mit flexibler Automatisierung – das sind die entscheidenden Grundrichtungen der weiteren Ausgestaltung des Reproduktionsprozesses der Kombinate. Entscheidende qualitative Veränderungen im Reproduktionsprozeß der Kombinate, bei der Umgestaltung ihrer materiell-technischen Basis und der Beschleunigung des Kreislaufs ihrer Mittel vollziehen sich durch den verstärkten Einsatz der CAD/CAM-Technik. Mit dieser modernen Technik werden umfassende ökonomische Wirkungen bei der Erneuerung der Erzeugnisse, der Erhöhung der Rohstoff-, Material- und Energieökonomie, der Flexibilität und Kontinuität der Produktion sowie der Qualität der Erzeugnisse erreicht. Das setzt jedoch voraus, sich in den Kombinaten leitungsmäßig gründlich darauf einzustellen, die Vorbereitung der Werktätigen auf diese Aufgaben rechtzeitig in Angriff zu nehmen und einen ausreichenden Bildungsvorlauf zu schaffen. Im Grunde geht es bei der CAD/CAM-Technik darum, eine grundlegende Veränderung in der gesamten Arbeitsweise der Kombinate zu erreichen und die intensiv erweiterte Reproduktion der Volkswirtschaft auf einer neuen materiell-technischen Basis weiter zu vertiefen. Wesentlich ist dabei, die Anwendung der Schlüsseltechnologien überall in erster Linie über den eigenen Rationalisierungsmittelbau zu sichern (Abbildung 49). Die Leistungsfähigkeit des Rationalisierungsmittelbaus wird deshalb so erhöht, daß er in der Lage ist:

- grundlegende Voraussetzungen für den Prozeß der Erneuerung der Produktion zu schaffen,
- moderne, bisher noch nicht angewandte Technologien einzuführen,
- die Entwicklung flexibler automatisierter Fertigungsabschnitte zu realisieren,
- die Mikroelektronik für die Automatisierung der Produktion zu nutzen.

Gleichzeitig muß die Einführung moderner Technik stets mit der Verbesserung der Arbeits- und Lebensbedingungen an jedem einzelnen Arbeitsplatz einhergehen.[49]

Ein heute nicht mehr wegzudenkender Prozeß ist die Produktion von Konsumgütern auch in den überwiegend produktionsmittelherstellenden Kombinaten. Maßstab sind produktionsmittelherstellende Kombinate, in denen profilbestimmende Erzeugnislinien auf der Basis moderner wissenschaftlich-technischer Erkenntnisse aufgebaut werden, die es ermöglichen, gefragte, hochwertige Konsumgüter in großen Stückzahlen zu produzieren.

**Eigenproduktion von Rationalisierungsmitteln im Bereich der Industrieministerien der DDR 1975 bis 1985 (1980 = 100)** **49**

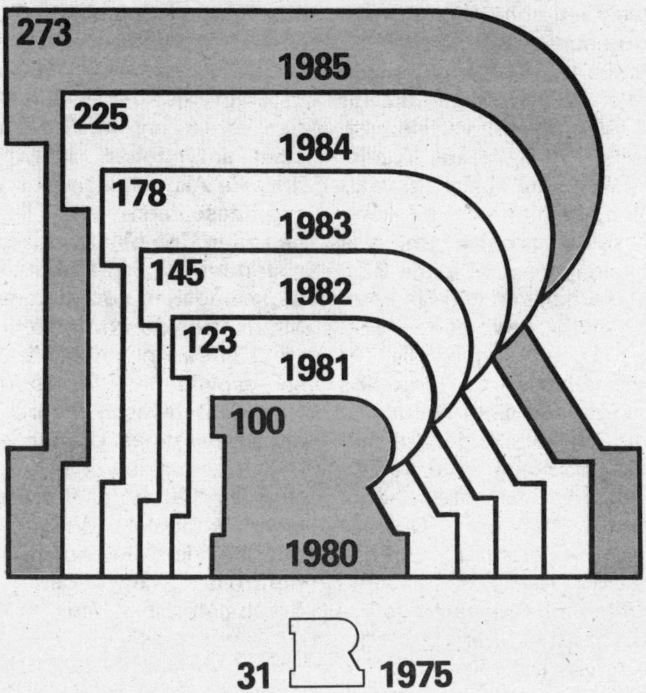


Statistisches Taschenbuch der DDR 1986, S. 54.

Die zum Kombinat gehörenden Betriebe sind ökonomisch und juristisch eigenverantwortliche Betriebe mit ihren traditionellen Namen. Die Leitungsarbeit ist rationeller zu organisieren und der Verwaltungsaufwand zu senken.

Die Kombinate verkörpern zwei Grundrichtungen der Kombination, die vertikale und die horizontale Richtung. Die horizontale Kombination faßt Betriebe gleicher Produktion in einem Kombinat zusammen, zum Beispiel alle Betriebe der Kabelindustrie. Die vertikale Kombination vereint Stufen- und Endproduzenten, beispielsweise der VEB Kombinat Schiffbau Rostock die Werften, den Schiffsmotoren- und Schiffspropellerbau, Betriebe der Schiffsausrüstungen und des Kühlanlagenbaus. In den meisten Kombinaten findet man beide Richtungen. Die Orientierung auf die Erhöhung des verteilbaren Endprodukts verlangt, die Kombinate so weiterzuentwickeln, daß sie qualitätsbestimmende Zulieferungen selbst produzieren, das heißt, leistungsbestimmende Baugruppen werden von den Finalproduzenten mehr und mehr selbst erzeugt. »Zulieferungen, die für den Gebrauchswert des Produkts ausschlaggebend sind, werden in die Fertigungspalette der Anwender eingehen, sonst wäre der Erneuerungsprozeß in seinem heutigen Tempo und seiner Qualität nicht sicher genug zu beherrschen. Dadurch wird das Produktionsprofil von Kombinaten verändert. Umgekehrt werden sogenannte Zulieferkombinate bestimmte Linien bis zum Fertigerzeugnis fortführen.«[50]

Zu einem Kombinat gehören 20 bis 40 Betriebe. In den großen Kombinaten sind 60 000 bis 80 000 Werktätige beschäftigt. Die weitere Vergesellschaftung der Produktion wird nicht zur Liquidierung der Klein- und Mittelbetriebe führen. Es geht um ein ausgewogenes Verhältnis von Groß-, Mittel- und Kleinbetrieben, wobei Großbetriebe und große Wirtschaftseinheiten dominieren. Klein- und Mittelbetriebe können bei rationeller Spezialisierung und Kooperation ebenfalls Vorzüge der Großproduktion nutzen, was ihre Rolle in Kombinaten vielfach beweist.

Die zentralgeleiteten Kombinate sind den jeweiligen Ministerien direkt unterstellt. Zum Beispiel unterstehen dem Ministerium für Allgemeinen Maschinen-, Landmaschinen- und Fahrzeugbau zehn Kombinate und dem Ministerium für Erzbergbau, Metallurgie und Kali sechs Kombinate. Mit der direkten Unterstellung besteht in der Industrie, im Bauwesen sowie im Transport- und Nachrichtenwesen durchgängig ein zweistufiges Leitungssystem. Die bezirksgeleiteten Kombinate sind den Räten der Bezirke unterstellt, wobei die Wirtschaftsräte der Bezirke die Anleitung und Kontrolle gegenüber diesen Kombinaten ausüben.

★

### Welche Aufgaben haben die Kombinate?

★

Angesichts der weltweiten Beschleunigung des wissenschaftlich-technischen Fortschritts erweisen sich die Kombinate mit ihrem wissenschaftlich-technischen Potential, ihren umfangreichen materiellen Fonds und ihrem beachtlichen gesellschaftlichen

Arbeitsvermögen als ein wesentlicher Vorzug der sozialistischen Planwirtschaft. Ihre Bildung und Entwicklung hat entscheidend dazu beigetragen, die gesamte Volkswirtschaft auf die vorwiegend intensiv erweiterte Reproduktion einzustellen, und ist deshalb einer der wichtigsten Schritte zur Vervollkommnung der Leitung und Planung beim Übergang zur umfassenden Intensivierung.

Die Kombinate üben mit der Leitung ihres Reproduktionsprozesses staatliche Funktionen der Wirtschaftsleitung aus und verwirklichen diese im gesamtstaatlichen Interesse. Mit dieser Festlegung wird eine in die Zukunft reichende Aufgabe gestellt – die hohe politische Verantwortung der Generaldirektoren. Staatliche Funktionen der Wirtschaftsleitung erstrecken sich vor allem auf die Leitung, Planung und Bilanzierung der Kombinatsbetriebe und die Außenhandelstätigkeit. So ist der Generaldirektor eines Kombinates verpflichtet, die dem Kombinat erteilten staatlichen Plankennziffern aufzuschlüsseln, sie den Kombinatsbetrieben zu übergeben und die Betriebe bei der Durchführung und Kontrolle der Pläne anzuleiten. Das Kombinat nimmt die Verantwortung für bestimmte Material-, Ausrüstungs- und Konsumgüterbilanzen als staatliche Funktion wahr.

Die Leitung eines Kombinats zeichnet sich durch eine große Produktionsnähe und eine rationelle Leitungsstruktur aus. Dabei erfolgt die Leitung über einen Stammbetrieb. Bei dieser Leitungsstruktur ist der Generaldirektor des Kombinats zugleich der Direktor des Stammbetriebes. Die besondere Rolle eines Stammbetriebes ergibt sich vor allem aus seiner integrierenden Funktion für die Herausbildung eines einheitlichen Reproduktionsprozesses des Kombinats. Er entscheidet maßgeblich über die Stabilität und Dynamik der Leistungsentwicklung des gesamten Kombinats.

Das Kombinat ist Wirtschaftseinheit und Organ der Wirtschaftsleitung zugleich. Es verwirklicht die Beschlüsse der SED und wirkt im Auftrag des sozialistischen Staates. Zu diesem Zweck erhält es von den zuständigen staatlichen Organen die notwendigen Befugnisse. Auf den Seminaren des ZK der SED mit den Generaldirektoren der Kombinate und den Parteiorganisatoren des ZK der SED werden die neuen Aufgaben der Kombinate entsprechend den Veränderungen in den Reproduktionsbedingungen begründet und beraten.

Die Aufgaben des Volkswirtschaftsplanes sind der Maßstab für die Verwirklichung der Parteitagsbeschlüsse. Dabei geht es um die Einhaltung und die Überbietung der Ziele für das Wachstum der Produktion, um die Verbesserung des Verhältnisses von Aufwand und Ergebnis. In dem Brief der Teilnehmer des Seminars 1986 an Genossen Erich Honecker heißt es: »Jedes Kombinat hat über seinen Beitrag dazu Rechenschaft abgelegt. In der überwiegenden Mehrzahl wurden die Verpflichtungen nicht nur erfüllt, sondern in bestimmten Positionen noch überboten. Das unterstreicht die große mobilisierende Kraft des sozialistischen Wettbewerbes auf der Grundlage der sozialistischen Produktionsverhältnisse, und das unterstreicht die ständig weiter wachsende Leistungsfähigkeit der Volkswirtschaft der DDR. In einer offenen und kameradschaftlichen Atmosphäre wurde auch darüber gesprochen, was in einzelnen Kombinaten noch nicht erreicht wurde und wo Schlußfolgerungen erforderlich sind. Insgesamt war auch dieses Seminar getragen von dem im Leninschen Sinne geführten Vergleich der Leistungen und dem darauf aufbauenden Erfahrungsaustausch, um insgesamt ein noch höheres Niveau der Arbeit zu erreichen.«[51]

Die Kombinate tragen eine große Verantwortung gegenüber der Gesellschaft, das geistige und das materielle Potential so zu entwickeln, daß Jahr für Jahr die Leistungen in der Produktion und auf wissenschaftlich-technischem Gebiet steigen. Das verlangt die

- Sicherung der Produktion der in den staatlichen Plänen festgelegten Enderzeugnisse in Menge, Qualität und Preis;
- Entwicklung neuer Erzeugnisse mit wissenschaftlich-technischem Höchststand und ihre kurzfristige Überführung in die Produktion, wobei der Anteil an Spitzenleistungen auf hohem wissenschaftlich-technischem Niveau, mit großer Funktionssicherheit, ansprechender Formgestaltung und höchster Rentabilität ständig zunehmen muß;
- Organisierung des intensiv erweiterten Reproduktionsprozesses auf rationellste Weise unter Anwendung modernster Technologien, der Mikroelektronik, der Robotertechnik usw. bei minimalem Aufwand;
- spürbare Verbesserung des Verhältnisses von Aufwand und Ergebnis;
- Erhöhung der Qualität der Erzeugnisse;
- Organisation einer effektiven Absatztätigkeit im In- und Ausland;
- planmäßige Verbesserung der Arbeits- und Lebensbedingungen.

**Die Kombinate führen zu höheren wissenschaftlich-technischen Leistungen.**

Die volkswirtschaftliche Verantwortung der Kombinate für den wissenschaftlich-technischen Fortschritt reicht vom Hervorbringen von Spitzenleistungen in Forschung und Entwicklung über deren schnelle Überleitung und ko-

Einen bedeutenden Beitrag zur Steigerung der Konsumgüterproduktion leistet das Kombinat VEB Elektrogerätewerk Suhl. Das bedeutet mehr Küchenhilfen mit dem Warenzeichen AKA electric: Heißwasserspeicher, Bodenstaubsauger, Kleinküchen und elektrische Kaffeemühlen. Damit trägt das Kombinat dazu bei, der wachsenden Nachfrage nach hochwertigen Konsumgütern immer besser gerecht zu werden

stengünstige Produktion bis zum Absatz der Erzeugnisse. Dabei geht es nicht nur um eine quantitative Vergrößerung der Kapazitäten für Forschung und Entwicklung. Genauso entscheidend für das ökonomische Ergebnis sind die Leistungsmaßstäbe, die an die wissenschaftlich-technische Arbeit gestellt werden, und die Konsequenz, mit der Forschung und Entwicklung geleitet wird. Im Unterschied zum einzelnen Betrieb ist das Kombinat besser in der Lage, eine konzentrierte Forschung und Entwicklung durchzusetzen, den gesamten Entwicklungs-, Überleitungs- und Absatzprozeß einheitlich zu leiten, und es besitzt alle Voraussetzungen, komplexe volkswirtschaftliche Vorhaben mit seinen Kräften zu bewältigen. Diese noch enger mit den Forschungskapazitäten der Akademien, Universitäten und Hochschulen zu verbinden ist eine vom XI. Parteitag der SED gestellte Aufgabe.

»Noch zu keiner Zeit hatte unsere Wissenschaft solche Perspektiven und Möglichkeiten. Zugleich erwachsen ihr neue Aufgaben, die für jeden Wissenschaftler eine Herausforderung an das Niveau und das Tempo ihrer Lösung sind. An unseren Akademien, im Hochschulwesen und in den Kombinaten der Industrie sowie in anderen Bereichen gibt es ein nicht unbeträchtliches wissenschaftliches Potential. Es muß in qualitativ neuer Weise, mit wesentlich höheren Ergebnissen zum Tragen gebracht werden.

Wir sind uns dabei des Verständnisses der Wissenschaftler gewiß. Progressives, kühnes wissenschaftliches Denken, das sich an gesellschaftlichen Erfordernissen orientiert, ist für die Besten von ihnen bereits zur Norm geworden. Dieser Geist sollte sich überall durchsetzen. Dabei gewinnt die Gestaltung der Beziehungen zwischen Kombinaten und Einrichtungen der Akademie und des Hochschulwesens auf der Grundlage langfristiger, stabiler und verbindlicher Verträge nicht nur ökonomisches Gewicht, sondern hat auch weitgehende positive Rückwirkungen auf die Entwicklung der Wissenschaften selbst. Der Wissenschaft kommt die Verantwortung zu, in der fortwährenden Auseinandersetzung des Menschen mit der Natur das ›belebende Feuer‹ zu sein.«[52]

Ausschlaggebend ist, wie es gelingt, die Teilprozesse des Kombinats zu einem einheitlichen ökonomischen Organismus zu verbinden. Dabei geht es sowohl um die zweckmäßigste Leitung und Planung des gesamten Reproduktionsprozesses als auch um die weitere systematische Vertiefung der Arbeitsteilung, Spezialisierung und Kooperation im Rahmen des Kombinates. Die qualitative Vervollkommnung der materiell-technischen Basis in den Kombinaten entsprechend den Möglichkeiten und Erfordernissen der Arbeitsteilung ist eine notwendige Bedingung des kombinierten Arbeitsprozesses und entscheidet maßgeblich über Proportionalität, Dynamik und Stabilität.

Die Kombinate wurden mit allen Rechten und Pflichten ausgestattet, um ihren Reproduktionsprozeß mit hoher Eigenverantwortung leiten zu können.[53] Sie verfügen über Fonds, die gesamtgesellschaftliches Volkseigentum sind, und tragen für deren effektive Nutzung, deren Schutz und Mehrung die volle Verantwortung. Sie arbeiten auf der Grundlage der verbindlichen staatlichen Pläne nach den Prinzipien der wirtschaftlichen Rechnungsführung. Dazu gehört auch, daß die Kombinate die finanziellen Mittel für die einfache und erweiterte Reproduktion selbst erwirtschaften und ihre finanziellen Verpflichtungen gegenüber dem sozialistischen Staat erfüllen.

**Welchen Einfluß übt die wirtschaftliche Rechnungsführung auf die Kosten aus?**

Mit der Kombinatsplanung sind die Wechselbeziehungen zwischen Planung und wirtschaftlicher Rechnungsführung entsprechend den Beschlüssen des XI. Parteitages weiter auszugestalten. Unter Ausnutzung der Kategorien der wirtschaftlichen Rechnungsführung im Planungsprozeß ist auf die günstigsten Aufwands- und Ergebnisrelationen sowohl für den Reproduktionsprozeß des Kombinates insgesamt als auch für jeden Kombinatsbetrieb hinzuwirken. Dabei gilt es, bewährte Methoden der sozialistischen Betriebswirtschaft, der innerbetrieblichen wirtschaftlichen Rechnungsführung, die die Kollektive auf konkrete Ziele zur Senkung des Ressourceneinsatzes, zur Steigerung der Arbeitsproduktivität und zur Selbstkostensenkung sowie zur Erhöhung der Qualität der Produktion orientieren (Vorgabe beeinflußbarer Kosten, Haushaltbuch, Gebrauchswert-Kosten-Analyse), in allen Kombinatsbetrieben anzuwenden und insbesondere die Erfahrungen gut arbeitender Kombinatsbetriebe auf alle zu übertragen. Der Leistungsvergleich erweist sich dabei als eine wichtige Methode der Wirtschaftsführung.

Deutlich zeigt sich der Beitrag eines Betriebes zur Steigerung der gesellschaftlichen Arbeitsproduktivität in der Senkung der Selbstkosten, weil die Selbstkosten sowohl den Aufwand an lebendiger als auch an vergegenständlichter Arbeit je Produkt erfassen.

Für den Kampf um die Kostensenkung sind in den Volkswirtschaftsplänen hohe Ziele gesetzt, denn damit erreichen wir ein höheres Nationaleinkommen für unsere Volkswirtschaft. Die Kosten spiegeln unbestechlich den Aufwand für die Produktion wieder, und der Grad, in dem die Kosten gesunken sind, zeigt den erfolgreichen Kampf um die Verminderung des Aufwandes, um höhere Effektivität.

1985 wurde in der Industrie eine Kostensenkung von 2,2 Prozent erreicht. Das bedeutet, daß 8,3 Milliarden Mark weniger aufgewendet werden mußten als im Vorjahr. Damit werden die volkswirtschaftlichen Größenordnungen sichtbar, die jedes Prozent, ja jedes Zehntel Prozent Senkung der Selbstkosten in jedem Kombinat darstellt.

**Die betrieblichen Selbstkosten sind der Geldausdruck für den laufenden Aufwand an vergegenständlichter und für den durch Lohnzahlungen repräsentierten Teil der notwendigen lebendigen Arbeit, der in den Betrieben bei der Produktion und dem Absatz**

**der Waren entsteht. In ihnen schlägt sich der Verschleiß der Gebäude, Maschinen und Anlagen (Abschreibung), der Materialverbrauch (Materialkosten) und der Aufwand an Arbeitszeit (Lohnkosten) nieder.**

Die Selbstkosten sind wie die Wertgröße eine gesellschaftliche Kategorie. Die gesellschaftlich notwendigen Selbstkosten sind Bestandteil des Preises. Sie betragen etwa 75 Prozent des gesellschaftlich notwendigen Arbeitsaufwandes zur Produktion der Waren. Zwischen dem Preis (Geldausdruck des Gesamtaufwandes an Arbeit) und den Selbstkosten besteht eine Differenz. Diese Differenz entspricht dem Reineinkommen der sozialistischen Gesellschaft.

**Das Reineinkommen der sozialistischen Gesellschaft ist der Geldausdruck der im Mehrprodukt vergegenständlichten gesellschaftlich notwendigen Arbeit.**

Das Reineinkommen ist ebenso wie die Selbstkosten eine aus der gesellschaftlich notwendigen Arbeit resultierende Kategorie, also kein Aufschlag auf die Selbstkosten, wie mitunter angenommen wird. Es steht in einem bestimmten Verhältnis zu den Selbstkosten, zu den produktiven Fonds usw. Daraus werden Reineinkommensnormative für die Preisbildung abgeleitet. Auf diese Weise wird das gesellschaftlich notwendige Reineinkommen auf die einzelne Ware bezogen. Der Preisbildung liegen die gesellschaftlich notwendigen Selbstkosten und ein Reineinkommen zugrunde, das auf der Grundlage eines gesellschaftlich bestimmten Normativs berechnet wurde.

Wir wollen uns vor allem folgende Zusammenhänge einprägen:

- Steigende Arbeitsproduktivität und sinkende Kosten sind unerläßliche Voraussetzungen für die Erfüllung der Hauptaufgabe.
- Steigt die Produktivität der lebendigen Arbeit, dann sinkt der Arbeitszeitaufwand je Erzeugniseinheit.
- Steigt die Produktivität der lebendigen Arbeit und werden zugleich Einsparungen an vergegenständlichter Arbeit (Materialverbrauch, Energieeinsatz usw.) erzielt, dann sinkt der Gesamtaufwand je Erzeugniseinheit, und das gesellschaftliche Reineinkommen wächst.
- Steigt die Produktivität der lebendigen Arbeit und ist damit ein höherer Aufwand an vergegenständlichter Arbeit (Produktionsverbrauch) verbunden, dann können die Selbstkosten auch steigen.

Produktionssteigerung und Kostensenkung sind untrügliche Zeichen für die Intensivierung der gesellschaftlichen Produktion.

**Die gleiche Wirkung wie die Steigerung der Arbeitsproduktivität hat die verbesserte Qualität der Erzeugnisse.**

Höhere Gebrauchseigenschaften, längere Lebensdauer und geringe Störanfälligkeit sparen Doppel- und Nacharbeiten sowie Reparaturkapazitäten. Gelänge es, die Aufwendungen dafür zu reduzieren, so könnte ohne großen Mehraufwand an lebendiger und vergegenständlichter Arbeit die Produktion wesentlich erhöht werden (Abbildung 50).

Bei der Messung der Arbeitsproduktivität ist noch folgendes zu beachten: In der gesellschaftlichen Arbeitsproduktivität wird zwar die Einsparung an vergegenständlichter Arbeit je Produkt erfaßt, jedoch nur die eines bestimmten Teils – nämlich die Einsparung an laufendem Aufwand, vor allem an Material und Abschreibungen. Dagegen wird in der Steigerung der gesellschaftlichen Arbeitsproduktivität nicht sichtbar, wieviel einmaliger Aufwand zur Herstellung des Erzeugnisses notwendig war. Dafür gibt es in der Wirtschaftspraxis besondere Kennziffern. Der Nutzeffekt der einmaligen Aufwendungen

**Produktion mit dem Gütezeichen „Q" in der Industrie der DDR 1980 bis 1985** (Milliarden Mark) **50**

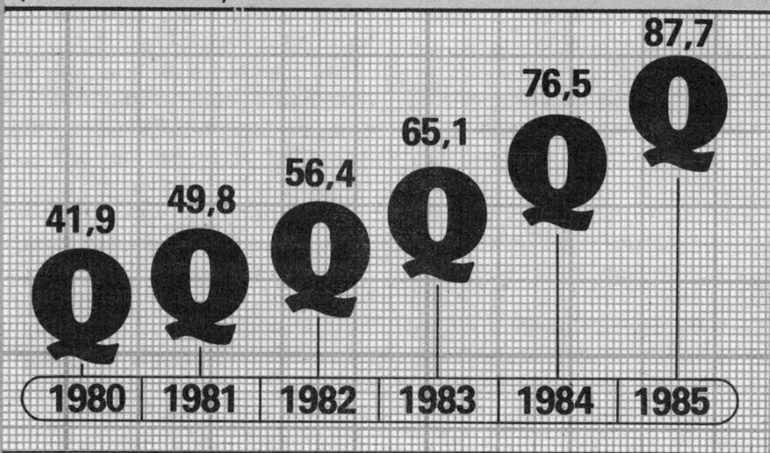


Statistisches Taschenbuch der DDR 1986, S. 54.

kommt in der »Fondsquote«, die Rentabilität der Produktionsfonds in der »Fondsrentabilität« zum Ausdruck.

$$\text{Fondsrentabilität} = \frac{\text{Gewinn}}{\text{Produktionsfonds}}$$

$$\text{Fondsquote} = \frac{\text{Produktionsvolumen}}{\text{Produktionsfonds}}$$

Es liegt im Interesse jedes Werktätigen, daß mit jeder investierten Mark ein hohes Produktionsergebnis (Volumen und Gewinn) erzielt wird; denn je besser die vorhandenen produktiven Fonds ausgenutzt werden, um so günstiger entwickeln sich das ökonomische Wachstum und der Lebensstandard.

Die volkswirtschaftliche Verantwortung der Kombinate zeigt sich in ihrem wachsenden volkswirtschaftlichen Leistungsbeitrag. Der Grundsatz, was für die Volkswirtschaft von Nutzen ist, muß auch für die Kombinate und Betriebe von Vorteil sein, bedeutet, daß die endergebnisorientierten und aufwandssenkenden Faktoren eine größere Rolle in der Leistungseinschätzung der Kombinate spielen müssen. Es müssen also Leistungskennziffern angewendet werden, mit denen der Beitrag der Kombinate zur Erwirtschaftung des Nationaleinkommens, zur Produktion verfügbarer Endprodukte und zur Senkung des Produktionsverbrauchs gemessen werden kann.

Damit das Kombinat seine Aufgaben erfüllen kann, wurden wichtige Schritte zur Vervollkommnung der Leistungsbewertung der Kombinate und Betriebe gegangen. Bei der Vielzahl von Kennziffern, die man für die Beurteilung der Leistungen heranziehen kann, ist es wichtig, die entscheidenden auszuwählen, die die Interessen der Gesellschaft und der Wirtschaftseinheiten an der quantitativen und qualitativen Erfüllung der Pläne am besten widerspiegeln. Lange Zeit war die Erfüllung des Plans der industriellen Warenproduktion Grundlage für die Beurteilung und Stimulierung der Leistungen. Das orientierte einseitig auf die quantitative Erfüllung, begünstigte unrationelle Kooperations- und Transportbeziehungen und führte zu überhöhtem Materialverbrauch. Deshalb werden seit einigen Jahren mehrere Kennziffern der Leistungsbewertung zugrunde gelegt (Abbildung 51).

Die komplexe Beurteilung der Kombinate anhand der Kennziffern »Nettoproduktion«, »Nettogewinn«, »Erzeugnisse und Leistungen für die Bevölkerung« sowie »Export« – verbunden mit weiteren qualitativen Kriterien – ermöglicht, die Leistungen der Kombinate und ihrer Betriebe besser einzuschätzen. Es wird sichtbar, in welchem Maße wachsende Leistungen der Kombinate und Betriebe durch die Nutzung qualitativer Faktoren erfolgen, auf eigenen Leistungen beruhen und wie sie mit den volkswirtschaftlichen

## Hauptkennziffern für die Leistungsbewertung der Kombinate

**51**

### Nettoproduktion
(Warenproduktion minus Produktionsverbrauch)

**stimuliert:**

- eigenen Leistungsbeitrag zum Nationaleinkommen
- Senkung des Produktionsverbrauchs und hohe Materialökonomie
- hohe Veredlung der Rohstoffe und Materialien
- sparsamen Verbrauch von Arbeitsmitteln und produktiven Leistungen

### Nettogewinn
(Erlöse minus Kosten minus Produktionsfondsabgabe)

**stimuliert:**

- Effektivität des gesamten Reproduktionsprozesses
- Senkung der Selbstkosten
- steigende Rentabilität im Absatz und im Export
- hohe Umlaufmittel- und Bestandsökonomie
- maximale Auslastung der Grundfonds

### Erzeugnisse und Leistungen für die Bevölkerung

**stimuliert:**

★ schnelles Wachstum der Konsumgüterproduktion
★ Erhöhung von Dienstleistungen für die Bevölkerung (Reparaturen usw.)
★ Erweiterung des Angebots industrieller Konsumgüter

### Export
(Exportvolumen sozialistisches Wirtschaftsgebiet und nichtsozialistisches Wirtschaftsgebiet)

**stimuliert:**

▲ Erhöhung der Exporte
▲ steigende Exportrentabilität
▲ flexibles Reagieren auf Markterfordernisse

Interessen übereinstimmen. In der Leitung und Planung, im Leistungsvergleich, bei der ökonomischen Analyse und Abrechnung der Ergebnisse des Reproduktionsprozesses sind die Hauptkennziffern im Komplex anzuwenden. Im Grunde geht es darum, noch exakter widerzuspiegeln, wie die qualitativen Faktoren des Wachstums durch die Ausschöpfung der eigenen Leistungsreserven erschlossen werden.[54]

## Wie werden die Werktätigen in die Leitung und Planung einbezogen?

In den Kombinaten gibt es bessere Möglichkeiten, die schöpferischen Kräfte der Werktätigen für einen hohen Leistungsanstieg zu erschließen. Vor allem sind die Leitungstätigkeit und die politisch-ideologische Arbeit darauf zu orientieren, eine umfassendere Teilnahme der Werktätigen an der Leitung und Planung zu erreichen, das Verantwortungsbewußtsein der Werktätigen für die Entwicklung ihres Betriebes zu fördern und gleichzeitig deutlich zu machen, daß bei jedem Werktätigen Denken und Handeln aus der Sicht der Aufgaben und der Verantwortung des gesamten Kombinats erforderlich ist. Wichtig ist, daß die Werktätigen spüren, wie auf der Grundlage der Leistungsentwicklung die Arbeits- und Lebensbedingungen verbessert werden. Das erweist sich als wesentliche Aufgabe bei der Stärkung der volkswirtschaftlichen Verantwortung der Kombinate und orientiert auf die Ausnutzung seiner Reserven für einen hohen Leistungsanstieg.

Es sind erhebliche Anstrengungen notwendig, um schneller das fortgeschrittene Niveau gut arbeitender Kombinate zu erreichen. Insbesondere die Verallgemeinerung der Erfahrungen der Besten, die sozialistische Gemeinschaftsarbeit und der sozialistische Wettbewerb bieten vielfältige Möglichkeiten, die gesellschaftliche Kraft, die in den Kombinaten vereinigt ist, voll zur Wirkung zu bringen.

In den Kombinaten haben sich auch besondere Formen des Komplexwettbewerbs herausgebildet. Sie sind auf die Erfüllung und gezielte Überbietung der Leistungsziele des gesamten Kombinates gerichtet. Bewährt haben sich ein auf das Endprodukt des Kombinats ausgerichteter Wettbewerb der Arbeitskollektive, die Konzentration wichtiger Wettbewerbsinitiativen auf die Neu- und Weiterentwicklung von Erzeugnissen und Technologien und ihre Überführung in die Produktion sowie der gezielte Wettbewerb zur termin- und qualitätsgerechten Einhaltung der Kooperationsverpflichtungen.

## Der sozialistische Wettbewerb

Das Kriterium für die Notwendigkeit und Nützlichkeit jeglicher gesellschaftlicher Arbeit ist der Beitrag zur Befriedigung der gesellschaftlichen und individuellen Bedürfnisse, seien es materielle oder geistige, produktive oder nichtproduktive.

★

**Wie hilft der sozialistische Wettbewerb die Intensivierung zu realisieren?**

★

Die Intensivierung der Produktion wird durch die aktive Tätigkeit und das Schöpfertum der Arbeiterklasse, der Genossenschaftsbauern, der Intelligenz und aller anderen Werktätigen im Arbeitsprozeß verwirklicht.

**Der sozialistische Wettbewerb ist die umfassendste Form der schöpferischen Masseninitiative, um die Planaufgaben in Menge und Qualität termingerecht und kostengünstig zu erfüllen, den wissenschaftlich-technischen Fortschritt zu beschleunigen, die Arbeitsproduktivität und Effektivität zu erhöhen und den gesamten gesellschaftlichen Arbeitsprozeß zu rationalisieren. Untrennbar damit verbunden ist die Aufgabe, sozialistische Arbeits- und Lebensbedingungen für die Werktätigen zu schaffen, um ihre schöpferischen Fähigkeiten und ihre Persönlichkeitsentwicklung zu fördern.**

Mit dem sozialistischen Wettbewerb werden grundlegende Voraussetzungen geschaffen, um das materielle und das geistig-kulturelle Lebensniveau der Werktätigen weiter erhöhen zu können. Das Streben der Arbeitskollektive, auf neue Weise sozialistisch zu arbeiten, zu lernen und zu leben, als Neuerer und Rationalisatoren an der Gestaltung des Produktionsprozesses teilzunehmen, wird nirgendwo deutlicher als im sozialistischen Wettbewerb.

**Das Schöpfertum der Arbeiter und aller anderen Werktätigen ist eine entscheidende Quelle für den ökonomischen Fortschritt.**

Damit sind hohe Anforderungen an die Führung und Organisation des sozialistischen Wettbewerbs verbunden, wofür die Gewerkschaft eine große Verantwortung trägt.

Die Beseitigung des kapitalistischen Eigentums an den Produktionsmitteln bahnt den Weg, wie Lenin sagte, den Wettbewerb in menschlichen Formen zu organisieren und für alle Werktätigen die Möglichkeit zu schaffen, Unternehmungsgeist und kühne Initiative zu entfalten. Als entscheidende Triebkraft des ökonomischen Fortschritts ist der sozialistische Wettbewerb dem kapitalistischen Konkurrenzkampf entgegengesetzt und überlegen. Das kommt im Ziel, in den Methoden, den ökonomischen und sozialen Resultaten des sozialistischen Wettbewerbs deutlich zum Ausdruck.

Weil der sozialistische Wettbewerb auf dem gemeinsamen Interesse aller Werktätigen am gesellschaftlichen Fortschritt beruht, sind seine unverrückbaren Grundprinzipien kameradschaftliche Zusammenarbeit und gegenseitige Hilfe. Der Wettbewerb führt nicht zur Schwächung oder gar zum Untergang einzelner Partner, wie das eine Folge des kapitalistischen Konkurrenzkampfes ist. Als Massenbewegung realisiert der sozialistische Wettbewerb alle klugen Gedanken des Volkes.

Die Initiativen der Werktätigen, größtmögliche Arbeitsproduktivität und Effektivität zu erreichen, die Materialressourcen rationell zu nutzen und Rohstoffe einzusparen, die Qualität der Produktion zu verbessern sowie die Investitionen und die Produktionsfonds mit höchstem Nutzen einzusetzen, sind aufs engste mit der Herausbildung und der weiteren Vervollkommnung sozialistischer Denk- und Verhaltensweisen verbunden. Das zeigt sich in der Festigung der sozialistischen Arbeitskollektive und in der Entfaltung hervorragender Initiativen zur Steigerung der Arbeitsproduktivität, eine wichtige Form sind persönlich-schöpferische Pläne.

Die Aufgaben auf dem Gebiet von Wissenschaft und Technik haben einen festen Platz in den Wettbewerbsprogrammen der Betriebe, Kombinate und anderen Einrichtungen. Arbeiter, Ingenieure, Konstrukteure und Wissenschaftler wetteifern in enger Gemeinschaftsarbeit um hohe Arbeitsergebnisse. Dabei spielen die Neuerer, Rationalisatoren und Erfinder eine hervorragende Rolle. Immer mehr Arbeitskollektive, die um den Titel »Kollektiv der sozialistischen Arbeit« kämpfen, verbinden den Wettbewerb mit der Neuerertätigkeit und konzentrieren sich auf die Schwerpunkte der sozialistischen Rationalisierung (Abbildungen 52 und 53).

Die besten Wege, um hohe Arbeitsergebnisse zu erreichen, stehen im Mittelpunkt der Wettbewerbsdiskussionen. Durch die zielgerichtete politische Arbeit der Gewerkschaften werden die Leninschen Prinzipien der Organisation und Führung des sozialistischen Wettbewerbs schöpferisch verwirklicht.

**Die Prinzipien des sozialistischen Wettbewerbs sind: Öffentliche Führung des sozialistischen Wettbewerbs, Vergleichbarkeit der erzielten Ergebnisse, Wiederholbarkeit der besten Leistungen im Massenumfang, differenzierte Führung des Wettbewerbs, materielle und moralische Anerken-**

**Kollektive der sozialistischen Arbeit in der sozialistischen Wirtschaft der DDR 1965 bis 1985** (Tausend) **52**

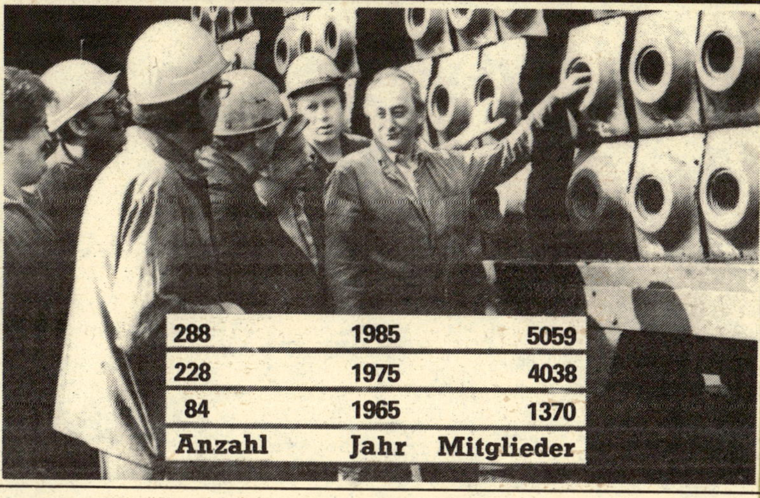

| | | |
|---|---|---|
| 288 | 1985 | 5059 |
| 228 | 1975 | 4038 |
| 84 | 1965 | 1370 |
| **Anzahl** | **Jahr** | **Mitglieder** |

Statistisches Taschenbuch der DDR 1986, S. 40.

**nung der im Wettbewerb erzielten Ergebnisse, Übereinstimmung der Aufgaben des Wettbewerbs mit den Zielen der Wirtschafts- und Sozialpolitik.**

Die Öffentlichkeit des sozialistischen Wettbewerbs ergibt sich aus seinem Wesen. Sie sichert, daß die fortgeschrittensten Erfahrungen zum Gemeingut aller Werktätigen werden. Öffentlichkeit des Wettbewerbs setzt auch voraus, für jeden Arbeiter die Aufgaben und deren Abrechnung trotz komplizierter Verflechtungen und wachsender Dimensionen überschaubar und verständlich zu machen. »Die Rolle der Gewerkschaften als Schulen des Sozialismus, als Motoren des sozialistischen Wettbewerbs und Interessenvertreter der Werktätigen wird sich ständig erhöhen. Verbunden mit dem Einzug der modernsten Technik in die Produktion, sind die Gewerkschaften bestrebt, neue Wege in der schöpferischen Anwendung der Leninschen Wettbewerbsprinzipien zu beschreiten. Dadurch soll die Kraft des soziali-

## Neuererbewegung in der volkseigenen Wirtschaft der DDR 1965 bis 1985

53

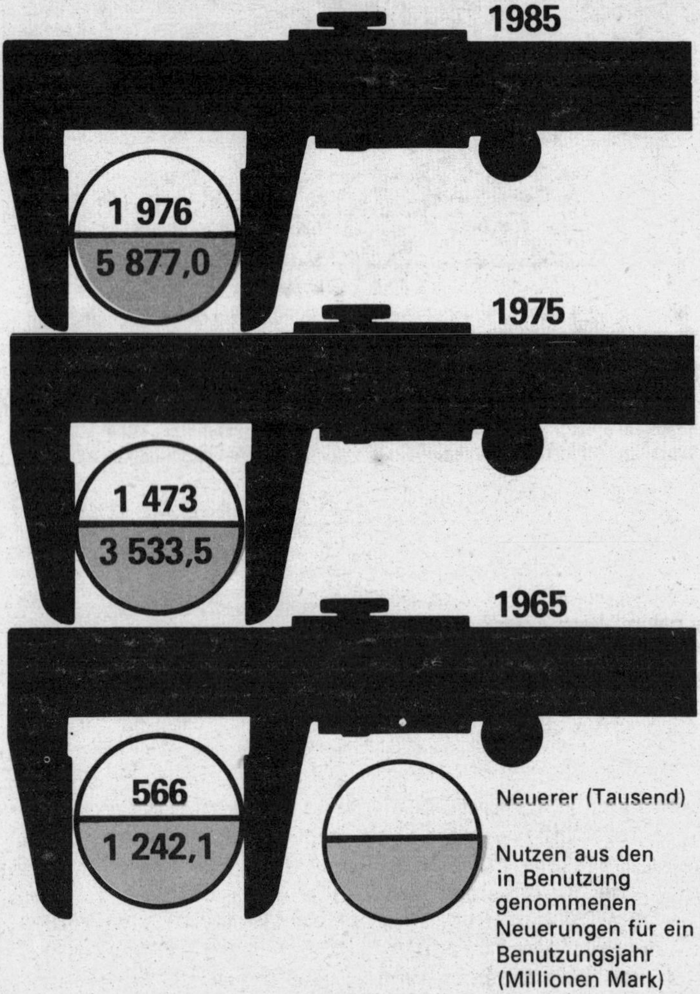


Statistisches Taschenbuch der DDR 1986, S. 41.

stischen Wettbewerbs für das Wachstum der Produktivität, die Verallgemeinerung der Erfahrungen der Besten und die Herausbildung sozialistischer Denk- und Verhaltensweisen voll wirksam werden. In besonderem Maße sind die Gewerkschaften herausgefordert, ihren ganzen Einfluß geltend zu machen, damit der Einsatz der Schlüsseltechnologien überall ohne Ausnahme, klug und umfassend zur weiteren Verbesserung der Arbeits- und Lebensbedingungen genutzt wird. Die Gewerkschaften haben jede Unterstützung, wenn sie energisch dafür eintreten, daß die umfassende Intensivierung mit der Entwicklung der sozialistischen Arbeitskultur, der Bildung, des Urlaubs und der Freizeitgestaltung in ihrer ganzen Breite und Vielfalt einhergeht.«[55]

Anschaulichkeit und Vergleichbarkeit der Ergebnisse des sozialistischen Wettbewerbs nehmen einen wichtigen Platz bei der Entfaltung der Masseninitiative ein. Lenin betonte, daß die Werktätigen allmählich selbst verstehen und sehen lernen, wie und wieviel man arbeiten muß, wie und wieviel man sich erholen kann.

Die Werktätigen unseres Landes führen den Wettbewerb unter der bewährten Losung: Hohe Leistungen zum Wohle des Volkes und für den Frieden – Alles für die Verwirklichung der Beschlüsse des XI. Parteitages der SED!

Entsprechend den besten Traditionen des sozialistischen Jugendverbandes stellen sich dabei die Jugendbrigaden und Jugendforscherkollektive an die Spitze, um die Parteitagsbeschlüsse mit neuen Bestleistungen zu verwirklichen. Von der Tribüne des XI. Parteitages rief Klaus-Dieter Krohn, Schichtleiter der Jugendtaktstraße »Fritz Heckert«, alle Jugendbrigaden unseres Landes auf: »Für die beste Sache der Welt: Neue Bestleistungen! Und diese auf Dauer!« Sein Kollektiv, das in der »FDJ-Initiative Berlin« tätig ist, gehört zu den Wettbewerbsinitiatoren, die sich zu Ehren des Weltfriedenstages vornehmen, in einer Höchstleistungsschicht neue Bestwerte zu erreichen und einen überdurchschnittlichen arbeitstäglichen Beitrag zur Erfüllung und gezielten Überbietung des Volkswirtschaftsplanes 1986 zu erbringen. Mit ihrer Höchstleistungsschicht wollen sie die Voraussetzungen dafür schaffen, die geplanten Ziele bei der Montage der Wohnungseinheiten zu überbieten. Durch die Einbeziehung ihrer Kooperationspartner in den Kampf um neue Bestwerte geht es zugleich darum, mehr schlüsselfertige Wohnungen in bester Qualität zu übergeben.

Wenige Tage nach dem XI. Parteitag wandte sich das Jugendforscherkollektiv »Andrej Sokolov« aus dem Jenaer Glaswerk im Kombinat Carl Zeiss Jena mit dem Aufruf »Spitzenleistungen in Spitzenzeiten!« an die Jugendforscherkollektive der FDJ. Die jungen Wissenschaftler stellen sich hohe Ziele im Pflichtenheft und streben einen vorzeitigen Abschluß ihres Vorhabens an: Entwicklung eines neuen, den Welthöchststand in wichtigen Parametern bestimmenden Glashalbzeuges für die Lichtleiternachrichtenübertragung.

Die Initiativen und die Maßstäbe vieler Jugendkollektive wurden zur Quelle einer umfassenden Massenbewegung der FDJ zur Verwirklichung der Parteitagsbeschlüsse. Die von Jugendbrigaden und Jugendforscherkollektiven zur Erfüllung des »FDJ-Auftrages XI. Parteitag der SED« beschlossenen Kampfprogramme richten sich auf die gezielte Überbietung der Planaufgaben mit den ökonomischen Initiativen des Jugendverbandes, auf die Übernahme neuer Jugendobjekte und MMM-Aufgaben zur Meisterung der Schlüsseltechnologien. Sie richten sich auf hohe Lern- und Studienergebnisse, auf den sicheren Schutz unseres sozialistischen Vaterlandes, auf Leistungen, die den Frieden stärken und die Grundlage für die Fortführung unserer Politik zum Wohle des Volkes sichern und erweitern.

Bei diesen Initiativen geht es vor allem um

- die Beschleunigung des wissenschaftlich-technischen Fortschritts und die schnelle Überleitung neuer wissenschaftlich-technischer Ergebnisse in die Produktion,
- hohe Qualität der Erzeugnisse und der Arbeit,
- den sparsamen Umgang mit Material, Roh- und Hilfsstoffen, Energie sowie mit allen materiellen und finanziellen Fonds,
- die Erhöhung der Effektivität der Export- und Importbeziehungen,
- die allseitige Erfüllung der Investitionsvorhaben in hoher Qualität und Effektivität,
- eine hohe Qualität und Effektivität im Wohnungsbau,
- eine kontinuierliche und stabile Versorgung der Bevölkerung mit Konsumgütern und Dienstleistungen.

# Das Leistungsprinzip

Der XI. Parteitag der SED stellt die Aufgabe, das Nationaleinkommen der DDR in den Jahren 1986 bis 1990 um 65 Milliarden Mark zu erhöhen. Daraus ergibt sich eine jahresdurchschnittliche Zuwachsrate von etwa 5 Prozent. Das ist, gemessen an den konkreten Reproduktionsbedingungen der DDR und im internationalen Vergleich, eine anspruchsvolle Aufgabenstellung. Sie entspricht der im Programm der SED begründeten wachstums- und leistungsorientierten Wirtschafts- und Sozialpolitik. Ihre Realisierung erfordert die Nutzung aller Vorzüge und Triebkräfte.

Wie können Millionen Werktätige auf die Lösung der sich daraus ergebenden Aufgaben orientiert werden? Was ist zu tun, um ihre persönlichen und kollektiven Interessen mit den gesellschaftlichen Erfordernissen wirksam zu verknüpfen? Reichen qualifizierte Bildung, zielstrebige Erziehung, überzeugende politisch-ideologische Arbeit aus, um stabile Motivationen, verantwortungsvolles Handeln und effektive Arbeit zu gewährleisten? Das sind einige der Fragen, die immer wieder gestellt werden. Natürlich ist es notwendig, unsere gesamte Bildungs- und Erziehungsarbeit, das Studium, die Aus- und Weiterbildung weiter zu verbessern, damit sich die sozialistische Einstellung zur Arbeit und zum Eigentum bei allen Werktätigen weiter festigt. Doch das reicht nicht aus. Hohe

Leistungen werden nur dann motiviert, wenn materielle und ideelle Interessen wirksam genutzt werden. Deshalb ist das Leistungsprinzip ein Grundprinzip des ökonomischen und sozialen Lebens im Sozialismus.

Das Prinzip »Jeder nach seinen Fähigkeiten, jedem nach seiner Leistung« bringt den untrennbaren Zusammenhang zwischen dem Recht und der Pflicht des Bürgers zum Ausdruck, entsprechend seinen Kräften und Fähigkeiten für die sozialistische Gesellschaft zu arbeiten und entsprechend der Qualität und Quantität seiner Arbeit am Konsumtionsfonds beteiligt zu werden. In der sozialistischen Gesellschaft haben alle arbeitsfähigen Bürger das gleiche Recht und die gleiche Pflicht zu arbeiten, das Recht auf gleichen Lohn für gleiche Arbeit.

Auf der Grundlage des sozialistischen Eigentums an den Produktionsmitteln und der sozial gleichen Stellung aller Mitglieder der sozialistischen Gesellschaft zu den Produktionsmitteln erfolgt die Verteilung des gemeinsam erarbeiteten Produkts (synonym für gesellschaftliches Gesamtprodukt) im Interesse der Werktätigen.

## Leistungsprinzip und Entfaltung der Vorzüge des Sozialismus

Das sozialistische Leistungsprinzip ist eine große historische Errungenschaft. Es zählt zu den Vorzügen und Triebkräften des Sozialismus. Die eigene Leistung des Werktätigen wird zur wichtigsten Grundlage seiner persönlichen Entwicklung, zum Maßstab seines Ansehens in der Gesellschaft und zur Quelle seines materiellen und geistig-kulturellen Lebensniveaus. Das Leistungsprinzip wirkt als ein mächtiger Anreiz für die Entwicklung der gesellschaftlichen Produktion, für die Persönlichkeitsentwicklung und für die Herausbildung der sozialistischen Lebensweise.

Die Erfahrungen der Werktätigen in der DDR besagen, daß sich gute Arbeit auszahlt. Dadurch besteht die Möglichkeit, Potenzen, Talente und Fähigkeiten der Menschen in einem Maße freizusetzen, zu mobilisieren, wie das keine bisherige Gesellschaftsordnung vermochte.

Hohe Leistungen für die Gesellschaft sind Voraussetzung für sozialen Fortschritt. Da die individuellen Interessen mit den gesellschaftlichen Interessen im Sozialismus prinzipiell übereinstimmen, fällt objektiv das Bestreben, die eigenen materiellen und geistig-kulturellen Interessen zu befriedigen, mit dem Ringen um die Planerfüllung, mit den gesellschaftlichen Erfordernissen zusammen. Das verlangt jedoch, das sozialistische Leistungsprinzip konsequent zu verwirklichen und die sozialistische Einstellung zur Arbeit zu festigen.[56]

Der XI. Parteitag der SED hat erneut die konsequente Anwendung des sozialistischen Leistungsprinzips als eine unerläßliche Voraussetzung für die Realisierung der Einheit von Wirtschafts- und Sozialpolitik bekräftigt. Es wirkt auf der Grundlage des sozialistischen Eigentums und, daraus abgeleitet, des Systems der ökonomischen Gesetze des Sozialismus, speziell des Gesetzes der Verteilung nach Qualität und Quantität der Arbeitsleistung. Es besagt, jeder solle nach seinen Fähigkeiten arbeiten, damit er nach seinen Leistungen entlohnt werden kann. Es fördert die Interessenübereinstimmung in der wichtigsten Sphäre des gesellschaftlichen Lebens, in der Produktion, im Arbeitsprozeß, beim Lernen und bei anderen Tätigkeiten.

Entsprechend dem erreichten Niveau der Produktivkräfte und der Produktionsverhältnisse, ist die überwiegend leistungsgerechte Verteilung der für Konsumtionszwecke zur Verfügung stehenden Fonds ein großer Vorzug des Sozialismus. Nahezu ein Viertel dieser Fonds wird nach sozialen Gesichtspunkten verteilt. Das Leistungsprinzip steht daher auch nicht in Gegensatz zur Sozialpolitik. Im Gegenteil: Auf der Grundlage der sozialen Sicherheit für alle fördert seine konsequente Verwirklichung das Streben eines jeden Werktätigen, sein Bestes zur Verbesserung des eigenen Lebens und für das Wohl der Gesellschaft zu geben.

Häufig wird von den Gegnern des Sozialismus das Leistungsprinzip angegriffen und verleumdet, der Leistungsbegriff verzerrt und der Kapitalismus als die wahre »Leistungsgesellschaft« hingestellt. Aber dort verfügt die Bourgeoisie, die keine produktive Arbeit leistet und die Werktätigen ausbeutet, über das Ergebnis der Produktion und verwendet den Mehrwert für ihre Interessen. Kapitalismus ist eine Profitgesellschaft. Das steht nicht in Widerspruch zu der Tatsache, daß die kapitalistische Gesellschaft über einen ausgeklügelten Mechanismus verfügt, um hohe Leistungen aus den Werktätigen herauszupressen.

Mit der Geisel von drohender Entlassung, Existenzunsicherheit, Inflation und Preistreiberei wird das normale Leistungsstreben jedes Menschen dem Ausbeutungs- und Profitmechanismus untergeordnet. Solche »Anreize zur Leistungssteigerung« gibt es im Sozialismus nicht und kann es nicht geben.

Das sozialistische Leistungsprinzip fördert die schöpferische

Initiative der Werktätigen zur Steigerung der Arbeitsproduktivität und das Interesse an der eigenen Qualifizierung. Es ist darauf gerichtet, das Lebensniveau der Werktätigen in Übereinstimmung mit ihren wachsenden Arbeitsergebnissen stetig zu verbessern.

**In der fortwährenden Herstellung, Festigung und Entwicklung der Übereinstimmung zwischen gesellschaftlichen und persönlichen Interessen besteht eine entscheidende Triebkraft des Sozialismus.**

Wenn wir uns so deutlich für eine wachstums- und leistungsorientierte Wirtschafts- und Sozialpolitik aussprechen, so meinen wir einen ökonomischen Fortschritt, der auf eigener Leistung beruht, mit hoher Effektivität erreicht wird und mit großer sozialer Wirksamkeit verbunden ist. Dazu nutzen wir alle Vorzüge und Triebkräfte des Sozialismus, indem wir die wissenschaftlich fundierte Leitung, Planung und ökonomische Stimulierung vervollkommnen, die materielle Interessiertheit konsequent verwirklichen und das sozialistische Bewußtsein der Werktätigen weiter festigen.

Das Leistungsprinzip gilt im Sozialismus nicht nur für den einzelnen, sondern auch für die Kollektive, Betriebe, Kombinate, Genossenschaften, Industrie- und Wirtschaftszweige, ja auch für die Volkswirtschaft als Ganzes. Jeder Bereich hat dabei seine spezifischen Bedingungen. So gibt es für die Wirtschaftseinheiten die wirtschaftliche Rechnungsführung, den Leistungsvergleich, den Wettbewerb, die Leistungsbewertung und spezielle Formen der Leistungsstimulierung.

**Was der Gesellschaft nutzt, muß auch für den Betrieb und für den einzelnen vorteilhaft sein. Wer nicht arbeitet, soll auch nicht essen! Man kann nur verbrauchen, was man produziert, was man erarbeitet hat.**

Die Verteilung nach der Arbeitsleistung berührt unmittelbar die Interessen von Millionen Werktätigen und beeinflußt ihr Lebensniveau, ihr Verhalten und ihr Bewußtsein. Kein Wunder also, wenn hierzu Fragen gestellt werden.

Wie vertragen sich differenzierte Arbeitslöhne und Gehälter mit der sozialen Gleichheit? Was ist notwendig, um das Leistungsprinzip in der Wirtschaft, in der Schule und beim Lernen wirkungsvoller anzuwenden? Was wird getan, um Versuche, das Leistungsprinzip zu umgehen, zu unterbinden?

Besondere Aufmerksamkeit verdienen die Wechselbeziehungen von sozialer Gleichheit und Leistungsprinzip, denn diese Wechselbeziehungen vermitteln Einsichten in die Zusammenhänge

Gern gibt die junge Strickerin Ines Röhr (l.), die wiederholt als Bestarbeiterin ausgezeichnet werden konnte, ihre Erfahrungen an die jüngeren Kolleginnen weiter

der gesellschaftlichen Entwicklung, bewerten das Erreichte, machen deutlich, daß vom Niveau und von der Entwicklung der Arbeitsproduktivität das Tempo des ökonomischen, sozialen und zum Teil auch des geistig-kulturellen Fortschritts bestimmt wird.

Die Gegner des realen Sozialismus behaupten, soziale Gleichheit und Leistungsprinzip würden sich ausschließen. Einige Wortführer des Kapitals glauben uns weismachen zu können, wir würden durch die Verwirklichung des Leistungsprinzips entgegen dem Sinn des Sozialismus die soziale Ungleichheit zwischen den Werktätigen verstärken. Unsere Anstrengungen um immer konsequentere Durchsetzung dieses Prinzips werten sie als Bestätigung dafür, daß soziale Gleichheit eben in Widerspruch zu den Erfordernissen des wissenschaftlich-technischen Fortschritts und hoher ökonomischer Effektivität stünde. Dieses Argument soll vor allem die unsinnige Behauptung untermauern, die sich heute in den kapitalistischen Länder vollziehende Polarisierung der Einkommen und damit der Druck auf die soziale Lage der Werktätigen habe im Grund nichts mit der kapitalistischen Gesellschaftsordnung zu tun: Dies sei ein normaler Prozeß, der sich überall dort vollziehe, wo hohe Leistungen angestrebt würden. Und da die Unternehmer die höchsten Leistungen vollbrächten, hätten sie auch einen Anspruch darauf, in Form der Profite wesentlich höhere Einkommen zu erzielen.

Mit der Wirklichkeit der sozialistischen Gesellschaft haben diese konstruierten Widersprüche indes nichts, aber auch gar nichts zu tun. In der Tat gehört zu den wichtigsten Errungenschaften des Sozialismus, daß hinsichtlich der entscheidenden Existenzbedingungen der Werktätigen unwiderruflich soziale Gleichheit hergestellt wurde. Gerade auf dieser Grundlage kann das Leistungsprinzip immer wirksamer durchgesetzt werden.

Das sozialistische Eigentum hat das gleiche Verhältnis aller Bürger zu den Produktionsmitteln hergestellt. Die Verteilung nach der Quantität und Qualität der geleisteten Arbeit bedeutet, daß für alle das gleiche Verhältnis zur Arbeit besteht. Für alle wird die gleiche soziale Sicherheit – Sicherheit des Arbeitsplatzes eingeschlossen – gewährleistet. Für alle wurden die Voraussetzungen für die Entwicklung ihrer Fähigkeiten und Talente, die gleichen Bildungsmöglichkeiten geschaffen. Alle haben das Recht und die Pflicht, gleichberechtigt an der Leitung der Wirtschaft und Gesellschaft teilzunehmen. Gleiche Rechte bestehen zwischen Geschlechtern und Generationen. Die Wirtschafts- und Sozialpolitik der Partei, verstanden als umfassende Gesellschaftspolitik, ist ein entscheidender Faktor zur Durchsetzung dieser sozial gleichen Existenzbedingungen, und das Leistungsprinzip ist ein Teil der gesamten Gesellschaftspolitik der Partei, vor allem natürlich ihrer Wirtschafts- und Sozialpolitik. Es kann ohne die erfolgreiche Verwirklichung dieser Politik nicht konsequent durchgesetzt werden, wie auch diese Politik nicht ohne die praktische Realisierung des Leistungsprinzips möglich ist. Die Wettbewerbsinitiativen der Werktätigen, die vielfältigen Aktivitäten der Jugend zur Erfüllung der Pläne, zur Beschleunigung des wissenschaftlich-technischen Fortschritts sind ein Beweis dafür, daß dieser Zusammenhang immer besser verstanden wird. Mitunter auftretende Erscheinungen wie Egoismus, Unehrlichkeit in der Abrechnung der Leistungen haben ihre Ursachen nicht im Leistungsprinzip. Wenn überhaupt, dann eher in den Inkonsequenzen und Ungereimtheiten bei seiner Anwendung sowie in Verletzungen des Leistungsprinzips. Wenn gute wie auch schlechte Arbeit materielle Auswirkungen hat, der Beitrag des einzelnen wie der des Kollektivs zur Mehrung des gesellschaftlichen Reichtums exakt bewertet wird und keine Möglichkeit besteht, sich auf Kosten der Gesellschaft oder anderer Mitglieder des Arbeitskollektivs zu bereichern, fördert das sehr wohl das Verantwortungsbewußtsein und ist gerecht.

Für die Wirksamkeit des Leistungsprinzips ist die Einheit von materieller und moralischer Interessiertheit der Werktätigen wesentlich. Wir wollen das materielle nicht auf Kosten des geistig-kulturellen Lebensniveaus oder umgekehrt entwickeln. Beides ist notwendig. Die Menschen wollen den Sozialismus, damit es ihnen besser geht. Dazu brauchen wir Persönlichkeiten, deren sozialistisches Bewußtsein, Leistungsbereitschaft und Leistungen eine Einheit bilden.

Der XI. Parteitag der SED hat den Weg gewiesen, wie das Leistungsprinzip wirksamer genutzt werden soll. Es ergeben sich drei Richtungen, auf die es jetzt besonders ankommt. **Erstens** ist eine überzeugende politisch-ideologische Erziehungsarbeit (in den Brigaden, in den Schulen, in den FDJ-Gruppen usw.) notwendig, um das Leistungsprinzip und sich daraus ergebende Konsequenzen in Haltungen und Verhaltensweisen umzusetzen. Hier geht es konkret und ganz persönlich um die Übereinstimmung von Wort und Tat. **Zweitens** sind Leitung und Planung, materielle und ideelle Interessiertheit weiter zu vervollkommnen, um eine höhere Wirksamkeit der persönlichen materiellen Interessiertheit und der wirtschaftlichen Rechnungsführung zu erreichen. Und **drittens** sind auch die administrativen Möglichkeiten zu nutzen, um das Leistungsprinzip ökonomisch wirksamer durchzusetzen.

Beachten wir stets: Sozialistisches Bewußtsein und disziplinierte Einstellung zur Arbeit, zum Lernen, zum Eigentum und wirksame materielle Interessiertheit, gepaart mit der moralischen Anerkennung – das sind die besten Antworten auf die oben gestellten Fragen.

## Leistungsprinzip und Erhöhung des materiellen und kulturellen Lebensniveaus

Die Verteilung nach der Arbeitsleistung hat einen aktiven, fördernden Einfluß auf die Entwicklung der gesellschaftlichen Produktion und auf die Steigerung der Arbeitsproduktivität. Sie ist eine wesentliche materielle Grundlage für die wachsende Initiative und das Schöpfertum der Werktätigen und ein wichtiger Faktor für die Herausbildung der sozialistischen Einstellung zur Arbeit. Gleichzeitig übt sie einen wesentlichen Einfluß auf die Beziehungen der Menschen in den Arbeitskollektiven und auf die Entwicklung sozialistischer Persönlichkeiten aus.

Die Verteilung nach der Arbeitsleistung ist eine objektive ökonomische Notwendigkeit, ein spezifisches ökonomisches Gesetz des Sozialismus und kein Rudiment der Vergangenheit. Dieses Gesetz verlangt, den für die individuelle Konsumtion bestimmten Teil des Konsumtionsfonds in direkter Abhängigkeit von der Arbeitsleistung der Werktätigen, unabhängig von Alter, Geschlecht, Rasse und Nationalität, zu verteilen.

**Die Verteilung nach der Arbeitsleistung stellt die Übereinstimmung zwischen dem Maß der Arbeit und dem Maß der Konsumtion her. Unter dem Maß der Arbeit versteht man das von den Werktätigen für die Gesellschaft geleistete Arbeitsquantum, das von der Arbeitszeit, der Kompliziertheit der Arbeit und den konkreten Arbeitsbedingungen abhängt. Unter dem Maß der Konsumtion versteht man die Menge materieller und geistiger Güter, die die Werktätigen von der sozialistischen Gesellschaft erhalten.**

Das Verhältnis zwischen dem Maß der Arbeit und dem Maß der Konsumtion legt der sozialistische Staat fest. Er berücksichtigt dabei das Entwicklungsniveau der Produktion und die Erfordernisse der gesellschaftlichen Konsumtionsfonds. Das findet seinen Niederschlag in den Volkswirtschaftsplänen.

Lenin hat wiederholt »die **strengste** Kontrolle seitens der Gesellschaft **und seitens des Staates** über das Maß der Arbeit und das Maß der Konsumtion« gefordert, um zu sichern, daß »alle gleichermaßen arbeiten, das Maß der Arbeit richtig einhalten und gleichermaßen Lohn bekommen«.[57] Dieser Forderung Lenins entspricht ein wichtiger Grundsatz unserer Lohnpolitik; höhere Löhne können sich nur aus höheren Leistungen ergeben. Oft wird gefragt, ob man nicht das gleiche Verhältnis zu den Produktionsmitteln, die gleichen Chancen bei der Aus- und Weiterbildung auch auf die Konsumtion, auf die Verteilung der Konsumgüter ausdehnen könne. Das eben wäre »Gleichmacherei«, die die Werktätigen nicht anregt, die Arbeitsproduktivität zu steigern, ihre Fähigkeiten zu entwickeln und größere Verantwortung zu übernehmen. Wem die Argumente, die Kenntnisse über den Stand der Produktivkräfte und der Produktionsverhältnisse, den Charakter der Arbeit usw. als Entgegnung nicht ausreichen, der sollte sich bewußt machen, daß bisher alle derartigen Versuche, die es in der Geschichte gegeben hat, gescheitert sind. Nicht über die Gleichmacherei, sondern nur über das Leistungsprinzip können die Ideale des Sozialismus und Kommunismus Wirklichkeit werden.

Die Anstrengungen von Partei und Regierung zielen darauf, die persönliche materielle Interessiertheit immer besser mit den ideellen Motiven, mit den moralischen Anreizen zur Arbeit zu verbinden, denn unser Ziel ist eine möglichst vielseitig entwickelte sozialistische Persönlichkeit, ein Staatsbürger, der seine ganze Kraft für den Sozialismus, für die allseitige Stärkung seines sozialistischen Staates einsetzt, fleißig und schöpferisch und mit hoher Effektivität arbeitet und kulturvoll lebt. Wir lehnen die Propagierung von Armut und Askese ebenso ab wie den Prestigekonsum und die Mentalität des Spießbürgers.

Materielle Güter sind für uns nicht Selbstzweck, sondern Voraussetzung für die allseitige Entwicklung der Persönlichkeit. Es ist daher wichtig, daß die Hebung des Lebensniveaus einhergeht mit der Herausbildung des richtigen Verständnisses für das Ziel der sozialistischen Produktion und den Sinn des Lebens.

**Die Erfahrungen der Länder der sozialistischen Gemeinschaft beweisen überzeugend, daß nur durch die konsequente Durchsetzung der Verteilung nach der Arbeitsleistung die Entwicklung der Produktion und die stetige Hebung des materiellen und kulturellen Lebensniveaus des Volkes gewährleistet werden.**

Zwischen Arbeitsleistung, Lohn und Prämie, zwischen Steigerung der Arbeitsproduktivität und Erhöhung des Arbeitslohnes besteht ein direkter Zusammenhang. Der wachsende gesellschaftliche Reichtum, dessen Hauptquelle die Steigerung der Produktivität der gesellschaftlichen Arbeit ist, ermöglicht die Erhöhung des Arbeitslohnes und andere Formen der Erhöhung des Realeinkommens der Werktätigen. Es entspricht dem Wesen und dem Ziel des Sozialismus, daß die Werktätigen hauptsächlich über den Arbeitslohn ihren Anteil am ständig wachsenden gesellschaftlichen Reichtum erhalten.

Die bisherige Entwicklung des Sozialismus ist dadurch gekennzeichnet, daß die kommunistischen und Arbeiterparteien der sozialistischen Staaten auch unter den schwierigsten Bedingungen des sozialistischen Aufbaus stets dafür Sorge tragen, daß die gestiegene Arbeitsproduktivität zur Verbesserung der Arbeits- und Lebensbedingungen der Arbeiterklasse und aller Werktätigen genutzt wird. So haben sich in den sozialistischen Ländern die Löhne der Werktätigen in Abhängigkeit von der Steigerung der Arbeitsproduktivität beträchtlich erhöht.

Die wachsende Bedeutung des Gesetzes der Verteilung nach der Arbeitsleistung resultiert aus seinem engen Zusammenhang mit dem ökonomischen Grundgesetz des Sozialismus. Die Wechselbeziehungen zwischen beiden Gesetzen zeigen sich vor allem darin, daß die Verteilung nach der Arbeitsleistung entscheidend zur Realisierung des Ziels der sozialistischen Produktion beiträgt. Umgekehrt fördert ein attraktives Warenangebot die Verwirklichung des Leistungsprinzips. Die zielstrebige Verbesserung des materiellen und geistig-kulturellen Lebensniveaus der Werktätigen wird hauptsächlich durch die Verwirklichung des Wohnungsbauprogramms und die Erhöhung des Angebots an Konsumgütern und Dienstleistungen, durch stabile Preise für Waren des Grundbedarfs, stabile, niedrige Mieten und Tarife realisiert.

### Wie stimuliert die Lohnpolitik die Intensivierung?

Bei der Gestaltung der Lohnpolitik gilt es, folgende Grundsätze zu berücksichtigen:

- Über die Höhe des Lohnes entscheidet das Arbeitsergebnis unter Beachtung von Menge, Qualität und Effektivität. Jede Lohnerhöhung muß durch höhere Leistungen begründet sein.
- Neueste arbeitswissenschaftliche Erkenntnisse sind die Grundlage für die Messung der Arbeitsleistung und die Erarbeitung von Leistungskriterien. Neue Leistungsmaßstäbe sind anzuwenden, wenn neue Maschinen eingesetzt, neue Technologien angewandt werden.
- Neue Lohnformen setzen Maßnahmen der wissenschaftlichen Arbeitsorganisation und der sozialistischen Rationalisierung voraus.
- Lohndifferenzierungen und andere Tarifbestimmungen müssen die Werktätigen anregen, sich zu qualifizieren, ihre Leistungen zu erhöhen und größere Verantwortung zu übernehmen. Die Werktätigen, die das meiste leisten, sollen auch den größten Zuwachs im persönlichen Einkommen haben.
- Entsprechend dem entscheidenden Beitrag der Industrie an der Schaffung des Nationaleinkommens soll der Einkommensanteil der Arbeiter und Angestellten an den Geldeinnahmen der Bevölkerung weiterhin planmäßig steigen.

Generell geht es darum, hohe schöpferische Leistungen der Werktätigen zur Erreichung wissenschaftlich-technischer Höchstleistungen sowie die mehrschichtige Auslastung der Grundfonds als persönlichen Beitrag zur volkswirtschaftlichen Effektivität besonders anzuerkennen. Das gilt insbesondere für die Angehörigen der wissenschaftlich-technischen Intelligenz, deren Kreativität und technisches Vorstellungsvermögen bei der Meisterung der Schlüsseltechnologien überdurchschnittlich stark gefordert sind.

Das Arbeitseinkommen der Werktätigen der volkseigenen Betriebe und der staatlichen Institutionen setzt sich im wesentlichen aus dem Arbeitslohn und den Prämien zusammen. Außer Lohn und Prämie zählen noch zum Arbeitseinkommen materielle Anerkennungen für Materialeinsparungen, Neuerervorschläge, Lohn- und Sonderzuschläge auf der Grundlage verschiedener gesetzlicher Bestimmungen. In den LPG werden neben den Löhnen und Prämien für die Arbeiter und Angestellten leistungsabhängige Vergütungen (nach Arbeitseinheiten) für Mitglieder der Genossenschaften gezahlt. Das erfolgt in Form der monatlichen Abschlags- und der Jahreszahlung.

Arbeitslohn und Prämie weisen wichtige Gemeinsamkeiten auf. Beide sind Formen der Verteilung nach der Arbeitsleistung und so zu gestalten, daß von beiden maximale Anreize zur Erfüllung der betrieblichen Planaufgaben ausgehen.

Der Arbeitslohn ist Hauptbestandteil des Arbeitseinkommens der Werktätigen. Sein Anteil am gesamten Arbeitseinkommen der Arbeiter und Angestellten beträgt etwa 90 Prozent. Vor allem über die planmäßige Entwicklung der Arbeitslöhne und Prämien wird das Lebensniveau der Werktätigen verbessert (Abbildung 54).

Entsprechend den Beschlüssen von Partei und Regierung ist das

**Durchschnittliches monatliches Arbeitseinkommen der Arbeiter und Angestellten in der sozialistischen Wirtschaft 1950 bis 1985 (Mark)** **54**

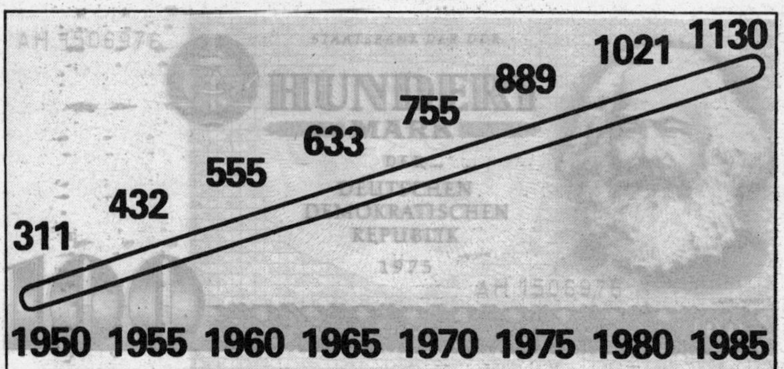


Statistisches Taschenbuch der DDR 1986, S. 111.

**Realeinkommen pro Kopf der Bevölkerung der DDR 1970 bis 1990 (Mark je Monat)** **55**

| | Nettogeld-einnahmen | Unentgeltliche Leistungen | Insgesamt |
|---|---|---|---|
| 1970 | 388 | 98 | 486 |
| 1980 | 600 | 190 | 790 |
| 1985 | 710 | 260 | 970 |
| 1990 | 859 bis 866 | 305 bis 327 | 1164 bis 1193 |

Erfolgreicher Weg der Gestaltung der entwickelten sozialistischen Gesellschaft in der DDR. Zahlen und Fakten, Berlin 1986, S. 49.

Anwachsen des Nominallohnes die Hauptform zur Erhöhung des Realeinkommens (Abbildung 55). Dabei ist die Kaufkraft des Lohnes wichtig.

**Unter Kaufkraft des Lohnes verstehen wir, welche und wieviel Waren man tatsächlich für den Lohn kaufen kann. Bei stabilen Verbraucherpreisen für Waren des Grundbedarfs wirkt die Erhöhung des Arbeitseinkommens reallohnerhöhend.**

Maßstab für die Entlohnung ist die Erfüllung der Arbeitsaufgaben, ist die Leistung. Die Kompliziertheit der Arbeitsaufgabe, die Einflußmöglichkeiten der Werktätigen auf die Arbeitsergebnisse und der dafür notwendige Arbeitsaufwand sind mit Kennziffern für Ergebnis und Aufwand exakt zu bestimmen und der Entlohnung zugrunde zu legen. Die persönliche materielle Interessiertheit ist auf die volle Ausnutzung der Arbeitszeit, die Steigerung der Arbeitsproduktivität, die Verbesserung der Qualität der Erzeugnisse, die Senkung des Aufwands an vergegenständlichter Arbeit und auf die Qualifizierung der Werktätigen gerichtet. Sie trägt zur Festigung der sozialistischen Arbeitsdisziplin bei und stärkt die sozialistische Arbeitsmoral. Diesem Ziel dienen leistungsorientierte Produktivlöhne. Sie werden bei Einführung neuer Leistungskennziffern mit dem Ziel gezahlt, höhere Produktivität zu stimulieren und höhere Leistungen durch höhere Löhne anzuerkennen.

»Diesen bewährten Weg setzen wir fort. Die Entlohnung wird eng mit der wissenschaftlichen Arbeitsorganisation und der Anwendung von Leistungskennziffern verbunden. Zielstrebig wird der planmäßige Lohnzuwachs in den Kombinaten und Betrieben mit Hilfe des Produktivlohnes darauf verwandt, höhere Ergebnisse in Forschung, Entwicklung und Produktion zu stimulieren.«[58]

Materielle und moralische Interessiertheit sind wesentliche Faktoren für die sozialistische Bewußtseinsbildung der Werktätigen, bei der Entfaltung ihrer schöpferischen Aktivität und Initiative. Die Bewußtheit der Werktätigen über ihre gesellschaftliche Stellung, ihr Eindringen in die gesellschaftlichen Gesamtzusammenhänge führen zu hohen schöpferischen Aktivitäten und Leistungen, wenn sie mit der materiellen Interessiertheit verbunden werden.

Von besonderer Wichtigkeit ist die wissenschaftliche Arbeitsorganisation. Ohne wissenschaftliche Arbeitsorganisation bis hin zur gemeinsamen Erarbeitung und Festlegung von Leistungskennziffern kann das Gesetz der Verteilung nach der Arbeitsleistung nicht voll ausgenutzt werden. Deshalb bilden wissenschaftliche Arbeitsorganisation, sozialistischer Wettbewerb, materielle und moralische Stimulierung eine Einheit. Fester Bestandteil der wissenschaftlichen Arbeitsorganisation sind wissenschaftlich begründete Leistungskennziffern. Ohne exakte Bestimmung des zulässigen Zeitaufwandes zur rationellen Durchführung einer Arbeit sind richtige Beziehungen zwischen Leistung und Lohn nicht gewährleistet.

**Arbeitsnormen und Leistungskennziffern fungieren als Maß der Arbeit und des Lohnes. Sie sind Instrumente der Planung, der wissenschaftlichen Arbeitsorganisation und der leistungsgerechten Entlohnung.**

Welche Aufgabe hat die Prämie?

Prämien unterstützen die Ausarbeitung und Erfüllung anspruchsvoller Pläne. Sie stimulieren die Ausschöpfung innerbetrieblicher Reserven zur Erhöhung der Arbeitsproduktivität und zur Beschleunigung des wissenschaftlich-technischen Fortschritts, die Senkung des Produktionsverbrauchs, die zielgerichtete sozialistische Rationalisierung, die Verbesserung der betrieblichen Arbeits- und Lebensbedingungen. Prämien orientieren auf hohe persönliche Leistungen zur Erfüllung und gezielten Übererfüllung der Planaufgaben des gesamten Betriebes. Durch Prämien werden hervorragende Leistungen der Werktätigen und der Kollektive im Rahmen der sozialistischen Gemeinschaftsarbeit sowie bei der Entwicklung neuer Erzeugnisse und deren schnellere Überführung in die Produktion angeregt und gefördert.

Von der Prämie gehen bedeutende erzieherische Impulse aus. Bei richtiger Orientierung und konsequenter Einhaltung der vorgegebenen Kennziffern und Bedingungen macht sie die Werktätigen gegenüber Mängeln und Schwächen in ihrer Arbeit und in der Leitungstätigkeit unduldsam.

Die Prämie fördert die sozialistische Gemeinschaftsarbeit. Da sie an Leistungskennziffern des Kollektivs gebunden ist, unterstützt sie besonders die kameradschaftliche Hilfe für andere Kollegen und die Übermittlung guter Arbeitserfahrungen. Sie ist mit dem sozialistischen Wettbewerb verbunden, orientiert auf seine Schwerpunkte und ist die wichtigste Form der materiellen Anerkennung der Wettbewerbsergebnisse und der Auszeichnung der Wettbewerbssieger.

Als geeignete Prämiierungsformen haben sich entwickelt:

- die sofortige Prämiierung hervorragender überdurchschnittlicher Arbeitsleistungen,
- die Jahresendprämie, die das materielle Interesse an hohen ökonomischen Ergebnissen des Betriebes im gesamten Planjahr stimuliert,
- die auftragsgebundene Prämie.

Arbeitslohn und Prämie sind im Sozialismus die grundlegende, aber nicht die einzige Quelle für das wachsende Realeinkommen. Hierzu gehört die Inanspruchnahme unentgeltlicher Leistungen von Gesundheits- und Sozialwesen, Volksbildung und Kultur, Wohnungsbau und -erhaltung sowie von Mitteln aus Betrieben und gesellschaftlichen Organisationen.

★

**Welchen Anteil haben diese gesellschaftlichen Konsumtionsfonds an der Erhöhung des materiellen und kulturellen Lebensniveaus der Bevölkerung?**

★

Die gesellschaftlichen Fonds für die Konsumtion bilden neben der Verteilung nach der Arbeitsleistung eine wichtige Quelle der Reproduktion der Arbeitskraft und der Entwicklung der Familie in der sozialistischen Gesellschaft. Diese Mittel erhalten die Werktätigen zum großen Teil unabhängig von der Qualität und der Quantität der geleisteten Arbeit. Renten und Stipendien wiederum sind zum großen Teil leistungsbezogen. Die Mittel aus gesellschaftlichen Fonds sind sehr umfangreich und im Vergleich zu den in der kapitalistischen Gesellschaft zur Verfügung stehenden Mitteln bedeutend höher. Ihr Entwicklungstempo wird vom Wachstum des Nationaleinkommens und seiner Verwendung bestimmt. Aus den gesellschaftlichen Fonds werden das Bildungswesen, das Gesundheitswesen, Kultur und Kunst, Sport, Renten und anderes finanziert (Tabelle 16).

Die Zuwendungen für die Bevölkerung aus Mitteln des Staatshaushalts sind Hauptbestandteil der gesellschaftlichen Fonds für die Konsumtion. Betrugen sie im Fünfjahrplan 1971 bis 1975 161 Milliarden Mark, von 1981 bis 1985 345 Milliarden Mark, so sind für 1986 bis 1990 485 Milliarden Mark vorgesehen. Berechnet auf eine Familie mit 4 Personen, betrugen diese Zuschüsse im Jahre 1985 monatlich 900 Mark.

Die Bedeutung der gesellschaftlichen Konsumtionsfonds

**Tabelle 16**
**Leistungen für die Bevölkerung der DDR aus gesellschaftlichen Fonds 1971 bis 1985 (Milliarden Mark)**

| Leistungen und Zuschüsse für | 1971–1975 | 1976–1980 | 1981–1985 |
|---|---|---|---|
| Wohnungswesen | 14,9 | 28,9 | 52,0 |
| Aufrechterhaltung stabiler Verbraucherpreise für Waren des Grundbedarfs sowie für Mieten und Tarife | 50,1 | 73,6 | 136,0 |
| Bildungswesen | 33,6 | 44,0 | 53,2 |
| Gesundheits- und Sozialwesen | 13,9 | 15,2 | 18,6 |
| Sozialversicherung | 41,1 | 60,8 | 71,4 |
| Erholung, Kultur, Sport usw. | 7,4 | 10,8 | 13,3 |
| Kredit- und Zinserlaß für junge Eheleute | 0,2 | 0,9 | 1,1 |
| Insgesamt | 161,2 | 234,2 | 345,6 |

Statistisches Taschenbuch der DDR 1986, S. 107. – Erfolgreicher Weg der Gestaltung der entwickelten sozialistischen Gesellschaft in der DDR. Zahlen und Fakten, Berlin 1981, S. 66.

wächst, um bei der weiteren Gestaltung der entwickelten sozialistischen Gesellschaft die Bedingungen auszubauen, mit denen die Chancengleichheit für die allseitige Entwicklung der Fähigkeiten und der schöpferischen Aktivität aller Werktätigen gesichert wird. Die allseitige Entwicklung der Mitglieder der sozialistischen Gesellschaft, die Sicherung des gleichen Rechts auf Bildung, die Entwicklung des geistig-kulturellen Lebensniveaus, die Gewährleistung sozialer Sicherheit im Alter und im Krankheitsfall, das Bedürfnis nach Erholung und sportlicher Betätigung, die im persönlichen wie im gesellschaftlichen Interesse liegende Erhaltung und Wiederherstellung der Gesundheit usw. erfordern entsprechende gesellschaftliche Fonds.

Die Verteilung aus den gesellschaftlichen Fonds ist eine objektiv notwendige Ergänzung zur Verteilung nach der Arbeitsleistung. Weil die Verteilung nach der Arbeitsleistung die Anwendung eines gleichen Maßes auf hinsichtlich ihrer Bedürfnisse ungleiche Individuen bedeutet, werden in der sozialistischen Gesellschaft auch solche Aufgaben wie die Förderung kinderreicher Familien und berufstätiger Mütter durch die Inanspruchnahme gesellschaftlicher Fonds gelöst.

**Die Verteilung aus den gesellschaftlichen Fonds ist ein wichtiger Ausdruck des humanistischen Grundanliegens des Sozialismus.**

Umfangreiche Mittel des Staatshaushaltes werden für den Wohnungsbau, als Zuschüsse für die Gewährleistung niedriger Mieten, als Subventionen zur Aufrechterhaltung bestimmter Einzelhandelsverkaufspreise, für Geburtenbeihilfen und Kindergeld zur Verfügung gestellt.

Ein Teil der Mittel aus den gesellschaftlichen Fonds hängt von den früheren Arbeitsleistungen der Werktätigen ab. Das betrifft insbesondere die Renten und die Unterstützung bei Arbeitsunfähigkeit, bei deren Festlegung unter anderem die Anzahl der Arbeitsjahre berücksichtigt wird.

Ein anderer Teil der gesellschaftlichen Fonds wird durch die Sozialversicherung der Arbeiter, Angestellten und Mitglieder der sozialistischen Produktionsgenossenschaften gebildet. Damit werden – bei jährlichen Zuschüssen aus dem Staatshaushalt für fast die Hälfte der Ausgaben der Sozialversicherung – die Renten der Arbeiter, Angestellten und Genossenschaftsmitglieder, die Kosten für ärztliche Behandlungen, für Medikamente und andere Leistungen, Lohnausgleich und Krankengeld bei zeitweiliger Arbeitsunfähigkeit sowie Kuren und Genesungsaufenthalte der Werktätigen finanziert.

Die Entwicklung der gesellschaftlichen Fonds gestattet es, die Verteilung nach der Arbeitsleistung wirksam mit der Verteilung aus den gesellschaftlichen Fonds zu verbinden. Beide Verteilungsformen dienen der persönlichen materiellen Interessiertheit der Werktätigen an hohen Leistungen für die Gesellschaft und der Schaffung günstiger Bedingungen für die allseitige Entwicklung der körperlichen und der geistigen Fähigkeiten jedes einzelnen Mitgliedes der sozialistischen Gesellschaft.

**Welcher Zusammenhang besteht zwischen Leistungsprinzip und einem attraktiven Warenangebot?**

Attraktive Waren in den Geschäften stärken das Interesse an hohen Leistungen – man kann sich für das durch eigene Leistungen erarbeitete Geld etwas leisten. Und die Bedürfnisse der Menschen wachsen, wie im Kapitel über das ökonomische Grundgesetz des Sozialismus gezeigt. So ist die bedarfsgerechte Versorgung der Bevölkerung als Konsequenz aus dem Ziel der sozialistischen Produktion zugleich Bedingung für die volle Wirksamkeit des Leistungsprinzips. Ihre Sicherung auf ständig steigendem Niveau wurde von der SED in ihrem Programm als eine erstrangige politische Aufgabe bezeichnet.[59]

So soll im Fünfjahrplan 1986 bis 1990 bei einer Steigerung der industriellen Warenproduktion insgesamt auf 120 bis 122 Prozent die Produktion industrieller Konsumgüter auf 130 bis 132 Prozent erhöht werden, darunter bei neu entwickelten Konsumgütern auf 145 bis 150 Prozent. Das sollen nicht Konsumgüter mit irgendwelchen Veränderungen sein, sondern technische Konsumgüter neuer Erzeugnisgenerationen oder völlig neue Konsumgüter, beispielsweise der Heimelektronik, gern gekaufte Erzeugnisse der Jugendmode. Gefragt sind gute Qualität, steigender Gebrauchswert und hoher Bedienkomfort sowie internationaler Neuheitsgrad. Gleichzeitig müssen die bereits auf dem Markt eingeführten Waren, die 1000 kleinen Dinge und auch einfache Erzeugnisse, nach denen eine große Nachfrage besteht, in größerer Menge und guter Qualität produziert, im Sortiment erweitert und bedarfsgerecht bereitgestellt werden.

Das sind gewaltige Aufgaben für die traditionellen Konsumgüterkombinate wie auch für die Konsumgüterabteilungen in den produktionsmittelherstellenden Kombinaten und ihren Betrieben, für die bezirksgeleiteten Kombinate, Forstwirtschaftsbetriebe, PGH und Handwerksbetriebe. Das sind Aufgaben gerade auch für junge Leute, die sich modisch kleiden und einrichten wollen,

Junge Mode für junge Leute von jungen Leuten –
Ergebnisse aus dem „Ideenwettbewerb Jugendmode"

viele Wünsche für Erzeugnisse der Freizeitgestaltung haben. Um das Bedürfnis der Jugend, sich modisch zu kleiden, immer besser zu befriedigen, haben die zentralen Staatsorgane eine Reihe von Maßnahmen beschlossen und realisiert. Ab 1986 gibt es zum Beispiel den zentralen Planteil Jugendmode. Mit diesen Maßnahmen wird sich die Produktion und die Bereitstellung von Jugendmodeerzeugnissen weiter erhöhen; die Verantwortung der Jugend für die Produktion attraktiver Konsumgüter wird wachsen. Konkreter Ausdruck dessen ist zum Beispiel der »Ideenwettbewerb Jugendmode«, an dem sich professionelle und passionierte jugendliche Modeschöpfer beteiligen. Der sozialistische Staat sichert, daß die besten Modelle produziert und angeboten werden. Eine solche, nämlich um 10 Prozent schnellere Steigerung der Produktion industrieller Konsumgüter gegenüber der industriellen Warenproduktion in der Volkswirtschaft insgesamt hat es bisher noch in keinem Fünfjahrplan gegeben.

**Was haben die Preise mit den Leistungsprinzipien zu tun?**

Das Realeinkommen kann im Ergebnis des wachsenden Nationaleinkommens durch die Erhöhung der nominellen Einkommen (Löhne, Gehälter, Prämien, Renten usw.), durch größere Zuwendungen aus dem Staatshaushalt, zum Beispiel zur Sicherung stabiler Preise, für das Gesundheits- und Sozialwesen, oder durch eine Kombination dieser Möglichkeiten erhöht werden. Der einzuschlagende Weg ist nicht einfach eine Ermessensfrage. Es kommt dabei darauf an, das sozialistische Leistungsprinzip wirkungsvoll anzuwenden und sozialpolitisch gezielt das materielle Lebensniveau verschiedener Bevölkerungsgruppen zu beeinflussen.

Die Erhöhung der Arbeitseinkommen (vor allem der Löhne und der Renten) wird auch in Zukunft die Hauptform sein, in der der Zuwachs an Nationaleinkommen für die Werktätigen wirksam wird. Diese Aufgabenstellung verlangt, die Konsumgüterpreise zusammen mit der Entwicklung der Einkommen so zu gestalten, daß die beabsichtigte Erhöhung des Lebensniveaus der Werktätigen tatsächlich wirksam werden kann. Die Preisentwicklung muß also immer in ihrer untrennbaren Einheit mit der Einkommensentwicklung und der beiden zugrunde liegenden Dynamik von Produktion und Produktivität betrachtet werden. Die Erfüllung der Produktions- und Effektivitätsaufgaben entscheidet letztlich über die Preisentwicklung.

Der sozialistische Staat orientiert seine gesamte Wirtschafts- und Sozialpolitik am Ziel der sozialistischen Produktion, an der ständigen Erhöhung des materiellen und geistig-kulturellen Lebensniveaus des Volkes. Diesem Ziel dienen auch die Maßnahmen auf dem Gebiet der Konsumgüterpreise.

Die Konsumgüterpreise werden bei uns für die planmäßige Entwicklung des Lebensniveaus der Werktätigen genutzt. Das kann Abweichungen des Preises von der Wertgröße erforderlich machen. So werden aus sozialen Gründen Preise für bestimmte Waren des Grundbedarfs, wie Brot und Backwaren, Butter, Milch, Eier, Fleisch- und Wurstwaren, Fisch, Nährmittel, ferner Hausbrandkohle, sowie für bestimmte Dienstleistungen vom sozialistischen Staat relativ niedrig gehalten und zum Teil durch Zuschüsse (Subventionen) gestützt. Im Staatshaushalt der DDR 1986 werden dafür 61 Milliarden Mark bereitgestellt.

Abweichungen der Preise von der Wertgröße machen sich auch notwendig, um auf die Bedarfslenkung Einfluß zu nehmen und das Verhältnis von Angebot und Nachfrage besser in Übereinstimmung zu bringen.

Unumgängliche Preisveränderungen aufgrund objektiv veränderter Produktions- und Absatzbedingungen stehen nicht im Widerspruch zu diesen Prinzipien und werden planmäßig unter Beachtung der Interessen der Werktätigen vorgenommen. Die wichtigste Voraussetzung für stabile Konsumgüterpreise ist die reale, volkswirtschaftlich spürbare Senkung der Kosten.

Auf dem XI. Parteitag der SED wurde erneut bekräftigt, die Verbraucherpreise für die Erzeugnisse des Grundbedarfs unverändert beizubehalten. Unter Grundbedarf sind vor allem die Grundnahrungsmittel und ein großer Teil der Waren des täglichen Bedarfs zu verstehen. Auch Mieten, Tarife und Entgelte für Dienstleistungen bleiben stabil.

Natürlich gibt es Konsumgüter und wird es auch geben, deren Preise nicht jahrzehntelang unverändert bleiben können. Veränderte Weltmarktbedingungen, zum Beispiel steigende Preise für Importwaren, Leder, Wolle, aber auch steigende Kosten für die Beschaffung von Roh- und Brennstoffen, haben Konsequenzen.

»

»Wie bisher werden die Preise bei neuen und hochwertigen Erzeugnissen so festgelegt, daß sie in der Regel die Kosten decken und einen normalen Ertrag gewährleisten, der für die volkswirtschaftlichen Rechnungen erforderlich ist.
Die staatlichen Organe sind beauftragt, eine kontinuierliche, bedarfsgerechte Produktion und Versorgung der Bevölkerung mit Konsumgütern in den unteren, mittleren und oberen Preisgruppen zu gewährleisten. Dabei wird auch in Zukunft der größte Teil des Warenangebots auf die mittlere Preisgruppe entfallen, die einer soliden Standardqualität entspricht. Ein in Gebrauchswert, Qualität und Preis differenziertes Angebot steht mit dem sozialistischen Leistungsprinzip voll im Einklang.«[60]

«

Das bedeutet, daß mit wachsendem Lebensniveau und unter Beachtung der veränderten inneren und äußeren Reproduktionsbedingungen das Verhältnis von Sortiment, Qualität und Preis entsprechend den Erfordernissen ökonomischer Gesetze zu bestimmen ist. Dabei handelt es sich nicht um Abstriche vom Lebensniveau, wenn der Bedarf vieler Werktätiger sich auf Produkte höherer Qualität verlagert und sie mehr hochwertige Waren kaufen. Wichtig ist, die Stabilität der Preise für die auf dem Markt befindlichen Erzeugnisse und ein Angebot in allen Preislagen entsprechend dem Bedarf zu sichern.

In der DDR, der UdSSR und anderen Mitgliedsländern des RGW werden die Anstrengungen bei der weiteren Gestaltung der Wirtschaft des entwickelten Sozialismus zunehmend auf die Lösung der strategischen Aufgabe gerichtet, ökonomisches Wachstum und sozialen Fortschritt durch umfassende Intensivierung auf Dauer zu gewährleisten. Hierzu kann und muß die sozialistische ökonomische Integration einen immer wirksameren Beitrag leisten. In ihren Mittelpunkt rücken die Aufgaben zur gemeinsamen Meisterung des wissenschaftlich-technischen Fortschritts. Die Grundrichtung dafür wird durch die qualitativ neue Stufe der Zusammenarbeit der RGW-Länder bestimmt, wie sie auf der Wirtschaftsberatung des RGW auf höchster Ebene im Juni 1984 in Moskau beschlossen wurde. Neue Stufe der Zusammenarbeit – das heißt in erster Linie, den Beitrag von Integrationsmaßnahmen für die umfassende Intensivierung, für die Steigerung von Effektivtät und Produktivität mit aller Konsequenz dauerhaft und spürbar für alle Beteiligten zu erhöhen. Hiervon wird der auf die Sicherung des Friedens und die Stärkung der Positionen des Sozialismus in der Welt gerichtete Kurs der Bruderländer getragen. Gerade auch angesichts imperialistischer Konfrontationspraktiken ist das von entscheidendem Gewicht für die Erhaltung des Friedens und die Festigung der Einheit und Geschlossenheit der Staaten der sozialistischen Gemeinschaft.

Die Mitgliedsländer des RGW nutzen die reichen Erfahrungen, die sie seit der Annahme des Komplexprogramms für die weitere Vertiefung und Vervollkommnung der Zusammenarbeit und die Entwicklung der sozialistischen ökonomischen Integration im Jahre 1971 gesammelt haben. Die sozialistische ökonomische Integration hatte und hat einen großen Anteil an der kontinuierlichen Steigerung der Wirtschaftskraft der Bruderländer, die die Überlegenheit des Sozialismus über den Kapitalismus auf dem Gebiet des Wirtschaftswachstums deutlich macht. Die sozialistische Gemeinschaft entwickelte sich zur dynamischsten Wirtschaftsregion der Welt, und dies unter Bedingungen, da sich in den Quellen und Faktoren des Wirtschaftswachstums grundlegende Veränderungen vollzogen.

Tabelle 17 weist deutlich die Überlegenheit der RGW-Länder hinsichtlich des industriellen Wachstumstempos aus. Damit hat sich der Anteil der RGW-Länder an der Weltindustrieproduktion in den vergangenen Jahrzehnten fast verdoppelt (von 18 Prozent im Jahre 1950 auf etwa 33 Prozent 1985). Auf der Grundlage dieses stabilen und hohen Wirtschaftswachstums ist das wissenschaftlich-technische Potential der RGW-Länder bedeutend gestiegen. Ein Drittel des Weltpotentials an wissenschaftlich-technischen Kadern ist in den Ländern der sozialistischen Gemeinschaft tätig. Es wurden umfangreiche und vielfältige Ex- und Importbeziehungen zwischen den RGW-Ländern entwickelt, die selbst

**Tabelle 17**
**Zuwachsraten der Industrieproduktion in RGW-Ländern und kapitalistischen Industrieländern im Jahresdurchschnitt der jeweiligen Fünfjahreszeiträume 1951 bis 1984 (Prozent)**

| Zeitraum | RGW | Kapitalistische Industrieländer | Koeffizient |
|---|---|---|---|
| 1951–1955 | 13,6 | 6,0 | 2,3 |
| 1956–1960 | 10,6 | 4,1 | 2,5 |
| 1961–1965 | 8,3 | 6,1 | 1,4 |
| 1966–1970 | 8,3 | 5,4 | 1,5 |
| 1971–1975 | 7,7 | 2,2 | 3,5 |
| 1976–1980 | 4,8 | 4,0 | 1,2 |
| 1981–1984 | 3,3 | 1,7 | 1,9 |

Berechnet nach Statistischen Jahrbüchern des RGW und der UNO.

unter kompliziertesten Bedingungen eine stabile gegenseitige Versorgung, vor allem auf dem strategisch entscheidenden Gebiet der Roh- und Brennstoffe, gewährleisteten. 63 Prozent des Außenhandels der DDR werden mit den anderen RGW-Ländern abgewickelt.

Jetzt, in der neuen gesellschaftlichen Entwicklungsetappe, für die die Bruderparteien auf ihren Parteitagen 1986 in den Grundfragen einheitliche Orientierungen beschlossen haben, geht es darum, auf diesem Fundament den Beitrag von Integrationsmaßnahmen für die umfassende Intensivierung dauerhaft und spürbar für alle Beteiligten zu erhöhen. In der Zusammenarbeit leistet jedes Land einen wachsenden Beitrag zur Lösung der entscheidenden gemeinsamen Aufgaben, trägt jedes Land dazu bei, dem Partner einen wachsenden Nutzen zu bringen.

**Worin bestehen die Ursachen für die sozialistische ökonomische Integration?**

**Die sozialistische ökonomische Integration der Mitgliedsländer des RGW ist ein bewußt und planmäßig gelenkter Prozeß, der bei einem bestimmten Reifegrad der sozialistischen Produktionsweise und der politischen, wirtschaftlichen und wissenschaftlich-technischen Zusammenarbeit sozialistischer Staaten zu einer allgemeingültigen Gesetzmäßigkeit der Entwicklung des Sozialismus und des sozialistischen Weltsystems wird. Diese Voraussetzungen waren Anfang der siebziger Jahre im RGW gegeben. Seine objektiven Ursachen sind erstens die Entwicklung der Produktivkräfte, zweitens die sozialistischen Produktionsverhältnisse und drittens die Anforderungen der Klassenauseinandersetzung zwischen Sozialismus und Imperialismus.**

Die ökonomischen Integrationsprozesse ergeben sich vor allem aus der raschen Entwicklung der Produktivkräfte und ihrer zunehmenden Internationalisierung. Wenn heute in der Welt mehrere Millionen verschiedener Erzeugnisse produziert werden, wenn die Vielfalt der Erzeugnispalette, bedingt durch den sich schnell entwickelnden Bedarf und die durch den wissenschaftlich-technischen Fortschritt hervorgebrachten Möglichkeiten, täglich wächst und sich verändert, wenn die Aufwendungen für Forschung und Entwicklung enorm steigen, dann wird allein schon daran klar, daß internationale Arbeitsteilung und Kooperation im RGW eine entscheidende Grundbedingung effektiven Wirtschaftens ist. Die Erfahrungen der DDR wie auch anderer RGW-Länder bekräftigen nachdrücklich, daß gerade aus dem immer engeren Zusammenwirken dieser Länder in Wissenschaft, Technik und Produktion in besonderem Maße jene neue produktive Potenz erwächst, die Marx als charakteristisch und entscheidend für die gesellschaftliche Arbeitsteilung und Kooperation, für die Vergesellschaftung von Produktion und Arbeit überhaupt begründet und nachgewiesen hat. Denken wir dabei einmal an die Mikroelektronik: Die DDR bezieht über die Hälfte der benötigten Bauelemente aus den Bruderländern. Die Fondsökonomie konnte wesentlich durch das gemeinsam von der DDR und der UdSSR entwickelte Verfahren zur tieferen Spaltung des Erdöls verbessert werden.

Arbeitsteilung, Spezialisierung und Kooperation bei gleichzeitig wachsender Konzentration der Produktion bilden die Grundformen der Vergesellschaftung der Produktion. Durch die Internationalisierung des Wirtschaftslebens werden die Formen in größeren Dimensionen und höherer Effektivität realisiert. Dies geschieht stets unter konkreten Produktionsverhältnissen, also unter sozialistischen oder unter kapitalistischen. Sie bestimmen Inhalt, Formen und Resultate der Vergesellschaftung.

Die wissenschaftlich-technische Revolution beschleunigt die Internationalisierung des Wirtschaftslebens und bestimmt zunehmend die Entwicklung der internationalen Arbeitsteilung im Sozialismus und Kapitalismus. Damit wird zunehmend die Abgeschiedenheit überwunden und die gegenseitige wirtschaftliche Abhängigkeit der Länder und Märkte verstärkt.

Innerhalb der zwei entgegengesetzten Systeme vollzieht sich die Internationalisierung des Wirtschaftslebens auf verschiedene Art. Ihr Wesen und ihre Formen werden von den gesellschaftlichen, von den Produktionsverhältnissen geprägt.

»

**»... das gesamte wirtschaftliche, politische und geistige Leben der Menschheit wird schon im Kapitalismus immer mehr internationalisiert. Der Sozialismus internationalisiert es vollends.«**[61]

«

In der kapitalistischen Welt haben diese Prozesse unmittelbar zur Entstehung »transnationaler« Monopole, gemeint sind imperialistische Monopole, deren Aktionsradius viele kapitalistische Länder umfaßt, Konzerne, die »international operieren«, geführt, um hohe Profite zu realisieren. Auch internationale kapitalistische Wirtschaftsorganisationen, wie die in der Europäischen Gemeinschaft zusammengefaßten staatsmonopolistischen Integrationsgebilde westeuropäischer Staaten, sind Ausdruck dieser Internationalisierung. Das hat die Intensivierung der kapitalistischen Produktion verstärkt und die Ausbeutung der Arbeiterklasse der kapitalistischen Länder und der Völker der Entwicklungsländer erhöht.

Immer darauf bedacht, die Vertiefung der internationalen Arbeitsteilung seinen Interessen nutzbar zu machen, tritt der Imperialismus die Souveränität der mittleren und kleineren Länder mit Füßen, was dazu führt, daß der Kampf der Völker für nationale Unabhängigkeit, für staatliche Selbständigkeit zunimmt.

In der sozialistischen Welt beruht die Internationalisierung auf dem gesellschaftlichen Eigentum an den Produktionsmitteln, auf dem sozialistischen Wirtschaftssystem. Der Sozialismus verbindet organisch die objektive Tendenz zur Internationalisierung mit der Tendenz des Aufblühens der Ökonomik und der Kultur jedes Landes und jedes Volkes. Immer stärker bestätigt sich die Voraussage Lenins, daß der Sozialismus »neue, höhere Formen des menschlichen Zusammenlebens hervor(bringt), worin die berechtigten Bedürfnisse und fortschrittlichen Bestrebungen der werktätigen Massen **jeder** Nationalität zum erstenmal in internationaler Einheit ... befriedigt«[62] werden.

## Integration und Gestaltung der entwickelten sozialistischen Gesellschaft

Mit dem Aufblühen jedes sozialistischen Staates werden ihre gegenseitigen Beziehungen enger, es entstehen mehr gemeinsame Elemente in ihrer Politik, Wirtschaft und in ihrem sozialen Leben, ihr ökonomisches Entwicklungsniveau gleicht sich in einem historischen Prozeß allmählich an. Dieser Prozeß der allmählichen Annäherung der sozialistischen Staaten und Nationen wird immer deutlicher als gesetzmäßige Erscheinung sichtbar.

**Die sozialistische ökonomische Integration wird entsprechend den Prinzipien des sozialistischen Internationalismus – der Achtung der staatlichen Souveränität, der Unabhängigkeit und der nationalen Interessen, der Nichteinmischung in die inneren Angelegenheiten der Länder, der völligen Gleichberechtigung, des gegenseitigen Vorteiles und der kameradschaftlichen Zusammenarbeit und gegenseitigen Hilfe – verwirklicht.**

Die Prinzipien des sozialistischen Internationalismus, auf ökonomischem Gebiet sind das insbesondere die Prinzipien des gegenseitigen Vorteils und der kameradschaftlichen Zusammenarbeit und gegenseitigen Hilfe, sind unersetzbare Grundlagen für die Lösung der gemeinsamen Aufgaben und für die gemeinsame Verantwortung bei der Entwicklung der sozialistischen Staatengemeinschaft.

Die Vorzüge des Sozialismus können mit höchster Effektivität nur bei maximaler Nutzung der eigenen Anstrengungen und Ressourcen und durch die immer wirksamere Verbindung der wissenschaftlichen und wirtschaftlichen Potentiale der Bruderländer realisiert werden.

Das Verteidigungsbündnis der Staaten des Warschauer Vertrages schafft günstige außenpolitische Voraussetzungen für die zielgerichtete Gestaltung und die Festigung der sozialistischen Gesellschaft in den Mitgliedsländern des RGW.

Im Programm der SED wird die sozialistische ökonomische Integration als Merkmal des entwickelten Sozialismus charakterisiert. Das ergibt sich aus dem Wesen des Sozialismus, aus den objektiven Bedingungen der Vergesellschaftung der Produktion. Das zeigt sich auch besonders darin, daß die meisten RGW-Länder im wesentlichen gleiche ökonomische, wissenschaftlich-technische und sozialpolitische Entwicklungsprozesse lösen.

Die Schaffung der dem entwickelten Sozialismus entsprechenden materiell-technischen Basis, der entscheidenden materiellen Grundlage für den weiteren gesellschaftlichen Fortschritt, bedeutet Gleichartigkeit der grundlegenden Entwicklungsprozesse. Die Berücksichtigung der inneren und der äußeren Bedingungen eines jeden Landes sowie die Verknüpfung gemeinsamer und spezifischer Interessen erfordern die wirksame Ergänzung, die zunehmende Verflechtung der Volkswirtschaften der RGW-Länder. Planmäßig werden die Wirtschafts- und Wissenschaftspotentiale im Interesse eines hohen und kontinuierlichen Wirtschaftswachstums aller Länder vereinigt. Das hohe Entwicklungstempo der Produktivkräfte und insbesondere der wissenschaftlich-technische Fortschritt erfordern heute eine wirksamere sozialistische internationale Arbeitsteilung und Kooperation in Forschung und Produktion. Die Maßstäbe der Intensivierung der gesellschaftlichen Produktion sind heute zu Maßstäben der Integrationsmaßnahmen geworden.

**Für die Fortführung der Integrationsprozesse gibt es eine gemeinsame, abgestimmte Strategie im RGW bis zum Jahr 2000.**

»

**»Bei all unseren Plänen und ihrer Realisierung können wir uns auf feste Vereinbarungen über die weitere Vertiefung der sozialistischen ökonomischen Integration stützen. Die**

brüderliche Zusammenarbeit mit der UdSSR wird immer stärker von den Erfordernissen der Intensivierung geprägt, woraus sich höhere Anforderungen an das wissenschaftlich-technische Niveau der Erzeugnisse, an die Qualität und an die gewissenhafte Einhaltung der Verträge ergeben. Es spricht für das hohe Niveau dieser Zusammenarbeit, daß für diesen Fünfjahrplanzeitraum ein gegenseitiger Warenaustausch in Höhe von über 380 Milliarden Mark vereinbart wurde. In der Welt gibt es keine langfristige Vereinbarung, die ein derart gewaltiges Volumen auch nur annähernd erreicht.«[63]

«

★

Welche Bedeutung hat das Komplexprogramm des wissenschaftlich-technischen Fortschritts der Mitgliedsländer des RGW bis zum Jahr 2000?

★

Vom 12. bis 14. Juni 1984 fand in Moskau eine Wirtschaftsberatung des RGW auf höchster Ebene statt. Die obersten Repräsentanten der 10 Mitgliedsländer des RGW bekundeten ihre Verantwortung, im Interesse des Friedens und des Fortschritts der Menschheit die Aufmerksamkeit der Völker und Regierungen auf notwendige, unaufschiebbare Maßnahmen zur Sicherung der internationalen politischen und ökonomischen Beziehungen zu lenken. Sie nahmen eine »Deklaration der Mitgliedsländer des Rates für Gegenseitige Wirtschaftshilfe ›Die Erhaltung des Friedens und die internationale ökonomische Zusammenarbeit‹« sowie eine »Erklärung über die Hauptrichtungen der weiteren Entwicklung und Vertiefung der ökonomischen und wissenschaftlich-technischen Zusammenarbeit der Mitgliedsländer des RGW« an.

In ihr vereinbarten die Länder, ihre Zusammenarbeit künftig auf folgende Aufgaben zu konzentrieren:

- beschleunigte Umstellung der Volkswirtschaften der Mitgliedsländer des RGW auf den Weg der Intensivierung und Erhöhung der Effektivität durch umfassende Nutzung des wissenschaftlich-technischen Fortschritts;
- Sicherung des weiteren dynamischen Wachstums der gesellschaftlichen Produktion als eine entscheidende Grundlage für die Festigung der materiell-technischen Basis der sozialistischen Gesellschaft und für die Erhöhung des Volkswohlstandes;
- Erhöhung des technischen Niveaus und der Qualität der Erzeugnisse sowie Anwendung moderner Technologien und zügige Erneuerung des Produktionssortiments entsprechend der Entwicklung des Bedarfs und der durch den wissenschaftlich-technischen Fortschritt hervorgebrachten Möglichkeiten;
- qualitativer und quantitativer Ausbau des Exportpotentials der

Länder in Übereinstimmung mit den wachsenden Anforderungen der Außenmärkte;

- rationelle Standortverteilung der Produktivkräfte im Interesse der optimalen Nutzung der in den Mitgliedsländern des RGW zur Verfügung stehenden Ressourcen;
- Beschleunigung der schrittweisen Angleichung des ökonomischen Entwicklungsniveaus der Mitgliedsländer des RGW und in erster Linie der SRV, der Republik Kuba und der MVR an das Niveau der europäischen Mitgliedsländer des RGW.

Gerade letzteres ist von erheblichem Gewicht für die politische Autorität des RGW. Diese Länder sind fest integriert in die Arbeitsteilung und Kooperation. Sie erhalten vielseitige Hilfe beim Bau industrieller Objekte, bei der Entwicklung von Wissenschaft und Technik. Es werden stimulierende Außenhandelspreise angewandt, Kredite zu Vorzugsbedingungen gewährt und auch unentgeltliche Wirtschaftshilfen geleistet.

Die auf der Beratung angenommenen Dokumente enthalten eine klare Orientierung für den Kampf zur Erhaltung des Friedens, für die demokratische Umgestaltung der weltwirtschaftlichen Beziehungen und die Vertiefung der Zusammenarbeit zwischen den sozialistischen Staaten. Die höchsten Repräsentanten dieser Staaten vereinbarten die Strategie und Taktik der weiteren Vertiefung der sozialistischen ökonomischen Integration.

In der neuen Stufe der Zusammenarbeit steht die beschleunigte Umstellung der Volkswirtschaft der beteiligten Länder auf die intensiv erweiterte Reproduktion an erster Stelle. Das heißt, die gemeinsamen Anstrengungen werden darauf konzentriert, ein Wachstum der Wirtschaft durchzusetzen, das in erster Linie auf der effektiveren Nutzung der vorhandenen Potenzen beruht. Die Schlüsselrolle spielt dabei der wissenschaftlich-technische Fortschritt und seine breite ökonomische Nutzung. Klar ist, daß heute die Beherrschung der modernen Schlüsseltechnologien nur durch eine effektive Zusammenarbeit der RGW-Länder, insbesondere in Wissenschaft und Technik, möglich ist.

**Zwischen den RGW-Ländern wurde vereinbart, zu einer abgestimmten und auf einigen Gebieten einheitlichen wissenschaftlich-technischen Politik überzugehen.**

Grundlage für diese Zusammenarbeit ist das auf der 41. (Außerordentlichen) Tagung des Rates für Gegenseitige Wirtschaftshilfe (Moskau, Dezember 1985) angenommene Komplexprogramm des wissenschaftlich-technischen Fortschritts der Mitgliedsländer des RGW bis zum Jahr 2000. Die RGW-Länder stellen sich die wahrhaft revolutionäre Aufgabe, mit der Durchführung des Programms das höchste Niveau in Wissenschaft, Technik und Produktion in den wichtigsten Richtungen des wissenschaftlich-technischen Fortschritts zu erreichen. Die Arbeitsproduktivität soll bis zum Jahr 2000 mindestens verdoppelt und der spezifische Aufwand entschieden gesenkt werden. Gleichzeitig wird damit die Unangreifbarkeit auf strategisch entscheidenden Gebieten gesichert. Angesichts der Tatsache, daß der wissenschaftlich-technische Fortschritt sich weltweit enorm beschleunigt, erklären die RGW-Länder ihre Bereitschaft, die Programme der wissenschaftlich-technischen Zusammenarbeit mit interessierten Ländern zu koordinieren, wenn dies auf gleichberechtigter Grundlage und zum gegenseitigen Vorteil geschieht und der Erhaltung des Friedens dient. Es wurden abgestimmte Maßnahmen vereinbart zur Schaffung und Nutzung grundsätzlich neuer Technik und Technologien durch Konzentration der Kräfte und Mittel, durch enge, komplexe Zusammenarbeit insbesondere in folgenden fünf Hauptrichtungen:

- Elektronisierung der Volkswirtschaft,
- komplexe Automatisierung,
- Kernenergetik,
- neue Werkstoffe und Technologien für ihre Herstellung und Verarbeitung,
- Biotechnologie.

International wird die Lösung der festgelegten Aufgaben zu einer wesentlichen Verschiebung des Kräfteverhältnisses zwischen Sozialismus und Imperialismus zugunsten des Sozialismus führen.

Die DDR wird alles tun, die getroffenen Vereinbarungen zur Entwicklung der sozialistischen ökonomischen Integration der Mitgliedsländer des RGW zu erfüllen. Die sich aus diesem Programm ergebenden konkreten Aufgaben sind fester Bestandteil in den Plänen Wissenschaft und Technik.

### Warum sind die Wirtschaftsbeziehungen mit der UdSSR entscheidend für die Erfüllung der Hauptaufgabe?

Die mit der UdSSR abgeschlossenen Verträge und Abkommen sind ein festes Fundament für die weitere Stabilität und Dynamik der Volkswirtschaft der DDR. Die DDR geht davon aus, daß bei der Verwirklichung der Aufgaben des Komplexprogramms, wie überhaupt im Integrationsprozeß, die Zusammenarbeit mit der UdSSR die entscheidende Rolle spielt. Das langfristige Programm der Entwicklung der Zusammenarbeit zwischen der DDR und der UdSSR auf dem Gebiet von Wissenschaft, Technik und Produktion bis zum Jahr 2000 (analoge Programme hat die DDR auch mit den anderen europäischen RGW-Ländern abgeschlossen), die Ergebnisse der abgeschlossenen Plankoordinierung für den Zeitraum 1986 bis 1990 weisen dazu den Weg.

Die UdSSR ist für uns wie für die anderen Bruderländer der Hauptpartner in Wissenschaft und Technik. Davon zeugen die für 1986 bis 1990 abgestimmten Warenlieferungen im Ergebnis vertiefter Zusammenarbeit bei Schlüsseltechnologien. Aus der UdSSR bezieht die DDR für sieben Milliarden Mark Erzeugnisse der Mikroelektronik und für vier Milliarden Mark Ausrüstungen für die Energiewirtschaft. Flexible automatisierte Fertigungslinien bestimmen den Import der DDR aus der UdSSR ebenso wie Elektromotoren, Traktoren und Gleisbaumaschinen. Allein bei Erzeugnissen der Mikroelektronik verdreifacht sich bis 1990 der gegenseitige Austausch. Die Zahl von Technologien und Erzeugnissen, die hierbei in Forschungskooperation entstehen, wächst beacht-

Ihren letzten Schliff vor der Auslieferung an den sowjetischen Auftraggeber bekommen diese schwimmenden Hotels, diese schmucken Binnenfahrgastschiffe der Boizenburger Elbewerft, am Ausrüstungskai in Wismar. Die Sowjetunion ist der größte Handelspartner des DDR-Schiffbaus

lich. Die umfangreichen Rohstofflieferungen aus der UdSSR, die den größten Teil des Importbedarfs unseres Landes decken, die sowjetischen Maschinen, Ausrüstungen und Konsumgüter, die wir importieren, helfen, das Programm des Wachstums, des Volkswohlstandes und der Stabilität zu realisieren. Die Lieferungen der DDR, vor allem die Erzeugnisse des Maschinenbaus (spanabhebende Werkzeugmaschinen, polygrafische Maschinen), tragen dazu bei, die Pläne für das wirtschaftliche Wachstum in der UdSSR zu erfüllen (Abbildungen 56 und 57).

Die FDJ leistet ihren Beitrag dazu. Eberhard Aurich schätzte auf dem XII. Parlament der FDJ ein, daß sich die Jugend auch in der neuen Etappe der Verwirklichung der Wirtschaftsstrategie bewähren wird. Das erfordert, mit großer Einsatzbereitschaft die Aufgaben der sozialistischen ökonomischen Integration zu lösen und die Exportverpflichtungen gegenüber der Sowjetunion termingemäß und in höchster Qualität zu erfüllen.

Seit 1982 vollbringen die Delegierten am Zentralen Jugendobjekt „Erdgastrasse" an der Seite der Komsomolbrigaden große Leistungen bei der Verwirklichung des Erdgasprogramms der UdSSR. Unter schwierigen klimatischen Bedingungen ringen sie im mittleren Ural, im Dongebiet und in der Ukraine um Plantreue und Qualität. Sie haben hohen Anteil daran, daß unsere Republik auch in den nächsten Jahren stabil mit Erdgas aus der UdSSR versorgt wird.

Ebenso werden auf der künftigen RGW-Baustelle des Erzaufbereitungskombinates Kriwoi Rog FDJ-Fahnen wehen.

**Mit der weiteren Verflechtung der Volkswirtschaften beeinflussen die Integrationsmaßnahmen immer tiefer planmäßig die ökonomische Entwicklung der DDR. Angefangen von den Organen der Regierung bis hin in jedes Kombinat und in jeden Betrieb, wird Aufwand und Nutzen jeder einzelnen Maßnahme gründlich berechnet und auch auf diesem Gebiet höchste Effektivität und Qualität zum Maßstab der Arbeit gemacht.**

Intensivierung durch wissenschaftlich-technischen Fortschritt, allseitige Zusammenarbeit und ökonomische Integration – das sind die wichtigsten Bedingungen, um die Hauptaufgabe bei der Gestaltung der entwickelten sozialistischen Gesellschaft in der DDR mit hoher Effektivität zu erfüllen. Die Wechselbeziehungen zwischen den inneren und den äußeren Bedingungen, zwischen den gemeinsamen und den spezifischen Aufgaben der Mitgliedsländer des RGW sind derart, daß – und dies bestätigen die Erfahrungen der sozialistischen Länder überzeugend – jedes Land seine

**Vereinbarte Warenlieferungen der DDR an die UdSSR 1986 bis 1990** **56**

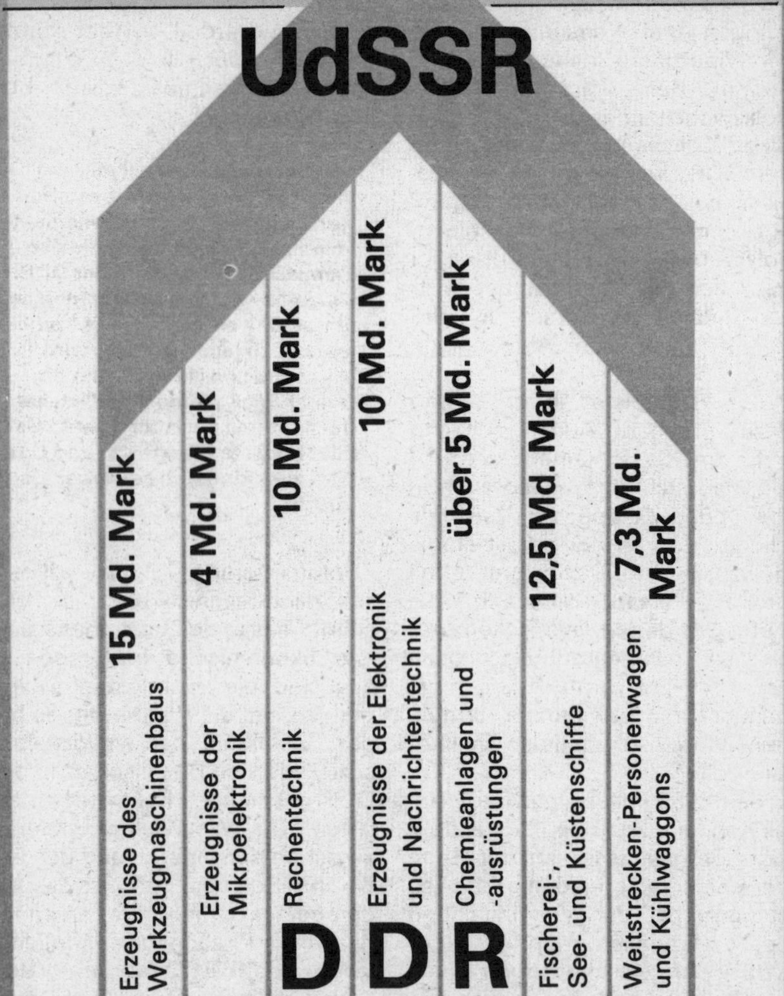


Erfolgreicher Weg der Gestaltung der entwickelten sozialistischen Gesellschaft in der DDR. Zahlen und Fakten, Berlin 1986, S. 96,

**Vereinbarte Warenlieferungen der UdSSR an die DDR 1986 bis 1990** **57**

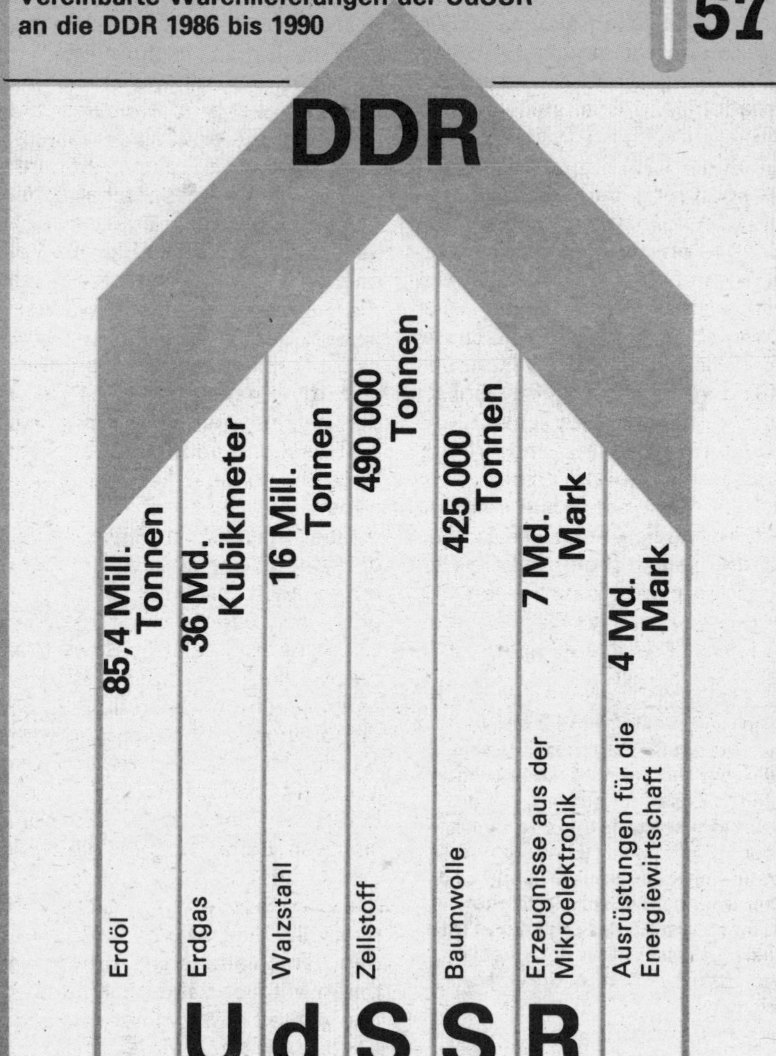


Erfolgreicher Weg der Gestaltung der entwickelten sozialistischen Gesellschaft in der DDR. Zahlen und Fakten, Berlin 1986, S. 96.

Aufgaben mit hoher Effektivität nur lösen kann, wenn es aktiv an der sozialistischen ökonomischen Integration teilnimmt.

Die ökonomischen Vorteile internationaler Arbeitsteilung und Kooperation im RGW sind äußerst vielfältig und in ihrer Wirkung auf die Förderung der Intensivierung nur komplex zu betrachten. Sie reichen von der Erhöhung der Erzeugnisqualität, der Anwendung modernster Technologien über Kostensenkungen, Zeiteinsparungen, Einsparung von Investitionen und deren rationelleren Einsatz bis hin zu der Möglichkeit, die Produktions-, Absatz- und Arbeitsorganisation spürbar zu verbessern. Im Kern zielen alle diese effektivitätssteigernden Wirkungen auf die Senkung des für die Herstellung eines bestimmten Erzeugnisses gesellschaftlich notwendigen Arbeitsaufwandes ab.

**Die weitere Gestaltung des entwickelten Sozialismus ist unabdingbar mit der allseitigen brüderlichen Zusammenarbeit, mit der ökonomischen Integration, mit der ständigen Annäherung und dem immer enger werdenden Zusammenschluß sozialistischer Staaten im Kampf gegen den Imperialismus und für den gesellschaftlichen Fortschritt verbunden.**

Die strukturelle Anpassung, die gegenseitige Ergänzung, die beginnende Verflechtung und Durchdringung der Wirtschaften der Mitgliedsländer des RGW vor allem in jenen Bereichen, die den wissenschaftlich-technischen Fortschritt bestimmen, die die planmäßige proportionale Entwicklung fördern, sind wesentliche Schritte zu einem höheren Nutzeffekt der gesellschaftlichen Arbeit. Dies alles erlegt den sozialistischen Ländern eine große Verantwortung auf. Über die Fristen, die Kompliziertheit, die wechselseitige Bedingtheit von sozialistischer ökonomischer Integration und den mannigfaltigen Formen der Zusammenarbeit zwischen sozialistischen Ländern auf anderen Gebieten sollte es keine Illusionen geben.

Eine realistische Einschätzung der Integrationsprozesse gestattet es auch, offensiv auf die Angriffe der Gegner des realen Sozialismus zu reagieren. So werden die Medien der imperialistischen Länder nicht müde zu behaupten, die ökonomische Integration der Mitgliedsländer des RGW diene ausschließlich den Interessen der UdSSR. Nicht nur, daß diese unsinnigen Behauptungen die reale Zusammenarbeit ignorieren, auch die umfassende materielle und finanzielle Hilfe, die die UdSSR in den verschiedensten Formen anderen Mitgliedsländern in der Vergangenheit gewährt hat und auch heute gewährt, wird von einem Teil dieser Wortführer der imperialistischen Ideologie nicht zur Kenntnis genommen. Sie behaupten auch das Gegenteil, wenn es in ihr Konzept paßt, nämlich, die UdSSR gewähre den Bruderländern umfangreiche Hilfe, um diese zu bevormunden und die eigene Vorherrschaft zu behaupten.

Auch die für uns unabwendbaren, weil von außen kommenden Schwierigkeiten, die sich auf die Gestaltung der Integrationsprozesse auswirken, wie die ökonomischen Belastungen, die sich für die sozialistischen Länder aus dem von den aggressivsten Kreisen des USA-Imperialismus geschürten Wettrüsten ergeben, die Hochzinspolitik, Boykottmaßnahmen und andere protektionistische Regelungen imperialistischer Staaten, werden von den Medien in den kapitalistischen Ländern als Beweis für die Unmöglichkeit einer effektiven Integration im Sozialismus hingestellt. Die Imperialisten brechen willkürlich Handels- und andere völkerrechtlich abgeschlossenen Verträge, mischen sich in die inneren Angelegenheiten sozialistischer Länder ein und erklären die ökonomischen Folgen dieser Attacken als »Krise des Sozialismus«. Eine merkwürdige Logik.

Auf dem XXVII. Parteitag der KPdSU, auf dem XI. Parteitag der SED und auf den Parteitagen anderer Bruderparteien wurden konstruktive Vorschläge für die weitere Vervollkommnung der Tätigkeit des RGW unterbreitet. Sie werden in den zuständigen Gremien des RGW und der Mitgliedsländer geprüft und entsprechend den Prinzipien der Zusammenarbeit auf der Grundlage der prinzipiellen Übereinstimmung der gemeinsamen und spezifischen Interessen Schritt für Schritt realisiert. Dabei stützen sich die Mitgliedsländer des RGW auf die erreichten Ergebnisse und werten die gewonnenen Erfahrungen aus.

Die Erfahrungen der sozialistischen Länder bei der Verwirklichung ihrer Wirtschafts- und Sozialpolitik unter den Bedingungen der sozialistischen ökonomischen Integration zeigen, daß die Erfolge und Fortschritte um so größer sind, je stärker und konsequenter die kommunistischen und Arbeiterparteien sich von den allgemeingültigen Gesetzmäßigkeiten und Erfordernissen der sozialistischen Revolution und des sozialistischen Aufbaus leiten lassen und diese schöpferisch auf die konkreten Bedingungen und Gegebenheiten, darunter auf die nationalen Besonderheiten, anwenden. Das gilt insbesondere für die Verwirklichung der führenden Rolle der marxistisch-leninistischen Partei in der Gesellschaft und die Festigung des sozialistischen Staates durch die weitere Entfaltung der sozialistischen Demokratie.

★

**Warum entwickeln wir wirtschaftliche Beziehungen zu kapitalistischen**

Industrieländern und Entwicklungsländern?

Gestützt auf stetiges Wirtschaftswachstum, auf die enge brüderliche Zusammenarbeit mit den anderen Mitgliedsländern des RGW, werden die außenwirtschaftlichen Beziehungen der DDR mit kapitalistischen Industrieländern und Entwicklungsländern auf der Grundlage der Gleichberechtigung und des gegenseitigen Vorteils entwickelt.

Die wirtschaftliche Zusammenarbeit der RGW-Länder mit kapitalistischen Staaten dient der Verwirklichung der Außenpolitik und ist zugleich ein Faktor des ökonomischen Wachstums. Die ökonomischen Interessen der Bourgeoisie nutzend, werden wirtschaftliche Potenzen der kapitalistischen Staaten an die Friedenspolitik gebunden. Sozialistische Länder achten stets auf ihre politische und ökonomische Unabhängigkeit. Deshalb kann sich die Zusammenarbeit nur auf der Basis gleichberechtigter Beziehungen entwickeln, die, entsprechend den Prinzipien der friedlichen Koexistenz von Staaten unterschiedlicher sozialer Ordnung, frei sein müssen von jeglichen Diskriminierungen und Störversuchen durch kapitalistische Staaten.

Nach dem Abschluß des europäischen Vertragswerkes Anfang der siebziger Jahre hat sich der Außenhandel der RGW-Länder mit den kapitalistischen Industrieländern schnell entwickelt. So stieg zum Beispiel der Außenhandelsumsatz der DDR mit dieser Ländergruppe von 9,7 Milliarden Valuta-Mark im Jahre 1970 auf 40 Milliarden Valuta-Mark 1985 (Abbildung 58). Ein Teil dieser Steigerung ist zwar auf die zum Teil beträchtlichen Preiserhöhungen auf dem kapitalistischen Weltmarkt zurückzuführen, doch die spürbare Ausdehnung des Handels ist eine Folge des Entspannungsprozesses.

»In der Verknüpfung von Wettbewerb, Wettstreit der zwei Systeme mit der erstarkenden Tendenz zur wechselseitigen Abhängigkeit der Staaten der Weltgemeinschaft liegt die reale Dialektik der gegenwärtigen Entwicklung. Gerade auf diese Weise – durch den Kampf der Gegensätze, mit Schwierigkeiten, gewissermaßen tastend – bildet sich eine widersprüchliche, aber in wechselseitigen Abhängigkeiten zusammengehörige, in vielem ganzheitliche Welt heraus.«[64]

Die Grundlage aller wesentlicher Aufgaben – auch der Außenpolitik – sind die ökonomischen Interessen. Das gilt voll für die sozialistischen Staaten, die aus ökonomischen und politischen Gründen die wirtschaftliche und wissenschaftlich-technische Zusam-

**Außenhandelsumsatz der DDR 1970 bis 1985**
(effektive Preise, Milliarden Valutamark)

**58**

| | Ausfuhr | Einfuhr | Saldo der Handelsbilanz insgesamt | Saldo der Handelsbilanz mit dem nicht sozialistischen Wirtschaftsgebiet |
|---|---|---|---|---|
| 1970 | 19,24 | 20,36 | −1,12 | −1,22 |
| 1975 | 35,10 | 39,29 | −4,19 | −3,71 |
| 1980 | 57,13 | 62,97 | −5,84 | −5,47 |
| 1981 | 65,93 | 67,00 | −1,07 | +0,20 |
| 1982 | 75,23 | 69,88 | +5,35 | +5,22 |
| 1983 | 84,23 | 76,20 | +8,03 | +4,69 |
| 1984 | 90,40 | 83,50 | +6,90 | +3,85 |
| 1985 | 93,49 | 86,70 | +6,79 | +4,21 |

Statistisches Taschenbuch der DDR 1986, S. 102.

menarbeit verwirklichen, um die Vorteile einer möglichen weltweiten Arbeitsteilung für das Tempo des sozialistischen Aufbaus zu nutzen. Das betrifft die kapitalistischen Staaten, auch die imperialistischen Monopole, kapitalistischen Unternehmen und Firmen, deren ökonomische Interessen an dieser Zusammenarbeit auf lange Sicht stärker sind als die politische Absicht, durch Konfrontation und Abbruch oder Einschränkung der wirtschaftlichen Zusammenarbeit den realen Sozialismus zu schädigen. Weder in den zwanziger noch in den fünfziger und sechziger Jahren haben Droh- und Boykottpolitik, Embargolisten, Verletzungen der völkerrechtlich verbindlichen Verträge durch die imperialistischen Staaten dauerhaften Erfolg gehabt, und auch die »Sanktionen« der Reagan-Administration in den achtziger Jahren werden den sozialistischen Aufbau nicht vereiteln. Schaden nimmt die Zusammenarbeit im Interesse des Friedens und der Menschen, geschädigt werden die Interessen der beteiligten Unternehmen, aufs Spiel gesetzt wird durch diese unrationale Politik der Imperialisten das ganze System der internationalen Zusammenarbeit. Zielstrebig, auf der Basis der Gleichberechtigung und des gegenseitigen Vorteils vertiefen die sozialistischen Staaten auch die wirtschaftlichen und wissenschaftlich-technischen Beziehungen zu Entwicklungsländern. Das ist zugleich eine wirksame Unterstützung dieser Länder bei der Gestaltung ihrer Volkswirtschaften. Gemeinsam mit den

Solidarität in Aktion: Mitglieder der FDJ-Freundschaftsbrigade „Karl Marx" in Managua unterstützen die medizinische Betreuung nikaraguanischer Bürger und den weiteren Ausbau des aus DDR-Solidaritätsmitteln finanzierten Krankenhauses

Ländern Asiens, Afrikas und Lateinamerikas kämpfen die sozialistischen Staaten für die demokratische Umgestaltung der internationalen Wirtschaftsbeziehungen, gegen das Bestreben des Imperialismus, seine vorherrschende Position auf dem kapitalistischen Weltmarkt zur Ausplünderung und Erpressung von souveränen Staaten und deren Völkern zu nutzen.

Aus all dem ergibt sich, daß die Ökonomie ein Hauptfeld der internationalen Klassenauseinandersetzung ist.

»Unsere Haupteinwirkung auf die internationale Revolution üben wir jetzt durch unsere Wirtschaftspolitik aus. ... Der Kampf ist im Weltmaßstab auf dieses Gebiet übertragen. Lösen wir diese Aufgabe, dann haben wir im internationalen Maßstab bestimmt und endgültig gewonnen.«[65]

Das wichtigste Feld des ökonomischen Wettbewerbs zwischen Sozialismus und Kapitalismus ist und bleibt der Kampf um die Beschleunigung des wissenschaftlich-technischen Fortschritts und die Steigerung von Produktivität und Effektivität. Eine wirkungsvolle Zusammenarbeit der im RGW zusammengeschlossenen Länder ist dafür unabdingbar.

**Welchen Platz nimmt die DDR im RGW ein?**

Die erfolgreiche Entwicklung der DDR ist das Ergebnis der schöpferischen Arbeit der Werktätigen unseres Landes unter Führung der SED sowie der brüderlichen Zusammenarbeit mit der UdSSR und den anderen sozialistischen Ländern. Im Rahmen dieser Zusammenarbeit hat die DDR sehr viel Hilfe und Unterstützung erfahren und zugleich selbst aktive Solidarität geübt. Es sei insbesondere an die vielfältige Hilfe und Unterstützung seitens der UdSSR erinnert. Auch heute sind die sowjetischen Lieferungen an Rohstoffen, Maschinen, Ausrüstungen und Konsumgütern eine wichtige Grundlage unseres ökonomischen Wachstums. Umgekehrt stellen die Lieferungen der DDR an Maschinen und Ausrüstungen einen wichtigen Beitrag zur Intensivierung der sowjetischen Volkswirtschaft dar. 70 Prozent des Gesamtexports der DDR in die UdSSR sind Erzeugnisse der metallverarbeitenden Industrie (Abbildung 59).

Von außerordentlicher Bedeutung für unsere weitere stabile Entwicklung sind die mit der UdSSR abgeschlossenen Vereinbarungen über Importe an Rohstoffen. So decken sowjetische

**Außenhandelsumsatz der DDR mit den RGW-Ländern 1970 bis 1985** (Millionen Valutamark) **59**

| Land | 1970 | 1980 | 1985 |
|---|---|---|---|
| UdSSR | 15 485 | 42 609 | 69 941 |
| ČSSR | 3 770 | 9 306 | 12 999 |
| VRP | 2 903 | 7 714 | 9 773 |
| UVR | 2 055 | 6 368 | 8 821 |
| VRB | 1 379 | 3 790 | 5 151 |
| SRR | 947 | 3 868 | 4 966 |
| Kuba | 480 | 1 097 | 2 099 |
| SRV | 171 | 323 | 449 |
| MVR | 69 | 101 | 181 |

Statistisches Taschenbuch der DDR 1986, S. 103, 104.

Importe unseren Bedarf an Erdgas zu 100 Prozent, an Eisenerz, Holz und Baumwolle zu 90 Prozent und an wichtigen Buntmetallen zu 60 bis 70 Prozent.

Durch Investitionsbeteiligung der DDR an der Erschließung von Rohstoffvorkommen in der UdSSR und anderen RGW-Ländern werden wesentliche Voraussetzungen für die Rohstoffgewinnung auch in Zukunft geschaffen. In der UdSSR beteiligt sich die DDR zum Beispiel am Bau der Erdgasleitung Jamburg–Westgrenze UdSSR und an der Erweiterung der Kapazitäten für die Eisenerzgewinnung in Kriwoi Rog. Zu den Voraussetzungen für die Sicherung des Rohstoffbezuges auf dem jetzt erreichten Niveau zählt aber auch die Beteiligung der DDR an der gemeinsamen Rationalisierung und Rekonstruktion von Betrieben der Leicht- und Konsumgüterindustrie, so der Nähmaschinenwerke in Wittenberge und Podolsk mit dem Ziel bedeutender Produktionssteigerungen bei gleichzeitiger Einführung einer neuen Generation von Haushaltnähmaschinen. Sache der Arbeiterehre und des sozialistischen Internationalismus ist es, durch Qualität, Effektivität und Plantreue die internationalen Verpflichtungen zum eigenen und gemeinsamen Nutzen zu erfüllen.

Die DDR ist seit 1950 Mitglied des RGW. Ihr Anteil an der Bevölkerung aller RGW-Länder beträgt 3,6 Prozent. Die Anteile am Nationaleinkommen können mit fünf, an der Industrieproduktion mit sechs und am Außenhandelsumsatz mit rund elf Prozent angegeben werden. Der gegenseitige Warenaustausch zwischen der DDR und den anderen Ländern des RGW entwickelte sich seit Jahren wesentlich schneller als die industrielle Warenproduktion.

Seit 1971, dem Jahr der Annahme des Komplexprogramms, wurden über 300 vertragliche Vereinbarungen über die Spezialisierung und Kooperation zwischen unserer Republik und den anderen RGW-Ländern abgeschlossen. Die DDR ist in den meisten multilateralen Organisationen der Mitgliedsländer des RGW vertreten.

**Die allseitige Vertiefung des Bündnisses der DDR mit der Sowjetunion sowie mit den anderen Bruderländern und die immer festere Verankerung der DDR in der sozialistischen Staatengemeinschaft gehören zu den wichtigsten außenpolitischen Aufgaben der DDR. Sie sind die Grundbedingungen für die Erfüllung der Lebensinteressen der Arbeiterklasse und aller mit ihr verbündeten werktätigen Klassen und sozialen Schichten in der DDR.**

Die Entwicklung der sozialistischen ökonomischen Integration ist eine entscheidende Voraussetzung für die weitere stabile ökonomische und soziale Entwicklung. »Je weiter die Entwicklung des Sozialismus in der DDR fortschreitet, desto enger gestaltet sich die ökonomische und wissenschaftlich-technische Zusammenarbeit mit der Sowjetunion, desto größer wird ihre Bedeutung für die Stabilität und Dynamik unserer Wirtschaft.«[66]

Die Mitgliedsländer des RGW sind gegenwärtig mit 9,4 Prozent an der Weltbevölkerung, mit 18 Prozent am Territorium der Erde, mit etwa einem Drittel an der Industrieproduktion und mit etwa 27 Prozent am Nationaleinkommen aller Länder beteiligt. Zum RGW gehören gegenwärtig zehn Mit-

## 60 Struktur des Rates für Gegenseitige Wirtschaftshilfe (RGW)

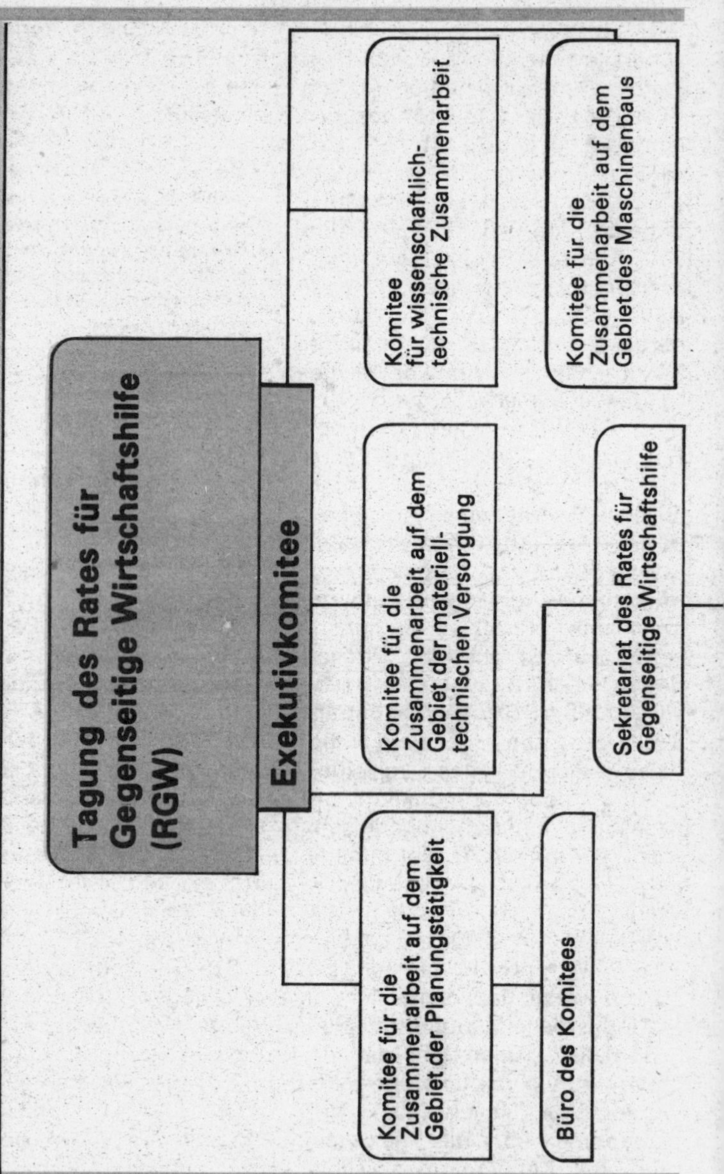

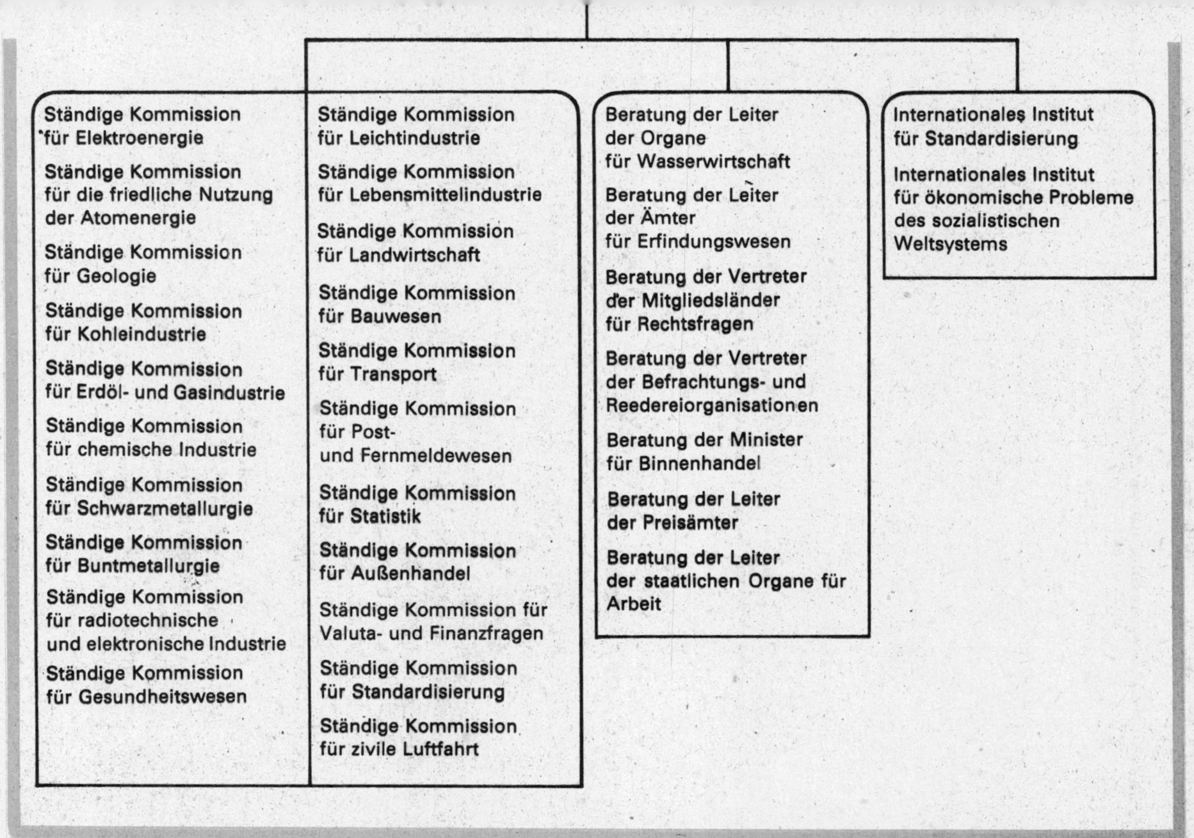
Ständige Kommission für Elektroenergie
Ständige Kommission für die friedliche Nutzung der Atomenergie
Ständige Kommission für Geologie
Ständige Kommission für Kohleindustrie
Ständige Kommission für Erdöl- und Gasindustrie
Ständige Kommission für chemische Industrie
Ständige Kommission für Schwarzmetallurgie
Ständige Kommission für Buntmetallurgie
Ständige Kommission für radiotechnische und elektronische Industrie
Ständige Kommission für Gesundheitswesen
Ständige Kommission für Leichtindustrie
Ständige Kommission für Lebensmittelindustrie
Ständige Kommission für Landwirtschaft
Ständige Kommission für Bauwesen
Ständige Kommission für Transport
Ständige Kommission für Post- und Fernmeldewesen
Ständige Kommission für Statistik
Ständige Kommission für Außenhandel
Ständige Kommission für Valuta- und Finanzfragen
Ständige Kommission für Standardisierung
Ständige Kommission für zivile Luftfahrt
Beratung der Leiter der Organe für Wasserwirtschaft
Beratung der Leiter der Ämter für Erfindungswesen
Beratung der Vertreter der Mitgliedsländer für Rechtsfragen
Beratung der Vertreter der Befrachtungs- und Reedereiorganisationen
Beratung der Minister für Binnenhandel
Beratung der Leiter der Preisämter
Beratung der Leiter der staatlichen Organe für Arbeit
Internationales Institut für Standardisierung
Internationales Institut für ökonomische Probleme des sozialistischen Weltsystems

**Tabelle 18**
**Anteil der RGW-Länder an der Elektroenergieerzeugung und am Außenhandelsumsatz 1983 (RGW insgesamt = 100)**

| Land | Mitglied des RGW seit | Elektroenergieerzeugung | Außenhandelsumsatz |
|---|---|---|---|
| VR Bulgarien | 1949 | 2,3 | 6,6 |
| DDR | 1950 | 5,6 | 12,5 |
| Kuba | 1972 | 0,6 | 3,9 |
| Mongolische VR | 1962 | 0,1 | 0,4 |
| VR Polen | 1949 | 6,7 | 8,6 |
| SR Rumänien | 1949 | 3,7 | 5,1 |
| ČSSR | 1949 | 4,1 | 9,4 |
| UdSSR | 1949 | 75,4 | 46,3 |
| Ungarische VR | 1949 | 1,4 | 7,2 |
| SR Vietnam | 1978 | 0,2 | |

Berechnet nach Statistisches Jahrbuch der DDR 1985, S. 9*, 25*

gliedsländer, deren ökonomisches Gewicht in etwa durch die Kennziffern in Tabelle 18 ausgedrückt wird.

Ausgehend von ihrer prinzipiellen Übereinstimmung in den Grundfragen, lösen die Bruderparteien und Regierungen der Mitgliedsländer des RGW die gemeinsamen und die spezifischen Aufgaben im ökonomischen Integrationsprozeß im Geiste des sozialistischen Internationalismus. Die in der RGW-Arbeit geltenden Prinzipien und vereinbarten Regeln gewährleisten, daß die sozialistischen Staaten, ausgehend von ihren gemeinsamen Interessen, die sozialistische ökonomische Integration zum Nutzen ihrer Völker und zur Stärkung der gesamten Gemeinschaft entwickeln und vertiefen.

In den Organen des RGW wird von den delegierten Mitarbeitern aus allen Mitgliedsländern eine aktive und verantwortungsvolle Arbeit zur Verwirklichung des Statuts und des Komplexprogramms der Mitgliedsländer des RGW geleistet. Abbildung 60 gibt einen Überblick über die wichtigsten Organe des RGW.

# Anmerkungen

**Kapitel 1 bis 4**

1 Friedrich Engels: Herrn Eugen Dührings Umwälzung der Wissenschaft (»Anti-Dühring«). In: MEW, Bd. 20, S. 139, 136.
2 W. I. Lenin: Karl Marx. In: Werke, Bd. 21, S. 48.
3 Karl Marx: Das Kapital, Erster Band. In: MEW, Bd. 23, S. 31.
4 Ebenda, S. 15/16.
5 Programm der Sozialistischen Einheitspartei Deutschlands, Berlin 1976, S. 22.
6 Friedrich Engels: Ludwig Feuerbach und der Ausgang der klassischen deutschen Philosophie. In: MEW, Bd. 21, S. 296, 297.
7 W. I. Lenin: Konspekt zu Hegels »Wissenschaft der Logik«. In: Werke, Bd. 38, S. 141.
8 Erich Honecker: Fragen von Wissenschaft und Politik in der sozialistischen Gesellschaft, Berlin 1972, S. 8/9.
9 IX. Parteitag der SED, 18. bis 22. Mai 1976. Bericht des Zentralkomitees der Sozialistischen Einheitspartei Deutschlands an den IX. Parteitag der SED. Berichterstatter: Genosse Erich Honecker, Berlin 1976, S. 6.
10 Programm der SED, S. 19/20.
11 Erich Honecker: Schlußansprache auf dem XI. Parteitag der SED. In: Neues Deutschland, 22. April 1986, S. 1.
12 XXVII. Parteitag der KPdSU. Politischer Bericht des Zentralkomitees der KPdSU an den XXVII. Parteitag der Kommunistischen Partei der Sowjetunion. Berichterstatter: M. S. Gorbatschow, Berlin 1986, S. 8.
13 XI. Parteitag der SED, 17. bis 21. April 1986. Bericht des Zentralkomitees der Sozialistischen Einheitspartei Deutschlands an den XI. Parteitag der SED. Berichterstatter: Genosse Erich Honecker, Berlin 1986, S. 9.
14 Friedrich Engels: Anti-Dühring. In: MEW, Bd. 20, S. 26.
15 W. I. Lenin: Karl Marx. In: Werke, Bd. 21, S. 51/52.
16 Karl Marx: Das Kapital, Erster Band. In: MEW, Bd. 23, S. 788.
17 Ebenda, S. 49.
18 Ebenda, S. 53.
19 Karl Marx: Kritik des Gothaer Programms. In: MEW, Bd. 19, S. 15ff.
20 Karl Marx: Das Kapital, Erster Band. In: MEW, B. 23, S. 201.
21 Karl Marx: Das Kapital, Dritter Band. In: MEW, Bd. 25, S. 269.
22 Karl Marx: Das Kapital, Erster Band. In: MEW, Bd. 23, S. 391.
23 IX. Parteitag der SED, 18. bis 22. Mai 1976. Bericht, S. 24/25.
24 Karl Marx: Das Kapital, Erster Band. In: MEW, Bd. 23, S. 790/791.
25 W. I. Lenin: Was sind die »Volksfreunde« und wie kämpfen sie gegen die Sozialdemokraten? In: Werke, Bd. 1, S. 169, 170.
26 Friedrich Engels: Materialien zum »Anti-Dühring«. In: MEW, Bd. 20, S. 619.
27 Programm der SED, S. 13.
28 W. I. Lenin: Der Imperialismus und die Spaltung des Sozialismus. In: Werke, Bd. 23, S. 102.
29 W. I. Lenin: Der Imperialismus als höchstes Stadium des Kapitalismus. In: Werke, Bd. 22, S. 270/271.
30 XI. Parteitag der SED, 17. bis 21. April 1986. Bericht, S. 12.
31 W. I. Lenin: Über eine Karikatur auf den Marxismus und über den »imperialistischen Ökonomismus«. In: Werke, Bd. 23, S. 35.

32 XI. Parteitag der SED, 17. bis 21. April 1986. Bericht, S. 12.
33 W. I. Lenin: Der Imperialismus als höchstes Stadium des Kapitalismus. In: Werke, Bd. 22, S. 302.
34 X. Parteitag der SED. 11. bis 16. April 1981. Bericht des Zentralkomitees der Sozialistischen Einheitspartei Deutschlands an den X. Parteitag der SED. Berichterstatter: Genosse Erich Honecker, Berlin 1981, S. 15.
35 Ebenda, S. 12.
36 W. I. Lenin: Die sozialistische Revolution und das Selbstbestimmungsrecht der Nationen. In: Werke, Bd. 22, S. 144.
37 W. I. Lenin: Der Imperialismus als höchstes Stadium des Kapitalismus. In: Werke, Bd. 22, S. 198.
38 W. I. Lenin: Die Ergebnisse der Diskussion über die Selbstbestimmung. In: Werke, Bd. 22, S. 339.
39 W. I. Lenin: Der Imperialismus als höchstes Stadium des Kapitalismus. In: Werke, Bd. 22, S. 218.
40 Ebenda, S. 307.
41 IX. Parteitag der SED, 18. bis 22. Mai 1976. Bericht, S. 23.
42 Programm der SED, S. 13.
43 Ebenda, S. 15.
44 Programm der Kommunistischen Partei der Sowjetunion. Neufassung, Moskau 1986, S. 24.
45 IX. Parteitag der SED, 18. bis 22. Mai 1976. Bericht, S. 23.
46 X. Parteitag der SED, 11. bis 16. April 1981, Bericht, S. 14.
47 Frankfurter Rundschau, Frankfurt (Main), 16. April 1981, S. 10.
48 Deutscher Bundestag, 8. Wahlperiode, Bonn, Drucksache 8/3685, S. 23.
49 Frankfurter Rundschau, 17. Juli 1980.
50 l'Humanité, 9. November 1979.
51 Erich Honecker: Rede auf der Internationalen Wissenschaftlichen Konferenz des Zentralkomitees der SED »Karl Marx und unsere Zeit – der Kampf um Frieden und sozialen Fortschritt«, Berlin 1983, S. 12/13.


### Kapitel 5 bis 13


1 Karl Marx: Kritik des Gothaer Programms. In: MEW, Bd. 19, S. 28.
2 Wörterbuch der Ökonomie Sozialismus, Berlin 1983, S. 469.
3 Programm der Sozialistischen Einheitspartei Deutschlands, Berlin 1976, S. 9.
4 XI. Parteitag der SED, 17. bis 21. April 1986. Bericht des Zentralkomitees der Sozialistischen Einheitspartei Deutschlands an den XI. Parteitag der SED. Berichterstatter: Genosse Erich Honecker, Berlin 1986, S. 6.
5 Ebenda, S. 83.
6 XXVII. Parteitag der KPdSU. Politischer Bericht des Zentralkomitees der KPdSU an den XXVII. Parteitag der Kommunistischen Partei der Sowjetunion. Berichterstatter: M. S. Gorbatschow, Berlin 1986, S. 9.
7 Karl Marx: Das Kapital, Dritter Band. In: MEW, Bd. 25, S. 828.
8 XI. Parteitag der SED, 17. bis 21. April 1986. Bericht, S. 6.
9 W. I. Lenin: Die große Initiative. In: Werke, Bd. 29, S. 416.
10 VIII. Parteitag der SED, 15. bis 19. Juni 1971. Bericht des Zentralkomitees an den VIII. Parteitag der SED. Berichterstatter: Genosse Erich Honecker, Berlin 1971, S. 39.
11 Programm der SED, S. 20.
12 XI. Parteitag der SED, 17. bis 21. April 1986. Bericht, S. 24.
13 Ebenda, S. 25/26.

14 Ebenda, S. 49ff.
15 Ebenda, S. 49.
16 Karl Marx: Das Kapital, Erster Band. In: MEW, Bd. 23, S. 618.
17 XI. Parteitag der SED, 17. bis 21. April 1986. Bericht, S. 49.
18 Ebenda.
19 Ebenda, S. 11/12.
20 Ebenda, S. 27.
21 W. I. Lenin: Ursprünglicher Entwurf des Artikels »Die nächsten Aufgaben der Sowjetmacht«. In: Werke, Bd. 27, S. 197.
22 Karl Marx: Das Kapital, Erster Band. In: MEW, Bd. 23, S. 350.
23 W. I. Lenin: Ursprünglicher Entwurf des Artikels »Die nächsten Aufgaben der Sowjetmacht«. In: Werke, Bd. 27, S. 196.
24 XI. Parteitag der SED, 17. bis 21. April 1986. Bericht, S. 39.
25 Verfassung der Deutschen Demokratischen Republik, Artikel 21.
26 XI. Parteitag der SED, 17. bis 21. April 1986. Bericht, S. 27.
27 Ebenda, S. 38, 39.
28 Ebenda, S. 47. – XI. Parteitag der SED, 17. bis 21. April 1986. Direktive des XI. Parteitages der SED zum Fünfjahrplan für die Entwicklung der Volkswirtschaft der DDR in den Jahren 1986 bis 1990, Berlin 1986, S. 41–43.
29 Karl Marx: Das Kapital, Erster Band. In: MEW, Bd. 23, S. 591.
30 Karl Marx: Das Kapital, Zweiter Band. In: MEW, Bd. 24, S. 172.
31 Karl Marx: Theorien über den Mehrwert, Zweiter Teil. In: MEW, Bd. 26.2, S. 522.
32 Karl Marx: Das Kapital, Zweiter Band. In: MEW, Bd. 24, S. 516.
33 Ebenda, S. 527.
34 XI. Parteitag der SED, 17. bis 21. April 1986. Bericht, S. 42–44.
35 Karl Marx: Kritik des Gothaer Programms. In: MEW, Bd. 19, S. 19.
36 Friedrich Engels: Herrn Eugen Dührings Umwälzung der Wissenschaft (»Anti-Dühring«). In: MEW, Bd. 20, S. 290.
37 Karl Marx: Das Kapital, Zweiter Band. In: MEW, Bd. 24, S. 316/317.
38 W. I. Lenin: Zum vierten Jahrestag der Großen Sozialistischen Oktoberrevolution. In: Werke, Bd. 33, S. 38.
39 W. I. Lenin: Drei Quellen und drei Bestandteile des Marxismus. In: Werke, Bd. 19, S. 6.
40 Programm der SED, S. 36.
41 XI. Parteitag der SED, 17. bis 21. April 1986. Bericht, S. 47.
42 X. Parteitag der SED, 11. bis 16. April 1981. Bericht des Zentralkomitees der Sozialistischen Einheitspartei Deutschlands an den X. Parteitag der SED. Berichterstatter: Genosse Erich Honecker, Berlin 1981, S. 80.
43 Die Methoden der Industriepreisbildung werden in der Broschüre Industriepreise fördern effektive Erzeugniserneuerung, Berlin 1986 – aus der Reihe »Blickpunkt Wirtschaft« –, populär erläutert.
44 XI. Parteitag der SED, 17. bis 21. April 1986. Bericht, S. 47/48.
45 Ebenda, S. 44.
46 Karl Marx: Grundrisse der Kritik der politischen Ökonomie. In: MEW, Bd. 42, S. 105.
47 XI. Parteitag der SED, 17. bis 21. April 1986. Bericht, S. 44/45.
48 Mit qualitativ neuen Schritten zu höchsten Leistungen. Seminar des Zentralkomitees der SED mit den Generaldirektoren der Kombinate und den Parteiorganisatoren des ZK am 13. und 14. März 1986 in Leipzig, Berlin 1986, S. 34, 35.
49 Ebenda, S. 56, 57.
50 XI. Parteitag der SED, 17. bis 21. April 1986. Bericht, S. 29.

51 Mit qualitativ neuen Schritten zu höchsten Leistungen, S. 5.
52 XI. Parteitag der SED, 17. bis 21. April 1986. Bericht, S. 56.
53 Verordnung über die volkseigenen Kombinate, Kombinatsbetriebe und volkseigenen Betriebe vom 8. November 1979. In: GBl. I 1979, S. 355.
54 XI. Parteitag der SED, 17. bis 21. April 1986. Direktive, S. 44.
55 XI. Parteitag der SED, 17. bis 21. April 1986. Bericht, S. 76.
56 Programm der SED, S. 35.
57 W. I. Lenin: Staat und Revolution. In: Werke, Bd. 25, S. 484, 488.
58 X. Parteitag der SED, 11. bis 16. April 1981. Bericht, S. 81.
59 Programm der SED, S. 29.
60 X. Parteitag der SED, 11. bis 16. April 1981. Bericht, S. 81/82.
61 W. I. Lenin: Thesen zur nationalen Frage. In: Werke, Bd. 19, S. 237.
62 W. I. Lenin: Lage und Aufgaben der sozialistischen Internationale. In: Werke, Bd. 21, S. 26.
63 XI. Parteitag der SED, 17. bis 21. April 1986. Bericht, S. 42.
64 XXVII. Parteitag der KPdSU. Politischer Bericht, S. 29.
65 W. I. Lenin: X. Gesamtrussische Konferenz der KPR (B). In: Werke, Bd. 32, S. 458.
66 X. Parteitag der SED, 11. bis 16. April 1981. Bericht, S. 82.

# Sachregister

# Erklärungen zu den Bildern, die den Kapiteln vorangestellt sind

**Kapitel 1**
Schüler aus Elsterwerda besuchen die Talsperre des Friedens in Sosa. Diese Talsperre war in den Jahren 1949 bis 1951 von der Jugend unserer Republik in einer großen Aktion gebaut worden

**Kapitel 2**
130 000 Arbeiter und Angestellte aus Betrieben des Ruhrgebietes demonstrierten in Dortmund zum Abschluß einer DGB-Aktionswoche gegen Arbeitslosigkeit und Sozialabbau

**Kapitel 3**
Wenn das Geld für militärische Zwecke in den Weltraum fliegt, dann auf Kosten der Arbeiter. Deshalb fordern sie, statt Aufrüstung Arbeitsplätze zu schaffen

**Kapitel 4**
Aufmerksam bewacht dieser junge FSLN-Kämpfer eine Kaffeeplantage in Zentral-Nikaragua während der Erntearbeiten, um sie vor Übergriffen der Contras zu schützen

**Kapitel 5**
Bedienarme, automatische, flexible Fertigungsabschnitte – wie hier im Getriebewerk Brandenburg, einem Betrieb des IFA-Kombinats Nutzkraftwagen – tragen dazu bei, die Arbeitsproduktivität in großem Maße zu steigern, Arbeitskräfte für andere Tätigkeiten zu gewinnen und den Menschen die Arbeit zu erleichtern

**Kapitel 6**
Im Polytechnischen Zentrum der Aus-

bildungsgemeinschaft Malchow werden die Schüler mit der Produktion vertraut gemacht. Hier montieren sie unter Anleitung erfahrener Ingenieurpädagogen Sirenenschaltgeräte für den VEB Elektroanlagenbau Neustrelitz

**Kapitel 7**
Erfahrene Lehrmeister stehen den Lehrlingen zur Seite, die als Elektronikfacharbeiter mit der Spezialisierungsrichtung »Mikroelektronische Bauelemente" im VEB Mikroelektronik „Karl Marx«, Erfurt, ausgebildet werden

**Kapitel 8**
Manchen guten Rat gibt Sylvia Kijewski (l.) aus dem Betrieb für optischen Präzisionsgerätebau des Kombinats Carl Zeiss Jena an die Lehrlinge weiter. Die junge Zerspanungsfacharbeiterin war Delegierte des XI. Parteitages der SED und ist in Jena als Abgeordnete mit FDJ-Mandat tätig

**Kapitel 9**
Über meterlange Fließbänder wird hier Glas zu den einzelnen Bearbeitungsabschnitten transportiert. Diese neue Floatglasanlage im Flachglaskombinat Torgau ist mikroelektronisch gesteuert. Das ermöglicht eine optimale Fahrweise und eine kontinuierliche Glasproduktion mit dem Gütezeichen »Q«. Floatglas ist ein Flachglas mit besonders guten optischen Eigenschaften und einer glatten, gleichmäßigen Oberfläche

**Kapitel 10**
Der Hochofen V des Eisenhüttenkombinats Ost wurde mit Unterstützung mehrerer RGW-Länder rekonstruiert. Alle Prozesse an diesem größten und vom Automatisierungsgrad her vollkommensten Hochofen unserer Republik laufen jetzt rechnergestützt ab, wodurch der Koksverbrauch beträchtlich geringer ist

**Kapitel 11**
Die Aromatenanlage des Petrolchemischen Kombinats Schwedt

**Kapitel 12**
Mit der Ausbildung im Computerkabinett werden die Lehrlinge des EAW Treptow auf die Meisterung modernster Technologien vorbereitet

**Kapitel 13**
Hervorragende Leistungen vollbringen Tausende junger Menschen unserer Republik beim Bau der Erdgasleitungen in der Sowjetunion. Ihre Arbeit sichert der DDR langfristig ab 1989 erhöhte Erdgaslieferungen als Grundlage für eine stabile Versorgung der Wirtschaft mit diesem wichtigen Rohstoff und Energieträger

# Inhaltsverzeichnis

**Fotonachweis:**
ADN-Zentralbild (33): AP-Tele (S. 29, 110, 112), Bartocha (S. 168, 184), Camera Press (S. 137), Gahlbeck (S. 179), Grubitzsch (S. 249, 332), Haseloff (S. 148), Hirndorf (S. 6, 192), Kasper (S. 220), Lehmann (S. 218), Molik (S. 44, 64, 95, 101), Müller (S. 277, 301), Pätzold (S. 189, 358), Repro (S. 52), Schaar (S. 293, 313), Schindler (S. 348), Simon (S. 143), TASS (S. 91), Thieme (S. 4, 14, 24, 256), Weisflog (S. 240); Archiv Koal (S. 366); Erdmann (S. 203); Fieguth (S. 162), Junge-Welt-Bild (3); Eckebrecht (S. 327), Kaufhold (S. 345), Kroh (S. 286); Militärbilddienst (S. 166); Ponier (S. 230)

ISBN 3-320-00997-4

60 Abbildungen und 18 Tabellen
18. Auflage 1988

Lizenznummer 1
Lektor: Ingrid Wötzel · Korrektor: Ursula Ruwoldt / Irene Falk
Typographie und Umschlag: Christine Bernitz
Grafiken: Hildur Bernitz
Printed in the German Democratic Republic
Gesamtherstellung: (140) Druckerei Neues Deutschland Berlin
Best.-Nr. 734 187 3
00300